Gerhard Kühn

unter Mitarbeit von:
Prof. Dr. Kurt Gönner, Hermann Weis

Allgemeine Wirtschaftslehre für die kaufmännische Berufsschule

8. Auflage

Bestellnummer 07080

Bildungsverlag EINS

Haben Sie Anregungen oder Kritikpunkte zu diesem Produkt?
Dann senden Sie eine E-Mail an 07080_008@bv-1.de
Autoren und Verlag freuen sich auf Ihre Rückmeldung.

www.bildungsverlag1.de

Bildungsverlag EINS GmbH
Sieglarer Straße 2, 53842 Troisdorf

ISBN 978-3-441-**07080**-1

Liebe Schülerinnen, liebe Schüler!

Dieses Lehr- und Arbeitsbuch umfasst

- die Lerninhalte des Faches **Allgemeine Wirtschaftslehre**
- nach dem **Lehrplan** vom 6. September 1996 des **Landes Baden-Württemberg**.

Die Verfasser haben die neuen Entwicklungen in der Methodik der kaufmännischen Ausbildung berücksichtigt.

Im Fach Allgemeine Wirtschaftslehre mit seinen rechtskundlichen und volkswirtschaftlichen Teilbereichen sollen Sie als Schüler grundlegende Kenntnisse, Einsichten und Qualifikationen erwerben, die Sie dazu befähigen, Lebenssituationen als Beschäftigter, als Konsument und als Staatsbürger zu bewältigen.

Der Beruf des Kaufmanns bzw. der Kauffrau ist **branchenübergreifend** und beinhaltet alle kaufmännischen, verwaltenden und organisatorischen Aufgaben eines Unternehmens. Die erfolgreiche Ausübung dieses Berufs erfordert die Kenntnis gesellschaftlicher, ökologischer und sozialer Zusammenhänge. Dies wird durch eine breite Sockelqualifikation, fächerübergreifendes Denken und eine handlungsorientierte Ausbildung erreicht. Den genannten Forderungen kommt dieses Buch durch Handlungsanstöße in allen Kapiteln nach, denn nur über Schlüsselsituationen können Schlüsselqualifikationen (wie Fach-, Methoden-, Human- und Sozialkompetenz) erworben werden. Im methodischen Anhang finden Sie **Anleitungen zu wichtigen Arbeitstechniken** (siehe Seiten 310ff.).

Der Lehrstoff ist in geschlossene Unterrichtseinheiten aufgegliedert, die wie folgt aufgebaut sind:

- **Problem:** Eine möglichst typische Alltagssituation (Schlüsselsituation) aus dem Sachgebiet soll den betriebswirtschaftlichen bzw. rechtlichen Handlungsbedarf aufzeigen, einen Handlungsanstoß geben, zum Lernen und Lesen motivieren und zum Entscheidungsfeld hinführen.

- **Sachdarstellung:** Hier werden mit den notwendigen Fachbegriffen die wesentlichen Sachinformationen zur Lösung der Problemstellung gegeben. Anschauliche Skizzen, Tabellen und Bilder verdeutlichen die Inhalte. Wichtige Inhaltspunkte sind durch farbige Balken am Rand hervorgehoben.

- **Zusammenfassung:** Hier wird das unverzichtbare Grundwissen zu den entsprechenden Themen kurz und übersichtlich wiederholt. Sie haben damit eine Hilfe bei der Vorbereitung auf Klassenarbeiten und auf die Prüfung.

- **Aufgaben:** Anhand der Fragen und Aufträge können Sie feststellen, ob Sie die Sachinformationen und Probleme verstanden haben und Ihr Wissen situationsgerecht anwenden können. Beachten Sie, dass über das rein Wirtschaftliche hinaus bei betrieblichen Entscheidungen auch andere Zielsetzungen (volkswirtschaftliche, ökologische, ästhetische, soziale, rechtliche usw.) berücksichtigt werden müssen.

- **Briefentwürfe** sind nur an den im Lehrplan ausdrücklich geforderten Stellen enthalten. Die dargestellten Briefentwürfe zeigen die Vorgehensweise bei der Brieferstellung: Erörterung des betriebswirtschaftlichen Sachverhalts – Gliederung des Brieftextes – Brief. Eine allgemeine Einführung in den **Schriftverkehr** mit den wichtigsten DIN-Regeln (**DIN 5008** „Schreib- und Gestaltungsregeln für die Textverarbeitung") finden Sie **im Anhang** auf den Seiten 305 ff. Bitte beachten Sie beim Schriftverkehr die **Fächerverbindung** mit Deutsch und Textverarbeitung.

Das Buch schließt mit einem **Sachwortverzeichnis** und einem **Abkürzungsverzeichnis**.

Die neue Auflage berücksichtigt das Jahressteuergesetz 2009 (Umsetzung des Faktorverfahrens bei der Lohnsteuer), das **Bürgerentlastungsgesetz** Krankenversicherung (neue Regelung des Vorsorgepauschale), das Konjunkturpaket II (Erhöhung des Grundfreibetrags und der Eckwerte des Einkommensteuertarifs für 2010) und das **Wachstumsbeschleunigungsgesetz** (Erhöhung des Kinderfreibeträge und des Kindergelds ab 2010).

Anregungen und Verbesserungsvorschläge nehmen die Verfasser gerne entgegen. Wir wünschen Ihnen ein erfolgreiches Arbeiten mit diesem Buch.

Die Verfasser

Inhaltsverzeichnis

1 Rechtliche Grundlagen des Wirtschaftens

1.1 Möglichkeiten und Folgen rechtlicher Bindung am Beispiel des Kaufvertrags

1.1.1 Willenserklärung und Rechtsgeschäfte

Problem

Die Auszubildende Sabine Sommer (17 Jahre alt) geht in einen Supermarkt, nimmt sich einen Beutel Popcorn, geht zur Kasse, legt das Geld auf den Kassentisch und verlässt den Laden. Ist hier ein Vertrag zustande gekommen? Wenn ja, auf welche Weise?

Sachdarstellung

■ Arten von Willenserklärungen

Eine **Willenserkärung** ist die *rechtlich wirksame Äußerung* einer Person, durch welche sie bewusst eine *Rechtsfolge* herbeiführen will, z.B. Angebot, Kündigung, Anfechtung, Rücktritt vom Vertrag. Durch Willenserklärungen entstehen Rechtsgeschäfte.

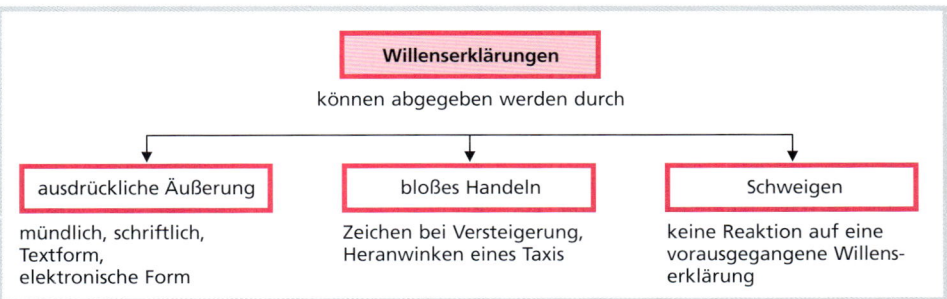

■ Ein- und mehrseitige Rechtsgeschäfte

Bei **einseitigen Rechtsgeschäften** ist lediglich die *Willenserklärung einer Partei* nötig, z.B. beim Testament, bei der Kündigung oder der Anfechtung.

Einseitige Rechtsgeschäfte können *empfangsbedürftig* (z.B. Mahnung, Kündigung) oder *nicht empfangsbedürftig* (z.B. Testament) sein.

Beispiel: Tücken beim Zugang einer empfangsbedürftigen Willenserklärung
Bei einem Einschreiben ist der Zugang nicht allein durch den Entwurf des Benachrichtigungsschreibens eingetreten. Holt der Adressat das Schriftstück nicht ab, so ist kein Zugang erfolgt. Denn es besteht nach der Rechtsprechung keine allgemeine Obliegenheit, Willenserklärungen zu empfangen und deshalb auf Benachrichtigung hin Briefe von der jeweils zuständigen Poststelle abzuholen (OLG Brandenburg 03.11.2004 – 9 UF 177/04). Etwas anderes gilt nur, wenn der Adressat mit dem Schreiben rechnen musste. In diesen Fällen wird der Zugang aufgrund einer treuwidrigen Vereitelung fingiert.

Bei **zwei- oder mehrseitigen Rechtsgeschäften** sind *Willenserklärungen aller Beteiligten* notwendig. Diese Erklärungen müssen inhaltlich übereinstimmen, damit ein **Vertrag** entsteht (BGB § 151).

Beispiel: Entstehung eines zweiseitigen Rechtsgeschäftes durch zwei inhaltlich übereinstimmende Willenserklärungen

Schweigen als Willenserklärung auf einen Antrag gilt in der Regel als *Ablehnung* (vgl. z. B. BGB §§ 146, 147). Geht einem **Unternehmer**, der *regelmäßig* mit einem anderen Unternehmer *Geschäfte macht*, ein Antrag von diesem zu, so gilt *Schweigen als Annahme des Antrags*. Will ein Unternehmer einen Antrag ablehnen, dann muss er *unverzüglich* antworten (HGB § 362). Erteilt z. B. ein Großhändler seiner Hausbank den Auftrag, 150 Siemens-Aktien zu kaufen, so muss die Bank unverzüglich antworten, wenn sie den Antrag nicht annehmen will.

■ *Bindung an die Willenserklärung*

Sind keine besonderen Abmachungen getroffen, so ist ein **Antrag** so lange **bindend**, bis der Antragende unter verkehrsüblichen Umständen, wie Hinsendung, angemessene Überlegungsfrist, Rücksendung, eine Antwort erwarten kann. Es muss auf mindestens gleich schnellem Wege geantwortet werden, z. B. Antrag durch Telefax, dann Annahme durch Telefax oder Telefon. Der Anbietende kann die **Bindung** von vornherein durch **Freizeichnungsklauseln ausschließen**, z. B. freibleibendes Angebot, Zwischenverkauf vorbehalten, solange Vorrat reicht, ohne Gewähr (BGB § 145).

Die **Bindung** an den Antrag **erlischt**, wenn dieser vom Empfänger

- **abgelehnt bzw. abgeändert** oder
- **verspätet angenommen** wurde (BGB § 146):

  Beispiele:
  – Ein *Antrag gegenüber Anwesenden* kann nur *sofort* angenommen werden (BGB § 147). Die Parteien müssen unmittelbar von Person zu Person kommunizieren, z. B. Gespräch unter Anwesenden, Telefonat, Videokonferenz.
  – Ein *Antrag gegenüber Abwesenden* kann nur bis zu dem Zeitpunkt angenommen werden, bis unter regelmäßigen Umständen – Hinsendung, Überlegungsfrist, Rücksendung – eine Antwort erwartet werden kann (BGB § 147). Eine per E-Mail oder Telefax abgegebene Willenserklärung gilt als Willenserklärung unter Abwesenden.
  – Ist eine Frist gesetzt, z. B. „... gilt bis 15. März ..", dann ist die Annahme nur *innerhalb der Frist* möglich (BGB § 148).

Wird ein Antrag *verspätet angenommen* oder *abgeändert*, so gilt die Annahme als *neuer Antrag*, der dann selbst wieder angenommen werden muss (BGB § 150).

Beispiel: Entstehung eines Rechtsgeschäfts trotz inhaltlich abweichender Antwort

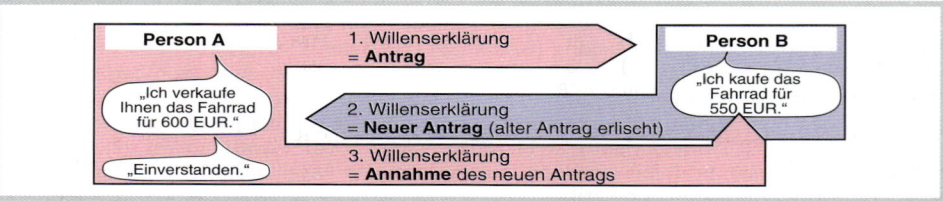

■ *Formvorschriften*

Bei einigen Verträgen und einseitigen Rechtsgeschäften, in denen die Beteiligten vor übereilten Entschlüssen geschützt werden sollen und die für den Einzelnen von besonderer Bedeutung sind, sind gesetzliche Formvorschriften einzuhalten

Gesetzliche Formvorschriften

Formen	Wesen	verlangt u. a. bei
● **Schriftform** (BGB § 126)	eigenhändige Unterschrift erforderlich	Schuldversprechen (BGB § 780), Schuldanerkenntnis (BGB § 781), Bürgschaftserklärung (BGB § 766), Kündigung eines Arbeitsvertrags (BGB § 623), Verbraucherdarlehensvertrag (BGB § 492), Teilzahlungsgeschäft (BGB § 501), vertragliches Wettbewerbsverbot (HGB § 74)
● **Öffentliche Beglaubigung** (BGB § 129)	eigenhändige Unterschrift wird von einem Notar beglaubigt	Anträge auf Eintragung ins Grundbuch, Handels-, Vereins-, Güterrechtsregister (BGB §§ 77, 1560; HGB § 12; GBO § 29).
● **Notarielle Beurkundung** (BGB § 128)	Über die Verhandlung wird vom Notar eine Niederschrift aufgenommen, den Beteiligten vorgelesen und von ihnen genehmigt und unterschrieben.	Ehevertrag (BGB § 1410), Veräußerung und Belastung von Grundstücken (BGB § 311 b), Schenkungsversprechen (BGB § 518), Gesellschaftsvertrag einer GmbH (GmbHG § 2), Satzung einer AG (AktG § 23), Beschlüsse der Hauptversammlung einer AG (AktG § 130).

Bei **Kaufleuten** (Begriff siehe Spezielle BWL) besteht bei Schuldversprechen, Schuldanerkenntnis und Bürgschaftserklärung *keine Formvorschrift* (HGB § 350).

Für eine Erklärung kann die **Textform** vorgeschrieben werden (BGB § 126 b). Danach muss die Erklärung einem anderen gegenüber so abgegeben werden, dass sie in Schriftzeichen lesbar und die Person des Erklärenden angegeben ist. Die Textform löst die strenge Schriftform mit eigenhändiger Unterschrift in den Bereichen ab, in denen es allein auf die Schriftlichkeit der Erklärung ankommt (z. B. BGB § 651 a, HGB § 410). Das gilt für Massenvorgänge mit sich wiederholenden gleichlautenden Erklärungen, bei denen die eigenhändige Unterschrift und damit der Schutz des Erklärenden entbehrlich ist. **Ausgeschlossen** ist die Textform bei Verträgen und Willenserklärungen, bei denen eine *gesetzliche* Schriftform vorgeschrieben ist (siehe oben).

Fordert der Gesetzgeber eine **Vertragsniederschrift** (z. B. Berufsausbildungsvertrag § 4 BBiG, Arbeitsvertrag § 2 NachwG), dann ist dies nicht mit der gesetzlichen Schriftform vergleichbar. Die Vertragsniederschrift soll lediglich gewährleisten, dass die Vertragspartner innerhalb einer bestimmten Frist etwas Schriftliches in Händen haben (Beweisfunktion).

Beispiel: Ein mündlich abgeschlossener Berufsausbildungsvertrag ist nicht wegen Nichteinhaltung der Schriftform des § 4 (1) BBiG ungültig, sondern ebenso wirksam wie ein schriftlicher Ausbildungsvertrag. (BAG-Urteil 5 AZR 71/96)

Willenserklärungen, die **per Fax** abgegeben werden, sind nicht rechtswirksam, wenn für sie eine gesetzliche Formvorschrift (z. B. Schriftform) einzuhalten ist, da bei Fax-Mitteilungen immer die eigenhändige Unterschrift fehlt.

■ *Elektronische Willenserklärung*

Die schriftliche Form kann durch die **elektronische Form** ersetzt werden (BGB § 126 [3]), wenn der Erklärende

- seinen Namen hinzufügt und
- das elektronische Dokument mit einer qualifizierten **elektronischen Signatur** nach dem Signaturgesetz versieht (BGB § 126 a).

Hinzu kommt, dass die Beteiligten ausdrücklich oder aufgrund bisheriger geschäftlicher Gepflogenheiten, die *Anwendung der elektronischen Form billigen* und deshalb mit dem Zugang einer elektronischen Willenserklärung rechnen müssen. Wenn dem Empfänger die technischen Voraussetzungen fehlen, eine elektronische Erklärung zu lesen, dann mangelt es am Zugang der elektronischen Willenserklärung (BGB 312 e).

Ausgeschlossen ist die elektronische Form der Willenserklärung bei Verträgen und Willenserklärungen, bei denen eine *gesetzliche* Schriftform vorgeschrieben ist (siehe Seite 11). Auch für die Niederschrift des Arbeitsvertrags (NachwG § 2) und für den Abschluss befristeter Arbeitsverträge (TzBfG § 14) ist die elektronische Form ausgeschlossen.

● *Abgabe einer elektronischen Willenserklärung*

Eine elektronische Willenserklärung gilt als abgegeben, wenn der Erklärende die Erklärung nicht nur abgefasst hat, sondern sie auch an den *Empfangsberechtigten abgesandt* hat. Es genügt aber auch, wenn er die Erklärung in anderer Weise derart in den Rechtsverkehr gebracht hat, dass er mit ihrem Zugehen beim Empfangsberechtigten rechnen konnte.

Beispiel: Bei elektronischen Dokumenten, die telekommunikativ (online) übermittelt werden (z. B. E-Mail), ist die Erklärung abgegeben, wenn der Erklärende den letzten von ihm auszuführenden Schritt vollzogen hat, um die Erklärung auf den elektronischen Weg zu bringen. Das wird gewöhnlich dadurch geschehen, dass der Erklärende den *Befehl „Senden"* im verwendeten E-Mail-Programm auslöst.

● *Wirksamwerden einer elektronischen Willenserklärung*

Wird eine Erklärung auf elektronischem Wege abgegeben und übermittelt, dann handelt es sich regelmäßig um eine **Willenserklärung unter Abwesenden**, die erst wirksam wird, wenn sie dem Abwesenden zugeht (BGB § 130). Dies gilt auch für eine elektronische Willenserklärung, die auf einem Datenträger (z. B. Diskette) gespeichert und auf dem herkömmlichen Postwege versandt worden ist.

Die elektronische Willenserklärung ist in den Machtbereich des Empfängers gelangt, wenn er sie zur Kenntnis nehmen und konservieren kann (z. B. ausdrucken, auf DVD speichern). Der Empfänger muss also über eine entsprechende Empfangsvorrichtung verfügen.

Beispiel: Bei der Nutzung von E-Mail durch eine Privatperson stellt ein elektronischer Briefkasten nur dann eine solche Empfangsvorrichtung dar, wenn der Inhaber im Geschäfts- und Rechtsverkehr mit seiner E-Mail-Adresse auftritt, d. h., wenn er den elektronischen Briefkasten für den Empfang rechtsgeschäftlicher Erklärungen widmet. Unerheblich ist, wie er sich Informationen aus seinem elektronischen Briefkasten holt.

Lediglich in den Fällen, in denen die verwendete Kommunikationstechnologie eine Situation schafft, in der die Parteien *unmittelbar „von Person zu Person"* kommunizieren (z. B. Telefon-, Videokonferenz, Chats), finden die Regelungen über **Willenserklärungen unter Anwesenden** Anwendung.

12

Exkurs: Die digitale Signatur

Digitale Signaturen werden in Deutschland von Zertifizierungsstellen vergeben, die von der Bundesnetzagentur (Bonn) zugelassen sind. Das Zertifikat stellt sicher, dass die digitale Unterschrift mithilfe eines öffentlichen Signaturschlüssels einer bestimmten natürlichen Person zugeordnet werden kann (*Signaturgesetz § 2*). Von privaten oder behördlichen Zertifizierungsstellen anerkannte digitale Unterschriften erlangen damit die gleiche Rechtskraft wie handschriftliche. Der private Signaturschlüssel befindet sich auf einem Datenträger, der vom Nutzer vertraulich zu behandeln ist (vergleichbar einer Bankkarte mit Chip). Der Nutzer bestätigt schriftlich die Übergabe des privaten Signaturschlüssels durch die Zertifizierungsstelle; gleichzeitig muss die Zertifizierungsstelle den öffentlichen Signaturschlüssel (er dient der Identifikation des Schlüsselinhabers) der Bundesnetzagentur übergeben (*Signaturverordnung § 6*). Der Antragende benötigt einen PC mit Kartenlesegerät und geeigneter Software sowie die Plastikkarte mit dem Chip (elektronischer Baustein), der die digitale Signatur enthält. Der Empfänger muss in der Lage sein, das elektronische Dokument anzunehmen und den Eingang mit einem elektronischen Zeitstempel zu versehen.

◼ Wichtige Rechtsgeschäfte im Überblick

Im Privat- wie im Geschäftsleben sollten die handelnden Personen wissen, welche Art von Rechtsgeschäft bzw. Vertragsart sie abschließen. Mit jedem Rechtsgeschäft sind andere Rechtsfolgen (z. B. Rechte und Pflichten) und ggf. bestimmte Voraussetzungen (z. B. Formvorschriften) verbunden.

● Veräußerungsverträge – Übertragung des Eigentums

Kaufvertrag BGB §§ 433 ff.	Übereignung einer fertigen Sache *gegen Zahlung* des Kaufpreises. Vertragspartner sind der Verkäufer und der Käufer; z. B. Verkauf eines Autos
Schenkungs-vertrag BGB §§ 516 ff.	*Unentgeltliche* Übereignung einer Sache. Vertragspartner sind der Schenker und der Beschenkte, z. B. Sabine bekommt von ihren Eltern einen Computer zum Geburtstag

● Dienst- und Besorgungsverträge – Leistung von Diensten

Vertragsart	Erläuterung
Dienstvertrag BGB §§ 611 ff.	Leistung von Diensten oder Arbeit gegen Entgelt *ohne* Zusage des Erfolgs. Vertragspartner sind der Anbieter der Dienstleistung und der Nachfrager der Dienstleistung, z. B. Arzt – Patient, Rechtsanwalt – Klient, Arbeitnehmer – Arbeitgeber.
Werkvertrag BGB §§ 631 ff.	Herstellung eines Werkes gegen Entgelt *mit* Zusage des Erfolgs. Das Material wird vom *Besteller* beschafft. Vertragspartner sind der Hersteller und der Besteller, z. B. eine Kundin bringt einen Kleiderstoff zum Schneider und lässt sich daraus ein Kleid herstellen.
Werklieferungsvertrag BGB § 651	Lieferung einer herzustellenden beweglichen Sache gegen Entgelt *mit* Zusage des Erfolgs. Das Material wird vom *Hersteller* beschafft. Vertragspartner sind der Hersteller und der Besteller, z. B. eine Kundin lässt sich ein Kleid von einem Schneider herstellen (der Schneider liefert auch den Stoff). Es gelten die Vorschriften des Kaufvertrags[1] (siehe oben).

---

[1] Das gilt sowohl für **Gattungssachen** (vertretbare Sachen, z. B. Serien-, Massenware) als auch für **Speziessachen** (diese gibt es nur einmal, z. B. gebrauchte Sachen, Originalgemälde, Modellkleid, Antiquitäten).

Reisevertrag BGB § 651 a, k	Erbringung einer Gesamtheit von *Reiseleistungen* (Reise) gegen Entgelt. Der Reiseveranstalter hat dem Reisenden bei oder unverzüglich nach Vertragsschluss eine Urkunde über den Reisevertrag (Reisebestätigung) auszuhändigen. Bei Zahlung des vollständigen Reisepreises bzw. einer Vorauszahlung (höchstens 10 % des Reisepreises) muss dem Reisenden ein Sicherungsschein einer Bank oder Versicherung übergeben werden. Das bewahrt ihn vor Unannehmlichkeiten bei Insolvenz des Reiseveranstalters.
Versicherungs- **vertrag** (VVG §§ 1 ff.)	Übernahme eines bestimmten Risikos gegen Zahlung einer Prämie. Vertragspartner sind der Versicherer und der Versicherungsnehmer (meist auch der Versicherte), z. B. Abschluss einer Lebensversicherung

● *Überlassungsverträge – Nutzung von Sachen und Rechten*

Vertragsart	Erläuterung
Mietvertrag BGB §§ 535 ff.	Überlassung einer Sache *gegen Entgelt* zum Gebrauch und Rückgabe *derselben* Sache, wobei der Vermieter das Gebrauchsrisiko trägt (er muss den Gegenstand instand halten und versichern). Vertragspartner sind der Vermieter und der Mieter, z. B. Vermietung einer Wohnung, Autovermietung (kurzfristig ausgerichtet), Bootsverleih – der Mieter muss dieselbe Wohnung bzw. dasselbe Auto bzw. Boot später wieder zurückgeben.
Leasingvertrag (siehe Mietvertrag)	Überlassung einer Sache *gegen Entgelt* zum Gebrauch und Rückgabe *derselben* Sache, wobei der Leasingnehmer das Gebrauchsrisiko trägt. Vertragspartner sind der Leasinggeber und der Leasingnehmer. Leasingverträge sind langfristig ausgerichtet und stellen daher eine Finanzierungsmöglichkeit dar.
Pachtvertrag BGB §§ 581 ff.	Überlassung einer Sache *gegen Entgelt* zum Gebrauch *und zum Genuss der Früchte* und Rückgabe *derselben* Sache. Vertragspartner sind der Verpächter und der Pächter, z. B. Verpachtung eines Obstgartens, eines Ladens, einer Gaststätte. Der Pächter darf mithilfe des gepachteten Gegenstands einen Gewinn erwirtschaften und den Gewinn behalten, z. B. Obst aus dem gepachteten Obstgarten verkaufen.
Leihvertrag BGB §§ 598 ff.	*Unentgeltliche* Überlassung einer Sache zum Gebrauch und Rückgabe *derselben* Sache. Vertragspartner sind der Verleiher und der Entleiher, z. B. Ausleihe eines Buches aus einer Schulbibliothek (ohne Nutzungsgebühr), die Nachbarin borgt sich den Staubsauger. Rückgabe desselben Buchs bzw. Staubsaugers.
Darlehensvertrag BGB §§ 488 ff.	Der Darlehensgeber überlässt dem Darlehensnehmer einen bestimmten Geldbetrag. Der Darlehensnehmer zahlt den vereinbarten Zins und erstattet den Geldbetrag bei Fälligkeit zurück.
Sachdarlehens- **vertrag** BGB §§ 607 ff.	Der Darlehensgeber überlässt dem Darlehensnehmer entgeltlich eine vertretbare Sache (nicht Geld) zum *Ge- oder Verbrauch* und Rückerstattung des Empfangenen in Sachen *gleicher Art, Güte und Menge*, z. B. die Nachbarin „borgt" sich eine Flasche Wein; sie muss nicht dieselbe Sache zurückbringen, sondern lediglich eine Sache gleicher Art, Menge und Güte (gleiche Menge Wein in gleicher Qualität), da die überlassene Sache verbraucht worden ist.

■ Beim **einseitigen Rechtsgeschäft** ist *eine* Willenserklärung nötig.

■ **Zwei- oder mehrseitige Rechtsgeschäfte**, d. h. **Verträge**, bestehen aus *mindestens zwei* inhaltlich übereinstimmenden Willenserklärungen.

■ Die **Bindung an eine Willenserklärung** besteht so lange, bis unter verkehrsüblichen Umständen eine Antwort erwartet werden kann.

■ Die verspätete Annahme eines Antrags gilt als neuer Antrag.

■ Die Gültigkeit mancher Verträge ist an **gesetzliche Formvorschriften** gebunden. Es werden die gesetzliche Schriftform, die öffentliche Beglaubigung und die notarielle Beurkundung unterschieden. Hinzu kommen Textform und elektronische Form.

■ Ist für eine Willenserklärung die **Textform** vorgeschrieben, dann muss die Erklärung einem anderen gegenüber so abgegeben werden, dass sie in Schriftzeichen lesbar und die Person des Erklärenden angegeben ist. Die Textform ist wie das **Fax** und die elektronische Form ausgeschlossen, wenn für sie eine gesetzliche Formvorschrift (z. B. Schriftform, notarielle Beurkundung) einzuhalten ist.

■ Wenn die Beteiligten es wollen, können Erklärungen, für die eine *vertragliche oder gesetzliche Schriftform* vorgeschrieben ist, auch mittels **elektronischer Form** abgegeben werden. Dabei wird das elektronische Dokument verschlüsselt und mit einer digitalen Signatur versehen. Die **digitale Signatur** („elektronische Unterschrift") ist ein Siegel, das mit spezieller Verschlüsselungstechnik erzeugt wird.

■ Im Geschäftsleben gibt es verschiedene **Vertragsarten** mit unterschiedlicher Rechtswirkung.

Abgrenzungs- gesichtspunkt	Vertragsart	Erläuterung
Vertragszweck und Zielsetzung	● Dienstvertrag	Leistung von Diensten gegen Entgelt *ohne* Zusage des Erfolgs.
	● Werkvertrag	Herstellung eines Werkes gegen Entgelt *mit* Zusage des Erfolgs. Das Material wird vom *Besteller* beschafft.
	● Werkliefe- rungsvertrag	Lieferung einer herzustellenden beweglichen Sache gegen Entgelt *mit* Zusage des Erfolgs. Das Material wird vom *Hersteller* beschafft.
Nutzungsrecht	● Mietvertrag	Überlassung einer Sache *gegen Entgelt* zum Gebrauch und Rückgabe *derselben* Sache.
	● Pachtvertrag	Überlassung einer Sache *gegen Entgelt* zum Gebrauch *und zum Genuss der Früchte* und Rückgabe *derselben* Sache.
	● Leihvertrag	*Unentgeltliche* Überlassung einer Sache zum Gebrauch und Rückgabe *derselben* Sache.
	● Sach- darlehens- vertrag	Entgeltliche Überlassung einer Sache zum *Ge- oder Verbrauch* und Rückgabe einer Sache *gleicher Art, Güte und Menge*.
Gegenleistung	● Kaufvertrag	Übereignung einer fertigen Sache *gegen Zahlung* des Kaufpreises.
	● Schenkung	*Unentgeltliche* Übereignung einer Sache.

1 Bilden Sie drei **Expertengruppen** A, B und C mit je sechs Mitgliedern. Die Gruppe A befasst sich mit den Fragen a) bis f), die Gruppe B mit g) bis l), die Gruppe C mit m) bis r). Tauschen Sie anschließend Ihre Informationen in sechs **Puzzlegruppen** aus. Die Puzzlegruppen bestehen aus je einem Mitglied jeder Expertengruppe A, B und C; dieses berichtet jeweils über die Ergebnisse seiner Expertengruppe. Anschließend beantworten zwei Puzzlegruppen im Wechsel die Fragen vor der Klasse und stellen sich der Kritik.

Fragen:
a) Erklären Sie den Begriff Willenserklärung.
b) Beschreiben Sie drei Arten von Willenserklärungen.
c) Unterscheiden Sie empfangs- und nicht empfangsbedürftige Willenserklärungen.
d) Nennen Sie Beispiele für einseitige Rechtsgeschäfte.
e) Unter welchen rechtlichen Voraussetzungen kommt ein Vertrag zustande?
f) Unter welcher Voraussetzung gilt Schweigen als Zustimmung?
g) Wie lange ist ein Antrag rechtlich bindend?
h) Welche Folgen hat die verspätete Annahme eines Antrags?
i) Weshalb gibt es gesetzliche Formvorschriften?
j) Für welche Willenserklärungen ist die Schriftform gesetzlich vorgeschrieben?
k) Unterscheiden Sie öffentliche Beglaubigung und notarielle Beurkundung.
l) Unter welcher Voraussetzung werden digitale Unterschriften rechtlich anerkannt?
m) Unter welchen Voraussetzungen gelten Fax-Mitteilungen als rechtswirksam zugegangen?
n) Worin unterscheiden sich Gattungssachen von Speziessachen?
o) Unterscheiden Sie zwischen Dienst-, Werk- und Werklieferungsvertrag.
p) Welcher Unterschied besteht zwischen Leih-, Pacht- und Mietvertrag?
q) Unterscheiden Sie Leih- und Sachdarlehensvertrag.
r) Worin besteht der Unterschied zwischen einem Kaufvertrag und einem Werklieferungsvertrag?

2 Entscheiden Sie, ob in folgenden Fällen ein Vertrag zustande gekommen ist. Wodurch kommen Antrag und Annahme zustande?

a) Herr Braun nimmt wortlos an einem Kiosk eine Zeitung, legt das passende Geldstück hin und geht mit einem Gruß weiter.

b) Frau Groß winkt ihrer Freundin zu, die sie auf dem Gehweg jenseits der Straße entdeckte. Ein vorbeifahrender Taxifahrer sieht dieses Zeichen, hält an und will Frau Groß einsteigen lassen, da sie ihn ja mit dem Winken angehalten habe.

c) Einkäufer Maurer ruft seinen Lieferer Schulz an: „Schicken Sie mir bis 10:00 Uhr das Gleiche wie gestern." Schulz antwortet: „In Ordnung."

d) Frau Gruber will eine neue Geschäftsverbindung anbahnen und hat mit Telefax beim Weingut „Sonnenhalde" 200 Flaschen Kaiserstühler Weißherbst bestellt. Nach 14 Tagen trifft die Mitteilung mit der Briefpost ein, dass der Wein in den nächsten Tagen geliefert werde.

e) Wie würden Sie im Fall d) urteilen, wenn das Weingut nach zwei Tagen telefonisch die Lieferung ankündigt?

3 Begründen Sie, ob und ggf. welche Formvorschriften bei nachstehenden Rechtsgeschäften einzuhalten sind:

a) Frau Bandel kauft einen Fernseher auf Raten (Teilzahlungsgeschäft).

b) Bauer Häge verkauft seine Obstwiese an einen Bauträger.

c) Martina Kolb schließt einen Ausbildungsvertrag[1] ab.

---

[1] Siehe hierzu auf Seite 75.

d) Der Gewerbetreibende Bender übernimmt für seine Tochter eine Bürgschaft zur Absicherung ihres Autokredits.

4 Willenserklärungen werden zunehmend in elektronischer Form abgegeben

a) Wann wird eine Willenserklärung unter Abwesenden bzw. unter Anwesenden grundsätzlich rechtswirksam?

b) Ab wann gilt eine Willenserklärung per E-Mail als abgegeben?

c) Wann gilt eine Willenserklärung in elektronischer Form als zugegangen?

d) Unter welchen Voraussetzungen ist eine Willenserklärung in elektronischer Form rechtswirksam?

e) Welche Vorkehrungen kann der E-Mail-Teilnehmer treffen, um die Gefahr unbefugter Nutzung auszuschalten?

f) Diskutieren Sie über Vor- und Nachteile von Willenserklärungen in elektronischer Form.

5 Um welche Vertragsarten handelt es sich in den folgenden Fällen? Begründen Sie Ihre Anwort.

a) Die Maschinenfabrik Ulm schickt Rohre an die Galvanisieranstalt Ulm zum Vernickeln.

b) Zeitungsanzeige: „Leihwagen billigst! Geringe Gebühren! Nur 0,25 EUR je km."

c) Aus einem Kostenvoranschlag: „Installation einer Zentralheizung … Materialkosten 22 000,00 EUR, Löhne 8000,00 EUR."

d) Wir geben einem Angestellten 2000,00 EUR Baukostenzuschuss, rückzahlbar in Monatsraten von 100,00 EUR.

e) Frau Krüger bekommt überraschend Besuch und geht zu Frau Braun: „Bitte können Sie mir bis morgen zehn Eier leihen?"

6 Auszug aus einem Mietvertrag über eine Lagerhalle zwischen der Getränkegroßhandlung Breyer GmbH als Mieter und Frau Großmann als Vermieterin:

> „§ 5 Kündigung.
> (1) Der Mietvertrag kann bis zum dritten Werktag eines Kalendermonats für den Ablauf des übernächsten Kalendermonats gekündigt werden. Für die Rechtzeitigkeit der Kündigung kommt es nicht auf die Absendung, sondern auf den Zugang des Kündigungsschreibens an.
> (2) Die Kündigung muss schriftlich erfolgen."

Begründen Sie bei den folgenden Problemen jeweils Ihre Meinung.

a) Die Breyer GmbH schickt die Kündigung am 1. März (Freitag) ab; sie geht am 4. März ein. Ist die Kündigung wirksam?

b) Wenn Sie Frage a) bejahen, wann würde das Mietverhältnis endigen?

c) Frau Großmann ist vom 25. Februar bis 9. März im Urlaub. Wie wirkt sich diese Abwesenheit auf die Kündigung aus?

d) Die Breyer GmbH glaubt, sicherzugehen und sendet die Kündigung als Einschreiben.
  1. Am 4. März ist die Zustellung nicht möglich, da Frau Großmann abwesend ist. Am 5. März ist sie zu Hause und nimmt das Einschreiben an. Ist die Kündigung wirksam?
  2. Die Breyer GmbH sendet die Kündigung durch Boten. Frau Großmann verweigert die Annahme des Briefes.

e) Geben Sie Beispiele für einseitige und mehrseitige Rechtsgeschäfte.

17

1.1.2 Rechts- und Geschäftsfähigkeit

① Der verwitwete Unternehmer Heinz Braun, Eigentümer einer Textilgroßhandlung, ist gestorben und hinterlässt seinen vier- und zwölfjährigen Kindern Hans und Tina das Geschäft. Die beiden Auszubildenden Kurt Fink und Özgül Aydin rätseln. Kurt fragt: „Ja, müssen wir denn jetzt Anweisungen von Tina befolgen?" Da meint Özgül: „Ich glaube nicht, obwohl – ihr gehört doch nun die Firma zusammen mit Hans!" – Wie ist die Rechtslage?

② Der fünfjährige Boris kauft ein. Damit er nichts vergisst, hat die Mutter ihm alles aufgeschrieben. Den Zettel gibt er dem Einzelhändler ab. Als alles gerichtet ist, sagt Boris: „Jetzt möchte ich noch eine Schokoladentorte!" – Wie soll sich der Einzelhändler verhalten?

Sachdarstellung

■ Rechtsfähigkeit

Rechtsfähig ist jeder, der Träger von *Rechten* und *Pflichten* sein kann.

Zu unterscheiden sind *natürliche* und *juristische* Personen. **Natürliche Personen** sind alle Menschen, juristische Personen dagegen Zusammenschlüsse, die rechtlich als „Person" betrachtet werden und deshalb u. a. Eigentum besitzen können, z. B. eine Aktiengesellschaft. Während **juristische Personen** sofort volle Handlungsfreiheit haben, ist diese bei natürlichen Personen teilweise beschränkt oder sogar ausgeschlossen.

Beispiel: Hans und Tina sind zwar Eigentümer geworden, können aber über ihr Eigentum noch nicht verfügen. Das Familiengericht bestellt für sie einen *Betreuer*.

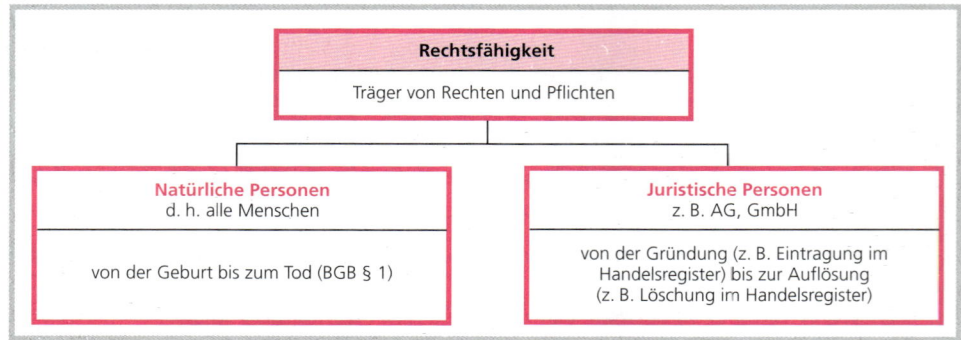

■ Geschäftsfähigkeit

Der fünfjährige Boris kann aufgrund seines Alters noch keinen Vertrag rechtskräftig abschließen. Mit dem Zettel erklärt er lediglich als *Bote* den Willen seiner Mutter. Er ist zwar rechtsfähig, aber **geschäftsunfähig**. Das Recht, *Verträge gültig abschließen* zu können, setzt *Rechts- und Geschäftsfähigkeit* voraus.

Geschäftsfähigkeit ist die Fähigkeit, Rechtsgeschäfte *selbstständig* und *rechtswirksam* abschließen zu können.

Geschäftsunfähig ist nach § 104 BGB

- wer das 7. Lebensjahr nicht vollendet hat;
- wer sich dauernd in einem Zustand krankhafter Störung der Geistestätigkeit befindet.

Geschäftsunfähige können *keinerlei* Rechtsgeschäfte gültig abschließen. Für sie handelt stellvertretend der gesetzliche Vertreter (z. B. Eltern oder Betreuer).

Beschränkt geschäftsfähig sind nach § 106 BGB

- alle Personen, die zwar das 7. Lebensjahr vollendet, jedoch das 18. Lebensjahr noch nicht vollendet haben.

Der Vertrag mit einem beschränkt Geschäftsfähigen ist zunächst in der Schwebe, d. h. **schwebend unwirksam**, und gilt erst, wenn der gesetzliche Vertreter zustimmt. Die nachträgliche Zustimmung (Genehmigung) kann auch *stillschweigend* erteilt werden, es sei denn, der Vertragspartner des Minderjährigen hat den gesetzlichen Vertreter ausdrücklich zur Genehmigung aufgefordert und dieser erklärt die Genehmigung *innerhalb zwei Wochen* nach Empfang der Aufforderung (BGB § 108 [2]). Ist der Minderjährige inzwischen unbeschränkt geschäftsfähig geworden, so tritt *seine* Genehmigung an die Stelle der Genehmigung des gesetzlichen Vertreters. Er muss also auch *ausdrücklich zustimmen* (BGB § 108).

Beispiel: Sabine, 17 Jahre alt, hat sich ein „unmögliches" Kleid gekauft. Der Vater schimpft, dafür gebe er sein Geld nicht her, und – lässt die Sache auf sich beruhen. Der Kauf ist rechtsgültig.

Ein beschränkt Geschäftsfähiger darf **ohne Einwilligung** (vorherige Zustimmung) des gesetzlichen Vertreters vollgültige Geschäfte abschließen, die

- ihm nur *rechtliche Vorteile* bringen, z. B. Schenkung (BGB § 107);
- er mit Geld bezahlt, das ihm für diesen Vertrag oder zur freien Verfügung gegeben wurde, z. B. **Taschengeldgeschäfte** (BGB § 110);
- er im Rahmen eines mit Zustimmung des gesetzlichen Vertreters und des Familiengerichts *selbstständig betriebenen Erwerbsgeschäftes* vornimmt, z. B. Lebensmittelgeschäft, Frisörsalon (BGB § 112, § 1822);
- im Rahmen des mit Zustimmung des gesetzlichen Vertreters und des Familiengerichts geschlossenen *Arbeits- bzw. Berufsausbildungsvertrages* anfallen (BGB § 113, § 1822, BBiG § 10).

Die Ermächtigung, in ein Dienst- oder Arbeitsverhältnis zu treten (§ 113 BGB)

Durch die Ermächtigung wird der Minderjährige für sämtliche Rechtsgeschäfte unbeschränkt geschäftsfähig, die die Eingehung, Erfüllung und Aufhebung des Arbeitsverhältnisses mit sich bringen. Er kann, anders als beim Berufsausbildungsvertrag (§ 10 Abs. 2 BBiG), den Arbeitsvertrag selbstständig abschließen und Vereinbarungen über Lohn und sonstige Arbeitsbedingungen treffen.

Der Minderjährige kann auch wirksam Rechtsgeschäfte abschließen, die mit der Erfüllung der beiderseitigen Rechte und Pflichten in Zusammenhang stehen (Kündigen, Schadenersatzansprüche geltend machen, den Lohn annehmen usw.).

Insbesondere deckt § 113 BGB den Gewerkschaftsbeitritt des minderjährigen Arbeitnehmers.

Wegen der heute ganz allgemein üblichen bargeldlosen Lohnzahlung wird die Eröffnung eines Lohn- und Gehaltskontos bzw. eines Postbankkontos ebenfalls von § 113 BGB erfasst. Weiter werden durch § 113 BGB die Beförderungsverträge für die Fahrt zur Arbeit, Kaufverträge für Berufskleidung und Arbeitsmaterialien, Essen in der Kantine (= Bewirtungsvertrag mit dem Kantineninhaber) gestattet.

Über den Arbeitslohn generell (also abgesehen von den gerade dargestellten Fällen) kann auch der minderjährige Arbeitnehmer nicht wirksam verfügen, sondern muss ihn abliefern.

Im Einzelfall kann dem Minderjährigen der Arbeitslohn zur freien Verfügung überlassen sein (§ 110 BGB). Dies ist aber keinesfalls als Regelfall anzusehen.

Oft werden unter § 113 BGB auch die Berufsausbildungsverhältnisse gefasst. Dies ist jedoch nicht richtig. Sie sollen vielmehr die für die Ausbildung einer qualifizierten beruflichen Tätigkeit notwendigen fachlichen Fertigkeiten und Kenntnisse vermitteln (§ 1 Abs. 2 BBiG). Gleiches gilt für die Volontärverhältnisse und Anlernverträge. Die Ausbildungsvergütung des Auszubildenden kann dieser also nicht im Rahmen des § 113 BGB eigenverantwortlich ausgeben.

Falls seine gesetzlichen Vertreter ihm nicht im Rahmen des § 110 BGB Geld zur freien Verfügung belassen, muss er die gesamte Vergütung gemäß dem Willen der gesetzlichen Vertreter verwenden, sie also beispielsweise auf ein Sparbuch einzahlen, falls dies gefordert würde. Im Rahmen des Unterhaltsanspruchs des Kindes gegenüber seinen Eltern (§ 1601 ff. BGB) wird man heute allerdings gewisses Taschengeld als zum Unterhalt gehörig ansehen können.

(Quelle: Münchner Kommentar, § 113 Randnotizen 10 f., 14, 16, 18, 7)

Voll oder **unbeschränkt geschäftsfähig** sind

- alle **Volljährigen**.

Kann ein Volljähriger aufgrund einer *psychischen Krankheit* oder einer *körperlichen, geistigen oder seelischen Behinderung* seine Angelegenheiten ganz oder teilweise nicht besorgen, so bestellt das Vormundschaftsgericht auf seinen Antrag oder von Amts wegen für ihn einen **Betreuer** (BGB § 1896).

Zusammenfassung

- **Rechtsfähig** sind alle natürlichen und juristischen Personen.
- Die **Geschäftsfähigkeit** gliedert sich in drei Stufen:

Art	Rechtsgeschäfte sind
1. Geschäftsunfähigkeit	von vornherein ungültig
2. beschränkte Geschäftsfähigkeit	ohne Einwilligung des gesetzlichen Vertreters schwebend unwirksam
3. volle Geschäftsfähigkeit	in vollem Umfang gültig

- **Schwebend unwirksame Verträge** bedürfen der Genehmigung des gesetzlichen Vertreters. Sie können auch stillschweigend genehmigt werden, außer wenn der gesetzliche Vertreter ausdrücklich zur Genehmigung aufgefordert wurde.
- Auch **beschränkt Geschäftsfähige** können in bestimmten Fällen vollgültige Verträge schließen.

Aufgaben

1 Worin unterscheiden sich Rechts- und Geschäftsfähigkeit bei natürlichen und bei juristischen Personen?

2 Warum sind u. U. auch Erwachsene beschränkt geschäftsfähig bzw. geschäftsunfähig?

3 Beurteilen Sie folgende Fälle, und begründen Sie Ihre Ansicht:

    a) Die 16-jährige Ursula kauft von ihrem gesparten Taschengeld eine Perücke für 50,00 EUR. Der Vater verlangt, dass sie diese zurückgibt. Der Verkäufer weigert sich, die Perücke zurückzunehmen.

b) Lukas, sechs Jahre alt, hat für seine Mutter eingekauft. Vom Wechselgeld nimmt er 1,00 EUR und kauft fünf Brausetüten. Die aufgerissenen Tüten bringt die Mutter ins Geschäft zurück und will das Geld dafür haben.

c) Der 17-jährige Angestellte Thomas kündigt seinen mit Einwilligung des gesetzlichen Vertreters geschlossenen Arbeitsvertrag zum 31. März. Der Vater teilt der Firma mit, dass er als gesetzlicher Vertreter die Kündigung rückgängig mache.

4 Wovon hängt die Gültigkeit von Verträgen mit beschränkt Geschäftsfähigen ab?

5 Wie würden Sie einen schwebend unwirksamen Vertrag beurteilen, wenn der Minderjährige inzwischen volljährig wird [vgl. BGB § 108 (3)]?

6 Die 16-jährige Barbara hat von einer Tante zum Geburtstag ein Fahrrad erhalten. Da die Eltern mit der Tante Streit haben, erklären sie: „Von der lassen wir uns nichts schenken", und geben das Fahrrad zurück.

a) Durfte Barbara das Fahrrad annehmen? Nehmen Sie dazu Stellung.

b) Die Tante sagt: „Geschenkt ist geschenkt" und lehnt die Rücknahme ab. Was meinen Sie dazu?

c) Wie wäre die Sachlage, wenn die Tante das Fahrrad mit der Auflage geschenkt hätte, dass Barbara ein Vierteljahr dafür die Kehrwoche samstags übernimmt?

d) Wie wäre die Angelegenheit zu beurteilen, wenn Barbara erst fünf Jahre alt wäre und ein Dreirad bekommen hätte?

e) Der Vater gibt Barbara 500,00 EUR zum Kauf eines Fahrrads. Barbara kauft beim Händler anstelle des Fahrrads ein gebrauchtes Mofa zum gleichen Preis.
   1. Der Vater verlangt, dass Barbara das Mofa sofort wieder zurückgibt. Der Händler weigert sich. Ist er im Recht?
   2. Auf der Heimfahrt fährt Barbara gegen einen Baum. Das Mofa hat Totalschaden. Der Vater verlangt das Geld zurück, da er seine Einwilligung nicht gegeben habe. Muss der Händler zahlen?
   3. Wie würden sie den Fall sehen, wenn zwischen Kauf und Unfall vier Wochen vergangen sind?

1.1.3 Nichtigkeit und Anfechtbarkeit von Rechtsgeschäften

Problem

Ein ermüdeter Wanderer kommt durstig an einen Rastplatz und seufzt: „Jetzt würde ich 100 EUR für eine Flasche Bier geben!" Herr Kunze hört dies, holt aus seinem Rucksack eine Flasche Bier und sagt: „Ich nehme Ihr Angebot an!" Was halten Sie davon?

Die Bürokauffrau Ruth Müller vertippt sich und bestellt statt 60 Flaschen „Würzburger Stein" 600 Flaschen. Als am nächsten Morgen der Fehler bemerkt wird, ist die Bestellung bereits beim Lieferanten eingetroffen. Müssen 600 Flaschen, wie bestellt, abgenommen werden?

Sachdarstellung

■ Nichtigkeit von Rechtsgeschäften – von vornherein ungültig

Wenn Rechtsgeschäfte aufgrund bestimmter rechtlicher Mängel von vornherein ungültig sind, dann spricht man von **Nichtigkeit**. Nichtige Verträge werden so behandelt, als wären sie nicht abgeschlossen worden.

Nichtigkeitsgrund	Beispiele
Fehlende Geschäfts-fähigkeit (BGB §§ 105 [1], 108)	• Verträge *mit Geschäftsunfähigen* (BGB § 105) • Verträge mit Minderjährigen ohne *Einwilligung* bzw. wenn der gesetzliche Vertreter die *Genehmigung verweigert* oder nach Aufforderung *die Genehmigung nicht innerhalb zwei Wochen* erklärt
Fehlen des rechtsge-schäftlichen Willens (BGB §§ 105 [2], 117, 118)	• Verträge, die *im Zustand der Bewusstlosigkeit oder vorüberge-hender Störung der Geistestätigkeit* abgeschlossen werden (z. B. Verkauf eines Neuwagens für 1000 EUR im volltrunkenen Zustand) • *Scheingeschäfte* – Verträge, die zum Schein abgeschlossen wer-den (z. B.: Arbeitsvertrag mit dem Ehegatten zwecks steuerli-cher Geltendmachung von Betriebsausgaben – tatsächlich arbeitet dieser nicht) • *Scherzgeschäfte* – Verträge, die nicht ernst gemeint sind (z. B. Verkauf des Ehegatten für 100000 EUR)
Verbotener rechtsge-schäftlicher Inhalt (BGB §§ 134, 138)	• Verträge, die *gegen gesetzliche Verbote* verstoßen (z. B. Men-schen-, Rauschgifthandel, Handel mit Diebesgut – Hehlerei) • Verträge, die *gegen die guten Sitten* verstoßen, d. h., wenn ein auffälliges Missverhältnis zwischen Leistung und Gegenleis-tung besteht oder wenn sich jemand unter Ausnutzung einer Zwangslage, der Unerfahrenheit, des mangelnden Urteilsver-mögens eines anderen Vorteile verschafft (**Wucher**)
Nichteinhaltung einer Formvorschrift (BGB § 125)	• Verträge, die gegen eine *gesetzliche Formvorschrift* (z. B. Grundstückskaufvertrag ohne notarielle Beurkundung) *oder vertraglich vereinbarte Form* verstoßen

Gerichtsurteile zur Nichtigkeit von Rechtsgeschäften:

Nicht zurückzahlen

Eine Anlegerin braucht einem Urteil des Landgerichts München zufolge das Darle-hen, das sie für die Teilnahme an einem Schneeballsystem von einer Mitspielerin be-kommen hatte, nicht zurückzuzahlen. Da die Klägerin selbst sittenwidrig gehandelt habe, könne sie ihr Geld nicht zurückverlan-gen, entschied das Gericht [...] Schenkkreise oder auch Schneeballsysteme sind nach Ein-schätzung des Gerichts hierarchisch organi-siert. Diejenigen, die an der Spitze der Pyra-mide stehen, erhalten von den später ein-gestiegenen Mitgliedern Geld. [...] (Az.: 10 O 25455/05)

(Quelle: AP: Nicht zurückzahlen, in Südwestpresse, 25.05.2007, S. 5)

WUCHER / Geld zurück vom Schlüsseldienst

MÜNCHEN • Wegen Wucherpreisen von 250 Prozent über den marktüblichen Honoraren muss ein Schlüsseldienst Geld an eine Kun-din zurückzahlen. Das Amtsgericht Mün-chen verpflichtete [...] ein Unternehmen, rund 130 EUR an eine Kundin zurückzuge-ben. Der Schlüsseldienst hatte 180 EUR für einen Einsatz verlangt, der in der Branche normalerweise lediglich 50 Euro kostet. Der Mitarbeiter benötigte knapp drei Minuten, um die Tür zu öffnen. [...] Auf der Internet-seite warb die Firma mit 41 Euro für die Leis-tung. [...] (Az 141 C 27160/03)

(Quelle: dpa: WUCHER/Geld zurück vom Schlüsseldienst, in Südwestpresse, 19.10.2004, S. 5)

Radarwarngerät: Kein Geld zurück

KARLSRUHE • Wer ein defektes Radarwarngerät kauft, kann trotz der Mängel den Kaufpreis nicht zurückfordern, weil Geschäfte mit solchen Geräten sittenwidrig sind. [...] Denn Radarwarngeräte dienen allein dem Zweck, Geschwindigkeitskontrollen zu unterlaufen. Damit wies der Bundesgerichtshof die Klage einer Frau ab, die ein mehr als 1000 EUR teures Warngerät gekauft hatte — das sich aber als unzuverlässig erwies. [...] Nach den Worten des BGH verbietet die Straßenverkehrsordnung zwar lediglich das Mitführen von Radarwarngeräten im Auto, nicht aber deren Kauf. Gleichwohl sei bereits der Erwerb „rechtlich zu missbilligen". [...] Mehrere Verwaltungsgerichte haben inzwischen bestätigt, dass die Polizei solche Geräte sicherstellen und vernichten darf (Az: Bundesgerichtshof VIII 129/04).

(Quelle: dpa: Radarwarngerät: Kein Geld zurück, in Südwestpresse, 24.02.2005, S. 6)

▮ *Anfechtbarkeit von Rechtsgeschäften – im Nachhinein ungültig*

Wenn Rechtsgeschäfte aufgrund bestimmter Gründe *im Nachhinein ungültig* gemacht werden können, dann spricht man von **Anfechtbarkeit**. Anfechtbare Verträge bleiben bis zur rechtsgültigen Anfechtung gültig und werden erst danach ungültig.

Anfechtungsgrund	Beispiel
Irrtum (BGB §§ 119, 120)	• *Irrtum in der Erklärung*, z. B. Sprechfehler, Schreibfehler (z. B. nennt der Verkäufer in seinem Angebot einen Preis von 18000 EUR, meint aber in Wirklichkeit 80000 EUR) • *Irrtum in der Übermittlung der Erklärung*, z. B: Ein Bote richtet etwas falsch aus, der Angebotspreis in einem Fax ist verstümmelt (es sind nur die ersten zwei Ziffern zu lesen, z. B. 10 statt 10000 EUR) • *Irrtum über wesentliche Eigenschaften einer Person oder Sache (Inhaltsirrtum)* (z. B. ein Unternehmen stellt einen Fahrer ein, der jedoch keinen Führerschein besitzt)
Arglistige Täuschung (BGB § 123)	• Verträge, die aufgrund der *Vorspiegelung falscher Tatsachen* zustande kommen, z. B. ein Unfallwagen wird trotz besseren Wissens des Verkäufers dem ahnungslosen Käufer als unfallfrei verkauft)
Widerrechtliche Drohung (BGB § 123)	• Verträge, die durch *mittelbare oder unmittelbare Bedrohung* eines Vertragspartners zustande kommen, z. B. ein Staubsaugervertreter erzwingt die Unterschrift vom Käufer, indem er androht, dass er sonst dessen Vorstrafen in der Nachbarschaft erzählt

Nicht jede Drohung ist widerrechtlich. So ist die Androhung eines gerichtlichen Mahnbescheids in Zusammenhang mit dem Zahlungsverzug eines Käufers nicht zu beanstanden. Bei einer *widerrechtlichen Drohung* muss eine *Verwerflichkeit* zwischen Drohung und angestrebtem Zweck vorliegen.

Der Anfechtende muss bei *Anfechtung wegen Irrtums* unter Umständen seinem Vertragspartner **Schadenersatz** leisten (BGB § 122). Dieser soll keinen Schaden dadurch erleiden, dass er auf die Gültigkeit des Vertrages vertraute. Deshalb wird ihm, sofern er den Anfechtungsgrund nicht kannte oder erkennen musste, der *Vertrauensschaden* ersetzt, d. h., er wird so gestellt, als ob der Vertrag nicht geschlossen worden wäre.

Elektronisch abgegebene und übermittelte Willenserklärungen können ebenfalls, wie jede andere Willenserklärung, wegen eines Inhalts- oder Erklärungsirrtums angefochten werden. Vertippt sich z. B. der Erklärende bei Abgabe der Erklärung, so liegt – vergleichbar dem Verschreiben – ein Erklärungsirrtum vor.

Auch sogenannte Computererklärungen, die mithilfe eines Computerprogramms *automatisiert erzeugt und elektronisch übermittelt* werden, sind anfechtbar, da es sich um Willenserklärungen handelt, die letztendlich auf eine willentliche Entscheidung eines Menschen zurückgehen. Die Ergebnisse des Computerprogramms werden dem Anlagebetreiber als eigene Willenserklärung zugerechnet.

Die Anpassung eines Vertrags kann verlangt werden, wenn sich die Geschäftsgrundlage, die für den Vertragsschluss maßgebend war, wesentlich verändert hat (z. B. schwere Krankheit eines Vertragsteils, neue Gesetzeslage) und den Parteien das Festhalten am Vertrag nicht zugemutet werden kann (BGB § 313). Ist eine Anpassung des Vertrags nicht möglich oder einem Teil nicht zumutbar, dann kann die benachteiligte Partei vom Vertrag zurücktreten. Bei Dauerschuldverhältnissen besteht das Recht zur Kündigung aus wichtigem Grund (**Störung der Geschäftsgrundlage**).

Nicht zur Anfechtung berechtigen der **Motivirrtum** (z. B. jemand kauft Aktien in der Erwartung von Kurssteigerungen – wenig später fallen die Aktienkurse) und der **Kalkulationsirrtum** (z. B. ein Angebotspreis wurde aufgrund falsch ermittelter Zuschlagssätze zu niedrig kalkuliert).

Anfechtungsfristen

Anfechtungsgrund	Anfechtungsfrist
Irrtum	• **Unverzüglich**, d. h. *ohne schuldhaftes Zögern*, nachdem der Irrtum entdeckt wurde. • Nach 10 Jahren seit Abgabe der Willenserklärung ist die Anfechtung ausgeschlossen (BGB § 121).
Arglistige Täuschung bzw. **widerrechtliche Drohung**	• **Innerhalb eines Jahres** nach Kenntnis der Täuschung bzw. Aufhören der Zwangslage. • Nach 10 Jahren seit Abgabe der Willenserklärung ist die Anfechtung ausgeschlossen (BGB § 124).

Gerichtsurteil zur Anfechtung von Rechtsgeschäften:

Irrtum korrigierbar

KARLSRUHE • Ein Käufer, der mit einem Notebook für nur 245 EUR ein Schnäppchen gemacht zu haben glaubte, muss seinen Computer wieder an den Internet-Händler zurückgeben. Der tatsächliche Preis sollte mit 2 650 EUR mehr als das Zehnfache betragen. Durch einen Softwarefehler war das Notebook aber zum Super-Angebot auf die Website des Computer-Händlers geraten. [...] Nach dem jetzt veröffentlichten Urteil des Bundesgerichtshofs unterlag der Händler einem Erklärungsirrtum und kann deshalb den Kaufvertrag wirksam anfechten. Das Schnäppchen muss vom Käufer zurückgegeben werden (Az.: BGH VIII ZR 79/04).

(Quelle: AP: Irrtum korrigierbar, in Südwestpresse, 23.02.2005, S. 7)

- Nichtige Verträge sind von vornherein ungültig. Anfechtbare Verträge sind zunächst voll gültig und werden durch Anfechtung rückwirkend ungültig.
- **Nichtige Verträge** sind
  - Verträge mit *Geschäftsunfähigen*
  - Verträge, die im *Zustand der Bewusstlosigkeit* oder vorübergehender *Störung der Geistestätigkeit* geschlossen werden
  - Scheingeschäfte
  - Scherzgeschäfte
  - Verträge, die gegen ein *gesetzliches Verbot* verstoßen
  - Verträge, die gegen die *guten Sitten* verstoßen
  - Verträge, die gegen *Formvorschriften* verstoßen
- **Schwebend unwirksame Verträge** werden mit *beschränkt Geschäftsfähigen* geschlossen. Genehmigung durch gesetzlichen Vertreter.
- **Anfechtbare Verträge**
  - Willenserklärung enthält rechtserheblichen *Irrtum*
  - Willenserklärung wurde durch *arglistige Täuschung* veranlasst
  - Willenserklärung wurde *widerrechtlich durch Drohung* erzwungen
- **Anfechtungsfristen**
  - *bei Irrtum:* unverzüglich nach Entdeckung
  - *bei arglistiger Täuschung und bei Drohung:* innerhalb eines Jahres nach Kenntnis bzw. Aufhören der Zwangslage
  - *nicht mehr möglich,* wenn seit Abgabe der Willenserklärung 10 Jahre vergangen sind

1 Welcher Unterschied besteht zwischen Nichtigkeit und Anfechtbarkeit von Verträgen?

2 a) Wovon hängt die Gültigkeit von Verträgen mit beschränkt Geschäftsfähigen ab?

b) Wie würden Sie einen schwebend unwirksamen Vertrag beurteilen, wenn der Minderjährige inzwischen volljährig wird, vgl. BGB § 108 (3)?

3 Beurteilen Sie folgende Fälle im Hinblick auf Anfechtbarkeit und Nichtigkeit. Begründen Sie jeweils Ihre Ansicht.

a) Der Hof des Bauern Köhler ist stark verschuldet. Die Bank gewährt keinen weiteren Kredit. In seiner Not erhält er von einem Privatmann ein Darlehen zu 30% Zins jährlich.

b) Herr Kopp übernimmt für seinen Stammtischfreund Funk eine mündliche Bürgschaft in Höhe von 15000,00 EUR (vergleichen Sie auch BGB § 766!).

c) Die Unternehmung Kost bestellte heute schriftlich statt 35 Stück 53 Stück.

d) Die sechsjährige Ruth kauft mit ihrem Taschengeld zehn Tafeln Schokolade.

e) Herr Meyers kauft im Hinterzimmer einer Gastwirtschaft zwei Pistolen und ein Jagdgewehr, ohne eine Waffenbesitzkarte zu haben.

f) Radiohändler Weiß verkauft ein Fernsehvorführgerät als fabrikneu. Die Benützung verschweigt er dem Kunden.

g) Kaufmann Bullinger droht seinem säumigen Kunden: „Wenn Sie nicht bis übermorgen gezahlt haben, schicke ich Ihnen den Gerichtsvollzieher ins Haus!"

h) *Im Unterricht werden Verträge besprochen. Beim Schenkungsvertrag zieht der Lehrer einen Geldschein aus der Brieftasche und gibt ihn Fritz mit den Worten: „Den schenke ich dir!" Fritz sagte: „Danke!" und steckt den Schein ein.*

i) *Müller weiß, dass Schulz gerne Alkohol trinkt. Er lädt ihn in eine Kneipe ein, macht ihn betrunken und handelt ihm sein Auto weit unter dem tatsächlichen Wert ab.*

j) *Groß verkauft Maier ein Wochenendgrundstück, ohne den Notar in Anspruch zu nehmen. Die Notariatsgebühren sollen gespart werden.*

k) *In unserer Angebotskalkulation ist ein Rechenfehler enthalten. Als Angebotspreis erhalten wir je Stück 16,80 EUR. Zu diesem Preis bieten wir die Waren an. (Für Lösung beachten: Wo lag der Fehler?)*

l) *Eine mit 24,20 EUR kalkulierte Ware bieten wir wegen eines Schreibfehlers zu 22,40 EUR je Stück an.*

m) *In einer süddeutschen Großstadt ist die Wohnungsnot besonders groß. Der Vermieter Haug sagt: „Angebot und Nachfrage regeln den Preis" und vermietet eine Zweizimmerwohnung mit Bad (48 m²) für 1000,00 EUR.*

1.1.4 Verpflichtungs- und Erfüllungsgeschäft am Beispiel des Kaufvertrags

Problem

Mario Töpfer (18 Jahre) beschließt, ein Mountainbike zu kaufen. Er will höchstens 500,00 EUR ausgeben. Mario erkundigt sich zunächst bei verschiedenen Fahrradhändlern am Ort nach Preis, Ausführung und Zubehör. Die Fahrradhändler beraten ihn jeweils ausführlich und nennen ihre Preise. Das Angebot des Fahrradhändlers Kohl sagt ihm wegen des günstigen Preises besonders zu. Nur die Farben der am Lager befindlichen Räder gefallen Mario überhaupt nicht. Er stellt sich etwas Besonderes vor, ein Mountainbike in vier Farben. „Kein Problem, unser Hersteller ist für Sonderwünsche offen", so der Verkäufer der Fahrradhandlung Kohl. „Sie müssen jetzt nur noch den Auftrag unterschreiben, dann bekommen Sie Ihr Rad in zwei Wochen." Mario unterschreibt und nimmt den Durchschlag der Bestellung mit nach Hause. Zwei Wochen später ist Mario wieder im Fahrradgeschäft Kohl: „Sie teilten mir telefonisch mit, dass mein Mountainbike fertig ist. Ich möchte es gleich mitnehmen." Der Verkäufer bringt das Fahrrad. Mario: „Wow, das sieht ja super aus. Genau so wollte ich es haben. Ich habe im Moment jedoch nicht so viel Geld dabei." „Kein Problem, ich habe ja Ihre Adresse. Ich stelle Ihnen eine Rechnung aus. Die können Sie gleich mitnehmen", entgegnet der Verkäufer. Mario fährt mit seinem neuen Mountainbike gleich zu seiner Freundin Sabrina. Am nächsten Tag überweist Mario den Rechnungsbetrag an die Fahrradhandlung Kohl.

1. Vollziehen Sie die einzelnen Schritte dieses Kaufes nach.
2. Ab wann sind Mario und das Fahrradgeschäft Verpflichtungen eingegangen?
3. Wann haben die Fahrradhandlung und Mario ihre Verpflichtungen erfüllt?
4. Wann wurde Mario Eigentümer des Mountainbikes?

Sachdarstellung

■ Verpflichtungen und Verfügungen gemäß BGB

Das Privatrecht unterscheidet Schuldrecht (BGB §§ 241–853) und Sachenrecht (BGB §§ 854–1296). Das **Schuldrecht** regelt schuldrechtliche Beziehungen zwischen Personen, das **Sachenrecht** regelt die rechtliche Verfügung über eine Sache.

Verpflichtungen (z. B. Kauf, Schenkung) schaffen eine *schuldrechtliche Bindung zwischen Gläubiger und Schuldner*. Durch **Verfügungen** wird das Recht an einer Sache geändert oder aufgehoben (z. B. Eigentumsübertragung, Verpfändung).

■ *Verpflichtungsgeschäft am Beispiel des Kaufvertrags*

Der Kaufvertrag ist ein zweiseitiges Rechtsgeschäft, bei dem beide beteiligten Personen (Käufer und Verkäufer) *Verpflichtungen* eingehen.

Pflichten der Kaufvertragspartner (BGB § 433)

Pflichten des Verkäufers	• Übergabe der Kaufsache an den Käufer • Übertragung des Eigentums an der Sache auf den Käufer
Pflichten des Käufers	• Zahlung des vereinbarten Kaufpreises an den Verkäufer • Abnahme der gekauften Sache

Das **Verpflichtungsgeschäft** zwischen Käufer und Verkäufer (Kaufvertrag) kommt, wie jedes andere Rechtsgeschäft, durch zwei inhaltlich übereinstimmende Willenserklärungen (Antrag und Annahme) zustande. Dabei kann der Antrag bzw. die Annahme sowohl vom Käufer als auch vom Verkäufer abgegeben werden.

Beispiel 1: Ein Kaufvertrag kann durch einen *Antrag des Verkäufers* (verbindliches Angebot) und die rechtzeitige, inhaltlich übereinstimmende *Annahme des Käufers* (Bestellung) zustande kommen (siehe auf Seite 10)

Beispiel 2: Entstehung des Kaufvertrags durch *Antrag des Käufers* (**Bestellung**) und inhaltlich übereinstimmende *Annahme des Verkäufers* (**Bestellungsannahme**)

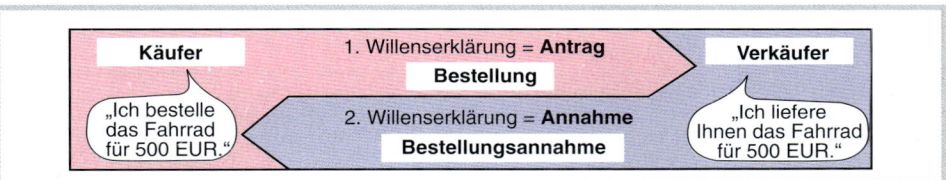

Damit ein Kaufvertrag zustande kommt, muss der Bestellung des Käufers *unverzüglich* eine **Bestellungsannahme** (Auftragsbestätigung) folgen, wenn

- kein verbindliches Angebot des Verkäufers vorausging (analog zu § 151 BGB),
- ein unverbindliches Angebot mit Freizeichnungsklausel vorausging (§ 145 BGB),
- der Käufer das vorausgegangene Angebot abgeändert hat (BGB § 150),
- die Bestellung auf ein vorausgegangenes Angebot zu spät erfolgte (BGB § 150),
- die Bestellung in elektronischer Form erfolgte (BGB § 312e [3] Nr. 3).

Das Verpflichtungsgeschäft legt den Vertragspartnern nur die Pflicht auf, die angestrebte Rechtswirkung durch eine Verfügung herbeizuführen. Durch den Kaufvertrag (Verpflichtungsgeschäft) erwirbt der Käufer noch kein dingliches Recht an der gekauften Sache, sondern nur einen Anspruch auf Erfüllung des Kaufvertrags durch Lieferung der Sache durch den Verkäufer.

■ *Verfügungsgeschäft am Beispiel des Kaufvertrags*

Erst durch das **Verfügungsgeschäft** (auch Erfüllungsgeschäft genannt), d. h. mit der Übergabe und Übereignung des Kaufgegenstands, gelangt der Käufer zu einer rechtlichen Herrschaft am Kaufgegenstand. Ebenso gelangt der Verkäufer erst durch das sich dem Verpflichtungsgeschäft anschließende Erfüllungsgeschäft in den rechtmäßigen Besitz des Kaufpreises.

Je nachdem, ob die Vertragspartner *als Unternehmer oder Verbraucher* (siehe Seite 34) handeln, können unterschieden werden:

- **Bürgerlicher Kauf:** *Beide* Vertragspartner handeln als *Verbraucher* (BGB § 433 ff.).
  Beispiel: Großhändler Schulze kauft für seinen Sohn den gebrauchten Pkw eines Nachbarn.

- **Einseitiger Handelskauf (Verbrauchgüterkauf):** *Ein* Vertragspartner handelt als *Unternehmer*. Für ihn gilt insbesondere das HGB (BGB § 433 ff., HGB §§ 343 ff.). Für den Verbraucher gelten besondere Schutzvorschriften (siehe S. 59 ff.).
  Beispiel: Großhändler Schulze kauft für seinen Sohn einen Pkw bei der Autohandlung Groß KG.

- **Zweiseitiger Handelskauf:** *Beide* Vertragspartner handeln als *Unternehmer* (HGB §§ 343 ff.).
  Beispiel: Großhändler Schulze kauft einen Pkw für sein Unternehmen vom Autohändler Groß KG.

Werden einer Privatperson *nicht bestellte Waren* ins Haus geschickt, so ist *kein* Kaufvertrag zustande gekommen (BGB § 241 a). Die Ware muss nicht – selbst wenn der Absender dies ausdrücklich wünscht – zurückgesandt werden. Der Empfänger der Gegenstände muss diese lediglich eine angemessene Frist mit derselben Sorgfalt aufbewahren, mit der er seine eigenen Sachen behandelt.

Eine Ausnahme kann der zweiseitige **Handelskauf** bilden. Zwischen zwei Kaufleuten, die in *regelmäßiger* Geschäftsverbindung stehen, z. B. einem Importgroßhändler und einem Sortimentsgroßhändler, ist es z. B. *dauernd üblich*, dass der Importeur alle Neuheiten *ohne besondere Bestellung* dem Sortimenter liefert. Dieser übernimmt in der Regel die Ware ohne Weiteres. Hier gilt Schweigen als Zustimmung. Will der Sortimentsgroßhändler die Ware (ausnahmsweise) nicht abnehmen, so muss er unverzüglich ablehnen.

Zusammenfassung

Dem Erfüllungsgeschäft geht in der Regel ein Verpflichtungsgeschäft voraus, z. B. beim Kaufvertrag:

1. Schritt	Verpflichtungsgeschäft:	Angebot und Bestellung oder Bestellung und Auftragsbestätigung
2. Schritt	Erfüllungsgeschäft:	Verkäufer übergibt und übereignet die Ware Käufer nimmt die Kaufsache ab und zahlt den Kaufpreis

Aufgaben

1 Klären Sie anhand folgender Fälle,

   a) von welchem der Vertragspartner (Käufer oder Verkäufer) der Antrag bzw. die Annahme ausgeht und

   b) ob ein Kaufvertrag zustande gekommen ist (Begründung).

   c) ob die Willenserklärungen in den Fällen 1. bis 7. zum Verpflichtungs- oder zum Erfüllungsgeschäft gehören.

   1. Der Käufer bestellt, der Verkäufer liefert daraufhin die Ware.

   2. Der Verkäufer unterbreitet ein verbindliches Angebot, der Käufer bestellt.

   3. Der Verkäufer sendet unbestellte Ware zu; der Empfänger nimmt sie in Gebrauch.

   4. Der Käufer bestellt ohne vorausgegangenes Angebot; der Verkäufer schweigt. Käufer und Verkäufer stehen in ständiger Geschäftsverbindung.

   5. Der Käufer bestellt ohne vorausgegangenes Angebot; der Verkäufer schweigt. Käufer und Verkäufer hatten bisher keine geschäftlichen Beziehungen.

   6. Der Verkäufer macht ein freibleibendes Angebot; der Käufer bestellt daraufhin.

   7. Der Verkäufer macht ein verbindliches Angebot per Fax; der Käufer bestellt nach drei Tagen per Fax.

2 *Unterscheiden Sie am Beispiel des Kaufvertrags zwischen Verpflichtungs- und Erfüllungsgeschäft.*

3 *Nennen Sie Beispiele, wo Verpflichtungs- und Erfüllungsgeschäft zeitlich zusammenfallen.*

4 *Welche Gefahr bestünde, wenn unbestellte Ware zurückgesandt werden müsste?*

5 *Die Werkzeugmaschinenfabrik Bader GmbH, Mainz, macht am 19. Juni dem Heimwerkermarkt Motz KG, Konstanz, ein genaues schriftliches Angebot über 60 Stichsägen M 40. Begründen Sie in den folgenden Fällen jeweils Ihre Entscheidung.*

a) Die Motz KG bedankt sich telefonisch und bittet um möglichst rasche Lieferung. Ist ein Vertrag zustande gekommen?

b) Die Motz KG bestellt schriftlich auf das Angebot hin 40 Stichsägen M 40 zur sofortigen Lieferung. Ist ein Vertrag zustande gekommen?

c) Um welche Kaufvertragsart handelt es sich im Hinblick auf die beiden Vertragspartner?

d) Wie wird der Vertrag erfüllt?

6[1]

Stefan:	Hi Alex!
Alex:	Tag Stefan, wie geht's?
Stefan:	Alles super, gleich geh ich zu Sport-Abt und hol mir ein neues Paar Inline-Skates und dann geht's ab auf die Piste.
Alex:	Hey, warte, nicht so schnell, unser Club hat da 'nen voll starken Prospekt vom Sport-Versand Stern bekommen mit echt billigen Angeboten. Schau mal: „Half-Pipe-taugliche Inline-Skates mit Fiberglas-Rollen für super Brems- und Kurventechniken, nur 49 EUR."
Stefan:	Mensch, das ist ja halb so teuer wie bei Abt – die nehm ich. Komm, ich füll gleich das Bestellformular aus.

[1 Woche später]

Paketbote:	Ein Päckchen für Herrn Stefan Villis!
Stefan:	Oh super, meine Inline-Skates. Danke!
Paketbote:	Wiedersehen.

[Stefan packt Paket aus]

Stefan:	Mensch, was ist das denn, die haben mir ja *zwei Paar* geliefert – ich wollte ja nur ein Paar! Na ja, ich ruf da mal schnell an und klär das.

[Stefan wählt Nummer des Lieferanten]

Mitarbeiterin:	Sport-Versand Stern, mein Name ist Fischer, was kann ich für Sie tun?
Stefan:	Mein Name ist Villis. Ich habe heute meine Inline-Skates geliefert bekommen, aber statt ein Paar haben Sie mir zwei Paar geschickt. Was soll ich jetzt machen?
Mitarbeiterin:	Sagen Sie mir bitte die Auftragsnummer, Herr Villis, die steht auf Ihrer Rechnung oben rechts!
Stefan:	203345
Mitarbeiterin:	Vielen Dank. Aber ich sehe hier auf dem Bildschirm, dass Sie auch zwei Paar bestellt haben.
Stefan:	Das kann nicht sein – unmöglich. Die brauch ich doch gar nicht!
Mitarbeiterin:	Ich fax Ihnen gerne eine Kopie Ihrer ausgefüllten Bestellkarte zu! Haben Sie ein Fax?
Stefan:	Ja, mein Vater. Die Nummer ist 0731 123456.
Mitarbeiterin:	In Ordnung. Vielen Dank für Ihren Anruf, auf Wiederhören.

a) Unterscheiden Sie an diesem Beispiel das Verpflichtungsgeschäft vom Erfüllungsgeschäft.

b) Machen Sie für das vorliegende Problem einen begründeten Lösungsvorschlag. Nehmen Sie das BGB §§ 119, 130, 142, 145, 151 zu Hilfe.

---

[1] Mit freundlicher Erlaubnis von Frau Uta Winter, Friedrich-List-Schule, Ulm.

1.1.5 Besitz und Eigentum

Problem

Marion erzählt ihrer Freundin Gabriele: „Meine Eltern besitzen in der Schweiz eine Ferien-
wohnung. Zurzeit macht ein Geschäftskollege meines Vaters dort Urlaub." Gabriele
meint: „Das stimmt aber nicht. Deine Eltern besitzen die Wohnung gegenwärtig nicht!"
Hat sie recht?
Die Auszubildenden Tom und Vladimir haben festgestellt, dass ihrem Ausbildungsbetrieb,
der Elektrogroßhandlung Vogel, Heizlüfter unter folgender Bedingung geliefert werden:
„Die Ware bleibt bis zur vollständigen Bezahlung unser Eigentum." Tom meint: „Wenn
die Heizlüfter also dem Lieferer noch gehören, dürfen wir sie nicht weiterverkaufen."
Vladimir dagegen ist der Ansicht: „Wenn das so wäre, hätte doch die Lieferung für uns
gar keinen Sinn!" Wer hat recht?

Sachdarstellung

Wie bei der Darstellung des *Erfüllungsgeschäfts* angeführt wurde, muss der Verkäufer die
Ware *liefern*, d.h. den **Besitz verschaffen**, und die Ware *übereignen*, d.h. das **Eigentum übertragen**. Zu beachten ist hierbei, ob es sich um **Mobilien (bewegliche Sachen)**, z.B. Maschi-
nenteile, oder um **Immobilien (unbewegliche Sachen)**, z.B. Grundstücke, handelt. Der Käufer
muss also die *tatsächliche* **und** die *rechtliche Herrschaft* über die Ware bekommen.

Beispiel 1: Marions Eltern sind zwar Eigentümer, können aber während des Aufenthalts des
Geschäftskollegen nicht Besitzer sein; der Geschäftskollege ist andererseits Besitzer, ohne
Eigentümer zu sein.

Beispiel 2: Der Büromaschinengroßhändler Wolf e.K. stellt der Maschinenfabrik Klein KG ein
Farbkopiergerät zum Ausprobieren zur Verfügung.

Die Klein KG ist **Besitzerin**, solange sie den Kopierer ausprobiert, sie also die **tatsächliche Herrschaft** ausüben kann. Wolf bleibt **Eigentümer**; er kann **rechtlich** verfügen, z.B. durch Kaufvertrag. Gibt die Klein KG das Kopiergerät zurück, wird Wolf gleichzeitig auch wieder Besitzer
(BGB § 854). Besitz und Eigentum können demnach sowohl getrennt als auch vereinigt sein.

Die Herrschaft über eine Sache ist möglich durch:

Eigentum: *rechtliche Herr-schaft* über eine Sache; z.B. Vermieter eines Au-tos. Der Eigentümer einer Sache kann im Rahmen der Gesetze mit ihr nach Belieben verfahren und andere von jeder Einwir-kung ausschließen. BGB § 903	**Alleineigentum:** Eigentümer ist *eine* Person **Gemeinsames Eigentum:** • *Miteigentum nach Bruchteilen,* jedem gehört ein frei ver-fügbarer Anteil; Recht, jederzeit Teilung zu verlangen; Verwaltung gemeinsam BGB § 1008 ff., z.B. Sammelver-wahrung von Wertpapieren • *Eigentum zur gesamten Hand,* allen gehört alles. Die Ge-sellschafter können nur gemeinsam über die Anteile ver-fügen; BGB § 718 ff., z.B. Einlagen der OHG-Gesellschafter
Besitz: *tatsächliche Herr-schaft* über eine Sache; z.B. Mieter eines Autos. BGB § 854	**Eigenbesitz:** Besitzer ist zugleich Eigentümer (er besitzt die Sache „als ihm gehörend") **Fremdbesitz:** Besitzer ist nicht zugleich Eigentümer (z.B. Mieter, Entleiher) **Unmittelbarer Besitz:** Der Mieter ist z.B. unmittelbarer Besit-zer des Mietgegenstands **Mittelbarer Besitz:** Der Vermieter ist z.B. mittelbarer Besit-zer des Mietgegenstands (er übt die tatsächliche Gewalt über die Sache zeitlich befristet nicht aus)

Eigentum und Besitz werden übertragen durch:

Eigentum	• Einigung und Übergabe von **beweglichen Sachen** BGB § 929 • Auflassung und Eintragung im Grundbuch von **unbeweglichen Sachen** BGB §§ 873, 925
Besitz	• Übergabe von beweglichen Sachen BGB § 854 • Gebrauchsüberlassung von unbeweglichen Sachen BGB § 854

Gutgläubiger Erwerb. Verkauft jemand eine Sache, ohne Eigentümer zu sein, so erwirbt der Käufer trotzdem das Eigentum, wenn er annehmen konnte, der Verkäufer sei Eigentümer (BGB § 932).

Wer zwar die tatsächliche Gewalt über eine fremde Sache ausübt, aber nicht für sich, sondern für einen anderen (z. B. Fahrer eines Firmenwagens), der ist nicht Besitzer, sondern nur **Besitzdiener** (BGB § 855).

Man kann sich das Eigentum an einer beweglichen Sache auch **ersitzen**, wenn man sich zehn Jahre lang als gutgläubiger Eigentümer hält (BGB § 937). Daneben ist ein Eigentumserwerb möglich durch **Aneignung** einer herrenlosen Sache oder durch Fund (wenn sich der Verlierer nicht innerhalb sechs Monaten nach Meldung des Fundes meldet).

Kein Eigentum erwirbt der Käufer bei *gestohlenen* oder *verloren gegangenen* Sachen. Dies gilt nicht bei Geld oder Inhaberpapieren und bei Sachen, die bei einer öffentlichen Versteigerung erworben wurden [BGB §§ 935, 383 (3)]. ↳ schlecl (bar) , andes sein Ordescleck

Das *Privateigentum* kann, wenn es uneingeschränkt eingesetzt werden darf, die Gefahr bergen, dass der wirtschaftlich Stärkere den wirtschaftlich Schwächeren ausbeutet. Jedoch „*Eigentum verpflichtet*. Sein Gebrauch soll zugleich dem Wohle der Allgemeinheit dienen" (GG Art. 14).

Durch vielerlei gesetzliche Beschränkungen besteht die **soziale Verpflichtung**, Eigentum auch zum Gemeinwohl einzusetzen. Vorschriften der *Mitbestimmung*, des *Wohnungsrechts*, des *Nachbarrechts*, des *Baurechts*, des *Umweltschutzes* sowie allgemeine Bestimmungen über den *Wucher* engen den Spielraum der absoluten Verfügungsmöglichkeit über das Privateigentum ein und betonen seine soziale Bindung.

Zusammenfassung

- **Besitz** ist die *tatsächliche Verfügungsgewalt* über eine Sache.
- **Eigentum** ist die *rechtliche Verfügungsgewalt* über eine Sache.
- Das Eigentum wird **übertragen**:
  bei *beweglichen* Sachen → durch Einigung und Übergabe,
  bei *unbeweglichen* Sachen → durch Auflassung und Eintragung ins Grundbuch.
- Bei gestohlenen Sachen ist kein **gutgläubiger Erwerb** möglich. Ausnahmen: Geld, Inhaberpapiere, Erwerb bei öffentlicher Versteigerung.
- Das Eigentum steht grundsätzlich unter dem Schutz des Staates. Es besteht jedoch die *soziale Verpflichtung*, das Eigentum zum Wohle der Allgemeinheit einzusetzen (**Sozialbindung** des Eigentums).

Aufgaben

1 Bernd Groß stiehlt einen Rubinring und schenkt ihn seiner Freundin. Diese schenkt ihn ihrer Mutter, welche ihn an Frau Scholz verkauft. Ist Frau Scholz Eigentümerin geworden?

2   *Könnte die Klein KG den Farbkopierer verkaufen (vgl. Beispiel auf S. 30!)? Begründen Sie Ihre Meinung.*

3   *Simone verkauft Ihnen ein Buch, von dem sie behauptet, dass es ihr gehört. Beim Durchblättern entdecken Sie einen Namensstempel auf Seite 2 des Buches: Fritz Müller. Sie kaufen trotzdem.*

    a) Sind Sie Eigentümer geworden, und dürfen Sie das Buch behalten, wenn sich herausstellt, dass das Buch ausgeliehen war und Fritz Müller es zurückfordert? Begründen Sie Ihre Meinung!

    b) Wie wäre die Sachlage zu beurteilen, wenn das Buch gestohlen worden wäre?

4   *Max Binder leiht seinem Freund Kurt Hoffmann sein Fahrrad für eine Woche. Kurt verkauft inzwischen das Fahrrad an Andreas Rühle.*

    a) Ist Andreas Eigentümer des Fahrrads geworden?

    b) Wie wird das Eigentum an beweglichen Sachen übertragen?

    c) Kann Max das Fahrrad von Andreas zurückfordern, wenn er ihm in der Stadt begegnet?

    d) Wie wäre die Rechtslage, wenn sich Max und Andreas kennen und Andreas das Rad von Max wegen der besonders schönen Lackierung und der Ausstattung mit Geschwindigkeitsmesser und Gepäckträgerkoffer bewundert hätte?

    e) Das Fahrrad wird gestohlen und wird durch einen ehrlichen Finder zum Fundbüro gebracht. Bei der öffentlichen Versteigerung bietet Ernst Mayer 50,00 EUR und erhält den Zuschlag.

      1. Ist Ernst Mayer Eigentümer geworden?

      2. Kann Max das Fahrrad von Ernst Mayer zurückfordern, wenn er ihm in der Stadt begegnet?

5   *Wie wird Eigentum an Grundstücken erworben?*

1.2   Störungen bei der Erfüllung des Kaufvertrags

Durch den Abschluss eines Kaufvertrags entstehen sowohl dem Verkäufer als auch dem Käufer vertraglich oder gesetzlich geregelte Pflichten. Werden diese von einem oder von beiden Vertragspartnern unvollständig oder gar nicht erfüllt, so liegen Störungen der Erfüllung des Kaufvertrags auf der Beschaffungs- oder Absatzseite vor.

Vertragspartner	Verkäufer		Käufer	
Hauptpflichten aus dem Verpflichtungsgeschäft	Ware mangelfrei liefern	Ware rechtzeitig liefern	Ware abnehmen	gekaufte Sache bezahlen
Störungen beim Erfüllungsgeschäft	Mangelhafte Lieferung (Schlechtleistung)	Lieferungsverzug (Nicht-Rechtzeitig-Lieferung)	Annahmeverzug	Zahlungsverzug (Nicht-Rechtzeitig-Zahlung)

Der „Geschädigte" sollte immer folgende Fragen beantworten, bevor er auf seine Rechte pocht:

- Sind die **Voraussetzungen** für eine Störung erfüllt? Falls unklar, muss im Gesetz und Vertrag nachgesehen werden.
- Kann man sich mit dem Geschäftspartner **gütlich einigen**? Verbindung aufnehmen!
- Welche **Pflichten** sind zu beachten? Denn, „keine Rechte ohne Pflichten!"
- Welches **Recht** ist das vorteilhafteste?

1.2.1 Schlechtleistung – Mangelhafte Lieferung

Bei der Weller KG, Büromöbelfabrik, Sonnenstraße 12, 89077 Ulm, geht am 3. März eine Sendung Spanplatten ein. Am 4. März erhält die Einkaufsleiterin folgende Mitteilung der Wareneingangsprüfung:

Wareneingang: FEHLERMELDUNG Ware/Materialart	Lieferer: Bernd Machring KG Sonnenhof 14, 70378 Stuttgart			
	Bestell-Nr.	gelieferte Menge	fehlerhafte Menge	Beanstandung
Platte „Eiche rustikal"	1345	300	300	geliefert wurde „Eiche hell"
Platte „Bahamabeige"	1345	200	100	10 mm Maßabweichung (Toleranz 5 mm)
Platte „Nussbaum"	1345	150	20	weisen tiefe Kratzer auf

Die Einkaufsleiterin gibt die Fehlermeldung an ihren Sachbearbeiter, Herrn Brosch, weiter. Welche Rechte wird Herr Brosch geltend machen?

■ Voraussetzungen der Schlechtleistung

Durch den Kaufvertrag wird der Verkäufer einer Sache verpflichtet, dem Käufer die Sache **frei von Sach- und Rechtsmängeln** zu verschaffen (BGB § 433). Eine Sache ist *frei von Sachmängeln*, wenn sie **bei Gefahrübergang**[1] die *vereinbarte Beschaffenheit* hat (BGB § 434). Eine Sache ist *frei von Rechtsmängeln*, wenn Dritte bezüglich der Sache keine oder nur die im Kaufvertrag übernommenen Rechte gegen den Käufer geltend machen können (BGB § 435).

Arten von Sachmängeln	Erläuterungen und Beispiele
Mangel in der Beschaffenheit (BGB § 434 [1])	● Die Sache ist für die vereinbarte oder für die gewöhnlich zu erwartende *Verwendung ungeeignet* (z. B. Staubsauger saugt nicht, Neuwagen fährt nicht, Lebensmittel sind verdorben, Regenschirm ist nicht wasserdicht)
	● Die Sache hat *nicht die Eigenschaften*, die der Kunde aufgrund öffentlicher Äußerungen des Verkäufers, des Herstellers (ProdhaftG § 4) oder seines Gehilfen in der Werbung oder bei der Kennzeichnung der Sache erwarten kann (z. B. der Benzinverbrauch eines Neuwagens ist erheblich höher als in den Verkaufsprospekten angegeben; eine Ferienanlage verfügt nicht, wie im Katalog versprochen, über einen Kinderclub)

---

[1] Die Gefahr des zufälligen Untergangs und der zufälligen Verschlechterung der Ware geht mit der Übergabe der Kaufsache an den Käufer über (BGB § 446). Siehe Erfüllungsort – Spezielle BWL.

Arten von Sachmängeln	Erläuterungen und Beispiele
Mangel bei der Montage (BGB § 434 [2])	Die vertraglich vereinbarte *Montage* der Sache durch den Verkäufer oder seinen Gehilfen *ist fehlerhaft* durchgeführt worden (z. B. durch einen Montagefehler funktioniert die Gangschaltung des Rennrades nicht). Der Käufer baut die Kaufsache infolge eines *Mangels der Montageanleitung* fehlerhaft zusammen
Falschlieferung (BGB § 434 [3])	Der Verkäufer liefert eine andere Sache, als vereinbart war (z. B. Waschlappen statt Staubtücher).
Minderlieferung (BGB § 434 [3])	Der Verkäufer liefert eine zu geringe Menge

Übernimmt der Verkäufer oder ein Dritter (z. B. Hersteller) eine **Haltbarkeitsgarantie**, dann begründet ein Sachmangel, der innerhalb der Geltungsdauer der Haltbarkeitsgarantie auftritt, die Rechte aus dieser Garantie (BGB § 443).

■ *Pflichten des Käufers bei Schlechtleistung*

Pflichten des Käufers im Überblick

Pflichten des Käufers	Käufer ist Unternehmer[1]	Käufer ist Verbraucher[2]
Prüf-, Untersuchungspflicht	Der Käufer muss die Ware **unverzüglich** nach Ablieferung durch den Verkäufer untersuchen (HGB § 377 [1]).	entfällt
Rüge-, Anzeigepflicht	• *Offener Mangel:* Stellt der Käufer bei der Untersuchung der Ware einen Mangel fest, dann muss er diesen dem Verkäufer **unverzüglich** anzeigen (HGB § 377 [1]). • *Versteckter Mangel:* Der Käufer muss versteckte Mängel unverzüglich nach Entdeckung anzeigen (HGB § 377 [3]), längstens innerhalb der Gewährleistungsfrist (zwei Jahre)	Der Käufer muss einen **Mangel innerhalb der Gewährleistungfrist von zwei Jahren** anzeigen (BGB § 438). Zeigt sich innerhalb von *sechs Monaten* ein Sachmangel, dann wird vermutet, dass die Sache bereits bei Gefahrübergang mangelhaft war (BGB § 476 – Beweislastumkehr).
	• *arglistig verschwiegene Mängel* müssen innerhalb der regelmäßigen Verjährungsfrist (drei Jahre – BGB § 195) angezeigt werden (BGB § 438 [3]).	
Einstweilige Aufbewahrung	Der Käufer muss die beanstandete Ware einstweilen aufbewahren. Ausnahme: Notverkauf bei verderblicher Ware (HGB § 379)	Entfällt

Unterlässt der Käufer diese Pflichten, dann kann er keine Rechte aus mangelhafter Lieferung geltend machen.

[1] **Unternehmer** ist eine natürliche oder juristische Person oder eine rechtsfähige Personengesellschaft, die bei Abschluss eines Rechtsgeschäfts in Ausübung ihrer gewerblichen oder selbstständigen beruflichen Tätigkeit handelt (BGB § 14).

[2] **Verbraucher** ist jede natürliche Person, die ein Rechtsgeschäft zu einem Zweck abschließt, der weder ihrer gewerblichen noch ihrer selbstständigen beruflichen Tätigkeit zugerechnet werden kann (BGB § 13).

■ Rechte des Käufers bei Schlechtleistung

Ist die Sache mangelhaft, dann hat der Käufer nach § 437 BGB folgende Rechte:

● Recht des Käufers auf Nacherfüllung

Nachbesserung BGB § 439	Die Beseitigung des Mangels durch den Verkäufer ist möglich, wenn die Ware keine erheblichen Mängel aufweist und die Mängelbeseitigung für den Verkäufer zumutbar ist.
Ersatzlieferung BGB § 439	Dieses Recht ist sinnvoll, wenn die mangelhafte Sache nicht verwendbar ist und durch eine gleichartige mangelfreie Sache ersetzt werden kann. Dies ist nur bei vertretbaren Sachen (Gattungssachen) möglich. Der Verkäufer kann die mangelhafte Sache zurückverlangen.

Der Käufer kann diese beiden Rechte *nach seiner Wahl* verlangen. Der Verkäufer hat die zum Zweck der Nacherfüllung erforderlichen Aufwendungen, insbesondere Transport-, Wege-, Arbeits- und Materialkosten, zu tragen. Seinen Zeitaufwand kann er nicht in Rechnung stellen, falls in den AGB des Lieferers nicht endgültig geregelt (BGB § 439). Erst wenn die Nacherfüllung fehlgeschlagen ist oder verweigert wurde, kommen weitergehende Rechte in Betracht.

● Rechte des Käufers bei Erfüllung bestimmter Voraussetzungen

Minderung BGB § 441	Wenn die Sache *noch verwendbar* ist, dann kann der Käufer den Kaufpreis durch Erklärung gegenüber dem Verkäufer mindern. Die Minderung soll dem Wertverlust entsprechen, den die Kaufsache durch den Mangel erlitten hat. Maßgebend ist der Wert zum Zeitpunkt des Vertragsschlusses.
Rücktritt vom Vertrag BGB § 323	Der Käufer kann wegen nicht oder nicht vertragsgemäß erbrachter Leistung vom Vertrag zurücktreten, wenn er dem Verkäufer zuvor **eine angemessene Frist** zur Leistung oder Nacherfüllung setzt und diese ergebnislos verstrichen ist. Rücktritt bedeutet Rückgängigmachung des Kaufvertrags (Rückabwicklung).
Schadensersatz BGB §§ 280, 281 bzw. **Ersatz der Aufwendungen**	**Wenn der Verkäufer eine Pflicht aus dem Kaufvertrag verletzt, dann kann der Käufer den Ersatz des hieraus entstandenen Schadens verlangen (Schadensersatz wegen Pflichtverletzung**, BGB § 280, *wenn der Verkäufer die Pflichtverletzung zu vertreten hat*. Hat der Verkäufer die Pflichtverletzung zu vertreten, dann kann der Käufer **Schadensersatz statt der Leistung** verlangen, wenn er dem Verkäufer vorher *eine angemessene Frist* zur Leistung bestimmt hat und diese Frist erfolglos abgelaufen ist (BGB § 281). Anstelle des Schadensersatzes statt der Leistung kann der Käufer **Ersatz der Aufwendungen** verlangen, die er im Vertrauen auf die Leistung gemacht hat (BGB § 284).

Die **Fristsetzung** beim Rücktritt vom Vertrag **ist nicht erforderlich**, wenn der Verkäufer die beiden Möglichkeiten der Nacherfüllung ernsthaft und endgültig verweigert, die Nacherfüllung fehlgeschlagen ist (i. d. R. nach zwei Fehlversuchen) oder die Nacherfüllung für den Käufer unzumutbar ist (BGB § 440 i. V. m. § 281 [2] und § 323 [2]).

Die Rechte des Käufers sind ausgeschlossen, wenn er den Mangel bei Vertragsschluss kennt oder infolge grober Fahrlässigkeit nicht kennt (BGB § 442). Mängelansprüche **verjähren in zwei Jahren**, in Zusammenhang mit einem Bauwerk in fünf Jahren (BGB § 438). Im Falle des **Verbrauchsgüterkaufs** darf die Verjährungsfrist nicht auf weniger als zwei Jahre, bei **gebrauchten Sachen** nicht auf weniger als ein Jahr, verkürzt werden (BGB § 475).

- Eine **Schlechtleistung** (mangelhafte Lieferung) liegt vor, wenn die Sache bei Gefahrübergang nicht die vereinbarte Beschaffenheit hat. **Sachmängel** sind Mängel in der Beschaffenheit und im Zusammenbau sowie Falsch- oder Minderlieferung (Schlechtlieferung).
- Beim Empfang mangelhafter Ware haben Unternehmer (Prüf-, Anzeige-, Aufbewahrungspflicht) und Verbraucher (nur Anzeigepflicht) unterschiedliche **Pflichten**.
- **Rechte des Käufers** Schlechtleistung: Nacherfüllung (Nachbesserung oder Ersatzlieferung), Minderung (Herabsetzung des Kaufpreises); Schadensersatz wegen Pflichtverletzung; nach Ablauf einer angemessenen Frist und Verschulden des Verkäufers: Rücktritt vom Vertrag, Schadensersatz statt der Leistung.
- Im Falle des Verbrauchsgüterkaufs darf die **Verjährungsfrist** nicht auf weniger als zwei Jahre, bei gebrauchten Sachen nicht auf weniger als ein Jahr, verkürzt werden.

Aufgaben

1 Stefanie Schäfer e. K., Spielwarengeschäft, 75181 Pforzheim, Wiesbachstraße 15, erhält von der Spielwarengroßhandlung Adam & Scheiber KG, 08062 Zwickau, Nürnberger Straße 24, eine Sendung (mehrere Pakete) Spielwaren. Die Ware wird Schäfer durch einen Spediteur zugestellt.

a) Worauf erstreckt sich die Prüfung, die Stefanie Schäfer noch in Anwesenheit des Überbringers vornimmt?

b) Die Prüfung zeigt, dass zwei Pakete stark beschädigt sind. Der Inhalt, 20 elfteilige Kinderporzellanservices, ist z. T. zu Bruch gegangen. Der Schaden muss, da die Ware einwandfrei verpackt war (kein Vermerk auf dem Frachtbrief), durch unsachgemäße Behandlung während des Transports entstanden sein. Was wird Stefanie Schäfer tun, um ihre Rechte gegenüber dem Transportunternehmen zu wahren?

c) Stefanie Schäfer packt sodann die übrige Ware aus, um sie gründlich zu überprüfen. In welcher Frist muss sie prüfen? Welche weiteren Pflichten hat sie?

d) Drei Pakete enthalten Holztraktoren. Es zeigt sich, dass ein Teil der Traktoren Lackschäden aufweist. Bis auf die optische Beeinträchtigung besitzen sie vollen Spielwert.
1. Welches Recht könnte Stefanie Schäfer in diesem Fall gegenüber dem Lieferer geltend machen? Kurze Begründung.
2. Welche weiteren Rechte stehen dem Käufer allgemein zu, wenn der Verkäufer eine mangelhafte Ware liefert?

e) Stefanie Schäfer verkauft am 1. Dezember eine Rennbahn mit Trafo und vier Rennwagen. Innerhalb welcher Zeit kann der Kunde Mängel an der Ware geltend machen?

2 Zwischen Frau Pelzer, Einkäuferin des Warenhauses Meinrad KG, und Herrn März, Esüdro-Großhandlung GmbH, findet folgendes Telefongespräch statt:

Frau Pelzer:	„Guten Tag, Warenhaus Meinrad, Pelzer am Apparat."
Herr März:	„Guten Tag, Frau Pelzer. Hier März, Esüdro-Großhandel."
Frau Pelzer:	„Ach, der Herr März. Wir haben aber schon lange nicht mehr miteinander telefoniert! Wie geht es Ihnen?"
Herr März:	„Prima, Frau Pelzer. Bin gerade aus dem Urlaub zurück. Was gibt es denn, Frau Pelzer?"
Frau Pelzer:	„Tja, Herr März. Wenn ich ehrlich sein soll. Ihre letzte Lieferung war, gelinde gesagt, eine Katastrophe!"
Herr März:	„Wie bitte?"
Frau Pelzer:	„Ja, stellen Sie sich vor: Von den 100 **Badetaschen** waren 30 stark verschmutzt! Die 50 **Schminkkoffer** sind nur 2. Wahl! Das sieht man auf den ersten Blick. Wir hatten 200 **Lippenstifte** bestellt. Geliefert haben Sie 200 Lidschattenstifte. Und dann die 100 **Waschlappen**. Die sind allesamt nicht, wie von Ihnen zugesichert, farbecht. Die können wir so nicht verkaufen. Stellen Sie sich vor, ein Kunde wäscht die Waschlappen zusammen mit seiner Bettwäsche!"
Herr März:	„Auweia, Frau Pelzer, da haben wir aber mächtig danebengegriffen. Haben Sie Vorschläge, wie wir die Kuh vom Eis kriegen?"

a) *Erstellen Sie eine Übersicht, in der Sie jeder Mangelart das infrage kommende Recht zuordnen. Begründen Sie Ihren Lösungsvorschlag ausführlich.*

b) *Kurze Zeit nach Beendigung des Telefonats ruft Herr März wieder zurück:*

> Herr März: „Frau Pelzer, ich sehe gerade anhand des Lieferscheins, dass Sie die eben rekla-mierte Ware schon vor drei Wochen erhalten haben. Außer unserem Telefonat von vorh n liegt diesbezüglich keine Nachricht von Ihnen vor. Da haben wir ja ein ganz neues Problem!"

*Stellen Sie anhand des BGB (§ 434ff.) und HGB (§ 377–379) die **Pflichten des Käufers** bei der Warenannahme und nach Feststellung von Mängeln fest. Unterscheiden Sie zwischen Privatkäufer und Kaufmann. Warum wird ein Privatkäufer anders behan-delt als ein Kaufmann? Kann die Meinrad KG noch Rechte aus mangelhafter Liefe-rung geltend machen?*

c) *Sie vereinbaren mit Herrn März, dem zuständigen Verkaufssachbearbeiter der Esüdro-Grohandlung GmbH, einen Verhandlungstermin, um das Problem aus der Welt zu schaffen.*

   ● *Bereiten Sie die Verhandlung vor, indem Sie **Rollenkarten** für die Einkäuferin der Meinrad KG, Frau Pelzer, und für den Verkaufssachbearbeiter der Esüdro-Groß-handlung GmbH, Herrn März, verfassen.*

   ● *Zwei Schüler führen die Verhandlung als Rollenspiel durch.*

   ● *Die übrigen Schüler beobachten das Rollenspiel und protokollieren ihre Eindrücke auf einem Beobachtungsbogen (z. B. beobachtete Rolle, vorgetragene Argu-mente, Gesprächstaktik und Verhalten der Rollenspieler).*

   Tipp: *Spielregeln für das Rollenspiel siehe Anhang Seite 313.*

d) *Um künftig derartige Pannen zu vermeiden, setzen sich das Einkaufsteam und das Verkaufsteam der Esüdro-Großhandlung GmbH zusammen, um eindeutige Organisa-tionsanweisungen zu erstellen über:*

   ● *das „Verhalten bei telefonischen Kundenreklamationen",*
   ● *die „Vorgehensweise bei der Annahme von Reklamationen",*
   ● *die „Vorgehensweise beim Eintreffen mangelhafter Ware".*

3 a) *Prüfen Sie, ob der vorliegende Auszug aus den vorgedruckten Allgemeinen Geschäftsbedingungen der Esüdro-Großhandlung mit dem BGB §§ 309, 310)[1] verein-bar ist.*

> **Gewährleistung und Haftung:**
>
> „Ist bei Kaufgegenständen der Liefergegenstand mangelhaft oder fehlen ihm zugesicherte Eigenschaften, so liefert der Verkäufer nach seiner Wahl Ersatz oder bessert nach. Mehrfache Nachbesserungen sind möglich. Weitergehende Gewährleistungsansprüche des Käufers – insbesondere der Ersatz jedweder Fol-geschäden – sind ausgeschlossen. Dem Verkäufer müssen Mängel unverzüglich, spätestens jedoch innerhalb von zwei Wochen nach Lieferung schriftlich mitge-teilt werden."

b) *Auf dem Kassenzettel des Warenhauses Meinrad KG steht auf der Rückseite: „Umtausch innerhalb 14 Tagen – Schlussverkaufsware ist ausgeschlossen." Worin unterscheiden sich das **Umtauschrecht** und das **Recht auf Ersatzlieferung**?*

c) *Stellen Sie wichtige Unterschiede zwischen **Gewährleistung und Garantie** in einer Tabelle dar.*

---

[1] Siehe hierzu auf den Seiten 59 ff.

Aufgabe

Unsere Firma: Radio Braun e.K., Elektro-Groß- und Einzelhandel, Fallstraße 15, 81369 München.

Vorgang: Am 3. Januar .. trifft eine Sendung Stereoanlagen der Firma Import-Export Jansen KG, Ringstraße 14, 22145 Hamburg, ein. Die Verkaufsabteilung erhält folgende Meldung von der Lagerabteilung, welche die Sendung sofort überprüfte:

Beanstandungen der Lieferung EN 4008

1. Tuner Super 3200
   Nr. 344887: Anzeigefenster zerbrochen
   Nr. 344889: Gehäuse hat Kratzer
2. Ein CD-Player Japose NX 3 wurde zu wenig geliefert.

Der verantwortliche Sachbearbeiter der Verkaufsabteilung macht folgende Erledigungsnotiz:

RG Nr. 344887: Ersatzlieferung anfordern
RG Nr. 344889: Minderung um 10 %, da noch verkäuflich
TG Japose NX 3: Nachlieferung als Expresspaket anfordern

Angaben zur Bearbeitung: Schreiben Sie am 4. Januar .. die Mängelanzeige an den Lieferer.

Lösung
Der betriebswirtschaftlich-rechtliche Sachverhalt

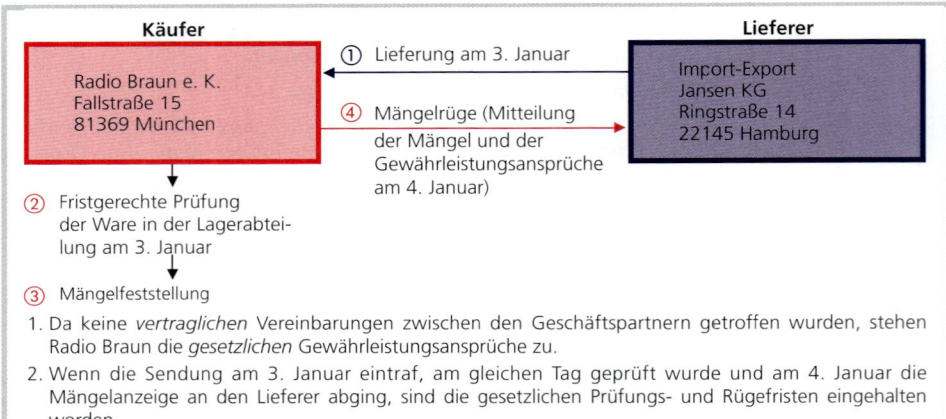

1. Da keine *vertraglichen* Vereinbarungen zwischen den Geschäftspartnern getroffen wurden, stehen Radio Braun die *gesetzlichen* Gewährleistungsansprüche zu.
2. Wenn die Sendung am 3. Januar eintraf, am gleichen Tag geprüft wurde und am 4. Januar die Mängelanzeige an den Lieferer abging, sind die gesetzlichen Prüfungs- und Rügefristen eingehalten worden.

Gliederung des Brieftextes

Bezugszeichenzeile: *Ihr Zeichen, Ihre Nachricht vom: –; Unser Zeichen, unsere Nachricht vom:* pa-n; *Datum:* ..-01-04

Betreff: Mängelrüge

Inhalt:

1. Anrede
2. Empfangsbestätigung der Sendung
3. Schilderung der Sachmängel
4. Gewährleistungsansprüche
5. Verbindlicher Schluss
6. Gruß

Musterbrief: s. Seite 39

[1] Regeln zum Geschäftsbrief siehe Anhang S. 305 ff.

Musterbrief: Schlechtleistung

RADIO BRAUN ● MÜNCHEN

Radio Braun e.K. ● Fallstraße 15 ● 31369 München

Import-Export
Jansen KG
Ringstraße 14
22145 Hamburg

Ihr Zeichen, Ihre Nachricht vom	Unser Zeichen, unsere Nachricht vom 089 82210-	Telefon, Name	Datum
	PA/N	414 Karl Paulsen	..-01-04

Mängelanzeige

Sehr geehrter Herr Jansen,

vielen Dank für Ihre Lieferung EN 4006 (verschiedene Stereoanlagen). Eine
unverzügliche Überprüfung der Sendung ergab folgende Mängel:

1. Tuner Super 3200
   Nr. 344 877: Skala ist zerbrochen
   Nr. 344 889: Gehäuse weist Kratzer auf
2. Ein CD-Player Japose NX 3 wurde zu wenig geliefert.

Wir machen folgende Mängelansprüche geltend:

a) Der Tuner Super 3200 Nr. 344 887 ist mit einer zerbrochenen Skala unverkäuflich.
   Wir bestehen auf Ersatzlieferung bis zum 10. Januar..
b) Der Tuner Super 3200 Nr. 344 889 ist zu einem herabgesetzten Verkaufspreis noch
   abzusetzen. Wir schlagen eine Preisminderung von 10 % vor.
c) Auf den CD-Player Japose NX 3 wartet seit Wochen ein guter Kunde.
   Bitte liefern Sie das Gerät per Express nach.

Achten Sie in Zukunft bitte auf sorgfältigere Ausführung unserer Bestellungen.

Mit freundlichen Grüßen

RADIO BRAUN

i.V.

Paulsen

Paulsen

Geschäftsräume	Firma	Verbindungen	Kontoverbindungen
Fallstraße 15	Radio Braun e.K.	http://www.radio-braun.de	Deutsche Bank
81369 München	Amtsgericht München	E-Mail:FritzBraun@radio-braun.de	BLZ 700 000 89 Konto Nr. 34 0 567 78
	H R A 15456	Telefax 089 822106	Postbank München
			BLZ 700 100 80 Konto Nr. 284 62 802

Aufgabe 1

Unsere Firma: Gebr. Braunfels KG, Großhandlung für Haushaltswaren, Parkstraße 15, 60322 Frankfurt.

Vorgang: Die Prüfung der Glaswarenlieferung der Firma Südglas-AG, Am Streller 17–20, 90455 Nürnberg, ergibt folgende Sachmängel:

1. 10 Biergläser Nr. 1008 sind in der oberen Hälfte voller Schlieren, was wohl auf einen Schmelzfehler zurückzuführen ist. Die Gläser sind nicht mehr verkäuflich.
2. 20 Whiskygläser Nr. 735/N zeigen leichte Trübungen. Sie sind zu einem herabgesetzten Preis als 3. Wahl noch verkäuflich.
3. Alle 150 Glasschalen Nr. 355/3/P zeigen kleine Risse. Sie sind unverkäuflich. Wir verzichten auf Nachlieferung, da wir inzwischen ein weit billigeres Angebot für ähnliche Schalen erhielten.

Vermerk des Leiters der Einkaufsabteilung für die Reklamation:

Zu Pos. 1: Ersatzlieferung verlangen! Eile geboten wegen Weihnachtsgeschäft.
Zu Pos. 2: Minderung um 50 % verlangen!
Zu Pos. 3: Rücksendung; Verzicht auf Ersatzlieferung.

Angaben zur Bearbeitung: Schreiben Sie die Mängelrüge an die Glasfabrik. Die Prüfungs- und Rügefristen wurden eingehalten. Vertragliche Vereinbarungen stehen den gesetzlichen Gewährleistungsansprüchen nicht entgegen.

Aufgabe 2

Haben Sie den Fall auf Seite 33 gelöst? Schreiben Sie eine Mängelrüge an die Firma Machring KG. *Absender:* Büromöbelfabrik Weller KG, Sonnenstraße 12, 89077 Ulm; *Telefon:* (0731) 30326-119.

1.2.2 Nicht-Rechtzeitig-Lieferung – Lieferungsverzug

Problem

> Ulm, den 17. März ..
>
> ...
> Mahnung
> ...
> Sie sollten uns bis spätestens 15. März ... 50 Spezial-Drehstühle liefern.
> Die Drehstühle sind bis heute nicht eingetroffen. Bitte liefern Sie die ausstehenden Artikel bis
>
> **spätestens 25. März ...**
>
> Bei nochmaliger Terminüberschreitung müssen Sie wegen Beeinträchtigung unserer Frühjahrs-Sonderaktion mit Schadensersatzforderungen rechnen.
> ...
> Weller KG, Büromöbelfabrik

1. Machen Sie Lösungsvorschläge für das vorliegende Problem.
2. Welche Rechte stehen der Weller KG zu (siehe BGB §§ 280 ff.)?
3. Verfassen Sie ein Antwortfax.

■ *Voraussetzungen der Nicht-Rechtzeitig-Lieferung*

Die Nicht-Rechtzeitig-Lieferung ist ein Schuldnerverzug des Verkäufers. Damit die Nicht-Rechtzeitig-Lieferung eintritt, müssen nach § 286 BGB drei Voraussetzungen erfüllt sein.

Fälligkeit	Der Liefertermin muss eingetreten bzw. überschritten sein
Mahnung (der Mahnung steht die Klageerhebung gleich)	Der Käufer muss den Lieferer nach Eintritt der Fälligkeit mahnen, d.h. zur Leistung auffordern und eine Frist zur Lieferung setzen. Eine Mahnung ist *nicht erforderlich*, wenn • für die Leistung eine (angemessene) Zeit nach dem Kalender bestimmt ist; hier mahnt sozusagen der Kalender, z.B. „… am 10. Mai", „Lieferung im Mai", „Lieferung Ende Mai"; • der Leistung ein Ereignis vorausgeht (z.B. Anzahlung) und die Leistungszeit so bestimmt ist, dass sie sich von dem Ereignis an nach dem Kalender berechnen lässt, z.B. „Lieferung zwei Wochen nach Anzahlung"; • der Lieferer die Leistung endgültig verweigert, z.B. der Lieferer erklärt, dass er nicht liefern wird (*Selbstinverzugsetzung*); • aus besonderen Gründen unter Abwägung der Interessen beider Vertragspartner der sofortige Verzug gerechtfertigt ist, z.B. die Weihnachtsdekoration wird bis Weihnachten nicht geliefert, ein Hochzeitskleid wird bis zum Hochzeitstermin nicht fertig, Rohrbruch, Fixkauf.
Verschulden	Der Schuldner hat Vorsatz und Fahrlässigkeit zu vertreten (BGB § 276). *Fahrlässig* handelt, wer die im Verkehr erforderliche Sorgfalt außer Acht lässt, z.B. der Lieferer übersieht den Liefertermin. Bei einfachen Massenprodukten (Gattungssachen) übernimmt der Schuldner regelmäßig das *Beschaffungsrisiko* aufgrund des Inhalts des Schuldverhältnisses, da er aus der Gattung heraus immer nachliefern kann (BGB § 276 [1]).

Der Verkäufer wird von seiner Leistungspflicht befreit, wenn die Leistung oder Nacherfüllung für ihn oder für jedermann **unmöglich** geworden ist (BGB § 275 [1]), z.B. ein zu liefernder Pkw wird kurz vor der Übergabe vom Firmengelände gestohlen. Hat der Verkäufer die Unmöglichkeit zu vertreten (z.B. wegen Missachtung von Sorgfaltspflichten), dann schuldet er statt der Leistung den Ersatz des eingetetenen Schadens (BGB §§ 281 [1], 283). Kann der Verkäufer darlegen, dass er die Nichtleistung wegen Unmöglichkeit nicht zu vertreten hat, dann entfällt der Schadensersatzanspruch (BGB § 275 [1]) und die Gegenleistungspflicht des Käufers (BGB § 326 [1]).

■ *Rechte des Käufers bei Nicht-Rechtzeitig-Lieferung*

Wenn die Voraussetzungen der Nicht-Rechtzeitig-Lieferung vorliegen, dann kann der Käufer seine gesetzlichen bzw. vertraglichen Rechte geltend machen.

● *Rechte des Käufers nach Aufforderung zur Leistung ohne Fristsetzung*

Nachlieferung BGB § 433	Der Käufer besteht auf nachträglicher Erfüllung des Kaufvertrags, da die Leistungspflicht des Lieferers weiter besteht.
Schadensersatz wegen Pflichtverletzung BGB § 280 (2)	Wenn der Verkäufer eine Pflicht aus dem Kaufvertrag verletzt, dann kann der Käufer den Ersatz des hieraus entstandenen Schadens verlangen, wenn der Verkäufer die Pflichtverletzung zu vertreten hat. Ein Verzugsschaden liegt vor, wenn der Schaden aufgrund der verspäteten Lieferung entstanden ist, z.B. Auslagen, entgangener Gewinn.

● Rechte des Käufers bei Erfüllung bestimmter Voraussetzungen

Rücktritt vom Vertrag BGB § 323	Der Käufer kann wegen nicht oder nicht vertragsgmäß erbrachter Leistung vom Vertrag zurücktreten, wenn er dem Verkäufer zuvor *eine angemessene Frist* zur Leistung oder Nacherfüllung setzt.
Schadens-ersatz statt Leistung BGB §§ 281, 284	Hat der Verkäufer die Pflichtverletzung zu vertreten, dann kann der Käufer Schadensersatz statt der Leistung verlangen, wenn er dem Verkäufer vorher *eine angemessene Frist* zur Leistung bestimmt hat und diese Frist erfolglos abgelaufen ist (BGB § 281). Anstelle des Schadensersatzes statt der Leistung kann der Käufer **Ersatz der Aufwendungen** verlangen, die er im Vertrauen auf die Leistung gemacht hat (BGB § 284).

Das Schadensersatzrecht wird durch den Rücktritt nicht ausgeschlossen (BGB § 325).

Die **Fristsetzung entfällt**, wenn der Verkäufer die Leistung endgültig verweigert oder besondere Umstände die sofortige Geltendmachung des Schadensersatzanspruchs rechtfertigen (BGB § 281 [3]). Im Falle des Rücktritts entfällt die Fristsetzung zusätzlich, wenn der vereinbarte Liefertermin wesentlicher Bestandteil des Vertrags ist. Bei einem **Fixgeschäft** nach HGB § 376 und BGB § 323 (2), bei dem eine fest bestimmte Lieferzeit bzw. Lieferfrist vereinbart ist (z. B. "… fix am 10. Mai .."; „genau am 10. Mai .."), besteht das Recht auf Rücktritt und/oder auf Schadensersatz statt der Leistung auch ohne Fristsetzung.

■ Schadensberechnung bei Nicht-Rechtzeitig-Lieferung

Wenn das Gesetz dem durch den Leistungsverzug geschädigten Gläubiger Schadensersatz wegen Nichterfüllung zusichert, so muss der Geschädigte so gestellt werden, als sei der Vertrag ordnungsgemäß erfüllt worden (BGB § 249). Kann der mit der Leistung beabsichtigte Zustand nicht hergestellt werden, so ist der Schaden in Geld zu ersetzen (BGB § 251).

● **Konkreter Schaden.** Hier hat der Käufer durch die Nicht-Rechtzeitig-Lieferung tatsächliche Geldausgaben.

Beispiel: Der vereinbarte Preis betrug beim ursprünglichen Lieferanten 1000 EUR. Nach dessen Lieferungsverzug kauft der Kunde die Ware bei einem anderen Lieferanten für 1200 EUR. Der Mehrpreis dieses **Deckungskaufs** (1200 − 1000 = 200 EUR) ist ein konkreter Schaden.

● **Abstrakter Schaden.** Hier entstehen dem Käufer durch die Nicht-Rechtzeitig-Lieferung keine tatsächlichen Geldausgaben.

Beispiel: Der Käufer kann aufgrund des Verzugs seines Lieferanten einen Auftrag nicht ausführen. Dadurch ist ihm der mögliche Gewinn aus diesem Auftrag entgangen. Auch nachweisliche Kundenverluste durch die damit verbundene Imageschädigung (Ruf als ordentlicher Kaufmann ist gefährdet) sind abstrakte Schäden.

● **Vertragsstrafe (Konventionalstrafe).** Im Kaufvertrag wird vereinbart, dass im Falle der Nicht-Rechtzeitig-Lieferung eine bestimmte Geldsumme an den Kunden zu zahlen ist. Die Höhe der Vertragsstrafe muss in einem vernünftigen Rahmen bleiben; das sind laut Rechtsprechung 0,2 bis 0,3 Prozent der Vertragssumme pro Tag (BGH Az: VII ZR 293/79).

Beispiel: Der Lieferant muss für jeden Tag, den er in Verzug ist, eine Vertragsstrafe zahlen (z. B. Auftragswert: 60000 EUR; Vertragsstrafe: 0,25 % · 60000 = 150,00 EUR).

● Haftung bei der Nicht-Rechtzeitig-Lieferung

Der Schuldner hat während des Verzugs jede Fahrlässigkeit zu vertreten. Er haftet wegen der Leistung auch für Zufall (**erweiterte Haftung**), es sei denn, dass der Schaden auch bei rechtzeitiger Leistung eingetreten wäre (BGB § 287).

In der Regel haftet der Kaufmann nicht für **Zufall**, d. h. für Schäden, die er nicht verschuldet hat. Eine besondere Art des Zufalls ist die **höhere Gewalt**. Sie liegt dann vor, wenn ein Schaden auch nicht durch Anwendung äußerster Sorgfalt vermieden werden kann, z. B. bei Naturkatastrophen wie Überschwemmungen, Hagel und Blitzschlag, aber auch bei einem Streik oder Transportunglück. Der sich im Lieferungsverzug befindliche Kaufmann haftet aber auch für Schäden, die durch höhere Gewalt entstehen.

Zusammenfassung

- Nicht–Rechtzeitig–Lieferung liegt vor, wenn der Verkäufer seine Leistungspflicht nicht rechtzeitig erfüllt (Lieferungsverzug).

Voraussetzungen	Rechte des Käufers
● **Fälligkeit** ● **Mahnung**, wenn kein kalender-mäßiger Liefertermin verein-bart war ● **Verschulden** (trifft bei Gattungswaren immer zu)	● **ohne Nachfristsetzung** – Lieferung verlangen oder – Lieferung und Verzugsschaden verlangen ● **nach Ablauf einer Nachfrist** – Rücktritt vom Vertrag verlangen – Schadensersatz statt der Leistung oder – Ersatz der Aufwendungen verlangen

- Möglichkeiten der Schadensersatzberechnung
  - **konkreter Schaden**, z. B. Mehrpreis eines Deckungskaufs
  - **abstrakter Schaden**, z. B. entgangener Gewinn
  - **Vertragsstrafe**, z. B. 100 EUR pro Verzugstag

Aufgaben

1 *Welche Aussagen sind falsch?*

a) Der Lieferer gerät in Lieferungsverzug, wenn er einen vertraglich vereinbarten Liefer-termin nicht einhält.

b) Voraussetzung für die Nicht-Rechtzeitig-Lieferung ist allein die Fälligkeit der Liefe-rung.

c) Schuldhaftes Handeln kann Vorsatz oder Fahrlässigkeit sein.

d) Ein Fixgeschäft liegt dann vor, wenn sofort geliefert werden muss, also auf dem schnellsten Versandwege nach Eingang der Bestellung.

e) Bei einem Fixgeschäft ist eine Mahnung nicht erforderlich, um den Schuldner in Ver-zug zu setzen.

f) Selbstinverzugsetzung liegt dann vor, wenn der Lieferer ausdrücklich erklärt, dass er nicht liefern wird, da z. B. die Ausführung eines Großauftrags die Erledigung von Kleinaufträgen unmöglich mache.

2 *Welche Voraussetzungen müssen erfüllt sein, damit eine Nicht-Rechtzeitig-Lieferung vorliegt?*

3 *Wie beurteilen Sie folgende Fälle?*

a) Ein Lieferer kann nicht rechtzeitig liefern, da in seinem Betrieb ein Brand ausbrach, der das Warenlager zerstörte.

b) Es war bei einem Kauf kein Liefertermin vereinbart. Die Lieferung erfolgte nicht innerhalb vier Wochen, was seither die übliche Lieferzeit war, weshalb die Lieferung angemahnt worden ist. Ein Schuldausschließungsgrund liegt für den Lieferer nicht vor.

4 In welchen Fällen muss der Käufer bei Verzug des Lieferers nicht mahnen?

5 Welche Rechte hat der Käufer im Falle der Nicht-Rechtzeitig-Lieferung?

6 Von welchem Käuferrecht würden Sie in den folgenden Fällen Gebrauch machen:

a) Eine Haushaltswarenhandlung erhält das Tafelservice „Monika" nicht rechtzeitig geliefert. Der Kunde, der das Service bestellte, ist wegen Lieferungsverzögerung sehr verärgert und verlangt deshalb einen Nachlass von 5%, der ihm gewährt wird, um ihn zufriedenzustellen.

b) Ein Lebensmittelgroßhändler bestellte einen Posten Gemüsekonserven auf 15. März .. fix zum Preis von 1 230,00 EUR. Die Lieferung erfolgt nicht rechtzeitig. Gleich nach der Bestellung erhielt der Händler ein Angebot eines anderen Lieferers, bei dem er die gleichen Konserven in noch besserer Qualität für 1 150,00 EUR erhalten hätte.

7 Eine Konservensendung, die „Mitte Januar" hätte geliefert werden sollen, trifft erst heute (17. Februar d. J.) ein. Der Angestellte behauptet: „Der Lieferer ist in Verzug; wir brauchen die Konserven nicht mehr abzunehmen. Außerdem haben wir die Konserven inzwischen günstiger eingekauft."

Hat er recht? Begründen Sie Ihre Meinung.

8 Becker will sein Geschäft am 1. März eröffnen und hat deshalb im Kaufvertrag mit Firma Koch vereinbart, dass die Ware bis 10. Februar fix zu liefern sei. Die Sendung ist aber bis heute nicht eingetroffen.

a) Wann tritt die Nicht-Rechtzeitig-Lieferung in diesem Fall ein?

b) Welche Rechte kann Herr Becker nun in diesem Fall geltend machen?

9 Die Elektrogerätefabrik Kuhnle KG, Mannheim, unterbreitet dem Elektro-Center, Hannover, am 3. März folgendes Angebot:

Kühl-/Gefrierkombination NX 3, Preis 650,00 EUR je Stück, Preis freibleibend, lieferbar sofort ab Fabrik.

Am 6. März bestellt das Elektrogeschäft 15 Kühl-/Gefrierkombinationen, worauf am 8. März Kuhnle die Bestellung schriftlich bestätigt.

a) Muss das Elektro-Center die Kühl-/Gefrierkombinationen abnehmen, wenn Kuhnle am 10. März mitteilt, dass er den Angebotspreis wegen Kostensteigerungen auf 680,00 EUR erhöhen müsse und die Lieferung nur zu diesem Preis möglich sei. Wie ist die Rechtslage?

b) Angenommen, das Elektro-Center wäre mit dem Preis einverstanden, doch die Kühl-/Gefrierkombinationen würden ihm innerhalb von drei Wochen nicht geliefert. Was müsste unternommen werden, und welche Rechte stehen dem Elektro-Center zu?

c) Wie wäre die Rechtslage, wenn das Elektro-Center die Kühl-/Gefrierkombinationen fix zum 13. März bestellt und die Kuhnle KG den Liefertermin bestätigt hätte?

d) Welches Gericht wäre im Fall eines Rechtsstreits zwischen der Kuhnle KG und dem Elektro-Center örtlich und sachlich zuständig?

e) Welche Schadensersatzsumme müsste die Kuhnle KG leisten, wenn das Elektro-Center wegen eines dringenden Großauftrags bei einem anderen Lieferer gleichartige Kühl-/Gefrierkombinationen zum Preis von 750,00 EUR gekauft hätte (Deckungskauf)? Welche Art der Schadensberechnung liegt vor?

10 Die B & B Thermo GmbH, 78166 Donaueschingen, Quellenweg 1, fertigt neben anderen Erzeugnissen Temperaturmessgeräte für den industriellen und handwerklichen Bedarf. Am 4. Januar .. bestellte sie bei der KMS Kunststoffteile GmbH, Triberger Straße 12, 78112 St. Georgen,

2500 Kunststoffgehäuse, Artikelnummer K01282, à 4,27 EUR, netto,
  800 Kunststoffgehäuse, Artikelnummer K01382, à 4,82 EUR, netto,
nach der neuesten KMS-Preisliste.
Gewünschter Liefertermin: 8. Kalenderwoche (20. bis 26. Februar)

a) Ist zwischen der B & B GmbH und der KMS GmbH ein Kaufvertrag zustande gekommen? Begründen Sie Ihre Antwort.

b) Am 12. Januar .. trifft die schriftliche Auftragsbestätigung bei der B & B GmbH ein. Die Lieferung zur 8. Kalenderwoche wird zugesagt. Als am Ende der 8. Kalenderwoche noch nicht geliefert wurde, mahnt B & B per Fax die Lieferung an. Am Montag der darauffolgenden Woche geht folgendes Fax bei der B & B ein (gekürzter Auszug):
„… Durch ein Missverständnis in unserer Versandabteilung wurde Ihre Bestellung per Bahn an einen Kunden in Süditalien verschickt. Die Sendung wurde am 22. Februar .. hier in St. Georgen zum Versand gebracht. Wir haben alles unternommen, um den momentanen Verbleib festzustellen. Die Sendung ist bis heute verschollen. Eine Lieferzusage können wir Ihnen nicht vor der 11. Kalenderwoche versprechen …"
Ist die KMS GmbH in Lieferungsverzug? Begründen Sie Ihre Antwort.

c) Welche Voraussetzungen müssen im Falle einer Nicht-Rechtzeitig-Lieferung grundsätzlich erfüllt sein?

d) Welche Rechte stehen dem Gläubiger im Falle der Nicht-Rechtzeitig-Lieferung allgemein zu?

e) Der Produktionsplan sah für die 10. und 11. Kalenderwoche die Endmontage der bestellten Kunststoffgehäuse vor. Im äußersten Fall könnte ein Zwischenauftrag in der 10. Kalenderwoche gefertigt werden. Eine weitere Verschiebung der Endmontage ist nicht möglich, da eigene Lieferverpflichtungen eingehalten werden müssen. Dieser Sachverhalt wurde der KMS GmbH am Tag des Faxeingangs telefonisch mitgeteilt.
Entwerfen Sie unter Berücksichtigung des geschilderten Sachverhalts einen Terminbrief an die KMS GmbH in St. Georgen.
Ergänzende Angaben: Datum des Briefes ist der 27. Februar .. Eine rechtzeitige Lieferung der Gehäuse durch einen anderen Lieferanten der B & B ist nur dann möglich, wenn der Auftrag spätestens am 5. März .., 11:00 Uhr, bei diesem eintrifft. Die Kunststoffgehäuse wären etwa 30 bis 40 Prozent teurer, da außerplanmäßige Maschinenumrüstungen sowie Überstunden der Belegschaft notwendig wären. Der genaue Preis kann erst durch die Nachkalkulation ermittelt werden.

1.2.3 Nicht-Rechtzeitig-Zahlung – Zahlungsverzug

Problem

Papiergroßhandel Treffaur & Munz KG, 18199 Rostock

1273 Konto: F. Mueller, Ulm

Zahlungsbedingungen
14 Tage 2 % oder 30 Tage netto

Buchungs-datum	Rechnungs-datum	Journal-seite	Soll	Haben	Saldo
..-01-02	..-01-02	13	1300,00		1300,00
..-01-03	..-01-02	14	2800,00		4100,00
..-02-04	..-02-04	14	3400,00		7500,00
..-02-05	–	18		1300,00	6200,00
..-02-08	..-02-07	19	800,00		7000,00

Sie kontrollieren dieses Debitorenkonto (Forderungen an Kunden) am 8. März. Wie beurteilen Sie die Zahlungssituation der Firma Müller aus Ulm? Was muss gegen Müller unternommen werden?

■ *Voraussetzungen der Nicht-Rechtzeitig-Zahlung*

Die Nicht-Rechtzeitig-Zahlung ist ein Schuldnerverzug des Käufers. Damit die Nicht-Rechtzeitig-Zahlung eintritt, müssen nach § 286 BGB drei Voraussetzungen erfüllt sein.

Fälligkeit	Der Zahlungstermin muss eingetreten bzw. überschritten sein.
Mahnung (der Mahnung stehen die Klageerhebung oder die Zustellung eines Mahnbescheids gleich)	Der Verkäufer muss den Schuldner (Käufer) nach Eintritt der Fälligkeit mahnen, d.h. zur Leistung auffordern. **Keine Mahnung** ist erforderlich, wenn • für die Leistung eine angemessene Zeit nach dem Kalender bestimmt ist; hier mahnt sozusagen der Kalender, z.B. „…am 10. Mai", „Zahlung im Mai", „Zahlung Ende Mai"; • der Leistung ein Ereignis vorausgeht (z.B. Abnahme der Leistung) und die Leistungszeit so bestimmt ist, dass sie sich von dem Ereignis an nach dem Kalender berechnen lässt, z.B. „Zahlung zwei Wochen nach Abnahme der Leistung", „20 Tage nach Rechnungserhalt"; • der Käufer die Zahlung endgültig verweigert, z.B. er erklärt, dass er nicht zahlen wird (*Selbstmahnung*); • aus besonderen Gründen unter Abwägung der Interessen beider Vertragspartner der sofortige Verzug gerechtfertigt ist.
Verschulden	Der Schuldner hat Vorsatz und Fahrlässigkeit zu vertreten. Er muss für seine finanzielle Leistungsfähigkeit einstehen. Daher trägt er regelmäßig das *Geldbeschaffungsrisiko* aufgrund des Inhalts des Schuldverhältnisses (BGB § 276 [1]).
Ggf. Ablauf der 30-Tage-Frist	Der Schuldner einer Entgeltforderung (Käufer) kommt **spätestens** in Verzug, wenn er nicht *innerhalb von 30 Tagen* nach Fälligkeit und Zugang einer Rechnung oder gleichwertigen Zahlungsaufstellung (z.B. Mahnung) leistet (BGB § 286 [3]). Verbraucher müssen auf diese Folgen in der Rechnung besonders hingewiesen werden. Ist der Zeitpunkt des Rechnungszugangs unsicher, dann kommt der Käufer (wenn er Unternehmer ist) spätestens 30 Tage nach Fälligkeit oder Empfang der Gegenleistung in Verzug.

■ *Rechte des Verkäufers bei Nicht-Rechtzeitig-Zahlung*

Wenn die Voraussetzungen der Nicht-Rechtzeitig-Zahlung vorliegen, dann kann der Verkäufer seine gesetzlichen bzw. vertraglichen Rechte geltend machen.

● *Rechte des Verkäufers nach Aufforderung zur Leistung ohne Fristsetzung*

Nachzahlung BGB § 433	Der Verkäufer besteht auf nachträglicher Erfüllung des Kaufvertrags, da die Leistungspflicht des Käufers weiter besteht.
Schadensersatz wegen Pflichtverletzung BGB § 280 (2)	Der Käufer muss dem Verkäufer den durch seine Pflichtverletzung entstandenen Schaden ersetzen. Ein Verzugsschaden liegt vor, wenn der Schaden aufgrund der verspäteten Zahlung entstanden ist, z.B. Auslagen, Zinszahlungen.

● *Rechte des Verkäufers nach erfolglosem Ablauf einer gesetzten Frist*

Rücktritt vom Vertrag BGB § 323	Der Verkäufer kann wegen nicht oder nicht vertragsgemäß erbrachter Leistung vom Vertrag zurücktreten, wenn er dem Käufer zuvor *eine angemessene Frist* zur Leistung oder Nacherfüllung setzt.
Schadensersatz statt Zahlung BGB § 281	Der Verkäufer kann Schadensersatz statt der Zahlung verlangen, wenn er dem Käufer vorher *eine angemessene Frist* zur Zahlung gesetzt hat und diese Frist erfolglos abgelaufen ist.

Diese Rechte beansprucht der Verkäufer dann, wenn er die Ware anderweitig zu günstigeren Konditionen weiterverkaufen kann. Bereits empfangene Leistungen (z. B. gelieferte Sache) muss der Käufer zurückgewähren (BGB §§ 326, 346). Das Schadensersatzrecht wird durch den Rücktritt nicht ausgeschlossen (BGB § 325). Die **Fristsetzung entfällt**, wenn der Käufer die Leistung endgültig verweigert (BGB §§ 281 [3]). Eine Geldschuld ist während des Verzugs zu verzinsen (BGB § 288). Der **gesetzliche Verzugszinssatz** beträgt für das Jahr *fünf Prozentpunkte über dem Basiszinssatz*. Bei Rechtsgeschäften, an denen ein Verbraucher nicht beteiligt ist, beträgt der Zinssatz acht Prozentpunkte über dem Basiszinssatz. Kann der Gläubiger aus einem anderen Rechtsgrund höhere Zinsen verlangen, so sind diese anzusetzen.

Beispiel: Berechnung der Verzugszinsen

Am 2. Oktober d. J. lieferte die Karl Wenz KG einen Sonderposten Arbeitsstühle für insgesamt 20000,00 EUR an die Frauke Arber e. K. Im Kaufvertrag wurde als Zahlungstermin der 15. Oktober d. J. vereinbart. Die Rechnung ging der Frauke Arber e. K. zusammen mit der Lieferung am 2. Oktober zu. Bis heute (30. November) konnte die Karl Wenz KG keinen Zahlungseingang feststellen. Sie möchte nun den Zahlungsbetrag zuzüglich Verzugszinsen eintreiben.

Lösung: Der Rechnungsbetrag ist am 15. Oktober fällig. Eine Mahnung war nicht erforderlich, da der Zahlungstermin nach dem Kalender bestimmt ist. Die 30-Tage-Frist ist unerheblich, da die Rechnung schon vorher fällig war (15. 10.). Da ein Verbraucher nicht beteiligt ist, beträgt der gesetzliche Verzugszinssatz 8 Prozentpunkte über dem Basiszinssatz, also 8 % + 0,12 % = 8,12 % für das Jahr.

Nach der *Eurozinsmethode* wird jeder Monat kalendergenau, das Jahr mit 360 Zinstagen gerechnet (*Methode „aktuell/360"*). Der erste Kalendertag des Zinszeitraums wird mitgezählt, der letzte Kalendertag wird mitgezählt (BGB §§ 187 (2), 188).

Beispiele: 20. 02.–20. 03. = 28 Tage; 28. 02.–31. 03. = 31 Tage

Rechnungszugang 2. Okt.	Verzug ab 16.10 fällig 15. Okt.	heute 30. Nov.
	Verzugszeit = 46 Zinstage	
Berechnung des Verzugsschadens:		
Rechnungsbetrag	fällig seit 15. 10.	20000,00 EUR
+ **Verzugszinsen**	8,12 · 46 · 20000/360/100	207,51 EUR
+ nachweisbare Auslagen	Telefonate, Porto, Zeitaufwand	20,00 EUR
Forderungsbetrag am 30. 11.		**20227,51 EUR**

Zusammenfassung

Nicht-Rechtzeitig-Zahlung liegt vor, wenn der Käufer seine Zahlungspflicht nicht rechtzeitig erfüllt.

Voraussetzungen	Rechte des Verkäufers

• Fälligkeit,
• Mahnung, wenn kein kalendermäßiger Zahlungstermin vereinbart war
• Verschulden (Käufer trägt Geldbeschaffungsrisiko)
• ggf. Ablauf der 30-Tage-Frist
	• ohne Nachfristsetzung
	  – Nachzahlung
	  – Ersatz des Verzugsschadens
	• nach Ablauf der gesetzten Nachfrist
	  – Rücktritt und/oder Schadensersatz statt Zahlung

---

[1] Der **Basiszinssatz** beträgt 3,62 % p.a. (BGB § 247). Er wird von der Deutschen Bundesbank halbjährlich an die Marktlage angepasst und beträgt zz. 0,12 % p.a. (Stand: 01. 01. 2010). Die Anpassung des zuletzt gültigen Basiszinssatzes erfolgt zum 1. Januar und zum 1. Juli entsprechend der Veränderung der marginalen Zinssätze für die Hauptrefinanzierungsgeschäfte der Europäischen Zentralbank.

1 Erläutern Sie allgemein Voraussetzungen und Rechte des Verkäufers bei Nicht-Rechtzeitig-Zahlung des Käufers.

2 Die Kleiderfabrik Meinrad KG verkaufte am 1. Dezember zehn Wintermäntel an das Modehaus Weinmann GmbH im Gesamtwert von 5000,00 EUR. Die Rechnung ging der Weinmann GmbH am 3. Dezember zu. Bis heute (22. Januar) sind keine Zahlungen eingegangen. Die Meinrad KG möchte nun endlich zu ihrem Geld kommen.

a) Prüfen Sie alle Voraussetzungen der Nicht-Rechtzeitig-Zahlung für diesen Fall.

b) Machen Sie einen Vorschlag, wie die Meinrad KG weiter vorgehen soll.

c) Berechnen Sie die Verzugszinsen für diesen Fall.

3 Lösen Sie den Fall auf Seite 45 (Problem) mit Ihren jetzt vorhandenen Fachkenntnissen noch einmal.

1.3 Sicherung und Durchsetzung von Ansprüchen

Problem

> Jeder vierte Kunde zahlt unpünktlich, im Durchschnitt mit zwei Monaten Verspätung. Viele Forderungen werden uneinbringlich und müssen teilweise oder gänzlich abgeschrieben werden. Dadurch geraten manche Gläubiger selbst in Zahlungsschwierigkeiten.
>
> Wie können säumige Schuldner zu besserer Zahlungsdisziplin erzogen werden?

Sachdarstellung

Wenn der Schuldner seinen vertraglichen Pflichten nicht rechtzeitig nachkommt, dann muss der Gläubiger rechtzeitig reagieren, um seine Rechte zu sichern und durchzusetzen. Dabei können *vertragliche Vereinbarungen* (z. B. Eigentumsvorbehalt), *organisatorische Maßnahmen* (z. B. Überwachung der Zahlungstermine und -eingänge) und *verfahrensmäßige Maßnahmen* (z. B. Mahnverfahren) unterschieden werden.

1.3.1 Eigentumsvorbehalt – auch nach Verjährung

Der Verkäufer kann sich das Eigentum an einer *beweglichen Sache* bis zur Zahlung des vollständigen Kaufpreises vorbehalten (BGB § 449). Dadurch wird das Eigentum an der Kaufsache erst nach vollständiger Bezahlung auf den Käufer übertragen. Zu beachten ist, dass der Verkäufer die Sache aufgrund des Eigentumsvorbehalts nur herausverlangen kann, wenn er vom Vertrag zurückgetreten ist. Die Herausgabe der Sache kann auch verlangt werden, wenn der gesicherte Anspruch (Forderung) bereits verjährt ist (BGB § 216 [2]).

Der Eigentumsvorbehalt erlischt, wenn die gelieferte bewegliche Sache

- an einen gutgläubigen Dritten weiterveräußert worden ist (BGB § 932);
- weiterverarbeitet, verbraucht oder zerstört worden ist (BGB § 950);
- mit einem Grundstück fest verbunden wurde (z. B. Beton) nach BGB § 946.

Dieses Risiko kann der Verkäufer abmildern, wenn er mit dem Käufer einen

- **verlängerten Eigentumsvorbehalt** (der Käufer tritt seine Forderungen aus einem Weiterverkauf der Sache an den Verkäufer ab);
- **erweiterten Eigentumsvorbehalt** (dieser bezieht sich auf alle Forderungen, die sich aus der Geschäftsverbindung mit dem Kunden ergeben) vereinbart.

1.3.2 Außergerichtliches Mahnverfahren – Vorsicht ist besser als Nachsicht

Bezahlt der Käufer bei Fälligkeit nicht, dann mahnt der Verkäufer die fällige Forderung meistens zunächst *ohne Einschaltung des Gerichts* an,

- um die guten Geschäftsbeziehungen nicht zu gefährden,
- weil der Kunde den Zahlungstermin aus Versehen versäumt haben könnte.

Das außergerichtliche Mahnverfahren verläuft in der Regel in mehreren Mahnstufen.

Mahnstufen und Maßnahmen des Verkäufers

Mahnstufe 1 (nach 3 Tagen)	Zusendung einer höflichen **Zahlungserinnerung** spätestens drei Tage nach Fälligkeit
Mahnstufe 2 (nach 7 Tagen)	**Erste Mahnung** in Form eines höflichen Briefes. Der Käufer wird ausdrücklich zur Zahlung aufgefordert. Damit wird der Kunde in Verzug gesetzt, wenn kein Zahlungstermin besteht.
Mahnstufe 3 (nach 7 Tagen)	**Zweite Mahnung** mit Zusendung einer Rechnungsdurchschrift mit Zahlungsträger (z. B. Überweisungsformular)
Mahnstufe 4 (nach 7 Tagen)	**Dritte Mahnung** mit dem Angebot eines *Finanzgesprächs*. Neulieferungen erfolgen nur unter *Eigentumsvorbehalt* oder *gegen Vorauskasse oder Barzahlung*.
Mahnstufe 5 nach 7 Tagen)	**Letzte Mahnung (Terminbrief)** mit Androhung des gerichtlichen Mahnverfahrens oder der Klage

Mahnt der Verkäufer regelmäßig unverzüglich nach Eintritt der Forderung, dann erzieht er seine Kunden zur pünktlichen Zahlung.

1.3.3 Gerichtliches Mahnverfahren – Fristen beachten

War das außergerichtliche Mahnverfahren erfolglos, dann bleibt dem Verkäufer das gerichtliche Mahnverfahren oder das gerichtliche Klageverfahren, um den Käufer zur Erfüllung seiner Zahlungspflicht zu bewegen. Das gerichtliche Mahnverfahren kann unter bestimmten Umständen in das Klageverfahren übergehen (siehe Seite 50).

Das gerichtliche Mahnverfahren wird auf **Antrag des Gläubigers** (*Antragstellers*) durch **Erlass eines Mahnbescheids** eingeleitet (ZPO § 688). Der Mahnbescheid wird spätestens einen Arbeitstag nach Eingang bearbeitet und dem Schuldner (*Antragsgegner*) zugestellt (ZPO §§ 689, 693). Sachlich und örtlich ist das **Amtsgericht** zuständig, bei dem der Antragsteller seinen allgemeinen Gerichtsstand hat[1]. Das Amtsgericht prüft nicht, ob der geltend gemachte Anspruch berechtigt ist. (ZPO § 692).

Das gerichtliche Mahnverfahren kann mit der **Zwangsvollstreckung** enden. Die Zwangsvollstreckung in das *bewegliche Vermögen* des Schuldners erfolgt durch **Pfändung**. Dabei nimmt der Gerichtsvollzieher die beim Schuldner befindlichen körperlichen Sachen (z. B. Geld, Wertpapiere, Schmuck) *in Besitz* (ZPO § 808). Schwer zu transportierende Sachen bleiben beim Schuldner und werden mit einem Siegel ("Kuckuck") versehen. **Unpfändbar** sind persönliche Gebrauchsgegenstände (z. B. Kleidungsstücke, Wäsche, Betten, Hausgeräte) und notwendige Nahrungs-, Feuerungs- und Beleuchtungsmittel (ZPO § 811). Gepfändetes Geld

---

[1] In **Baden-Württemberg** ist landesweit die Mahnabteilung des **Amtsgerichts Stuttgart** zuständig. Die zum **elektronischen Mahnverfahren** zugelassenen Antragsteller reichen dort ihre Anträge digital signiert und verschlüsselt über das Internet ein.

ist dem Gläubiger abzuliefern, (ZPO § 815 ff.), gepfändete Wertpapiere sind zum Tageskurs zu verkaufen (ZPO § 821) sonstige gepfändete Sachen werden frühestens eine Woche nach der Pfändung öffentlich versteigert (ZPO § 816).

Bei der *Verwertung von Forderungen* und anderen Vermögensrechten (z. B. Arbeitseinkommen) gelten besondere Vorschriften (z. B. Pfändungsschutz, -freigrenzen, siehe hierzu ZPO §§ 850 ff.). Bei Lohn- und Gehaltspfändungen führt der Betrieb die gepfändete Summe nicht an das Amtsgericht, sondern direkt an den Gläubiger ab. Haben mehrere Gläubiger Ansprüche, dann ist der ältere Anspruch vorrangig.

Zur Zwangsvollstreckung in das *unbewegliche Vermögen* siehe ZPO §§ 866 ff.

● Ablauf des gerichtlichen Mahnverfahrens im Überblick

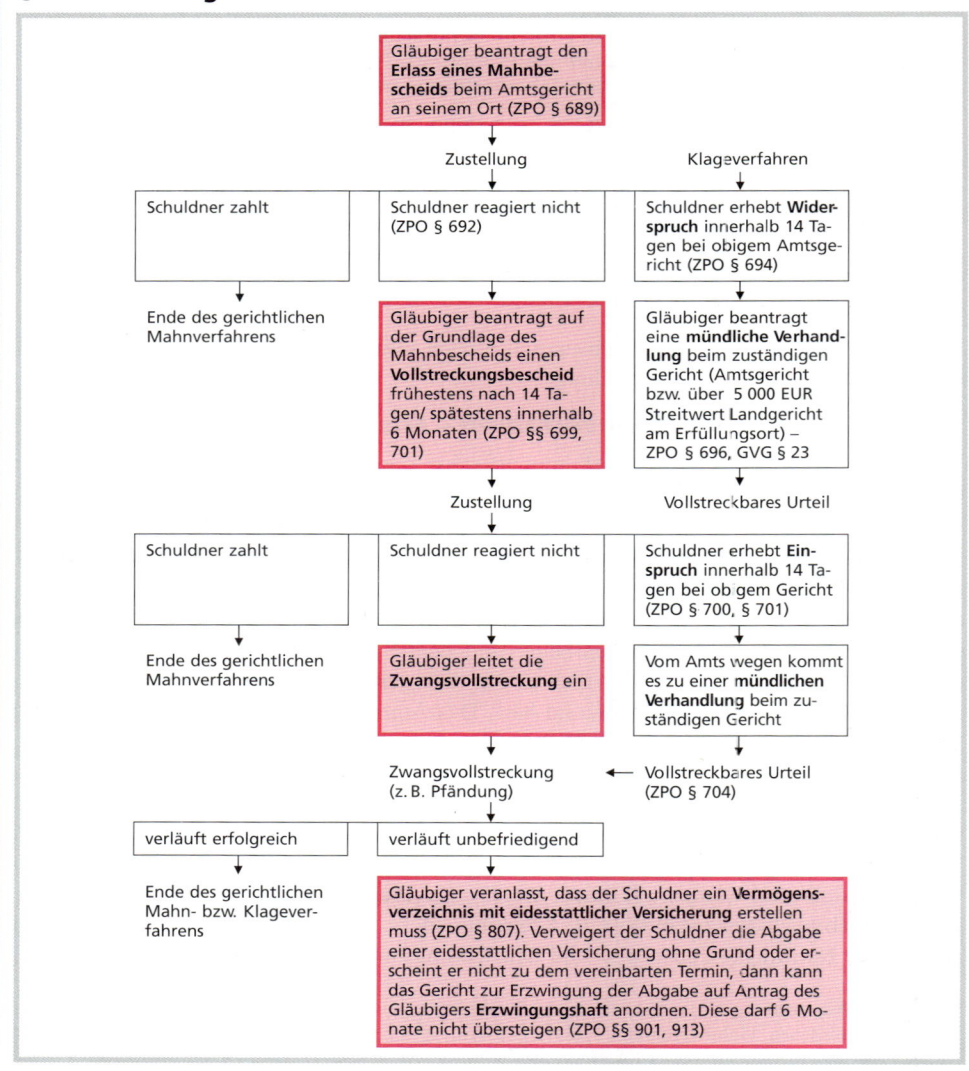

Zusammenfassung

- Um säumige Kunden festzustellen und zu mahnen, ist eine ständige **Kontrolle der Zahlungstermine** notwendig.
- **Eigentumsvorbehalt**
  - Käufer wird Besitzer, ⎤ bis zur vollständigen Bezahlung
  - Verkäufer bleibt Eigentümer ⎦ des Kaufpreises
- Das **außergerichtliche Mahnverfahren** ist in jedem Unternehmen anders organisiert. Im Interesse des Kundenerhalts muss behutsam vorgegangen werden.
- Das **gerichtliche Mahnverfahren** beginnt mit dem *Antrag auf Erlass eines Mahnbescheids* und kann mit der *Zwangsvollstreckung* enden.

Aufgaben

1. Wie ist in Ihrem Ausbildungsbetrieb die Debitorenkontrolle organisiert?

2. a) Warum kann eine unter Eigentumsvorbehalt gelieferte Ware weiterverkauft werden?

   b) In welchen Fällen ist die Vereinbarung eines Eigentumsvorbehalts anzuraten?

   c) Elektromeister Kuhn hat unter Eigentumsvorbehalt gelieferte Lichtkabel im Neubau von Herrn Groß installiert. Als Kuhn nicht zahlt, verlangt sein Lieferer die Herausgabe der Kabel. Vergleichen Sie BGB § 946, und begründen Sie, warum diese Bestimmung auch im geschilderten Fall sinnvoll ist.

   d) Weshalb genügt der einfache Eigentumsvorbehalt vielfach bei Lieferungen an den Endverbraucher, nicht dagegen bei Lieferungen an Wiederverkäufer?

3. a) Nennen Sie mögliche Schritte des außergerichtlichen Mahnverfahrens.

   b) Welche „begleitenden" Sofortmaßnahmen sollten bei wiederholten Mahnungen gegen säumige Kunden eingeleitet werden?

4. a) Beschreiben Sie den vollständigen Ablauf des gerichtlichen Mahnverfahrens.

   b) Bei welchem Gericht ist der Antrag auf Erlass eines Mahnbescheids zu stellen?

5. Entscheiden Sie über die zu treffenden Maßnahmen bei folgenden Ursachen für den Zahlungsverzug:

   a) Im Betrieb des Kunden ist durch eine Unwetterkatastrophe schwerer Schaden entstanden. Der Wiederaufbau benötigt Monate!

   b) Der Kunde verweigert böswillig die Zahlung.

   c) Der Kunde entschuldigt sich, da er durch die Insolvenz eines eigenen Kunden erhebliche Verluste erlitten habe.

6. In welcher Weise können dem Kaufmann Verluste entstehen, wenn er die außergerichtliche Mahnung unterlässt?

7. In welcher wirtschaftlichen Situation würde der gesetzlich geregelte Zinssatz für Verzugszinsen angewendet?

Schriftverkehr[1] zum außergerichtlichen Mahnverfahren

Außer dem **Terminbrief**, dem letzten Schreiben an den säumigen Kunden vor der Zustellung des Mahnbescheids, sind in der Regel die Mahnschreiben *Vordrucke* oder *Schemabriefe*, in die lediglich Datum und Rechnungsbeträge eingetragen werden müssen.

[1] Regeln zum Geschäftsbrief siehe Anhang S. 305 ff.

Beispiel

Unsere Firma: Anton Eberle KG, Textilfabrik, Akazienweg 12, 96050 Bamberg.

Vorgang: Für die kommende Wintersaison haben wir am 10. Juli dieses Jahres der Firma Uwe Torwaldsen, Textilgroßhandlung, Marktstraße 5, 06749 Bitterfeld, einen Posten Skipullover, Modell Tirol, geliefert. Der Rechnungsbetrag in Höhe von 2565,00 EUR war am 10. August fällig.

Die Firma Torwaldsen wurde von uns am 25. August und 11. September mit sehr taktvoll abgefassten Briefen gemahnt, jedoch ohne Erfolg. Ohne Antwort blieb auch der in schärferem Ton gehaltene Brief vom 17. September .. sowie unsere Postnachnahme vom 25. September ..

Text unseres Briefes vom 17. September:

Unser Guthaben über 2565,00 EUR (3. Mahnung)

Sehr geehrter Herr Torwaldsen,

Sie haben bisher weder unsere Briefe vom 25. August und 11. September beantwortet noch unsere Rechnung beglichen.

Wir sind darüber sehr erstaunt, da Sie doch bisher immer pünktlich gezahlt haben. Aus diesem Grunde konnten wir Ihnen bislang auch die günstigen Preise einräumen. Unsere Preise sind unter der Voraussetzung pünktlichen Zahlungseingangs kalkuliert.

Musterbrief: s. Seite 53

Aufgabe 2

Unsere Firma: Franken-Radio GmbH, Elektrogerätefabrik, Maintalstraße 15, 63743 Aschaffenburg.

Vorgang: Die Kundendatei der Firma Karl Weber, Elektrohandel, Kirchheimer Straße 30, 72622 Nürtingen, zeigt folgende Zahlen:

Karl Weber
Elektrohandel
Kirchheimer Strasse 30   Kunde seit: Mai ..
72622 Nuertingen   Aufgelaufener Umsatz 35300 EUR

Bestellung vom	geliefert am	Rechnung EUR	Zahlungs- termin	bezahlt am	Bemerkungen
..-01-28	..-02-03	3548,00	..-03-03	..-02-29	Zahlungserinnerung 23. Aug.
..-03-10	..-03-15	2282,00	..-04-15	..-04-13	1. Mahnung 5. Sept.
..-04-17	..-04-20	3016,00	..-05-20	..-05-21	2. Mahnung 20. Sept.
..-06-05	..-06-09	4145,00	..-07-09	..-07-05	Postnachnahme 25. Sept. zurueck
..-07-12	..-07-18	3500,00	..-08-18		

Angaben zur Bearbeitung: Ihr Chef gibt Ihnen die Anweisung: „Bitte weiterbearbeiten; Terminbrief schreiben!"

Letzter Termin: 3. Oktober ..; *Briefdatum:* 26. September ..; bisher entstandene Kosten: Verzugszinsen 33,00 EUR und Auslagen 15,60 EUR.

Musterbrief: *Außergerichtliche Mahnung*

ANTON EBERLE KG
BAMBERG
TEXTILFABRIK

Anton Eberle KG • Textilfabrik • Akazienweg 12 • 96050 Bamberg

Textilgroßhandlung
Uwe Torwaldsen
Marktstraße 5
06749 Bitterfeld

Ihr Zeichen, Ihre Nachricht vom	Unser Zeichen, unsere Nachricht vom	Telefon, Name 0951 3716-	Datum
28 / k ..-06-30	L ..-09-25	18 Eberle	..-10-03

Unsere Forderung über 2 645,05 EUR – letzte Mahnung

Sehr geehrter Herr Torwaldsen,

trotz verschiedener Mahnungen haben Sie unsere Rechnung vom 10. Juli .. immer
noch nicht beglichen. Heute kam auch unsere Postnachnahme uneingelöst zurück.

Sollten Sie bis zum

10. Oktober ..

nicht bezahlt haben, werden wir unverzüglich das gerichtliche Mahnverfahren gegen Sie
einleiten oder unsere Forderung einem Inkassoinstitut übergeben. Unsere Gesamt-
forderung ersehen Sie aus der unten stehenden Aufstellung.

Mit freundlichen Grüßen

ANTON EBERLE KG

Eberle

Eberle

Aufstellung

Rechnungsbetrag	2 565,00 EUR
12 % Verzugszinsen vom 10. August .. bis 10. Oktober ..	52,16 EUR
Mahnkosten	25,00 EUR
19 % Umsatzsteuer auf Mahnkosten	4,75 EUR
Gesamtforderung zum 10. Oktober ..	2 646,91 EUR

Geschäftsräume	Firma	Verbindungen	Kontoverbindungen	
Akazienweg 12	Anton Eberle KG	http://www.eberle.de	Bayrische Vereinsbank	BLZ 77020070 Konto 00220758
96050 Bamberg	Amtsgericht Bamberg	E-Mail: antoneberle@eberle.de	Postbank München	BLZ 70010080 Konto 31233500
	HRA 1635	Telefax 0951 371626		

Aufgabe 3

Unsere Firma: Ostdeutsche Textilwerke AG, Uferstraße 3–8, 18147 Rostock.

Vorgang: Am 25. Oktober vorigen Jahres lieferten wir 160 m hochwertigen Anzugsstoff zu 108,00 EUR je m an die Textilgroßhandlung Alfred Münkemann, Thuner Straße 24, 12205 Berlin. Dem Kunden wurden zwei Monate Zahlungsziel eingeräumt. Am 4. Januar dieses Jahres mahnten wir zum ersten Mal, am 1. Februar mahnten wir wiederum und setzten als letzten Zahlungstermin den 20. Februar. Eine Postnachnahme kam uneingelöst zurück.

Angaben zur Bearbeitung: Schreiben Sie einen Terminbrief. *Datum:* 28. Februar .. Es wird Zahlung bis zum 10. März erwartet, sonst Übergabe an Rechtsanwalt. Bisherige Kosten: Verzugszinsen 95,00 EUR und Auslagen 2,50 EUR.

1.3.4 Verjährung von Ansprüchen

Problem

Die Büromöbelfabrik Weller KG in Ulm erhält folgendes Schreiben von ihrem Kunden, der Werkzeuggroßhandlung Dirk Butz KG in München:

München, 4. August 2009

… Es tut uns leid, dass wir Ihren Anspruch auf Bezahlung der Rechnung Nr. 338759, fällig am 3. August 2006, über 5600,00 EUR ablehnen müssen. Nach Ablauf von drei Jahren ist die Forderung verjährt …

Herr Reber (kaufmännische Leitung), schmunzelt und meint: „Keine Sorge, unser Anspruch ist noch nicht verjährt."

1. Hat Herr Reber recht? Lesen Sie selbst im BGB nach.
2. Welche Gründe sprechen für, welche gegen eine Verjährung von Ansprüchen?

Sachdarstellung

■ Wirkung der Verjährung

Das Recht, von einem anderen ein Tun oder Unterlassen zu verlangen (Anspruch), unterliegt der Verjährung (BGB § 194). Nach Eintritt der Verjährung ist der Verpflichtete berechtigt, die Leistung zu verweigern (BGB § 214). Der Verpflichtete (z. B. Schuldner) hat das Recht auf **Einrede wegen Verjährung**. Der *Grundsatz der Rechtssicherheit* hat bei der Verjährung Vorrang vor dem Rechtsgrundsatz der Einzelfallgerechtigkeit. Ohne das Rechtsmittel Verjährung müssten alle Rechtssubjekte ihre Belege ein Leben lang aufbewahren. Zudem sorgt die Möglichkeit der Verjährung dafür, dass Rechtsgeschäfte zügig abgewickelt werden.

Ein verjährter **Anspruch erlischt nicht,** sodass das Geleistete nicht zurückgefordert werden kann, auch wenn in Unkenntnis der Verjährung geleistet worden ist (BGB § 214). Das Gleiche gilt bei einem vertragsmäßigen Anerkenntnis sowie einer Sicherheitsleistung des Verpflichteten nach Eintritt der Verjährung.

Hat der Gläubiger seinen Anspruch durch Pfandrecht oder Eigentumsvorbehalt gesichert, dann kann er sich aus dieser Sicherheit befriedigen, auch wenn sein Anspruch verjährt ist (BGB § 216). Dies gilt nur für den Hauptanspruch, nicht für Ansprüche auf Zinsen und andere wiederkehrende Leistungen. Mit dem Hauptanspruch (z. B. Darlehensforderung) verjährt auch die von ihm *abhängige Nebenleistung* (z. B. Zinsforderungen), auch wenn Letztere noch nicht verjährt ist (BGB § 217).

■ *Verjährungsfristen*

Die **regelmäßige Verjährungsfrist** beträgt *3 Jahre* (BGB § 195). Sie beginnt mit dem Schluss des Jahres, in der der Anspruch entstanden ist und der Gläubiger von dem Anspruch und der Person des Schuldners Kenntnis erlangt. Darüber hinaus gibt es **besondere Verjährungsfristen**.

Überblick über besondere Verjährungsfristen

Frist	Anspruch	Beginn der Verjährungsfrist
2 Jahre	● *Mängelansprüche* bei Sachmängeln, die nicht in Zusammenhang mit einem Bauwerk stehen (BGB § 438)	mit der Ablieferung der Sache
3 Jahre	● alle Mängelansprüche, wenn der Verkäufer die Mängel *arglistig verschwiegen* hat (BGB § 438 [3])	mit der Entdeckung der Täuschung
5 Jahre	● Mängelansprüche bei einem *Bauwerk* (BGB § 634a) oder wenn die Sache für ein Bauwerk verwendet worden ist und dessen Mangel verursacht hat (BGB § 438)	mit der Abnahme (BGB § 634a [2])
10 Jahre	● Anspruch auf Herausgabe einer *ungerechtfertigten Bereicherung* (BGB § 852) ● Anspruch auf *Übertragung eines Grundstücks* oder Änderung eines Rechts an einem Grundstück (BGB § 196) ● wenn der Gläubiger von dem Anspruch und der Person des Schuldners *keine Kenntnis* hat (BGB § 199)	mit der Fälligkeit Beispiel: Fällig: 12.05.09 Verjährung Beginn: 13.05.09 Ende: 13.05.19
30 Jahre	● Schadensersatzansprüche aus *unerlaubter Handlung, Gefährdungshaftung und Pflichtverletzung* ohne Rücksicht auf die Entstehung der Handlung ● wenn der Mangel in einem *dinglichen Recht eines Dritten* besteht, z.B. Pfandrecht (BGB § 438) ● *Herausgabeansprüche aus Eigentum* und anderen dinglichen Rechten, z.B. Pfandrecht, Leihe, Diebstahl, Patent-, Urheberrecht (BGB § 197) ● *familien- und erbrechtliche* Ansprüche[1], ● *rechtskräftig festgestellte* Ansprüche, ● Ansprüche aus *vollstreckbaren* Vergleichen oder Urkunden oder aufgrund eines Insolvenzverfahrens (BGB § 197)	mit Begehung der Handlung, Entstehung der Gefahr, mit der Ablieferung, mit der Fälligkeit mit der Rechtskraft des Anspruchs bzw. der Feststellung im Insolvenzverfahren

Die Verjährungsfrist kann vertraglich **verkürzt oder verlängert** werden. Sie kann jedoch nicht über 30 Jahre hinaus verlängert werden.

Bei einem **Verbrauchsgüterkauf** muss die Verjährungsfrist mindestens zwei Jahre, bei gebrauchten Sachen mindestens ein Jahr betragen (BGB § 475).

Beispiel zur Berechnung der Verjährung

Sachverhalt	Lösung
Ein Großhändler hat an einen Einzelhändler eine Forderung in Höhe von 5000 EUR, fällig 2 Monate nach Rechnungszugang. Die Rechnung geht am 19. November 2009 zu.	**Anspruch:** Zahlung des Kaufpreises **Verjährungsfrist:** 3 Jahre Fälligkeit des Anspruchs: 19.01.2010 **Beginn der Verjährung:** 31.12.2010 (24 Uhr) **Eintritt der Verjährung:** 01.01.2014 (0 Uhr)

[1] Soweit die Ansprüche in wiederkehrenden Leistungen bestehen, gilt die regelmäßige Verjährungsfrist.

Zeitstrahl für das Beispiel:

Fälligkeit 19.01.2010	Beginn der Verjährung 31.12.2010 (24 Uhr)	Verjährung 01.01.2014 (0 Uhr)
	Verjährungsfrist = 3 Jahre	

■ Beeinflussung der Verjährung durch Neubeginn

Im Fall des **Neubeginns** der Verjährung beginnt die vollständige Verjährungsfrist ab dem Eintritt des Grundes für den Neubeginn von Neuem. Die bereits verstrichene Verjährungszeit ist ohne Bedeutung. Die Verjährung kann erst neu beginnen, wenn sie bereits läuft.

Gründe für den Neubeginn (BGB § 212)

Vom Berechtigten verursacht	● Beantragung oder Vornahme einer **gerichtlichen** oder behördlichen **Vollstreckungshandlung**
Vom Verpflichteten verursacht	● Anerkennung des Anspruchs durch Abschlags-, Teil-, Zinszahlung, Sicherheitsleistung, Stundungsbitte usw.

Beispiel: Beeinflussung der Verjährung durch Neubeginn

Sachverhalt	Lösung
Großhändler Wenz hat an einen Kunden eine Forderung in Höhe von 5000 EUR, fällig 2 Monate nach Rechnungszugang. Die Rechnung geht am 19. November 2009 zu. Der Kunde leistet nach telefonischen Mahnungen am 7. Februar 2011 eine Teilzahlung in Höhe von 1000 EUR.	**Anspruch:** Zahlung des Kaufpreises **Verjährungsfrist:** 3 Jahre Fälligkeit des Anspruchs: 19. 01. 2010 **Beginn der Verjährung:** 31. 12. 2010 (24 Uhr) Grund für Neubeginn: Teilzahlung **Neubeginn** der Verjährung: 07. 02. 2011 **Eintritt der Verjährung:** 08. 02. 2014 (0 Uhr)

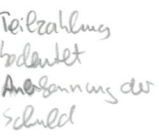

[Handschriftliche Notiz:] Teilzahlung bedeutet Anerkennung der Schuld

Zeitstrahl für das Beispiel:

Fälligkeit 19.01.2010	Beginn der Verjährung 31.12.2010 (24 Uhr)	Verjährung 01.01.2014 (0 Uhr)
	Verjährungsfrist = 3 Jahre	

	Neubeginn der Verjährung 07.02.2011 (24 Uhr)	Verjährung 08.02.2014 (0 Uhr)
	Verjährungsfrist = 3 Jahre	

■ Beeinflussung der Verjährung durch Hemmung

Im Fall der **Hemmung** wird die Verjährung mit Eintritt des Hemmungsgrunds angehalten. Der Zeitraum, während dessen die Verjährung gehemmt ist, wird in die Verjährungsfrist nicht eingerechnet (BGB § 209), er verlängert die Verjährungsfrist.

Gründe für die Hemmung

Vom Berechtigten verursacht	● **Erhebung der Klage** auf Leistung oder Feststellung des Anspruchs oder auf Erlass des Vollstreckungsurteils (BGB § 204), ● **Zustellung des Mahnbescheids** im Mahnverfahren (BGB § 204), ● Anmeldung des Anspruchs im **Insolvenzverfahren** (BGB § 204), ● Einreichung eines **Güteantrags** oder eines Antrags bei einem Schiedsgericht u. a. (BGB § 204)

Die Hemmung bei Rechtsverfolgung beginnt mit Einreichung bzw. Zustellung des Antrags und endet sechs Monate nach der rechtskräftigen Entscheidung bzw. Erledigung des Verfahrens (BGB §204).

Vom Verpflichteten verursacht	• Zeitraum, in dem der Verpflichtete aufgrund einer **Vereinbarung** mit dem Berechtigten zur Verweigerung der Leistung berechtigt ist (BGB § 205), z. B. durch Stundungsvereinbarung (= Zahlungsaufschub).
Sonstige Ursachen	• Solange der Berechtigte innerhalb der letzten sechs Monate der Verjährungsfrist durch **höhere Gewalt** an der Rechtsverfolgung gehindert ist (BGB § 206). • **Familiäre Gründe,** z. B. bei Ansprüchen zwischen Ehegatten, solange die Ehe besteht; bei Ansprüchen zwischen Eltern und Kinder, solange die Kinder minderjährig sind (BGB § 207).

Die Verjährung ist auch gehemmt, solange Schuldner und Gläubiger über den Anspruch verhandeln. In diesem Fall tritt die Verjährung frühestens drei Monate nach Ende der Hemmung ein (BGB § 203). Eine Verjährung kann erst gehemmt werden, wenn sie begonnen hat. Wurde eine Stundung schon beim Vertragsabschluss vereinbart (z. B. Zahlungsziel), dann beginnt die Verjährung erst, wenn die Stundungszeit abgelaufen ist.

Beispiel: Beeinflussung der Verjährung durch Hemmung

Sachverhalt	Lösung
Ein Großhändler hat an seinen Kunden eine Geldforderung in Höhe von 5000 EUR, fällig am 19. November 2009. Der Kunde zahlt nicht. Am 2. Januar 2010 vereinbaren die Vertragspartner, dass der Betrag einen Monat lang gestundet wird.	**Anspruch:** Zahlung des Kaufpreises **Verjährungsfrist:** 3 Jahre **Fälligkeit des Anspruchs:** 19. 11. 2009 Beginn der Verjährung: 31. 12. 2009 (24 Uhr) Hemmung durch Stundungsvereinbarung **Hemmungszeit:** 1 Monat **Eintritt der Verjährung:** 01. 02. 2013 (0 Uhr)

Zeitstrahl für das Beispiel:

Beginn der Verjährung   Verjährung
31.12.2009 (24 Uhr)   01.01.2013 (0 Uhr)

Verjährungsfrist = 3 Jahre

02.01. bis 02.02.2009   Verjährung
Hemmung (1 Monat)   01.02.2013 (0 Uhr)

Verjährungsfrist = 3 Jahre	+ 1 Monat

Zusammenfassung

Verjährung bedeutet, dass ein berechtigter Anspruch nach Ablauf einer bestimmten Zeit nicht mehr durchgesetzt werden kann. Nach Eintritt der Verjährung ist der Verpflichtete berechtigt, die Leistung zu verweigern (BGB § 214). Er hat das Recht auf **Einrede wegen Verjährung**.

Die **regelmäßige Verjährungsfrist** beträgt *3 Jahre* (BGB § 195). Sie beginnt mit dem Schluss des Jahres, in dem der Anspruch entstanden ist. Für einige Ansprüche gelten besondere gesetzliche Verjährungsfristen (2, 3, 5, 10 und 30 Jahre).

Die Verjährung kann durch **Neubeginn** (Verjährungsfrist beginnt komplett neu) oder **Hemmung** (Hemmungszeit wird an die Verjährungsfrist angehängt) beeinflusst werden.

1 Bilden Sie mehrere Arbeitsgruppen und veranstalten Sie ein Gruppenturnier (siehe hierzu auf Seite 72), indem Sie folgende **Fragen beantworten**:

a) Erklären Sie den Begriff Verjährung.
b) Nennen Sie Zeitraum und Beginn der regelmäßigen Verjährung.
c) Welche Ansprüche verjähren in zwei, fünf, zehn, dreißig Jahren?
d) Wann beginnt die Verjährung in obigen Fällen jeweils?
e) Nennen Sie Gründe für den Neubeginn der Verjährung.
f) Wie wirkt sich die Hemmung auf die Verjährung aus?
g) Nennen Sie einige Hemmungsgründe.

2 Welche konkurrierenden Rechtsgrundsätze stehen bei der Verjährung einander gegenüber? Für welchen Rechtsgrundsatz hat sich der Gesetzgeber entschieden?

3 Geben Sie für folgende Ansprüche die Verjährungsfristen und den Beginn der Verjährung an:

a) Lohnanspruch eines Arbeitnehmers
b) Anspruch aufgrund einer mangelhaften Warenlieferung
c) (siehe c), der Verkäufer hat den Mangel arglistig verschwiegen.
d) Mangelanspruch aus einem Bauwerk
e) Anspruch auf Rückzahlung eines Darlehens
f) Anspruch auf Zinszahlungen aus der Hingabe eines Darlehens

4 Wann verjähren folgende Ansprüche? Stellen Sie das genaue Datum fest.

a) Einzelhändler Meinrad schuldet seiner Bank seit dem 12. Oktober 2009 die Darlehenszinsen.
b) Die Verkäuferin Kirsch hat ihre Umsatzprovision vom 30. November 2009 immer noch nicht erhalten.
c) Einzelhändler Abel kaufte am 15. November 2009 beim Großhändler Bunz Waren, zahlbar in zwei Monaten.
d) Frau Zeller zahlt eine Rechnung des Versandhauses Quelle, die am 10. November 2010 fällig war, trotz zweier telefonischer Mahnungen nicht. Das Versandhaus lässt ihr am 12. Januar 2010 einen gerichtlichen Mahnbescheid zustellen. Das Mahnverfahren endet am 12. April 2010 mit einer vollstreckbaren Urkunde.
e) Der Großhändler Wörz fordert den Einzelhändler Wenz am 12. Januar 2010 durch schriftliche Mahnung zur Zahlung auf. Die Zahlung ist seit dem 15. Dezember 2009 fällig. Herr Wenz bittet am 22. Januar 2010 um Stundung. Die Firma Wörz stundet den ausstehenden Betrag einen Monat lang.

5 Das Bekleidungshaus Laule KG in Ulm bezog am 15. November 2009 von der Textilgroßhandlung Busch GmbH in Stuttgart 100 Wintermäntel im Gesamtwert von 18000 EUR. Die Zahlung ist am 15. Dezember fällig.
Da die Zahlung der Laule KG ausbleibt, schickt die Busch GmbH am 20. Dezember eine schriftliche Mahnung. Die Laule KG leistet zwei Tage später eine Teilzahlung in Höhe von 1000 EUR. Nach einer weiteren außergerichtlichen Mahnung überreicht ein Bevollmächtigter der Laule KG am 23. Januar 2010 einen Scheck in Höhe von 9000 EUR mit der gleichzeitigen Bitte, man möge die Restschuld doch bis 23. Februar stunden. Der Geschäftsführer der Busch GmbH ist damit einverstanden.

a) An welchem Tag ist die Forderung der Busch GmbH verjährt?
b) Durch welche Maßnahmen hätte die Busch GmbH diese unangenehme Situation vermeiden können?

1.4 Regelungen zum Schutz der Verbraucher

Dem Verbraucher kommt in der sozialen Marktwirtschaft eine Schlüsselrolle zu. Um ihn dreht sich letztlich alles. Oft ist er gegenüber den Anbietern in einer schwächeren Position, denn er ist kaum noch in der Lage, angesichts eines unübersehbaren Warenangebots den Überblick zu bewahren. Der Staat hat viele Gesetze erlassen, um den Verbraucher in seiner **rechtlichen Position** zu stärken. Neben diesem gesetzlichen Schutz findet der Verbraucher Unterstützung durch Verbraucherverbände, die seine **Marktposition** durch Information und Beratung stärken.

1.4.1 Allgemeine Geschäftsbedingungen – Studieren oder Verlieren?

Problem

Familie Wagner kauft am 2. Mai ein Jugendzimmer der aktuellen Serie „Bimbo" zum Preis von 2500,00 EUR. Am 25. Jul werden die Möbel angeliefert. Mit Schrecken stellt Frau Wagner fest, dass Bett und Schrank tiefe Kratzer aufweisen, reklamiert diese sofort und besteht auf Ersatzlieferung. Die Möbelhandlung Weber lehnt diesen Vorschlag ab und verweist auf ihre „Allgemeinen Geschäftsbedingungen".

Auszug aus den Allgemeinen Geschäftsbedingungen der Firma Weber:

Mängelrüge, Gewährleistung und Haftung
Anerkannte Mängel werden kostenlos ausgebessert. Nach Wahl steht dem Käufer ein Recht auf Minderung des Kaufpreises zu. Weitergehende Ansprüche sind ausdrücklich ausgeschlossen. Diese Regelung gilt auch für Serienprodukte.

Beurteilen Sie die Rechtslage. Nehmen Sie das BGB §§ 305 ff. zu Hilfe.

Sachdarstellung

■ Voraussetzungen für Allgemeine Geschäftsbedingungen

Werden von einer Vertragspartei (*Verwender*) Vertragsbedingungen für eine *Vielzahl von Verträgen* vorformuliert, dann liegen **Allgemeine Geschäftsbedingungen** vor (BGB § 305). Allgemeine Geschäftsbedingungen (kurz: AGB) liegen nicht vor, soweit die Vertragsbedingungen zwischen den Vertragsparteien im Einzelnen ausgehandelt sind. Solche *Individualabreden haben Vorrang* vor Allgemeinen Geschäftsbedingungen (BGB § 305 b).

Allgemeine Geschäftsbedingungen werden gegenüber Verbrauchern nur dann Vertragsbestandteil, wenn der Verwender *bei Vertragsabschluss*

- die andere Vertragspartei **ausdrücklich auf sie hinweist** (wenn dies nur unter unverhältnismäßigen Schwierigkeiten möglich ist, genügt ein deutlich sichtbarer Aushang am Ort des Vertragsabschlusses);
- der anderen Vertragspartei die Möglichkeit verschafft, **in zumutbarer Weise von ihrem Inhalt Kenntnis** zu nehmen (z. B. muss das Kleingedruckte leserlich sein); und
- wenn die andere Vertragspartei mit ihrer Geltung einverstanden ist.

Diese Voraussetzungen gelten nicht für AGB, die gegenüber einem Unternehmer verwendet werden.

Die AGB vereinfachen die Abwicklung des Tagesgeschäfts. Sie werden häufig auf der Rückseite des Auftragsformulars in kleiner Schrift abgedruckt („Kleingedrucktes"). Der Vertragspartner sollte die AGB sorgfältig durchlesen, bei Verständnisproblemen nachfragen und benachteiligende Klauseln streichen lassen.

AGB-Klauseln die so ungewöhnlich sind, dass der Vertragspartner mit ihnen nicht zu rechnen braucht (**überraschende Klauseln**), werden nicht Vertragsbestandteil. Zweifel bei der Auslegung der AGB (**mehrdeutige Klauseln**) gehen zulasten des Verwenders (BGB § 305c). AGB, die den Vertragspartner des Verwenders entgegen den Geboten von Treu und Glauben unangemessen benachteiligen, sind unwirksam (BGB § 307). Eine **unangemessene Benachteiligung** liegt vor, wenn eine Bestimmung von einer gesetzlichen Regelung abweicht, wenn sie wesentliche Rechte oder Pflichten erheblich einschränkt oder nicht klar und verständlich ist. Diese Schutzbestimmungen gelten auch gegenüber einem Unternehmer (BGB § 310 [1]).

Einige AGB-Klauseln sind *gegenüber Verbrauchern* in jedem Fall verboten (Klauseln **ohne Wertungsmöglichkeit**, BGB § 309), andere Klauseln je nach Auslegung des Einzelfalls (Klauseln **mit Wertungsmöglichkeit**, BGB § 308).

■ *Unwirksame AGB-Klauseln ohne Wertungsmöglichkeit*

Unwirksam sind z. B. folgende Klauseln in Allgemeinen Geschäftsbedingungen:

- *Kurzfristige Preiserhöhungen (BGB § 309 Nr. 1)*
  Verträge dürfen keine Preiserhöhungsklausel enthalten, wenn innerhalb vier Monaten nach Vertragsabschluss geliefert werden soll.
  Beispiel: Die Klausel „Bei allen Lieferungen behalten wir uns eine Preiserhöhung vor" ist unzulässig. Zulässig wäre sie, wenn die Lieferzeit über vier Monate betragen würde.

- *Ausschluss der Mängelansprüche und Verweisung auf Dritte (BGB § 309 Nr. 8b)*
  Beispiel: Die Klauseln „Jegliche Sachmängelhaftung ist ausgeschlossen" oder „Lackschäden sind von der Gewährleistung ausgenommen" sind unzulässig, weil sie die gesetzlichen Mängelansprüche (BGB § 437) des Käufers ausschließen. Die Klausel eines Elektrohändlers „Der Käufer hat nur Ansprüche gegenüber dem Hersteller" ist unwirksam, da er selbst als direkter Vertragspartner für die ordnungsgemäße Lieferung haftet. Dem steht nicht entgegen, dass er die defekte Ware an den Hersteller schickt und sie dort reparieren lässt.

- *Beschränkung der Mängelansprüche auf Nacherfüllung (BGB § 309 Nr. 8b)*
  Beispiel: Die Klausel „Der Käufer kann nach Wahl nur Ersatz oder Nachbesserung verlangen. Weitergehende Ansprüche sind ausgeschlossen" ist unzulässig. Sie müsste heißen: „Gelingt die Nachbesserung nicht oder wird kein Ersatz geliefert, kann der Kauf rückgängig gemacht werden oder Minderung des Kaufpreises gefordert werden".

- *Ersatz der Aufwendungen bei Nacherfüllung (BGB § 309 Nr. 8b)*
  Beispiel: Die Klausel „Fahrtkosten sowie Fracht- und Verpackungskosten übernimmt im Gewährleistungsfall der Käufer" ist unzulässig, wenn die Mängel innerhalb der Verjährungsfrist festgestellt wurden.

- *Vorenthalten der Nacherfüllung (BGB § 309 Nr. 8b)*
  Der Verkäufer darf die Mängelbeseitigung nicht von der vollständigen Bezahlung des Kaufpreises oder eines unverhältnismäßig hohen Teils des Entgelts abhängig machen.
  Beispiel: Die Klausel „Nachbesserung oder Ersatzlieferung wird nur gewährt, wenn der Käufer einen Großteil des Kaufpreises bezahlt hat" ist unzulässig.

- *Ausschlussfrist für die Mängelanzeige bei versteckten Mängeln (BGB § 309 Nr. 8b)*
  Bei versteckten Mängeln darf die Zeit für die Mängelanzeige nicht kürzer sein als die Verjährungsfrist. Rügefristen sind nur für offensichtliche Mängel zulässig.

Beispiel: Die Klausel „Jegliche Mängel müssen innerhalb acht Tagen angezeigt werden" ist unzulässig, wenn es sich um versteckte Mängel handelt.

- *Verkürzung der Gewährleistungsfrist (BGB § 309 Nr. 8b)*

  Beispiel: Die Klausel „Die Verjährungsfrist beträgt in allen Fällen zehn Monate" ist unzulässig, da sie die Gewährleistungsfrist verkürzt.

🟥 *Unwirksame AGB-Klauseln mit Wertungsmöglichkeit*

Nach § 308 BGB sind u. a. folgende Klauseln in AGB unwirksam:

- *Vorbehalt einer unangemessen langen oder ungenauen* Annahme- oder Ablehnungsfrist für ein Angebot oder für die Erbringung einer Leistung oder für die Stellung einer Nachfrist
- *Rücktritts- und Änderungsvorbehalt* ohne sachlichen Grund
- *Unangemessen hohe Vergütung* für die Nutzung einer Sache im Rücktrittsfall bzw. *unangemessen hoher Ersatz* von Aufwendungen

Die Schutzvorschriften der §§ 308 und 309 gelten nicht gegenüber einem Unternehmer (BGB § 310 [1]).

Zusammenfassung

- **Allgemeine Geschäftsbedingungen** sind Vertragsbedingungen, die für eine Vielzahl von Verträgen vorformuliert sind.
- Für den **Verbraucher** sind AGB nur dann bindend, wenn er darauf hingewiesen wurde, den Inhalt zur Kenntnis nehmen kann und damit einverstanden ist.
- Für alle Verträge ist folgende Allgemeine Geschäftsbedingung **unzulässig**:
  - *Kurzfristige Preiserhöhungen*
- Für Verträge über neu hergestellte Sachen und über Werkleistungen sind folgende AGB **unzulässig**:
  - *Ausschluss der Mängelansprüche und Verweisung auf Dritte*
  - *Beschränkung der Mängelansprüche auf Nacherfüllung*
  - *Ersatz der Aufwendungen bei Nacherfüllung*
  - *Vorenthalten der Nacherfüllung*
  - *Ausschlussfrist für die Mängelanzeige bei versteckten Mängeln*
  - *Verkürzung der Gewährleistungsfrist*
- Die Klauselverbote schützen nur den Verbraucher.

Aufgaben

1 Erklären Sie die wirtschaftliche Bedeutung der AGB für den Unternehmer.

2 Unter welchen Bedingungen sind AGB für Verbraucher bindend? *die 3 + Individualreden*

3 Privatmann Schulze kauft vom Haushaltsgerätehändler Motz eine Waschmaschine. Die AGB der Firma Motz e. K. werden zugrunde gelegt. Darin steht u. a.:
a) Bei angezeigten Mängeln nehmen wir eine Nachbesserung vor. Arbeits- und Materialkosten gehen zu unseren Lasten. Wege- und Transportkosten sind vom Käufer zu tragen.
b) Weitergehende Mängelansprüche sind ausdrücklich ausgeschlossen.
c) Erfolgen Preiserhöhungen acht Wochen nach Vertragsabschluss und ist die Ware noch nicht geliefert, so wird der neue Preis berechnet.
d) Versteckte Mängel sind unverzüglich nach Entdeckung, spätestens nach acht Wochen anzuzeigen.
Beurteilen Sie diese AGB anhand des BGB § 309.

4   Wie wären die Fälle 3a) bis d) zu beurteilen, wenn die AGB gegenüber einem Unternehmer verwendet würden?

5   Beurteilen Sie folgende Fälle:

a) Autofahrer Flott montiert die vor zwei Tagen gekauften, aber mangelhaften Autoreifen. Die Reifenfirma lehnt jede Haftung ab und verweist auf die Klausel in ihren Lieferbedingungen, wonach Mängelanzeigen nur innerhalb eines Tages nach Lieferung erfolgen müssen.

b) Herr Mahler lässt sich eine Blitzschutzanlage installieren und ist überrascht, als der Lieferant nach einem Jahr erscheint, um die Anlage zu warten. Jetzt erst stellt er fest, dass die Lieferbedingungen eine Klausel enthalten, wonach die Firma für die nächsten zehn Jahre gleichzeitig die Wartung übernimmt.

c) Das Ehepaar Schirm kauft sich einen Fernseher, der jedoch nach zwei Tagen schon seinen Geist aufgibt. Als alle Mahnungen auf Anrufe nichts fruchten, verweigert der Käufer die Restzahlung. In den Vertragsbedingungen der Lieferfirma steht jedoch, „zur vollen oder teilweisen Einbehaltung des Kaufpreises bis zur Mängelbeseitigung ist der Käufer nicht berechtigt".

d) In einem Fahrzeug-Mietvertrag steht die Klausel: „Der Mieter erkennt mit der Übernahme des Wagens an, dass „dieser sich im verkehrssicheren und fahrbereiten Zustand befindet und keinerlei Mängel aufweist." Der Händler beruft sich auf diese Vertragsbedingung, obwohl eindeutig nachweisbar ist, dass der strittige Schaden durch den Vormieter verursacht worden ist.

e) Auf der Vorderseite der Bestellungsannahme steht im Textteil: „Zahlbar innerhalb zehn Tagen mit 3% Skonto, 30 Tage Ziel."
Auf der Rückseite ist bei den AGB u.a. vermerkt: „Alle Preise sind Nettopreise und sofort ohne Abzug zahlbar."
Der Käufer hat die AGB anerkannt. Was gilt?

1.4.2   Preisauszeichnung – Wahrheit und Klarheit

Problem

Für die Pflege der Preise ist die Personaldecke oft zu dünn

Preis-Auszeichnungen am Regal sind in vielen Geschäften falsch

Kassenbons in Supermärkten weisen nicht selten Fehler auf, wie Verbraucherschützer herausgefunden haben. Jüngstes Beispiel sind die Stichproben des ZDF-Magazins Wiso in sieben Geschäften. Dabei habe sich sogar jede Abrechnung als falsch – in der Regel zu Ungunsten des Kunden – erwiesen, berichtete der Sender. Der Grund: Die Preisauszeichnungen an den Regalen stimmten nicht mit den Strichcodes an den Produkten überein, von denen die Scanner-Kassen die Preise ablesen.
Die Arbeitsgemeinschaft der Verbraucherverbände (AgV) hat schon vor einigen Jahren eine ähnliche Studie durchgeführt. Dabei ergaben sich an den Scanner-Kassen Abweichungen von plus/minus 5%, wie ein AgV-Sprecher auf Anfrage erläuterte. Dies sei in erster Linie auf „Schlampereien" bei der Programmierung zurückzuführen. So würden in den Regalen häufig Sonderangebote ausgezeichnet, die Kassencomputer jedoch nicht rechtzeitig auf die neuen Preise umgestellt. Umgekehrt werde an der Kasse mitunter aber auch noch der niedrigere Preis verlangt, wenn das Sonderangebot schon längst ausgelaufen sei.

(Quelle: ap/HB; MAINZ: Preis-Auszeichnungen am Regal sind in vielen Geschäften falsch, in: Handelsblatt, 09.01.2001, S. 14)

Nehmen Sie zu diesem Zeitungsbericht Stellung.
Inwiefern dient die Preisauszeichnung dem Schutz der Verbraucher?

Wer **Letztverbrauchern** *gewerbsmäßig* oder regelmäßig in sonstiger Weise Waren oder Leistungen anbietet oder unter Angabe von Preisen wirbt, hat die Preisangabenverordnung zu beachten (PAngV § 1). Danach gelten folgende Vorschriften:

- Angabe des Preises, der einschließlich der Umsatzsteuer und sonstiger Preisbestandteile unabhängig von einer Rabattgewährung zu zahlen ist (**Endpreise**). Bei Leistungen können *Stundensätze, Kilometersätze und andere Verrechnungssätze* (einschließlich der anteiligen Umsatzsteuer) angegeben werden [PAngV § 1 (1)].
- Soweit es der allgemeinen Verkehrsauffassung entspricht, sind auch die **Verkaufs- oder Leistungseinheit** und die **Gütebezeichnung** anzugeben, auf die sich der Preis bezieht [PAngV § 1 (1)].
- Wer Letztverbrauchern Waren oder Leistungen zum Abschluss eines *Fernabsatzvertrages* anbietet, hat zusätzlich die Höhe anfallender **Liefer- und Versandkosten** anzugeben [PAngV § 1 (2)].
- Wer *Waren in Fertigpackungen, offenen Packungen oder als Verkaufseinheiten ohne Umhüllung* nach Gewicht, Volumen, Länge oder Fläche anbietet, hat neben dem Endpreis auch den *Preis je Mengeneinheit* einschließlich der Umsatzsteuer und sonstiger Preisbestandteile unabhängig von einer Rabattgewährung (**Grundpreis**) in unmittelbarer Nähe des Endpreises anzugeben. Die Mengeneinheit für den Grundpreis ist jeweils 1 Kilogramm, 1 Liter, 1 Kubikmeter, 1 Meter oder 1 Quadratmeter der Ware [PAngV § 2 (1), (2)]. Misst der Anbieter *lose Ware* in Anwesenheit des Verbrauchers ab, dann ist lediglich der Grundpreis anzugeben.

Der **Auszeichnungspflicht** unterliegen Waren, die in Schaufenstern, Schaukästen inner- oder außerhalb des Verkaufsraums, in Musterbüchern, Katalogen, Warenlisten oder auf Bildschirmen (z. B. Teleshopping, Online-Shopping) angeboten werden (PAngV § 4). Wer Dienstleistungen anbietet, muss ein **Preisverzeichnis** aufstellen und im Geschäftslokal oder Schaufenster bzw. Schaukasten anbringen (PAngV § 5).

Die Vorschriften der Preisangabenverordnung unterrichten und schützen den Verbraucher vor Übervorteilung und fördern gleichzeitig den Wettbewerb, weil sie Preisvergleiche erleichtern.

Entsprechend den Grundsätzen der **Preisklarheit und Preiswahrheit** gilt der an der Ware angebrachte Preis, der eindeutig zugeordnet, leicht erkennbar, deutlich lesbar oder sonst gut wahrnehmbar sein muss. Auch der Grundpreis muss in unmittelbarer Nähe des Endpreises angegeben werden. Dabei darf der Grundpreis gegenüber dem Endpreis nicht hervorgehoben werden, da dies den Verbraucher täuschen und irreführen würde.

Kein Wettbewerbsverstoß bei unterschiedlicher Preisauszeichnung

[...] Das Oberlandesgericht Koblenz [...] hob mit seinem Urteil eine gegenteilige Entscheidung des Landgerichts Mainz auf und wies die Klage eines Unternehmens ab. Dieses hatte bemängelt, dass ein Konkurrent in Prospekten einen Computerbildschirm für nur 149 EUR anbot, während dieselbe Ware im Geschäft mit 179 EUR ausgezeichnet war. Allerdings wurde auch an der Kasse nur der Prospektpreis von 149 EUR verlangt. Anders als das Landgericht Mainz sah das OLG daher keine Veranlassung einzuschreiten. Denn der Kunde werde nicht getäuscht. Maßgeblich sei nicht der Preis an der Ware, sondern allein derjenige, den der Kunde tatsächlich bezahlen müsse. Der an den Geräten ausgezeichnete Preis ist laut OLG rechtlich nur ein unverbindliches Angebot – der Kaufvertrag komme erst an der Kasse und zu dem dort verlangten Preis zu Stande (Az.: 4 U 1113/05).

(Quelle: dpa, Perband, Andreas: Kein Wettbewerbsverstoß bei unterschiedlicher Preisauszeichnung, veröff. am 02. 05. 2006 unter: http//www.pcwelt.de/news/recht/13690/)

Befindet sich an der Ware keine Preisangabe (z. B. bei Scannerkassensystemen gibt es in der Regel nur eine Preisauszeichnung am Regal), dann gilt der im Computersystem gespeicherte Preis.

Die PAngV ist **nicht** anzuwenden gegenüber Letztverbrauchern, die die Ware oder Leistung für gewerbliche Zwecke verwenden, auf Warenangebote bei Versteigerungen, auf Kunstgegenstände, Sammlungsstücke und Antiquitäten, auf Waren, die in Werbevorführungen angeboten werden, sofern der Preis der jeweiligen Ware bei deren Vorführung und unmittelbar vor Abschluss des Kaufvertrags genannt wird, und auf Blumen und Pflanzen, die unmittelbar vom Freiland, Treibbeet oder Treibhaus verkauft werden (PAngV § 9).

Bei Lebensmitteln, die leicht verderblich und nach kurzer Zeit[1] gesundheitsschädlich sein können (z. B. Hackfleisch, Rohmilch), ist zusätzlich das **Verbrauchsdatum** anzugeben. Hersteller und Händler müssen im Einzelfall prüfen, ob ein **Mindesthaltbarkeitsdatum** (MHD) oder ein Verbrauchsdatum auf die Verpackung gehört. Das Verbrauchsdatum besteht aus der unverschlüsselten Angabe von Tag, Monat und ggf. Jahr. Der Wortlaut „Verbrauchen bis" ist voranzustellen (5. Verordnung zur Änderung der Lebensmittelkennzeichnungsverordnung).

Die Angabe der Gütebezeichnung kann auch zum Gesundheitsschutz des Verbrauchers beitragen. Doch hier sind strenge Vorschriften und die Harmonisierung mit den anderen EU-Ländern zu beachten.

So besteht eine Kennzeichnungspflicht für **gentechnisch veränderte Lebensmittel** nach EU-Recht nur dann, wenn sich die neuartigen Produkte oder Zutaten in wesentlicher Weise von den üblichen Lebensmitteln unterscheiden. Das ist der Fall wenn Lebensmittel mehr als 0,9 Prozent gentechnisch verändertes Material enthalten.

Beispiel: Wird eine Tomate gentechnisch verändert, um den Vitamin-C-Gehalt zu erhöhen, dann muss der Verbraucher darauf hingewiesen werden. Wird eine Tomate durch Genveränderung länger haltbar gemacht (z. B. „Anti-Matsch-Tomate"), dann ist keine Aufklärung des Verbrauchers erforderlich.

Zusammenfassung

Preise müssen entsprechend der Preisangabenverordnung ausgezeichnet werden, wenn Waren direkt an **Letztverbraucher** verkauft werden.

Die Preisauszeichnung muss folgende Angaben enthalten:

- den **Preis einschließlich Umsatzsteuer** und sonstiger Preisbestandteile (Endpreis);
- die **Verkaufs- bzw. Leistungseinheit** und die **Gütebezeichnung,** auf die sich der Preis bezieht;
- den **Grundpreis,** das ist der Preis je Mengeneinheit einschließlich Umsatzsteuer und sonstiger Preisbestandteile unabhängig von einer Rabattgewährung.

Die Vorschriften der Preisangabenverordnung unterrichten und schützen den Verbraucher vor Übervorteilung und fördern gleichzeitig den Wettbewerb, weil sie Preisvergleiche erleichtern. Die Angabe der Gütebezeichnung kann auch zum Gesundheitsschutz des Verbrauchers beitragen.

---

[1] Erzeugnisse, die über einen Zeitraum von vier Tagen nur unter bestimmten Kühlbedingungen haltbar sind.

1 Wann müssen Hersteller die Preisangabenverordnung beachten?

2 Begründen Sie die Notwendigkeit der Preisauszeichnung.

3 Welche Angaben muss eine ordnungsgemäße Preisauszeichnung enthalten?

4 Was muss bei der Auszeichnung lebensmittelhygienisch besonders sensibler Produkte beachtet werden?

5 Jeder Einzelhändler muss für seine Waren einen Preis bilden, bevor er sie dem Letztverbraucher anbietet. Dies ergibt sich aus der Preisangaben-Verordnung, wie das OLG Stuttgart im Beschluss vom 3. Februar 1988 (II W 27/87) festgestellt hat. Ein Händler hatte bei der Aufgabe seines Orientteppichgeschäftes in Prospekten und Zeitungsanzeigen geworben, dass er über die Preise der angebotenen Orientteppiche mit sich handeln ließe. Aus der Werbung ergab sich also, dass der Händler im Laden Orientteppiche anbieten würde, ohne den Preis zu nennen. Orientteppiche in der Weise anzubieten, dass die bisher geltenden Preise nur noch Verhandlungsbasis sein sollten, ist nach Ansicht des Gerichts nicht mit der Verordnung vereinbar. Auch auf eine Ausnahmeregelung konnte sich der Händler nicht berufen. Denn Paragraf 7 Absatz 1 Nummer 4 Preisangaben-Verordnung befreie nach Ansicht des Gerichts bei mündlichen Angeboten nur dann von der Preisangabe, wenn es üblich sei, bei mündlichen Angeboten Preise nicht zu nennen. Dies sei hier aber nicht der Fall.

Nehmen Sie zu diesem Urteil des Oberlandesgerichts Stellung.

6 Prüfen Sie in einem Erkundungsgang durch die Geschäftsstraße am Ort, ob die Preisauszeichnung den Vorschriften der PAngV entspricht.

7

Kennzeichnungspflicht für Gentechnik-Produkte

Die EU-Verordnung 1829/2003 legt u.a. die Kennzeichnungspflicht für gentechnisch veränderte Lebens- und Futtermittel fest, die aus genetisch veränderten Organismen (GVO) bestehen oder diese als Zusatzstoffe enthalten. Solche Lebens- und Futtermittel müssen auf dem Etikett folgende Angabe tragen: **„Dieses Erzeugnis enthält genetisch veränderte Organismen."** In Restaurants, Krankenhäusern, oder Kantinen muss in geeigneter Weise auf dargereichte gentechnisch veränderte Erzeugnisse hingewiesen werden. GVOs können gv-Pflanzen, gv-Tiere oder gv-Mikroorganismen sein. Bisher zugelassen sind ausschließlich gv-Pflanzen und darunter bisher gv-Baumwolle, gv-Raps, gv-Soja und gv-Mais.

Herkömmliche Erzeugnisse, die ohne gentechnische Veränderungen entstehen, können bei der Ernte, der Lagerung, der Beförderung oder der Verarbeitung versehentlich durch GVO verunreinigt werden. Für diese herkömmlichen und durch zugelassene GVO „verunreinigten" Erzeugnisse gilt die Kennzeichnungspflicht nicht, solange die Spuren dieser GVO unter einem Schwellenwert von 0,9 Prozent bleiben und das Vorhandensein dieses Materials zufällig oder technisch unvermeidbar ist. Die Beteiligten müssen den zuständigen Behörden den Nachweis erbringen, dass sie geeignete Maßnahmen zum Schutz vor diesem Material ergriffen haben. Ebenso verlangt die Verordnung nicht die Kennzeichnung von Erzeugnissen wie Fleisch, Milch oder Eiern von Tieren, die mit gentechnisch veränderten Futtermitteln gefüttert oder mit gentechnisch veränderten Arzneimitteln behandelt worden sind.

Glossar: Ein gentechnisch veränderter Organismus (GVO) ist jedes Lebewesen, sei es Virus, Bakterie, Pilz, Pflanze oder ein Tier, dessen Erbgut künstlich – d.h. mittels Gentechnik – verändert wurde. Natürliche Veränderungen des Erbguts – wie sie bei der Vermehrung und Neukombination elterlicher Erbanlagen in ihren Nachkommen auftreten – sind nicht gemeint. Mit den Verfahren der Gentechnik kann man ein neues Gen (einen neuen Informationsträger der Vererbung) in eine Zelle einschleusen, oder man kann bewirken, dass ein bereits vorhandenes Gen andere Wirkungen entfaltet. Die Zellen, welche für die Vermehrung des Organismus sorgen, können die neu erworbenen Erbanlagen an die Nachkommen weitergeben.

Diskutieren Sie über die Kennzeichnungspflicht gentechnisch erzeugter Lebensmittel.

65

1.4.3 Produkthaftung und Produzentenhaftung

ACHTUNG – RÜCKRUF-AKTION!!!

Eine wichtige Information an die Kunden von „Spiel mit uns"!

Da uns das Wohlergehen und die Gesundheit der Kinder besonders am Herzen liegt, bitten wir Sie, alle Highlander 26er-Knaben-Mountainbikes, die bei uns in der Zeit vom 3. bis 15. Mai .. gekauft und in unserer Beilage Anfang Mai zum Preis von 100 EUR und 125 EUR beworben wurden, umgehend an unsere Märkte zurückzugeben.

Der deutsche Markenlieferant hat zum Teil Bremsen verwandt, die gefährlich reagieren können.

Sie erhalten dafür ein neues Fahrrad oder Ihr Geld zurück.

Vielen Dank für Ihre Mühe!

Ihr „Spiel mit uns"-Team

Begründen Sie, weshalb der Spielwaren-Fachmarkt „Spiel mit uns" diese Rückrufaktion durchführte. Wer haftet für fehlerhafte Produkte?

■ Produkthaftung – vom Verschulden unabhängig

Das **Gesetz über die Haftung für fehlerhafte Produkte (ProdHaftG)** sieht folgende Regelungen vor:

Wenn ein Hersteller, Händler, Vermieter, Importeur oder Zulieferer ein Produkt vermarktet, das fehlerhaft ist, dann muss er **alle Folgeschäden** aus der Benutzung (Personen- und Sachschäden) ersetzen. Kann ein Hersteller nicht festgestellt werden, so haftet jeder Lieferant, es sei denn, dass er innerhalb eines Monats nach Aufforderung den Hersteller benennt (ProdHaftG § 4). Das Haftungsrisiko ist bei Produktneuheiten natürlich um ein Vielfaches höher als bei altbewährten Produkten.

Ein Produkt hat einen **Fehler**, wenn es nicht die Sicherheit bietet, die berechtigterweise erwartet werden kann. Produkte sollen für den billigerweise zu erwartenden Gebrauch sicher sein (ProdHaftG § 3). Dies ist nicht nur der **bestimmungsgemäße**, sondern auch der voraussehbare **bestimmungswidrige** Gebrauch (z. B. der Küchenstuhl wird als Leiterersatz verwendet). Hier ist der Verkauf gefordert. Durch seine Kenntnisse können alle bisherigen Anwendungen auch außerhalb des bestimmungsgemäßen Gebrauchs erfasst und gezielt an die Produktion und Konstruktion weitergegeben werden. Dort werden die Erkenntnisse in verbesserte Sicherheit umgesetzt.

Sind **Personenschäden** durch ein fehlerhaftes Produkt verursacht worden, so haftet der Hersteller nur bis zu einem Höchstbetrag von 85 Mio. EUR. Im Falle der **Sachbeschädigung** hat der Geschädigte einen Schaden bis zu einer Höhe von 500 EUR selbst zu tragen (ProdHaftG §§ 10, 11).

Die Ansprüche verjähren nach drei Jahren, ab dem Zeitpunkt, in dem der Geschädigte vom Fehler Kenntnis hatte. Ungeachtet der Kenntnis erlöschen sämtliche Ansprüche nach zehn Jahren, ab dem Zeitpunkt, in dem der Hersteller das Produkt in den Verkehr gebracht hat (ProdHaftG § 12). Ein **Schmerzensgeld** kann auf der Grundlage des Produkthaftungsgesetzes beansprucht werden, wenn kein Vermögensschaden vorliegt und dem Hersteller ein Verschulden nachgewiesen werden kann (ProdHaftG § 8 i. V. m. BGB § 253).

66

Für den Fehler, den Schaden und den Zusammenhang zwischen Fehler und Schaden trägt der Geschädigte die **Beweislast**. Ist streitig, ob die Ersatzpflicht ausgeschlossen ist, dann trägt der Hersteller die Beweislast (ProdHaftG § 1).

→ normal ist Geschädigter in Beweispflicht
→ bei Streitigkeit ist Hersteller beweispflichtig

Die Ersatzpflicht des Herstellers ist ausgeschlossen, wenn

- er das Produkt nicht in den Verkehr gebracht hat,
- das Produkt den Fehler noch nicht hatte, als es in den Verkehr gebracht wurde,
- der Fehler auf zwingende Rechtsvorschriften (Auflagen) zurückzuführen ist,
- der Fehler nach dem Stand der Wissenschaft und Technik in dem Zeitpunkt, als das Produkt in den Verkehr gebracht wurde, nicht erkannt werden konnte.

Der Kunde ist nicht gezwungen, dem Hersteller ein konkretes Verschulden an dem Fehler nachzuweisen (**verschuldensunabhängige Haftung**). Eine Pflicht zum Schadensersatz besteht also bereits dann, wenn ein Fehler schlicht vorhanden ist und zu einem Schaden geführt hat. Aufgrund dieser **Gefährdungshaftung**[1] hat der Hersteller für alle Fehler einzustehen, die nach dem weltweiten Wissensstand erkennbar waren (immer bezogen auf den Zeitpunkt, an dem er das Produkt in den Verkehr gebracht hat).

verschuldensunabhängige Haftung

Gefährdungshaftung

Technischer Defekt gilt als Produktfehler

dpa. Verursacht eine noch neuwertige Waschmaschine einen Hausbrand, so kann der Hersteller für die Feuerschäden haftbar gemacht werden. Das hat das Koblenzer Oberlandesgericht (OLG) entschieden. Begründung: In solchen Fällen sprächen alle Umstände dafür, dass die Waschmaschine schon bei der Lieferung nicht fehlerfrei gewesen sei (Az.: 5 U 1668/98).

Das Gericht gab mit seinem Urteil der Schadensersatzklage eines Hauseigentümers statt. Nach den Feststellungen eines Sachverständigen hatte in seinem Haus eine erst sechs Monate alte Waschmaschine einen Brand ausgelöst. Bedienungsfehler lagen nach Angaben des Gutachters nicht vor. Der Hersteller der Maschine verwies dagegen darauf, er unterziehe alle technischen Geräte einer sorgfältigen Prüfung. Die Waschmaschine könne daher nicht Brandauslöser gewesen sein. Die Richter stellten grundlegend fest, wenn es dennoch bei einem fast noch neuen, auf lange Nutzung ausgelegten Gerät zu einem technischen Defekt komme, so sei von einem Produktfehler auszugehen.

(Quelle: dpa: Technischer Defekt gilt als Produktfehler, in: Handelsblatt, 25. 01. 2000, S. 4)

Nach dem **Produktsicherheitsgesetz** (ProdSG) können die zuständigen Behörden das Inverkehrbringen unsicherer Produkte unterbinden, vor unsicheren Produkten warnen und den Rückruf unsicherer Produkte anordnen (ProdSG § 7). Die *Beurteilung der Sicherheit* erstreckt sich dabei auf die Eigenschaften eines Produkts einschließlich der Verpackung und Zusammenbauanleitungen, seine Einwirkung auf andere Produkte, seine Darbietung und Aufmachung im Handel und auf einzelne Verbrauchergruppen (z. B. Kinder), die bei der Verwendung des Produkts besonders gefährdet sind.

■ *Produzentenhaftung – vom Verschulden abhängig*

Unter Produzentenhaftung versteht man die **verschuldensabhängige Haftung** des Herstellers für Folgeschäden, die durch die Benutzung oder den Verbrauch der von ihm hergestellten, fehlerhaften Sachen entstanden sind. Er begeht eine **unerlaubte Handlung (Delikt)**, wenn er vorsätzlich oder fahrlässig ein nicht genügend gesichertes Produkt in den Verkehr bringt und dadurch Leben, Körper, Gesundheit oder Eigentum eines anderen verletzt werden (BGB § 823).

Beispiel: Aufgrund eines Materialfehlers der neu gekauften Autoreifen kommt es zu einem Unfall, bei dem der Fahrzeugeigentümer verletzt und das Auto beschädigt wird.

---

[1] Als **Gefährdungshaftung** bezeichnet man die Haftung aus einer erlaubten, aber für die Umwelt gefährlichen Handlung, z. B. Produkthaftung, Haftung eines Tierhalters oder Kraftfahrzeughalters.

Die Haftung des Herstellers erstreckt sich auf

- *Konstruktionsfehler* (fehlerhafte technische Ausführung und Gestaltung),
- *Fabrikationsfehler* (fehlerhafte Montage bei der Produktion, nicht artgerechte Lagerung),
- *Instruktionsfehler* (lückenhafte Gebrauchsanweisung, fehlende Warnhinweise),
- *Verletzung der Produktbeobachtungspflicht* (mangelhafte Überwachung des Produkts im praktischen Gebrauch, Unterlassung von Rückrufaktionen).

Dem Geschädigten steht ein unmittelbarer Schadensersatzanspruch gegenüber dem Hersteller des fehlerhaften Produkts zu. Bei einem Körper- oder Gesundheitsschaden kann auch die Zahlung eines angemessenen **Schmerzensgeldes** verlangt werden (BGB § 253).

Flasche kaputt: Hersteller haftet

Für **Fabrikationsfehler** bei der Abfüllung kohlensäurehaltiger Getränke haftet der Hersteller auch ohne Verschulden. Das entschied der Bundesgerichtshof.

Nach einem gestern mitgeteilten Urteil muss ein Mineralwasserhersteller einem jetzt 14-jährigen Mädchen Schadensersatz für die Explosion einer Sprudelflasche leisten. Das Kind hatte schwere Verletzungen am Auge erlitten. Die Karlsruher Richter stellten fest, dass die seit 1990 geltende strenge Haftung nach dem Produkthaftungsgesetz nur dann ausgeschlossen ist, wenn die Gefährlichkeit eines Produkts zum Zeitpunkt der Markteinführung noch nicht erkannt werden konnte, weil die entsprechenden Möglichkeiten dazu fehlten. Bei Mehrwegflaschen, die mit kohlensäurehaltigen Getränken gefüllt werden, sei das anders. Deren potenzielle Gefährlichkeit sei seit Langem bekannt (Az.: BGH VI ZR 158/94).

(Quelle: AP: Flasche kaputt: Hersteller haftet, in: Südwestpresse, 28. 06. 1995, S. 1)

Zusammenfassung

- Ein Produkt hat nach dem **Produkthaftungsgesetz** einen **Fehler**, wenn es nicht die Sicherheit bietet, die berechtigterweise erwartet werden kann.
  - Der **Hersteller** muss für alle Schäden, die durch sein fehlerhaftes Produkt verursacht werden, aufkommen, unabhängig davon, ob ihn ein Verschulden trifft (**Gefährdungshaftung**) und das Produkt bestimmungsgemäß oder bestimmungswidrig gebraucht wurde.
  - Der **Geschädigte muss** lediglich **beweisen**, dass ein Fehler vorliegt und ein Schaden entstanden ist. Ist streitig, ob die Ersatzpflicht ausgeschlossen ist, dann trägt der Hersteller die Beweislast.
- Vergleich: Produkthaftung – Produzentenhaftung

Vergleichskriterium	Produkthaftung	Produzentenhaftung
• Gesetzliche Grundlage	Produkthaftungsgesetz	BGB §§ 823, 253
• Hersteller haftet	verschuldensunabhängig	verschuldensabhängig
• Art der Haftung	Gefährdungshaftung (wegen erlaubter, aber gefährlicher Handlung)	Deliktshaftung, wegen unerlaubter (fahrlässiger oder vorsätzlicher) Handlung
• Schadensersatzanspruch besteht	gegen Hersteller oder Importeur, Vermieter, Händler usw.	nur gegen den Hersteller
• Schmerzensgeldanspruch	ja, wenn Verschulden nachweisbar	ja
• Beweispflicht	Geschädigter muss lediglich beweisen, dass ein Fehler vorliegt	Hersteller muss beweisen, dass ihn kein Verschulden trifft

1 Erklären Sie die Begriffe Fehler und Gefährdungshaftung.

2 Weshalb macht das Produkthaftungsgesetz keinen Unterschied darin, ob ein Schaden durch bestimmungsgemäßen oder bestimmungswidrigen Gebrauch des Produkts entstanden ist?

3 Unterscheiden Sie

   a) Produzenten- und Produkthaftung,

   b) Gefährdungs- und Deliktshaftung.

4 Unter welcher Voraussetzung hat der Geschädigte einen Schmerzensgeldanspruch gegenüber dem Hersteller eines fehlerhaften Produkts?

5 „Rückrufaktionen sind teuer, aber sie helfen, Kosten zu sparen!" Begründen Sie diese Behauptung.

6 Auf einem Spielplatz wird ein Kind verletzt. Es fiel von der Schaukel. Ein Sachverständiger stellte fest, dass der Haltebolzen des Schaukelsitzes der Belastung nicht standgehalten hat und zerbrach. Der Spielplatz gehört der Stadt und wird von dieser unterhalten.

   a) Welche Ansprüche hat das Kind (es wird durch seine Eltern vertreten)?

   b) Gegen wen kann das Kind seine Ansprüche geltend machen?

   c) Der Hersteller lehnt jegliche Ansprüche ab (Krankenhausbehandlung, Zahlung eines Schmerzensgelds) mit dem Hinweis, dass ihn keine Schuld träfe. Wie ist die Rechtslage?

1.4.4 Verbraucherdarlehensvertrag – Schutz vor Kredithaien

Der Allerletzte

SONDER-KONDITION FÜR KREDITE 1%

Pro Stunde!

„Wir nehmen Geld für ein Versprechen"

[...] Im Gegensatz zu Banken, die einen Kreditvertrag abschließen wollen, basiert das Geschäftsmodell der betrügerischen Kreditvermittler auf der Methode „Wir nehmen Geld für das Versprechen eines Kredits". Die Betrüger leben davon, ihre Kunden in der Hoffnung auf ein Darlehen möglichst lange hinzuhalten und ihnen dabei den letzten Cent abzunehmen. [...] Da werden 50000 EUR auf Pump in Aussicht gestellt, wenn der Kunde nur eine „Vermittlungsgebühr" von 2500 EUR überweist. [...] Da rücken angebliche Kreditsachbearbeiter zu Hausbesuchen an und rechnen dafür 200 EUR und mehr ab. [...] Kreditbetrüger haben es leicht, da ihre Opfer ohnehin pleite sind und kaum eine Chance haben, einen Anwalt zu finden, der von einem Kreditvermittler 50 oder 200 EUR zurückfordert.

(Quelle: AP: „Wir nehmen Geld für ein Versprechen", in: Südwestpresse, 22.05.2007, S. 5)

Welche Probleme können durch Verbraucherkredite entstehen?

● *Begriff des Verbraucherdarlehensvertrags*

Wird ein entgeltlicher Darlehensvertrag zwischen einem Unternehmer als Darlehensgeber und einem Verbraucher abgeschlossen, dann liegt ein **Verbraucherdarlehensvertrag** vor. Als Verbraucher gelten *auch Existenzgründer*, die ein Darlehen zur Aufnahme einer gewerblichen oder selbstständigen Tätigkeit aufnehmen (BGB § 491)

Die Vorschriften über Verbraucherdarlehensverträge gelten nur, wenn das auszuzahlende Darlehen (Nettodarlehensbetrag) 200,00 EUR übersteigt, das Existenzgründungsdarlehen 50000,00 EUR nicht übersteigt und kein Arbeitgeberdarlehen vorliegt.

● *Vorschriften für den Verbraucherdarlehensvertrag*

Verbraucherdarlehensverträge sind in **Schriftform** abzuschließen, soweit nicht eine strengere Formvorschrift anzuwenden ist (BGB § 492). Antrag und Annahme können jeweils getrennt in schriftlicher Form erklärt werden. Der Abschluss des Vertrags in elektronischer Form ist ausgeschlossen. Der Darlehensgeber hat dem Darlehensnehmer eine Abschrift der Vertragserklärungen auszuhändigen.

Die vom Darlehensnehmer zu unterzeichnende Vertragserklärung muss enthalten:

bei Darlehensverträgen (BGB § 492)	bei Teilzahlungsgeschäften (BGB § 502)
● Nettodarlehensbetrag bzw. die Höchstgrenze des Darlehens ● Gesamtbetrag aller zu entrichtenden Zahlungen (Tilgung, Zinsen und sonstige Kosten) ● Art und Weise der Rückzahlung ● Zinssatz und alle sonstigen Kosten einschließlich Vermittlungskosten ● effektiver Jahreszins (Gesamtbelastung in % des Nettodarlehensbetrags pro Jahr) ● Kosten einer abzuschließenden Versicherung ● zu bestellende Sicherheiten	● Barzahlungspreis ● Teilzahlungspreis (Gesamtbetrag von Anzahlungen und aller Teilzahlungen) ● Betrag und Fälligkeit der Teilzahlungen ● effektiver Jahreszins (Gesamtbelastung in % des Barzahlungspreises pro Jahr) ● Kosten einer abzuschließenden Versicherung ● Vereinbarung eines Eigentumsvorbehalts oder einer anderen zu bestellenden Sicherheit Tätigt der Unternehmer nur Geschäfte gegen Teilzahlung, dann muss er Barzahlungspreis und effektiven Jahreszins nicht angeben.

Der Darlehensvertrag ist **nichtig**, wenn die Schriftform nicht eingehalten ist und wenn eine der vorgeschriebenen Angaben fehlt (BGB § 494). Dessen ungeachtet wird der Darlehensvertrag gültig, wenn der Darlehensnehmer das Darlehen empfängt und beansprucht. Jedoch ermäßigt sich der Zinssatz auf den gesetzlichen Zinssatz, wenn dessen Angabe, der effektive Jahreszins oder der zu zahlende Gesamtbetrag fehlt.

Dem Verbraucher steht ein **Widerrufsrecht** nach § 355 BGB zu. Der Widerruf muss keine Begründung enthalten und ist *in Textform* oder durch Rücksendung der Sache **innerhalb von zwei Wochen** erfolgen. Zur Fristwahrung genügt die *rechtzeitige Absendung*. Die Frist beginnt mit dem Zeitpunkt, zu dem der Verbraucher eine deutlich gestaltete *Belehrung über sein Widerrufsrecht* erhalten hat. Die Widerrufsbelehrung muss Namen und Anschrift des Widerrufsempfängers, einen Hinweis auf den Fristbeginn und die Zwei-Wochen-Frist enthalten. Ist der Fristbeginn streitig, so trifft die Beweislast den Unternehmer. Das Widerrufsrecht erlischt spätestens sechs Monate nach Vertragsschluss.

Hat ein Darlehensvertrag die Lieferung einer Sache oder die Erbringung einer anderen Leistung zum Gegenstand, so kann anstelle des Widerrufsrechts ein **Rückgaberecht** nach § 356 eingeräumt werden. Beim Rückgaberecht kann der Widerruf nur durch fristgerechte Rücksendung der Sache erklärt werden, es sei denn, dass diese nicht als Paket versandt werden kann. Dem Verbraucher dürfen bei einer Bestellung bis zu einem Betrag von 40,00 EUR die regelmäßigen Kosten der Rücksendung vertraglich auferlegt werden, es sei denn, dass die gelieferte Ware nicht der bestellten entspricht (BGB § 357). Der Verbraucher hat eine Wertminderung zu ersetzen, die durch die Ingebrauchnahme der Sache entstanden ist, wenn er vorher auf diese Rechtsfolge hingewiesen worden ist.

Hat der Verbraucher sein Widerrufs- bzw. Rückgaberecht geltend gemacht, dann ist er auch an einen mit dem Darlehensvertrag **verbundenen Vertrag** (z. B. Kauf-, Werkvertrag) nicht mehr gebunden. Dies gilt auch für den umgekehrten Fall (BGB § 358). Der Darlehensnehmer kann die Rückzahlung des Darlehens verweigern, soweit *Einwendungen aus dem verbundenen Kaufvertrag* (z. B. Lieferungsverzug) ihn dazu berechtigen. Dies gilt nur, wenn der finanzierte Kaufpreis 200,00 EUR überschreitet. Beruht die Einwendung des Darlehensnehmers auf einem Mangel der gelieferten Sache und verlangt er Nacherfüllung, so kann er die Rückzahlung des Darlehens erst verweigern, wenn die Nacherfüllung fehlgeschlagen ist.

Nach § 498 BGB kann der Darlehensgeber ein Teilzahlungsdarlehen im Falle des **Zahlungsverzugs des Darlehensnehmers** nur kündigen, wenn

- der Darlehensnehmer mit *mindestens zwei aufeinanderfolgenden Teilzahlungen* ganz oder teilweise und *mit mindestens zehn Prozent* (bei einer Laufzeit des Darlehensvertrages über drei Jahre mit fünf Prozent) des Darlehensnennbetrages oder des Teilzahlungspreises in Verzug ist und

- der Darlehensgeber dem Darlehensnehmer *erfolglos eine zweiwöchige Frist* zur Zahlung des rückständigen Betrags mit der Erklärung gesetzt hat, dass er bei Nichtzahlung innerhalb der Frist die gesamte Restschuld verlange.

Der Darlehensgeber soll dem Darlehensnehmer spätestens mit der Fristsetzung ein Gespräch über die Möglichkeiten einer einverständlichen Regelung anbieten.

Exkurs: Haustürgeschäfte und Fernabsatzverträge

Einem Verbraucher steht ein Widerrufs- bzw. Rückgaberecht nach BGB §§ 355, 356 auch bei Haustürgeschäften und Fernabsatzverträgen mit einem Unternehmer zu.

Haustürgeschäfte haben nach § 312 BGB eine entgeltliche Leistung zum Gegenstand und kommen zwischen einem Unternehmer und einem Verbraucher zustande durch

- mündliche Verhandlungen an seinem Arbeitsplatz oder im Bereich einer Privatwohnung;

- anlässlich einer von der anderen Vertragspartei oder von einem Dritten zumindest auch in ihrem Interesse durchgeführten Freizeitveranstaltung;

- im Anschluss an ein überraschendes Ansprechen in Verkehrsmitteln oder im Bereich öffentlich zugänglicher Verkehrsflächen.

Das Widerrufs- oder Rückgaberecht besteht *nicht*, wenn die mündlichen Verhandlungen, auf denen der Abschluss des Vertrags beruht, auf *vorhergehende Bestellung* des Verbrauchers geführt worden sind oder die Leistung bei Abschluss der Verhandlungen sofort erbracht und bezahlt wird und das Entgelt 40,00 EUR nicht übersteigt.

Fernabsatzverträge sind Verträge über die Lieferung von Waren oder über die Erbringung von Dienstleistungen, die zwischen einem Unternehmer und einem Verbraucher unter ausschließlicher Verwendung von Fernkommunikationsmitteln abgeschlossen werden. *Fernkommunikationsmittel* sind Kommunikationsmittel, die zur Anbahnung oder zum Abschluss eines Vertrags zwischen einem Verbraucher und einem Unternehmer ohne gleichzeitige körperliche Anwesenheit der Vertragsparteien eingesetzt werden können, insbesondere Briefe, Kataloge, Telefonanrufe, Telekopien, E-Mails sowie Rundfunk, Tele- und Mediendienste (BGB § 312b). Beim Abschluss von Fernabsatzverträgen müssen der *geschäftliche Zweck und die Identität des Unternehmers* für den Verbraucher eindeutig erkennbar sein (BGB § 312c). Der Unternehmer hat den Verbraucher rechtzeitig über alle wesentlichen Elemente des Vertrags zu informieren. Die Informationen sind dem Verbraucher spätestens bei Lieferung auf einem dauerhaften Datenträger zur Verfügung zu stellen.

Die Frist für das **Widerrufs- und Rückgaberecht** beginnt bei Fernabsatzverträgen *nicht vor Erfüllung der Informationspflichten*, bei der Lieferung von Waren nicht vor dem Tag ihres Eingangs beim Empfänger, bei der wiederkehrenden Lieferung gleichartiger Waren nicht vor dem Tag des Eingangs der ersten Teillieferung und bei Dienstleistungen nicht vor dem Tag des Vertragsabschlusses (BGB § 312d [2]).

Zusammenfassung

Ein **Verbraucherdarlehensvertrag** liegt vor, wenn der Darlehensnehmer ein Verbraucher ist. Ein Verbraucherkreditvertrag bedarf der *Schriftform*. Bei Darlehensverträgen mit Teilzahlungen ist folgender *Vertragsinhalt* vorgeschrieben:

- Barzahlungspreis
- Teilzahlungspreis (Gesamtbetrag aller Zahlungen)
- Betrag und Fälligkeit der Teilzahlungen
- effektiver Jahreszins (Gesamtbelastung in Prozent des Barzahlungspreises pro Jahr)
- Kosten einer abzuschließenden Versicherung
- Vereinbarung eines Eigentumsvorbehalts oder einer anderen Sicherheit

Dem Verbraucher steht ein **Widerrufsrecht** zu. Der Widerruf muss *in Textform innerhalb von zwei Wochen* erfolgen. Mit dem Widerruf ist der Verbraucher auch an einen mit dem Darlehensvertrag **verbundenen Vertrag** nicht mehr gebunden.

Aufgaben

1 *Gruppenturnier:* Bilden Sie mehrere Arbeitsgruppen. Schreiben Sie die Fragen a) bis h) auf Kärtchen (eine Frage pro Kärtchen). Beantworten Sie in den Gruppen die Fragen und schreiben Sie die Lösungen auf das jeweilige Kärtchen. Veranstalten Sie in Ihrer Gruppe ein Frage-Antwort-Spiel (wer die meisten Kärtchen gewinnt, ist Gruppensieger). Die Gruppensieger können anschließend den Klassensieger unter sich ausspielen.

Fragen:
a) Erklären Sie den Begriff Teilzahlungsgeschäft.
b) Erläutern Sie den Anwendungsbereich für die Vorschriften zum Verbraucherdarlehen.
c) Welche Angaben muss die vom Darlehensnehmer zu unterzeichnende Vertragserklärung enthalten.
d) Erläutern Sie die Vorschriften zum Widerruf eines Verbraucherdarlehensvertrags (z. B. Form, Frist, Rechtsfolgen).
e) Erklären Sie den Begriff verbundenes Geschäft.
f) Erläutern Sie die Voraussetzungen für die Kündigung eines Teilzahlungsdarlehens wegen Zahlungsverzugs.
g) Luisa Müller bestellt einen Autoverkäufer zu sich nach Hause und unterschreibt einen Ratenkaufvertrag. Hat sie ein Widerrufsrecht.
h) Welche Besonderheiten gelten für den Widerruf von Fernabsatzverträgen?

2 Rechtliche und soziale Rahmenbedingungen menschlicher Arbeit im Betrieb

2.1 Rechtliche Grundlagen des Ausbildungsverhältnisses

Problem

Katja Müller ist 18 Jahre alt. Sie befindet sich im 1. Ausbildungsjahr zur Kauffrau im Groß- und Außenhandel bei der Karl Wenz KG. Katja hat an zwei Tagen in der Woche Berufsschulunterricht.

Montag	1. bis 5. Stunde (eine Unterrichtsstunde = 45 Minuten)
Donnerstag	1. bis 9. Stunde (= acht Unterrichtsstunden ohne Mittagspause)

Die Karl Wenz KG rechnet die Berufsschulzeit mit 9,75 Zeitstunden [(5 + 8) · 45/60] auf die wöchentliche betriebliche Arbeitszeit an. Für die verbleibende Arbeitszeit geht der Ausbildungsbetrieb von der gesetzlichen Höchstarbeitszeit von 48 Stunden aus (Arbeitszeitgesetz § 3), sodass noch 38,25 Arbeitsstunden verbleiben. Katja Müller hält die Berechnungsweise für falsch und meint, dass ihr für die Ausbildung im Betrieb nur noch 28,25 Stunden verbleiben müssten, da ihre tarifliche Arbeitszeit nur 38 Wochenstunden betragen würde. Sie verlangt von der Karl Wenz KG für die Zeitdifferenz eine Überstundenvergütung, und zwar auch für die Vergangenheit. Katja geht von folgenden rechtlichen Grundlagen aus:

Berufsbildungsgesetz § 10 (3):

Eine über die vereinbarte regelmäßige tägliche Ausbildungszeit hinausgehende Beschäftigung ist besonders zu vergüten oder durch entsprechende Freizeit auszugleichen.

Auszüge aus dem zuständigen Manteltarifvertrag:

§ 1 Die Dauer der wöchentlichen Arbeitszeit beträgt 38 Stunden.
...
§ 12 Für die Arbeitszeit der Frauen und Jugendlichen gelten die gesetzlichen Schutzbestimmungen.

Auszug aus einem Urteil des Bundesarbeitsgerichts (BAG 5 AZR 252/91):

Die Berufsschulzeit von Auszubildenden ist auf die im Jugendarbeitsschutzgesetz §§ 8, 9 bzw. im ArbZG § 3 festgelegte gesetzliche Höchstarbeitszeit, nicht aber auf die betriebliche bzw. tarifliche Arbeitszeit anzurechnen.

Entscheiden Sie, ob der Auszubildenden Katja Müller bezahlte Überstunden für die Vergangenheit zustehen.

Wie hoch wäre die verbleibende wöchentliche Arbeitszeit, wenn Katja Müller noch Jugendliche wäre?

Unterbreiten Sie einen Lösungsvorschlag, der alle Beteiligten zufriedenstellt.

Tipp: Stellen Sie den Konfliktfall in einem Rollenspiel dar (Spielregeln siehe im Anhang Seite 313. Mögliche Rollenspieler: Katja Müller, Vertreter der Geschäftsleitung, Ausbildungsleitung, Vertreter der Jugend- und Auszubildendenvertretung).

2.1.1 Berufsausbildung im dualen System

In Deutschland entscheiden sich etwa 65 Prozent eines jeden Schulabgängerjahrgangs für eine Berufsausbildung im dualen System. Das duale System ist durch das Zusammenwirken der beiden Ausbildungsträger **Ausbildungsbetrieb und Berufsschule** gekennzeichnet.

Die **Berufsausbildung** hat eine breit angelegte berufliche Grundbildung und die für die Ausübung einer qualifizierten beruflichen Tätigkeit notwendigen fachlichen Fertigkeiten und Kenntnisse in einem geordneten Ausbildungsgang zu vermitteln und den Erwerb der erforderlichen Berufserfahrungen zu ermöglichen (BBiG § 1 [3]).

Um dieses anspruchsvolle Ziel zu erreichen, arbeiten die beiden rechtlich voneinander unabhängigen Lernorte Ausbildungsbetrieb und Berufsschule zusammen. Dabei legt der Lernort Betrieb seinen Schwerpunkt auf die Vermittlung fachtheoretischer Inhalte in Verbindung mit der fachpraktischen Anwendung am Arbeitsplatz. In der Berufsschule steht die fachtheoretische unternehmens- und branchenübergreifende Unterrichtung des Auszubildenden im Vordergrund. So kann der Auszubildende sowohl die notwendige Berufserfahrung als auch eine breit angelegte Grundbildung erwerben.

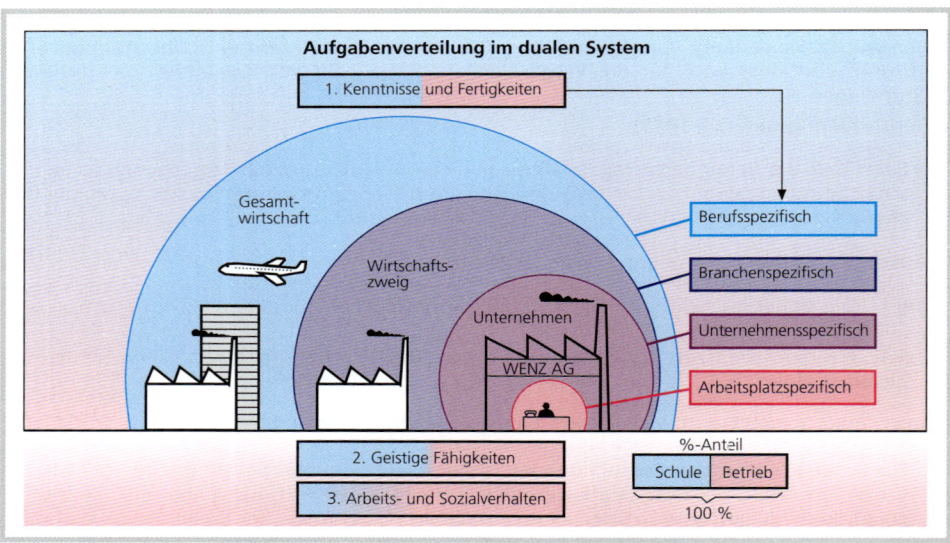

Die Ausbildung darf nur in einem der rund 350 staatlich anerkannten Ausbildungsberufe erfolgen, zu denen das jeweils fachlich zuständige Bundesministerium im Einvernehmen mit dem Bundesministerium für Bildung und Forschung eine verbindliche Ausbildungsordnung erlässt (BBiG § 4). Die **Ausbildungsordnung** beinhaltet vor allem die Bezeichnung des Ausbildungsberufes, die Ausbildungsdauer, die zu vermittelnden Fertigkeiten, Kenntnisse und Fähigkeiten (*Ausbildungsberufsbild*), eine Anleitung zur sachlichen und zeitlichen Gliederung der Vermittlung der Fertigkeiten, Kenntnisse und Fähigkeiten (*Ausbildungsrahmenplan*) und die *Prüfungsanforderungen* (BBiG § 5).

Für die Berufsschulen erlassen die Kultusminister der Länder **Lehrpläne**, die mit der Ausbildungsordnung des Ausbildungsberufs und dem von der Kultusministerkonferenz (KMK) empfohlenen Rahmenlehrplan inhaltlich abgestimmt sind. Rechtlich gehört die Berufsschule in die Zuständigkeit der Bundesländer, deren Schulpflichtvorschriften von allen Jugendlichen bis zum Alter von 18 Jahren den Schulbesuch verlangen.

Die Überwachung der Berufsausbildung obliegt den **zuständigen Stellen** (Industrie- und Handelskammern, Handwerkskammern usw.). Die zuständigen Stellen informieren die Betriebe über Ausbildungsmöglichkeiten, überprüfen die Berufsausbildungsverträge auf ihre Rechtmäßigkeit und tragen diese in das Verzeichnis der Berufsausbildungsverhältnisse ein, stellen die fachliche und persönliche Eignung von Ausbildungsbetrieben bzw. Ausbildern fest und betreuen diese, beraten Ausbildende und Auszubildende, helfen bei Streitigkeiten zwischen Ausbildenden und Auszubildenden (Schlichtungsausschuss) und führen die Prüfungen und ergänzende Lehrgänge zur betrieblichen Ausbildung durch.

Berufsausbildung im dualen System im Überblick

Merkmale	Ausbildungsbetrieb	Berufsschule
Staatlich geordnet durch	Bund	Bundesländer
Begründet durch	Berufsausbildungsvertrag	Schulpflicht
Inhaltlich festgelegt in	Ausbildungsordnung	Lehrplan
Überwacht durch	Zuständige Stellen (Kammern)	Schulaufsicht (Oberschulamt)
Finanziert durch	Ausbildungsbetrieb	Bundesländer

2.1.2 Berufsausbildungsvertrag – Niederschrift erforderlich

■ Form und Mindestinhalte

Wer einen anderen zur Berufsausbildung einstellt (Ausbildender), hat mit dem Auszubildenden einen **Berufsausbildungsvertrag** zu schließen (BBiG § 10).

Der Ausbildende hat unverzüglich nach Abschluss des Berufsausbildungsvertrages, spätestens vor Beginn der Berufsausbildung, den wesentlichen Inhalt des Vertrages schriftlich niederzulegen, die elektronische Form ist ausgeschlossen (BBiG § 11). Die **Niederschrift** ist von dem Ausbildenden, dem Auszubildenden und dessen gesetzlichen Vertreter zu unterzeichnen.

Die Niederschrift muss folgende **Mindestangaben** enthalten:

1. Art, sachliche und zeitliche Gliederung sowie Ziel der Berufsausbildung, insbesondere die Berufstätigkeit, für die ausgebildet werden soll,
2. Beginn und Dauer der Berufsausbildung,
3. Ausbildungsmaßnahmen außerhalb der Ausbildungsstätte,
4. Dauer der regelmäßigen täglichen Ausbildungszeit,
5. Dauer der Probezeit,
6. Zahlung und Höhe der Vergütung,
7. Dauer des Urlaubs,
8. Voraussetzungen, unter denen der Berufsausbildungsvertrag gekündigt werden kann,
9. ein in allgemeiner Form gehaltener Hinweis auf die Tarifverträge, Betriebs- oder Dienstvereinbarungen, die auf das Berufsausbildungsverhältnis anzuwenden sind.

Vereinbarungen in einem Berufsausbildungsvertrag, die zuungunsten des Auszubildenden von den Vorschriften des BBiG abweichen, sind nichtig (**Unabdingbarkeit**, BBiG § 25).

■ *Rechte und Pflichten*

Im Berufsausbildungsvertrag sind alle wesentlichen Rechte und Pflichten des Auszubildenden und des Ausbildenden festgehalten. Die Rechte des Ausbildenden sind zugleich die
Pflichten des Auszubildenden und umgekehrt.

Rechte des Auszubildenden nach dem BBiG §§ 14 bis 17

Rechte	Der Ausbildende hat
Berufs-ausbildung (§ 14 BBiG)	• dafür zu sorgen, dass dem Auszubildenden die Fertigkeiten und Kennt-nisse vermittelt werden, die zum Erreichen des Ausbildungszieles erfor-derlich sind, um das Ausbildungsziel in der vorgesehenen Ausbildungs-zeit zu erreichen • selbst auszubilden oder einen Ausbilder ausdrücklich zu beauftragen • dem Auszubildenden kostenlos die Ausbildungsmittel, insbesondere Werkzeuge und Werkstoffe zur Verfügung zu stellen, die zur Berufs-ausbildung und zum Ablegen von Zwischen- und Abschlussprüfungen erforderlich sind • den Auszubildenden zum Besuch der Berufsschule sowie zum Führen von Berichtsheften bzw. Ausbildungsnachweisen anzuhalten, soweit solche im Rahmen der Berufsausbildung verlangt werden, und diese durchzusehen
Fürsorge (§ 14 BBiG)	• dafür zu sorgen, dass der Auszubildende charakterlich gefördert sowie sittlich und körperlich nicht gefährdet wird • dem Auszubildenden nur Aufgaben zu übertragen, die dem Ausbildungs-zweck dienen und seinen körperlichen Kräften angemessen sind
Freistellung (§ 15 BBiG)	• den Auszubildenden für die Teilnahme am Berufsschulunterricht und an Prüfungen freizustellen. Das Gleiche gilt, wenn Ausbildungsmaßnahmen außerhalb der Ausbildungsstätte durchzuführen sind.
Zeugnis (§ 16 BBiG)	• dem Auszubildenden bei Beendigung des Berufsausbildungsverhältnisses ein Zeugnis auszustellen. Dieses muss Angaben enthalten über Art, Dauer und Ziel der Berufsausbildung sowie über die erworbenen Fertig-keiten und Kenntnisse des Auszubildenden. Auf Verlangen des Auszu-bildenden sind auch Angaben über Verhalten, Leistung und besondere fachliche Fähigkeiten aufzunehmen.
Vergütung (§ 17 BBiG)	• dem Auszubildenden eine angemessene Vergütung zu gewähren. Diese ist nach dem Lebensalter des Auszubildenden so zu bemessen, dass sie mit fortschreitender Berufsausbildung, mindestens jährlich, ansteigt. Eine über die vereinbarte regelmäßige tägliche Ausbildungszeit hinaus-gehende Beschäftigung ist besonders zu vergüten.

Pflichten des Auszubildenden nach dem BBiG § 13

Pflichten	Der Auszubildende hat
Bemühung	• sich zu bemühen, die Fertigkeiten und Kenntnisse zu erwerben, die erfor-derlich sind, um das Ausbildungsziel zu erreichen. Er ist insbesondere ver-pflichtet, die ihm im Rahmen seiner Berufsausbildung aufgetragenen Aufgaben sorgfältig auszuführen
Berufsschul-besuch	• an Ausbildungsmaßnahmen teilzunehmen, für die er nach § 15 freige-stellt wird

Weisungs-befolgung	• den Weisungen zu folgen, die ihm im Rahmen der Berufsausbildung vom Ausbildenden, vom Ausbilder oder von anderen weisungsberechtigten Personen erteilt werden
Betriebs-ordnung	• die für die Ausbildungsstätte geltende Ordnung zu beachten
Sorgfalt	• Werkzeuge, Maschinen und sonstige Einrichtungen pfleglich zu behandeln
Still-schweigen	• über Betriebs- und Geschäftsgeheimnisse Stillschweigen zu wahren

Bei der Gewährung von Urlaub sind die Bestimmungen des Jugendarbeitsschutzgesetzes bzw. des Bundesurlaubsgesetzes zu beachten (JArbSchG § 19, BUrlG §§ 3). Die Urlaubsregelung im Tarifvertrag hat gegenüber diesen Mindestbestimmungen Vorrang, wenn sie günstiger ist. Ein gesetzlicher Anspruch auf Urlaubsgeld besteht nicht.

■ Beginn und Ende des Berufsausbildungsverhältnisses

Das Berufsausbildungsverhältnis beginnt mit der Probezeit. Diese muss mindestens einen Monat und darf höchstens vier Monate betragen (BBiG § 20). *Während der Probezeit* kann das Berufsausbildungsverhältnis jederzeit ohne Einhalten einer Kündigungsfrist schriftlich gekündigt werden (BBiG § 22).

Nach der Probezeit kann das Berufsausbildungsverhältnis mit folgenden Kündigungsgründen und -fristen gekündigt werden (BBiG § 22):

• **Aus einem wichtigen Grund ohne** Einhalten einer Kündigungsfrist. Die Kündigung muss innerhalb von zwei Wochen nach Bekanntwerden des wichtigen Grundes erfolgen.

• Vom Auszubildenden mit einer Kündigungsfrist von vier Wochen, wenn er die **Berufsausbildung aufgeben** oder sich für **eine andere Berufstätigkeit** ausbilden lassen will.

Die Kündigung muss **schriftlich** und bei Kündigung nach der Probezeit unter Angabe der Kündigungsgründe erfolgen. Wird das Berufsausbildungsverhältnis nach der Probezeit vorzeitig gelöst, so kann der Ausbildende oder der Auszubildende **Ersatz des Schadens** verlangen, wenn der andere den Grund für die Auflösung zu vertreten hat. Dies gilt nicht bei Aufgabe oder Wechsel der Berufsausbildung. Der Schadensersatzanspruch kann nur innerhalb von drei Monaten nach Beendigung des Berufsausbildungsverhältnisses geltend gemacht werden (BBiG § 23).

Das Berufsausbildungsverhältnis endet mit dem **Ablauf der Ausbildungszeit**. Besteht der Auszubildende vor Ablauf der Ausbildungszeit die Abschlussprüfung, so endet das Berufsausbildungsverhältnis mit **Bekanntgabe des Ergebnisses der Abschlussprüfung**. Bei Nichtbestehen verlängert sich das Berufsausbildungsverhältnis auf Verlangen des Auszubildenden bis zur nächstmöglichen Wiederholungsprüfung, höchstens um ein Jahr. (BBiG § 21). Wird der Auszubildende im Anschluss an das Berufsausbildungsverhältnis **weiterbeschäftigt**, ohne dass hierüber ausdrücklich etwas vereinbart worden ist, so wird ein Arbeitsverhältnis auf unbestimmte Zeit begründet (BBiG § 24).

Beispiele: Im Berufsausbildungsvertrag wurde für das Ende der Ausbildungszeit der 31. Juli vereinbart. Der letzte Prüfungstag (in der Regel die mündliche Prüfung) ist der 10. Juni.

Wird die Prüfung bestanden, so endet das Ausbildungsverhältnis am 10. Juni. Wird der Auszubildende weiterbeschäftigt, dann wird ab dem 11. Juni ein Arbeitsverhältnis auf unbestimmte Zeit begründet. Bei Nichtbestehen der Prüfung endet das Ausbildungsverhältnis am 31. Juli; es sei denn, der Auszubildende beantragt eine Verlängerung des Ausbildungsverhältnisses.

2.1.3 Jugendarbeitsschutzgesetz

◼ Geltungsbereich

Jugendliche, die in einer Berufsausbildung stehen oder als Arbeitnehmer beschäftigt sind, werden durch das Jugendarbeitsschutzgesetz vor Überforderung, Überbeanspruchung und Gefährdung am Arbeitsplatz geschützt. **Jugendlicher** ist, wer 15 Jahre, aber noch nicht 18 Jahre alt ist. Als Mindestalter für die Beschäftigung Jugendlicher legt das Gesetz das 15. Lebensjahr fest. Die Beschäftigung von **Kindern** (= Personen unter 15 Jahren) ist grundsätzlich verboten. Für Jugendliche, die noch der Vollzeitschulpflicht unterliegen, gelten die gleichen Schutzvorschriften wie für Kinder.

◼ Wesentliche Schutzvorschriften

Für die Ausbildung wesentliche Regelungen des JArbSchG im Überblick

Arbeitszeit (§§ 8, 12, 14, 15)	• Jugendliche dürfen nur an fünf Tagen in der Woche beschäftigt werden (in Ausnahmefällen auch an einem Samstag, Sonntag oder Feiertag). • Für Jugendliche gilt grundsätzlich eine Arbeitszeit von höchstens acht Stunden täglich und vierzig Stunden wöchentlich. *Arbeitszeit* ist die Zeit vom Beginn bis zum Ende der Beschäftigung ohne Ruhepausen. Kurzpausen unter 15 Minuten gelten als Arbeitszeit. • Die *Schichtzeit* (Arbeitszeit einschließlich Ruhepausen) darf zehn Stunden nicht überschreiten. • Wenn an einzelnen Werktagen die Arbeitszeit unter acht Stunden beträgt, dann können Jugendliche an den übrigen Werktagen derselben Woche bis zu 8,5 Stunden beschäftigt werden. • Der Arbeitstag eines Jugendlichen beginnt frühestens um sechs Uhr morgens und endet spätestens um 20 Uhr abends. Ausnahmen gelten für Jugendliche über 16 Jahren, die im Gaststätten- oder Schaustellergewerbe, in mehrschichtigen Betrieben, in der Landwirtschaft oder in Bäckereien arbeiten.
Freistellung (§ 9)	Der Arbeitgeber hat den Jugendlichen für die Teilnahme am Berufsschulunterricht bzw. an Prüfungen und außerbetrieblichen Ausbildungsmaßnahmen freizustellen. Darüber hinaus sind Jugendliche an dem Arbeitstag, der der schriftlichen Abschlussprüfung unmittelbar vorausgeht, freizustellen.
Berufsschulzeit (§ 9)	Auf die Arbeitszeit werden Berufsschultage mit mehr als fünf Unterrichtsstunden bzw. Berufsschulwochen mit mindestens 25 Stunden Unterricht mit acht bzw. 40 Stunden angerechnet. Der Arbeitgeber darf den Jugendlichen nicht beschäftigen • vor einem vor neun Uhr beginnenden Unterricht (dies gilt auch für volljährige Auszubildende) • an einem Berufsschultag mit mehr als fünf Unterrichtsstunden von je 45 Minuten, einmal in der Woche • in Berufsschulwochen mit einem Blockunterricht von mindestens 25 Stunden an mindestens fünf Tagen.

Ruhepausen (§ 11)	Als *Ruhepause* gilt eine Arbeitsunterbrechung von mindestens 15 Minuten. Bei einer Arbeitszeit von mehr als 4,5 Stunden (bzw. 6 Stunden) müssen die Ruhepausen mindestens 30 Minuten (bzw. 60 Minuten) betragen.
Freizeit (§ 13)	Nach Beendigung der täglichen Arbeitszeit dürfen Jugendliche nicht vor Ablauf einer ununterbrochenen Freizeit von mindestens zwölf Stunden beschäftigt werden.
Urlaub (§ 19)	Der Arbeitgeber hat Jugendlichen jährlich bezahlten Erholungsurlaub zu gewähren. Wenn der Jugendliche am 1. Januar des Jahres noch nicht 16 Jahre (bzw. 17 Jahre bzw. 18 Jahre) alt ist, erhält er mindestens 30 Werktage Urlaub (bzw. 27 Werktage bzw. 25 Werktage). Der Urlaub soll in der Zeit der Berufsschulferien gegeben werden. Für jeden Urlaubstag, an dem die Berufsschule besucht wird, ist ein weiterer Urlaubstag zu gewähren.
Beschäftigungsverbote und -beschränkungen (§§ 22, 23)	Kinder dürfen grundsätzlich nicht beschäftigt werden. Jugendlichen darf keine Arbeit übertragen werden, die ihre Leistungsfähigkeit übersteigt oder die besondere Unfallgefahren und gesundheitliche oder sittliche Gefahren in sich birgt. Akkordarbeit und andere tempoabhängige Arbeitsformen sowie Arbeiten unter Tage sind verboten.
Gesundheitsschutz (§§ 31, 32, 33)	Jugendliche dürfen vom Arbeitgeber nicht körperlich gezüchtigt werden. Kein Jugendlicher darf ohne ärztliches Gesundheitszeugnis (Erstuntersuchung) beschäftigt werden. Ein Jahr nach Arbeitsbeginn muss eine Nachuntersuchung stattfinden. Nach Ablauf jedes weiteren Jahres kann sich der Jugendliche erneut nachuntersuchen lassen.

Zusammenfassung

■ Die Berufsausbildung findet in der *Berufsschule* und im *Ausbildungsbetrieb* statt (**duales Ausbildungssystem**) und ist gesetzlich im BBiG geregelt.

■ Der **Ausbildungsvertrag** wird zwischen Ausbildenden und Auszubildenden geschlossen und ist schriftlich niederzulegen. Die Pflichten des einen Vertragspartners sind die Rechte des anderen.

■ Wesentliche **Pflichten des Ausbildenden** aus dem Ausbildungsvertrag sind:
  - Ausbildung
  - Fürsorge
  - Vergütung
  - Urlaub
  - Zeugnis
  - Freistellung

■ Wesentliche **Pflichten des Auszubildenden** aus dem Ausbildungsvertrag sind:
  - Lernpflicht
  - Berufsschulunterricht
  - Weisungsbefolgung
  - Verschwiegenheit

■ Die **Auflösung des Ausbildungsverhältnisses** ist vorzeitig schriftlich möglich
  - während der Probezeit
  - nach der Probezeit aus einem **wichtigen Grund**, bei **Aufgabe der Berufsausbildung** oder bei **Wechsel des Ausbildungsberufs**.

■ Für **Jugendliche** (unter 18, aber mindestens 15 Jahre alt) enthält das JArbSchG folgende Regelungen:
  - **Arbeitszeit.** Höchstens acht Stunden täglich und 40 Stunden pro Woche.
  - **Ruhepausen.** Bei einer Arbeitszeit über 4 1/2 bis sechs Stunden → 30 Minuten Pause, bei einer Arbeitszeit über sechs Stunden → 60 Minuten Pause.

- **Freizeit.** Mindestens zwölf Stunden nach Beschäftigungsende. Keine Beschäftigung zwischen 20:00 und 06:00 Uhr (mit bestimmten Ausnahmen).
- **Urlaub.** Am 1. Januar noch nicht 16 Jahre alt: mindestens 30 Werktage
  Am 1. Januar noch nicht 17 Jahre: 27 Werktage
  Am 1. Januar noch nicht 18 Jahre: 25 Werktage
- **Berufsschulbesuch.** Berufsschulunterricht ist Arbeitszeit.
- **Beschäftigungsbeschränkungen.** Keine schwere körperliche Arbeit und Arbeit mit sittlicher Gefahr, Arbeitsverbot an Samstagen, Sonntagen und Feiertagen (mit Ausnahmen). Verbot von Akkord- und Fließarbeit (mit wenigen Ausnahmen).
- **Gesundheitsschutz.** Ärztliche Untersuchungspflicht vor Beschäftigungsaufnahme und ein Jahr danach.

Aufgaben

1 Bilden Sie vier **Expertengruppen** A, B, C und D mit je sechs Mitgliedern. Die Gruppe A befasst sich mit den Fragen a) bis d), die Gruppe B mit e) bis h), die Gruppe C mit i) bis l), die Gruppe D mit m) bis p). Tauschen Sie anschließend Ihre Informationen in sechs **Puzzlegruppen** aus. Die Puzzlegruppen bestehen aus je einem Mitglied jeder Expertengruppe A, B, C und D; dieses berichtet jeweils über die Ergebnisse seiner Expertengruppe. Anschließend beantworten zwei Puzzlegruppen im Wechsel die Fragen vor der Klasse und stellen sich der Kritik.

Fragen:
a) Erklären Sie den Begriff duales System im Zusammenhang mit der Berufsausbildung.
b) Erläutern Sie die Aufgabenverteilung zwischen den Ausbildungsträgern im dualen System.
c) Nennen Sie wesentliche Inhalte der Ausbildungsordnung.
d) Welche Aufgaben haben die zuständigen Stellen bei der Berufsausbildung?
e) Welche Form muss beim Abschluss eines Berufsausbildungsvertrags eingehalten werden?
f) Welche Mindestangaben muss ein Berufsausbildungsvertrag enthalten?
g) Was versteht man unter der Unabdingbarkeit des BBiG?
h) Nennen Sie einige Rechte (keine Erläuterung) des Auszubildenden nach dem BBiG?
i) Nennen Sie einige Pflichten (keine Erläuterung) des Auszubildenden nach dem BBiG?
j) In welchen Rechtsvorschriften ist der Urlaub des Auszubildenden geregelt?
k) Welchen Zweck hat die Probezeit und wie lange dauert diese nach dem BBiG?
l) Aus welchen Gründen kann der Auszubildende nach Ende der Probezeit kündigen?
m) Aus welchen Gründen kann der Ausbildende nach Ende der Probezeit kündigen?
n) Wann endet das Ausbildungsverhältnis?
o) Worin unterscheiden sich Kinder und Jugendliche nach dem JArbSchG?
p) Erklären Sie die Begriffe Arbeitszeit, Schichtzeit und Ruhepause.

2 Vergleichen Sie Ihren Berufsausbildungsvertrag mit den Vorschriften des BBiG und ggf. mit den Regelungen des JArbSchG.

Tipp: Stellen Sie in einer Übersicht die Gesetzesparagrafen mit den entsprechenden Vereinbarungen Ihres Ausbildungsvertrags gegenüber.

3 Beurteilen Sie folgende Fälle anhand des BBiG, JArbSchG, HGB, BGB:

a) Eine Auszubildende soll regelmäßig die Kinder des Firmeninhabers beaufsichtigen; ein anderer Auszubildender muss gelegentlich Getränke für seine Kollegen holen.

b) Als die Auszubildende Ruth Junker in Briefen wiederholt Fehler macht, wird sie vom Abteilungsleiter vor den anderen Mitarbeitern mit sehr beleidigenden Äußerungen beschimpft.

c) Der Auszubildende Kurt Oßwald entdeckt sein Interesse für Datenverarbeitung. Er möchte deshalb seine Berufsausbildung als Industriekaufmann aufgeben und innerhalb der Branche in einen Großbetrieb wechseln.

d) Der Betriebsinhaber Franz Maier und der Auszubildende Karl Schuster merken trotz dreimonatiger Probezeit erst später, dass sie nicht miteinander auskommen.

e) Als der Auszubildende Hans Keller vom Chef zurechtgewiesen wird, antwortet er mit dem Götz-Zitat.

4 In welchen der folgenen Fälle wird gegen das Jugendarbeitsschutzgesetz verstoßen? Begründen Sie Ihre Meinung anhand des JArbSchG § 8 ff.!

a) Der 16-jährige Peer ist in einer Elektrogroßhandlung als Auszubildender tätig. Er muss samstags arbeiten.

b) Ein 16-Jähriger, der in Ausbildung steht, arbeitet täglich neun Stunden.

c) Die Auszubildende Monika hat am Vormittag sechs Stunden Berufsschulunterricht zu je 45 Minuten. Am selben Nachmittag muss Monika im Betrieb arbeiten.

d) Ein Auszubildender will mit seinen Eltern in Urlaub fahren. Er ist seit zwei Monaten in Ausbildung. Das Urlaubsgesuch wird abgelehnt.

e) Volker, 15 Jahre alt, tritt am 1. Juli in eine Eisenwarengroßhandlung zur Ausbildung ein. Im laufenden Jahr werden ihm 14 Tage Urlaub gewährt.

f) Die Auszubildenden eines Betriebes müssen an ihrem Schultag von 07:00 bis 08:30 Uhr arbeiten. Der Berufsschulunterricht beginnt um 09:00 Uhr.

g) Die 18-jährige Auszubildende Miriam arbeitet (einschließlich Berufsschulbesuch) montags bis freitags täglich sieben Stunden und samstags sechs Stunden.

h) Einem Jugendlichen, der im 3. Ausbildungsjahr steht, wird die Ausbildungsvergütung um die Berufsschulzeit gekürzt.

i) Ein 17-jähriger kräftiger Hilfsarbeiter leistet Akkord in einer Fabrik.

j) Ein 17-jähriger Auszubildender hat bis 20:00 Uhr gearbeitet. Am nächsten Tag muss er um 07:30 Uhr wieder mit der Arbeit beginnen.

2.2 Grundlagen des Arbeitsverhältnisses

Problem

Gabriele Meyer schließt mit der Firma Gebr. Baum KG folgenden Arbeitsvertrag ab:

Zwischen der Firma Gebr. Baum KG, Esslingen, vertreten durch Herrn Herbert Blum, Leiter der Personalabteilung, und Frau Gabriele Meyer, geb. am 28. Mai .. in Stuttgart, wohnhaft in 73730 Esslingen, Weimarer Straße 35, wurde folgender

ARBEITSVERTRAG

geschlossen:

1. Gabriele Meyer tritt am 1. April .. als kaufmännische Angestellte in die Firma Gebr. Baum KG, ein.
2. Sie wird als Buchhalterin in der Abteilung Lohnbuchhaltung beschäftigt. Eine zeitweilige Verwendung in anderen Tätigkeitsbereichen ist zulässig.
3. Die monatliche Vergütung erfolgt nach Entgeltgruppe 5 des für die Metall- und Elektroindustrie verbindlichen Entgelttarifvertrages. Nach einer dreimonatigen Probezeit erhöht sich das monatliche Gehalt um 50,00 EUR.
4. Während der Probezeit kann das Arbeitsverhältnis mit einer Kündigungsfrist von zwei Monaten aufgelöst werden; danach gelten die Kündigungsfristen des für die Metallbranche verbindlichen Manteltarifs.
5. Hinsichtlich der Zahlung sowie der Arbeitszeit, der Urlaubsregelung und der Arbeitsplatzgestaltung gelten ebenfalls die unter Ziffer 4 angeführten Bestimmungen des Manteltarifvertrages.
6. Im Übrigen gelten ergänzend die gesetzlichen Vorschriften und die Betriebsvereinbarungen, z.B. die Betriebsordnung.

Esslingen, 10. Juni ..
Gebr. Baum KG
Personalabteilung

Blum   *Gabriele Meyer*

ppa. Blum

Auf welchen rechtlichen Grundlagen beruht dieses Arbeitsverhältnis?

2.2.1 Rechtliche Grundlagen des Arbeitsvertrags

Grundlage jeder arbeitsvertraglichen Beziehung ist in erster Linie der Einzelarbeitsvertrag zwischen Arbeitgeber und Arbeitnehmer. Der Arbeitsvertrag muss spätestens einen Monat nach Beginn des Arbeitsverhältnisses dem Arbeitnehmer schriftlich ausgehändigt werden, die elektronische Form ist ausgeschlossen. Diese **Niederschrift** muss vom Arbeitgeber unterzeichnet sein und alle wesentlichen Arbeitsbedingungen enthalten (NachwG § 2).[1]

In die **Niederschrift** sind mindestens aufzunehmen

- der Name und die Anschrift der Vertragsparteien,
- der Zeitpunkt des Beginns des Arbeitsverhältnisses,
- bei befristeten Arbeitsverhältnissen die vorhersehbare Dauer,
- der Arbeitsort,
- eine Tätigkeitsbeschreibung,
- die Zusammensetzung und die Höhe des Arbeitsentgelts einschließlich der Zuschläge, Zulagen, Prämien usw.,
- die regelmäßige wöchentliche und tägliche Arbeitszeit,
- die Dauer des jährlichen Erholungsurlaubs,
- die Kündigungsfristen,
- ein Hinweis auf anzuwendende Tarif-, Betriebs- oder Dienstvereinbarungen.

Um Benachteiligungen des Arbeitnehmers zu vermeiden, liegen dem Arbeitsverhältnis zusätzlich zugrunde:

- **Betriebsordnung** des Unternehmens in Form einer Betriebsvereinbarung[2],
- der für die Branche geltende **Tarifvertrag**[3]. Die Tarifbestimmungen stellen geltendes Recht dar. Sie sind **unabdingbar**, d.h., den Tarifbestimmungen widersprechende Abmachungen sind nichtig. Die Mindestbedingungen des Tarifvertrags dürfen in ihrem Inhalt nur zugunsten des Arbeitnehmers geändert werden.
- **Gesetzliche Bestimmungen zum Arbeitsschutz**[4], z.B. Bundesurlaubsgesetz, Kündigungsschutzgesetz, Arbeitszeitgesetz.

Grundlagen des Arbeitsverhältnisses nach der Rangordnung der Rechtsquellen

Zwingende Bestimmung der Arbeitsgesetzgebung	festgelegt durch den Gesetzgeber (z.B. Jugendarbeitsschutzgesetz, BGB, HGB, Arbeitszeitgesetz)
Zwingende Bestimmung des Tarifvertrags	zwischen den Tarifvertragsparteien (Gewerkschaft und Arbeitgeber[verband])
Zwingende Bestimmung der Betriebsvereinbarung	zwischen dem Betriebsrat eines Unternehmens und dem einzelnen Arbeitgeber
Bestimmung des Arbeitsvertrags	zwischen einzelnem Arbeitnehmer und einzelnem Arbeitgeber

---

[1] Das Nachweisgesetz gilt für Arbeitnehmer, die nicht zur Aushilfe beschäftigt werden und deren Beschäftigungsdauer 400 Stunden pro Jahr übersteigt.
[2] Siehe auf Seite 111 ff.
[3] Siehe auf Seite 115 ff.
[4] Siehe auf Seite 93 ff.

2.2.2 Befristete und unbefristete Arbeitsverhältnisse

Gewöhnlich werden zwischen Arbeitgeber und Arbeitnehmer **unbefristete Arbeitsverträge** abgeschlossen.

Als Brücke zu unbefristeten Arbeitsverhältnissen werden zur Verbesserung der Flexibilität der Beschäftigung Arbeitsverträge zunehmend auf eine bestimmte Zeit geschlossen. Befristete Arbeitsverträge bedürfen der *Schriftform* (TzBfG § 14).

Ein **befristeter Arbeitsvertrag** liegt nach TzBfG § 3 vor, wenn seine Dauer

- kalendermäßig bestimmt ist (kalendermäßige Befristung),
- sich aus Art, Zweck oder Beschaffenheit der Arbeitsleistung ergibt (Zweckbefristung)

Die Befristung eines Arbeitsvertrags ist zulässig, wenn es dafür einen sachlichen Grund gibt. Ein **sachlicher Grund** liegt u. a. in folgenden Fällen vor (TzBfG § 14):

- Bedarf an der Arbeitsleistung ist nur vorübergehend (z. B. Erntesaison, Inbetriebnahme einer neuen technischen Anlage);
- Anschlussbeschäftigung von Auszubildenden und Hochschulabsolventen soll erleichtert werden;
- Vertretung eines anderen Arbeitnehmers (z. B. bei Beurlaubung, Wehrdienst, Krankheit);
- Eigenart der Arbeitsleistung (z. B. bei Schauspielern, Sängern, Tänzern);
- Person des Arbeitnehmers (z. B. Nichtverlängerung der Aufenthaltserlaubnis, Überbrückung der Zeit bis zum Beginn einer bereits feststehenden anderen Tätigkeit);
- Probearbeitsverhältnis zur Feststellung der fachlichen und persönlichen Eignung; Die Probezeit darf sechs Monate nicht überschreiten, weil dann der allgemeine Kündigungsschutz greift (KSchG § 1, BGB § 622 Abs. 3).

Die **kalendermäßige Befristung** eines Arbeitsvertrags bedarf *keines sachlichen Grundes*, wenn der Arbeitsvertrag oder seine höchstens dreimalige Verlängerung die Gesamtdauer von **insgesamt zwei Jahren** nicht überschreitet. Eine Befristung ist nicht zulässig, wenn mit demselben Arbeitgeber bereits zuvor ein befristetes oder unbefristetes Arbeitsverhältnis bestanden hat (*Verbot von Kettenverträgen*).

Wenn der Arbeitnehmer bei Beginn des befristeten Arbeitsverhältnisses das **52. Lebensjahr** vollendet hat und unmittelbar vor Beginn des befristeten Arbeitsverhältnisses *mindestens vier Monate arbeitslos* war, dann ist die kalendermäßige Befristung ohne Vorliegen eines sachlichen Grundes bis zu fünf Jahren zulässig. Bis zu dieser Gesamtdauer ist auch die mehrfache Verlängerung des Arbeitsvertrages zulässig (TzBfG § 14).

Ein kalendermäßig befristeter Arbeitsvertrag endet mit Ablauf *der vereinbarten Zeit*. Ein zweckbefristeter Arbeitsvertrag endet mit *Erreichen des Zwecks*, frühestens jedoch zwei Wochen nach Zugang der schriftlichen Mitteilung des Arbeitgebers über den Zeitpunkt der Zweckerreichung. Wird das Arbeitsverhältnis nach Ablauf der Zeit, für die es eingegangen ist, oder nach Zweckerreichung mit Wissen des Arbeitgebers fortgesetzt, so gilt es als auf unbestimmte Zeit verlängert, wenn der Arbeitgeber nicht unverzüglich widerspricht oder dem Arbeitnehmer die Zweckerreichung nicht unverzüglich mitteilt (TzBfG § 15).

2.2.3 Rechte und Pflichten des Arbeitnehmers

Die wesentlichen Rechte und Pflichten aus dem Arbeitsvertrag sind im BGB (§ 611 ff.) und für den Handlungsgehilfen (kaufmännischen Angestellten) im HGB (§ 59 ff.) geregelt. Die Pflichten des Arbeitnehmers sind zugleich Rechte des Arbeitgebers.

■ Pflichten des Arbeitnehmers:

Arbeit	Alle im Rahmen seines Arbeitsvertrags anfallenden Arbeiten muss der Arbeitnehmer sorgfältig, nach bestem Wissen und Können ausführen. Die vereinbarte Arbeit ist *persönlich* zu leisten, BGB § 613.
Treue	Hieraus ergibt sich die Verpflichtung, nach *besten Kräften* für die Interessen des Unternehmens zu arbeiten. Aufgrund der Treuepflicht kann es dem Arbeitnehmer z. B. zugemutet werden, *Überstunden* zu leisten.
Gehorsam	Der Arbeitgeber hat *Weisungsbefugnis*, die sich aber nur auf das Arbeitsverhältnis bezieht. Er kann in einem bestimmten Rahmen auch das Verhalten des Arbeitnehmers bestimmen, z. B. Rauchverbot.
Verschwiegenheit und Unbestechlichkeit	Geschäftsgeheimnisse wie Bezugsquellen, Löhne, Umsätze, Gewinne, Privatentnahmen dürfen weder leichtfertig ausgeplaudert noch gegen Schmiergelder verraten werden, UWG § 17 (2). Wird die Verschwiegenheit verletzt, so hat der Arbeitgeber die Möglichkeit, auf Schadenersatz und Unterlassung zu klagen. Außerdem ist meist eine fristlose Entlassung zu erwarten.
Einhaltung des gesetzlichen Wettbewerbsverbots (*Konkurrenzverbot*)	Der Angestellte darf nebenher ohne Einwilligung seines Arbeitgebers weder ein Handelsgewerbe betreiben noch im Geschäftszweig des Arbeitgebers Geschäfte für eigene oder fremde Rechnung machen (HGB § 60)[1].
Einhaltung des vertraglichen Wettbewerbsverbots (*Konkurrenzklausel*)	Damit der Angestellte *nach* Ausscheiden seinem bisherigen Arbeitgeber keine Konkurrenz macht, kann ein Wettbewerbsverbot für längstens zwei Jahre *vereinbart* werden (Schriftform!). Es darf aber das berufliche Fortkommen und die neue Arbeitsplatzwahl nicht wesentlich erschweren. Außerdem muss eine angemessene Entschädigung für Minderverdienst bezahlt werden (HGB §§ 74 a). Das **vertragliche Wettbewerbsverbot** wird **unwirksam**, wenn der *Angestellte wegen eines wichtigen Grundes kündigt* (HGB § 75).

■ Rechte des Arbeitnehmers:

Beschäftigung	Der Arbeitnehmer kann verlangen, entsprechend der *vereinbarten Tätigkeit* vom Arbeitgeber beschäftigt zu werden. Dazu gehört auch das Recht auf Beschäftigung an einem bestimmten Arbeitsplatz.
Vergütung	Zahlung des **Gehalts** am Ende jedes Monats. Zu festen Beträgen können noch Provisionen, Gewinnbeteiligungen, Weihnachtsgratifikationen und dgl. kommen. Bei Krankheit muss das Gehalt bis zu sechs Wochen weitergezahlt werden (HGB § 64, BGB § 611, EntgFG § 3). Frauen und Männer müssen für gleichwertige Arbeit die gleiche Vergütung erhalten (BGB § 612).
Fürsorge	Der Arbeitsplatz, an dem der Angestellte täglich viele Stunden verbringt, darf nicht gesundheitsgefährdend sein. Helle, saubere Büros werden als ebenso unabdingbar angesehen wie einwandfreie sanitäre Anlagen. Ein gutes Betriebsklima wirkt leistungssteigernd und soll dazu beitragen, dass Anstand und Sitte gewahrt werden (HGB § 62). Der Angestellte muss zur *Sozialversicherung* angemeldet werden.

---

[1] Nach neuerer Rechtsprechung des BAG ist lediglich die selbstständige Tätigkeit in derselben Branche des Arbeitgebers verboten, d. h. der Arbeitnehmer kann in einer fremden Branche ohne Einwilligung des Arbeitgebers selbstständig tätig sein.

Urlaub	Der nach dem Bundesurlaubsgesetz bzw. dem Jugendarbeits-schutzgesetz zustehende Urlaub ist zu gewähren. Am 1. Jan. noch nicht 16 Jahre: 30 Werktage Am 1. Jan. noch nicht 17 Jahre: 27 Werktage Am 1. Jan. noch nicht 18 Jahre: 25 Werktage Am 1. Jan. über 18 Jahre: 24 Werktage
Zeugniserteilung	Bei der Beendigung eines unbefristeten Dienstverhältnisses kann der Arbeitnehmer ein schriftliches Zeugnis über Art und Dauer seiner Tätigkeit (**einfaches Zeugnis**) verlangen. Auf Verlangen ist das Zeugnis auf die Führung und die Leistungen auszudehnen (**qualifiziertes Zeugnis**). (BGB § 630, HGB § 73, GewO § 109).
Gleichbehandlung	Beschäftigte dürfen nicht aus Gründen der Rasse oder wegen der ethnischen Herkunft, des Geschlechts, der Religion oder Weltan-schauung, einer Behinderung, des Alters oder der sexuellen Identität benachteiligt werden (AGG § 7). Der Arbeitgeber darf nicht einzelne Arbeitrehmer oder Gruppen von Arbeitnehmern ohne sachlichen Grund von allgemein begünstigenden Regelungen ausnehmen und schlechter stellen als andere Arbeitnehmer in vergleichbarer Lage. Ebenso ist die Benachteiligung wegen Inanspruchnahme von Rechten aus dem Teilzeit- und Befristungsgesetz unzulässig (TzBfG § 5).

Ein Arbeitnehmer, dessen Arbeitsverhältnis länger als sechs Monate bestanden hat, kann verlangen, dass seine vertraglich vereinbarte Wochenarbeitszeit verringert wird. Der Arbeitnehmer muss dies spätestens drei Monate vor deren Beginn mitteilen und dabei die gewünschte Verteilung der Arbeitszeit auf die einzelnen Wochenarbeitstage angeben (TzBfG § 8). Dieser Anspruch gilt nur in Betrieben mit mehr als 15 regelmäßig Beschäftigten (TzBfG § 15).

2.2.4 Beendigung des Arbeitsverhältnisses

Unbefristete Arbeitsverträge können durch Kündigung aufgelöst werden. Die Kündigung bedarf der Schriftform (BGB § 623).

■ Ordentliche Kündigung

Jede ordentliche Kündigung ist an Fristen gebunden, die sich aus dem Gesetz oder aus dem Arbeits- bzw. Tarifvertrag ergeben.

- **Gesetzliche Kündigung:** Sowohl Arbeitnehmer als auch Arbeitgeber müssen die gesetzlichen Kündigungsfristen beachten.

Grundkündigungsfristen nach BGB § 622, (1 und 3)

Während der Probezeit	zwei Wochen (= 14 Tage) zu jedem Termin
Nach der Probezeit	vier Wochen (= 28 Tage) zum 15. oder Ende eines Kalendermonats

Beispiel:

Fall 1: Peter Müller kündigt innerhalb der Probezeit am Montag, den 26. März. Das Arbeitsverhältnis ist am Montag, den 9. April beendet.

Fall 2: Wäre die Probezeit bereits abgelaufen, dann wäre frühestens der 30. April sein letzter Arbeitstag (bis zum 15. April sind es weniger als vier Wochen). Er müsste spätestens am 2. April kündigen (2. April bis 30. April = 28 Tage).

- **Tarifvertragliche Kündigung:** In Tarifverträgen dürfen die Tarifpartner (i. d. R. Arbeitgeberverbände und Gewerkschaften) abweichende Regelungen vereinbaren. Dabei können die Grundkündigungsfristen auch verkürzt werden (BGB § 622 [4]).
- **Einzelvertragliche Kündigung:** In Arbeitsverträgen dürfen die Grundkündigungsfristen **verlängert** werden (BGB § 622 [5]). Allerdings darf für den Arbeitnehmer keine längere Frist vereinbart werden als für den Arbeitgeber.
  Eine **Verkürzung** der Grundkündigungsfristen ist nur zugelassen, wenn der
  – Arbeitnehmer zur Aushilfe und nicht länger als drei Monate eingestellt ist,
  – Arbeitgeber in der Regel *nicht mehr als 20 Arbeitnehmer* (ohne Azubi und Beschäftigte mit einer Arbeitszeit bis zehn Stunden) beschäftigt und die Kündigungsfrist *vier Wochen* nicht unterschreitet.

■ *Außerordentliche Kündigung*

Sowohl der Arbeitnehmer als auch der Arbeitgeber können das Arbeitsverhältnis **fristlos** kündigen, wenn ein **wichtiger Grund** vorliegt. Die Einhaltung der Kündigungsfrist muss für einen der Beteiligten unzumutbar sein (BGB § 626 [1]).

Die fristlose Kündigung muss *innerhalb von zwei Wochen* nach Vorliegen des Kündigungsgrundes ausgesprochen werden. Auf Verlangen ist der Kündigungsgrund schriftlich mitzuteilen.

Wichtige Kündigungsgründe für eine außerordentliche Kündigung

Arbeitnehmer	Grobe Beleidigung, Verweigerung der Gehaltszahlung, grobe Verletzung der Fürsorgepflicht, Tätlichkeiten, Anstiftung zu strafbaren Handlungen usw.
Arbeitgeber	Grobe Beleidigung, Arbeitsverweigerung, grobe Verletzung der Treuepflicht, grobe Verletzung des Wettbewerbsverbots oder der Schweigepflicht, Tätlichkeiten.

Zusammenfassung

■ Der **Arbeitsvertrag** wird zwischen einem einzelnen Arbeitgeber und einem einzelnen Arbeitnehmer geschlossen und muss spätestens einen Monat nach Beginn des Arbeitsverhältnisses schriftlich niedergelegt werden.

■

Arbeitgeber	Arbeitnehmer
Hauptpflichten im Arbeitsverhältnis	
Lohnzahlungspflicht Beschäftigungspflicht	Arbeitspflicht
Nebenpflichten im Arbeitsverhältnis	
Beispiele: • Schutzpflichten hinsichtlich sicherer Arbeitsplätze, Personenwürde und Eigentum des Arbeitnehmers • Anhörung des Arbeitnehmers und Erörterung der Angelegenheiten, die den Arbeitnehmer betreffen • Gleichbehandlungspflicht von Frauen und Männern, Teilzeit- und Vollzeitkräften usw.	*Beispiele:* • Gebot zur Schadensverhütung • Wettbewerbsverbot während des Arbeitsverhältnisses • Abwerbungsverbot während des Arbeitsverhältnisses • Wahrung des Betriebsfriedens

- Arbeitsverträge werden in der Regel **unbefristet** abgeschlossen. Ein **befristeter Arbeitsvertrag** bedarf der Schriftform und liegt vor, wenn seine Dauer
  - kalendermäßig bestimmt ist (kalendermäßige Befristung)
  - sich aus Art, Zweck oder Beschaffenheit der Arbeitsleistung ergibt (Zweckbefristung)

  Befristete Arbeitsverträge dürfen eine Gesamtdauer von **zwei Jahren** nicht überschreiten.
- Unbefristete Arbeitsverträge können durch **Kündigung** beendet werden. Die Kündigung bedarf der Schriftform.
- Nach den Kündigungsfristen unterscheidet man die **ordentliche Kündigung** (vier Wochen zum 15. oder zum Ende des Kalendermonats) und die **außerordentliche Kündigung** (fristlos, innerhalb zwei Wochen nach einem wichtigen Grund).

Aufgaben

1 Das Arbeitsverhältnis basiert auf unterschiedlichen rechtlichen Grundlagen.

   a) Erläutern Sie die rechtlichen Grundlagen des Arbeitsverhältnisses und bringen Sie die Rechtsquellen in eine Rangordnung.
   b) Beschreiben Sie die Pflichten des Arbeitnehmers und Arbeitgebers aus dem Arbeitsvertrag und unterscheiden Sie dabei zwischen Haupt- und Nebenpflichten.
   c) Welche Vorschriften gelten für befristete Arbeitsverträge?

2 *Einige Situationen aus der Praxis:*
   a) Die Chefin bittet ihre Sekretärin, für sie einige private Einkäufe zu tätigen und Kaffee zu kochen, was diese aber ablehnt.
   b) Der Kfz-Mechanikergeselle Wenzel gibt einem Kunden den Tipp, dass er billiger bedient werde, wenn er die Reparatur in seiner „Heimwerkstatt" durchführen lässt.
   c) Ein Verkaufsberater verlässt seinen Arbeitsplatz mit den Worten: „Macht euren Mist doch alleine!" Er kehrt nach zwei Tagen wieder an seinen Arbeitsplatz zurück. Die Verkaufsleitung kündigt den Verkäufer und verlangt Schadensersatz wegen Vertragsbruchs.
   d) Eine kaufmännische Angestellte hat über das Wochenende kräftig gefeiert und fühlt sich deshalb am Montag äußerst unwohl. Sie setzt in vielen Kaufverträgen falsche Beträge ein. Bei der Ablage der Ausgangsrechnungen gerät mancherlei durcheinander. Eine Flut von Rückfragen und tagelange Suchaktionen sind die Folge. Die Geschäftsleitung kürzt der kaufmännischen Angestellten darauf das Gehalt um 500 EUR.
   e) Verkaufsberaterin Kissling ist seit vier Wochen krank. Die Geschäftsleitung stellt daraufhin die Gehaltszahlung ein.
   f) Verkaufsberater Meinrad besorgt sich 20 Autokindersitze für 19,95 EUR und verkauft diese im Zubehörshop seines Arbeitgebers für 39,95 EUR. Die Geschäftsleitung bemerkt dies und verlangt die Herausgabe des Gewinns.
   g) Schildern Sie eigene Erlebnisse aus Ihrer Berufspraxis.
   Beurteilen Sie diese Situationen, indem Sie folgende Fragen beantworten: Welches Recht bzw. welche Pflicht aus dem Arbeitsvertrag ist betroffen? Liegt eine Rechts- bzw. Pflichtverletzung vor? Welche rechtlich einwandfreie Reaktion ist zu empfehlen?
   Tipp: Beantworten Sie die Fragen in thementeiligen Arbeitsgruppen. Schlagen Sie in Ihrer Gesetzessammlung nach.

3 Vergleichen Sie Arbeitsvertrag und Berufsausbildungsvertrag bezüglich
   a) Formvorschriften,
   b) rechtliche Grundlagen,
   c) Vertragspartnern,
   d) Pflichten der Vertragspartner.

4 *Die ordentliche Kündigung eines Arbeitsverhältnisses ist an Fristen gebunden.*
a) Erläutern Sie die gesetzlichen Grundkündigungsfristen.
b) Weshalb darf der Arbeitnehmer bei einer vertraglichen Kündigung besser, aber nicht schlechter gestellt werden als der Arbeitgeber?
c) Was unterscheidet die ordentliche von der außerordentlichen Kündigung?
d) Nennen Sie einige Kündigungsgründe für eine außerordentliche Kündigung.

5 *Geben Sie den jeweiligen Kalendertermin an, an dem die Mitarbeiter frühestens ausscheiden, wenn sie an folgenden Terminen kündigen (es gelten die Grundkündigungsfristen):*
a) A. kündigt am 15. Januar,
b) B. kündigt am 10. März (seine Probezeit läuft vom 1. März bis 31. Mai),
c) C. kündigt am 25. Juni,
d) D. kündigt am 28. Februar (kein Schaltjahr).

6 *Wann muss ein kaufmännischer Angestellter entsprechend den gesetzlichen Kündigungsfristen spätestens kündigen, wenn er am*
a) 1. Mai   b) 15. Juni,   c) 1. Dezember
seine neue Stelle antreten möchte?

2.2.5 Arbeitszeitmodelle – Arbeitszeit nach Maß

Problem

„Versprochen ist versprochen", denkt sich der Einkaufssachbearbeiter, blickt auf die Uhr, packt seine Tasche und verschwindet. In einer halben Stunde ist er zu Hause, pünktlich zur Geburtstagsfeier seiner dreijährigen Tochter Mirja.

Dass die Mitarbeiter weitgehend selbst entscheiden, wann sie arbeiten und wann nicht, das ist bei der Münchener Motorola GmbH durchaus kein Einzelfall. Innerhalb gewisser Grenzen ist es jedem selbst überlassen, wie er sich im Laufe eines Monats seine Arbeitszeit einteilt. Die tägliche individuelle Arbeitszeit von mindestens vier bis zu maximal zehn Stunden kann innerhalb eines Zeitrahmens zwischen 6:30 und 21:00 Uhr nach Absprache mit dem Vorgesetzten frei gewählt werden.

Diskutieren Sie Vor- und Nachteile dieser betrieblichen Arbeitszeitregelung.

Sachdarstellung

▪ Normalarbeitszeit – eher Ausnahme als Regel

Die Zeit vom Beginn bis zum Ende der täglichen Beschäftigung ohne die Ruhepausen heißt **Arbeitszeit**. Werden die Ruhepausen zur täglichen Arbeitszeit hinzugezählt, dann erhält man die **Schichtzeit**.

Der Sieben- bis Acht-Stunden-Tag und die 35- bis 40-Stunden-Woche können heute als **Normal- oder Regelarbeitszeit** angesehen werden. Gearbeitet wird in den Tagen von Montag bis Freitag und in der täglichen Zeitspanne zwischen 07:00 und 19:00 Uhr. Nach dem Arbeitszeitgesetz soll die regelmäßige werktägliche Arbeitszeit die Dauer von acht Stunden nicht überschreiten. Die wöchentliche Arbeitszeit darf 48 Stunden nicht überschreiten.

Das Bild vom Normalarbeitstag vermittelt nur einen unvollständigen Eindruck; denn unter dem Dach gesetzlicher und tariflicher Arbeitszeitregelungen hat sich inzwischen unter dem Begriff **Arbeitszeitflexibilisierung** ein kaum noch überschaubares Geflecht unterschiedlicher Arbeitszeitformen entwickelt. Abweichungen vom Normalarbeitstag gibt es in Bezug auf die Dauer der Arbeitszeit (durch Überstunden, Kurz- und Teilzeitarbeit) und der Lage der Arbeitszeit (Schicht-, Nacht-, Wochenendarbeit).

■ Überblick über Formen flexibler Arbeitszeiten (Mobilzeitarbeit)

Jobsharing: zwei und mehr Mobilzeitkräfte besetzen abwechselnd den gleichen Arbeitsplatz.	**Tageweise Mobilzeitarbeit:** bei reduzierter Wochenstundenzahl, zum Beispiel: • Fünf-Tage-Woche (vor allem im Handel) • Vier-Tage-Woche • Drei-Tage-Woche.
Täglich gleichmäßig verkürzte Arbeitszeit: „Halbtagsarbeit" von zum Beispiel: • vier Stunden Dauer • fünf Stunden Dauer • sechs Stunden Dauer • jeweils vormittags • jeweils nachmittags • jeweils abends/nachts.	**Wochenweise Mobilzeitarbeit: zum Beispiel:** • Drei-Wochen-Monat, wobei die freie Woche nach den betrieblichen Belangen verschiebbar oder fixiert ist. **Monatsweise Mobilzeitarbeit:** „Saisonarbeit", zum Beispiel: • drei Monate im Jahr frei • sechs Monate im Jahr frei.
Täglich ungleichmäßig verkürzte Arbeitszeit, die sich nach den betrieblichen Belangen oder nach einer vereinbarten wöchentlichen Sollarbeitszeit richtet (Gleitzeit).	
Wechselschichtsystem • mit gleichmäßiger Wochenarbeitszeit (Vor- und Nachmittagsschicht mit gleicher Arbeitszeit wechseln im Wochenrhythmus), • mit ungleichmäßiger Wochenarbeitszeit (eine Schicht ist länger als die andere).	**Langzeitarbeit:** „Sabbatical": ein Arbeitnehmer nimmt bei „durchlaufendem Arbeitsvertrag" eine längere „Auszeit", zum Beispiel ein Jahr. **Arbeit auf Abruf:** Der Arbeitgeber ruft die Arbeitskraft zu ihm passenden Zeiten ab; oft Aushilfstätigkeit; Basis ist ein entsprechend ausgestalteter Arbeitsvertrag.

■ Gleitzeit – Arbeitszeit „à la carte"

Sind Beginn und Ende der Arbeitszeit nicht einheitlich festgelegt, dann handelt es sich um **Gleitzeit**. Innerhalb gewisser Grenzen (Kern-, Blockzeit) kann jeder einzelne Arbeitnehmer Beginn und Ende seiner täglichen Arbeitszeit selbst bestimmen.

Beispiel: Gleitende Arbeitszeit bei der Weller KG

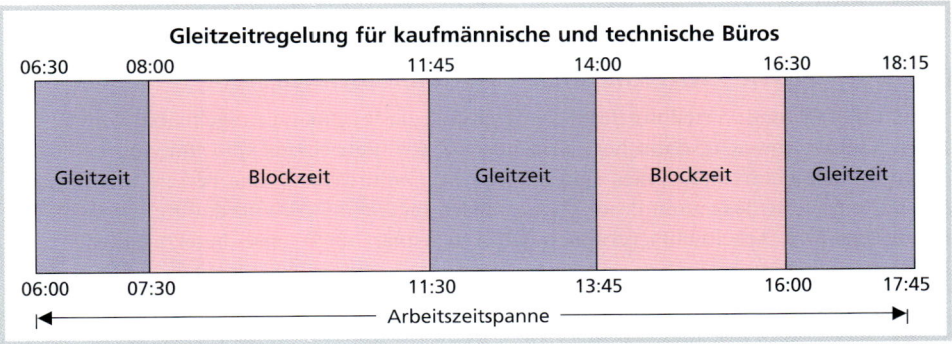

Gleitzeitregelung für kaufmännische und technische Büros

Von einer maximalen Arbeitszeit von 11 3/4 Stunden entfallen immerhin 5 1/2 Stunden auf die Gleitzeit und nur noch 6 1/4 Stunden auf die sogenannte Blockzeit, bei der alle anwesend sein müssen. Dieses flexible System ist theoretisch außer in allen Bürobereichen auch im Produktionsbereich ohne Schichtbetrieb möglich. Da sich aber bei Gruppenarbeit die Mitarbeiter untereinander über Arbeitsbeginn und Arbeitsende absprechen müssen, ist der Spielraum des einzelnen Mitarbeiters auch hier sehr begrenzt.

Zeitguthaben und Zeitschulden können, entsprechend der tariflichen Wochenarbeitszeit, wöchentlich oder monatlich auf- und abgebaut werden. Weitergehende Modelle lassen es sogar zu, dass Zeiteinheiten innerhalb mehrerer Monate oder eines Jahres übertragen werden können.

Gleitzeitmodelle setzen voraus, dass die beteiligten Arbeitnehmer weitgehend unabhängig voneinander arbeiten. Dies ist vor allem in kaufmännischen und technischen Büros der Fall und in Produktionsbereichen ohne Schichtbetrieb.

Vor- und Nachteile der gleitenden Arbeitszeit

	für Arbeitnehmer	für Arbeitgeber
Vorteile	• Zunahme der Arbeitsfreude durch Anpassung der Arbeitszeit an den persönlichen Lebensrhythmus (Frühaufsteher/-innen, Familie) • Freizeitgewinn durch Umgehung von Verkehrsstaus auf dem Arbeitsweg • In Zeiten erhöhten Arbeitsanfalls können Zeitguthaben aufgebaut werden, die in „Flautezeiten" als Gleittage wieder abgebummelt werden (bis zu zwei Tage pro Monat)	• Reduzierte Abwesenheitszeiten, besseres Betriebsklima führen zu erhöhter Leistungsbereitschaft und zu steigender Arbeitsleistung • Pünktlichkeitsrisiko wird auf den Arbeitnehmer verlagert • Das Überstundenproblem (der Betriebsrat muss zustimmen) ist gelöst, Mehrarbeitszuschläge werden eingespart
Nachteile	• Steigende Arbeitsintensität, da sich das tägliche Arbeitspensum nicht verändert • Mitarbeiter gewährt Zeitkredite, Überstundenzuschläge entfallen, Pünktlichkeits-, Fehlzeitenrisiko (Verkehrsstau, Arzt, Friseur) trägt der Arbeitnehmer • Lückenlose Zeiterfassung (Kommen, Gehen) führt zum „gläsernen Mitarbeiter"	• Vorgesetzte müssen erhöht darauf achten, dass die Ansprechzeiten (Telefon, Kundenbesuch usw.) eingehalten und die Arbeitsplätze (wegen der Gleittage) stets ausreichend besetzt sind • Ständiges Kommen und Gehen der Mitarbeiter erschwert konzentriertes Arbeiten • Teure Zeiterfassungs- und Verarbeitungsgeräte müssen beschafft und unterhalten werden

■ Schichtarbeit – wirtschaftlich, aber unmenschlich?

Wenn die Lage und Verteilung der Arbeitszeit auf die Wochentage regelmäßig von der Normalarbeitszeit abweicht, dann liegt **Schichtarbeit** vor. Betriebszeit und individuelle Arbeitszeiten der Schichtarbeiter/-innen sind entkoppelt. Dadurch wird eine bessere und gleichmäßigere Auslastung der teuren Produktionsanlagen möglich. Dies wird dadurch erreicht, dass mindestens zwei Arbeitnehmergruppen den Arbeitsplatz im Wechsel besetzt halten.

In der betrieblichen Praxis haben sich folgende **Formen der Schichtarbeit** entwickelt:

- **Nicht kontinuierliche Wechselschicht**
  Es wird in zwei Schichten (Frühschicht, z. B. 05:00 Uhr bis 14:45 Uhr; Spätschicht, z. B. 14:45 Uhr bis 00:30 Uhr) gearbeitet; nachts und am Wochenende wird die Arbeit jeweils unterbrochen. Sie ist die häufigste Form der Schichtarbeit.

- **Teilkontinuierliche Wechselschicht**
  Hier wird auch nachts gearbeitet (Nachtschicht, zwischen 22:00 Uhr und 06:00 Uhr), jedoch nicht am Wochenende.

- **Vollkontinuierliche Wechselschicht**
  Es wird an allen Tagen rund um die Uhr gearbeitet, auch am Wochenende.

- **Sonderformen der Schichtarbeit**
  Dauerschicht (z. B. ausschließlich Nachtarbeit ohne Wechsel)
  Teilschicht (über Mittag wird die Arbeit längere Zeit unterbrochen).

Die Erstellung der **Schichtpläne** unterliegt dem Mitspracherecht des Betriebsrats (BetrVerfG § 87). Sie werden in Betriebsvereinbarungen schriftlich niedergelegt. Viele Schichtarbeiter/-innen klagen über gesundheitliche Belastungen (Appetit- und Schlafstörungen).

Von hundert Beschäftigten arbeiten etwa 20 Prozent im Schichtdienst – also jeder fünfte. Am meisten ist die Schichtarbeit im Dienstleistungsbereich verbreitet (Energie- und Wasserwirtschaft, Bahn, Post, Verkehrsbetriebe, Krankenhäuser, Polizei, Gastronomie).

■ *Telearbeit – selbstständig, aber isoliert*

Telearbeit ist jede auf Informations- und Kommunikationstechniken gestützte Tätigkeit, die ausschließlich oder alternierend an einem außerhalb des Betriebs liegenden Arbeitsplatz verrichtet wird, der mit der zentralen Betriebsstätte durch elektronische Kommunikationsmittel verbunden ist. Der Arbeitnehmer verrichtet seine Arbeit zumindest zeitweise außerhalb des Betriebs auf elektronischem Weg via Datenaustausch.

Die unterschiedlichen Formen der Telearbeit				
Telearbeit zu Hause:	**Alternierende Telearbeit:**	**Satellitenbüro:**	**Nachbarschafts-büro:**	**Telezentrum/Telehaus:**
Ausschließliche Arbeit zu Hause unter Nutzung von Informations- und Kommunikationstechniken.	Kombination aus Büroarbeit im Unternehmen und regelmäßiger oder gelegentlicher Telearbeit zu Hause oder von einem beliebigen anderen Ort aus.	Mit der entsprechenden Informations- und Kommunikationstechnik ausgestattete „Zweigstelle" des Unternehmens – zumeist in Wohnortnähe oder am Stadtrand.	Büros in Wohngebieten oder am Stadtrand, in denen Telearbeiter unterschiedlicher Arbeitgeber zusammen tätig sind.	Einrichtungen, die häufig von Kommunen ins Leben gerufen werden und in denen einerseits Telearbeit im Sinne eines Nachbarschaftsbüros möglich ist, die aber auch Kultur- oder Freizeitangebote für die unmittelbare Umgebung anbieten.

Beispiel: Auszüge aus der Betriebsvereinbarung über Telearbeit der Weller KG:

[...]

4. Arbeitstagebuch und zeitabhängige variable Vergütung

Anstelle der gewohnten Zeiterfassungskarte ist ein Arbeitstagebuch zu führen, in dem sämtliche Arbeitszeiten festgehalten werden müssen. Ebenfalls darin festgehalten sind die Zeiten für Krankheit, Urlaub und sonstige Arbeitsfreistellung.

5. Arbeitsmittel

Sämtliche an der außerbetrieblichen Arbeitsstätte notwendigen Arbeitsmittel werden kostenlos zur Verfügung gestellt und dürfen nicht für private Zwecke benutzt werden. Diese Arbeitsmittel werden in einer Inventarliste festgehalten, die die Führungskraft führt.

6. Daten- und Informationsschutz

Bei einer außerbetrieblichen Arbeitsstätte ist auf den Schutz von Daten und Informationen besonders zu achten. Vertrauliche Daten und Informationen sowie Passwörter sind so zu schützen, dass Dritte keine Einsicht nehmen können. Die Regelungen und die Arbeitsordnung hierzu sind einzuhalten. [...]

7.1 Kostenpauschale

Als Kostenpauschale für Energie, Reinigung usw. werden monatlich 40,00 EUR pauschal steuerpflichtig vergütet.
Macht ein/-e Mitarbeiter/-in einen höheren monatlichen Aufwand geltend, so wird dieser gegen Nachweis erstattet.

7.2 Telefongebühren

Die Gebühren für sämtliche Dienstgespräche, die von der außerbetrieblichen Arbeitsstätte geführt werden, werden gegen Nachweis erstattet. [...]

Vor- und Nachteile der Telearbeit

Vorteile	Nachteile
• Höhere Eigenverantwortung wirkt motivierend und leistungssteigernd • Arbeitszeit wird an den persönlichen Lebensrhythmus des Arbeitnehmers angepasst • Behinderte und Mütter finden leichter Arbeit • Stress auf dem Weg zur und von der Arbeit entfällt • Betrieb spart teure Büroflächen	• Auf geistige Arbeit beschränkt • Abstand zur Arbeit fehlt; Familie kommt ggf. zu kurz • Soziale Beziehungen der Mitarbeiter verkümmern • Behinderte werden weiter ausgegrenzt (Isolation) • Viele Kosten (z. B. Heizung, Versicherungen, Miete für Raumfläche) werden auf die Arbeitnehmer abgewälzt

Zusammenfassung

■ **Arbeitszeit** ist die Zeit vom Beginn bis zum Ende der täglichen Beschäftigung ohne die Ruhepausen.

■ Im Zeitalter der Arbeitszeitflexibilisierung ist die **Normalarbeitszeit** (7- bis 8-Stunden-Tag, 35- bis 40-Stunden-Woche) eher eine Ausnahme.

■ Wichtige Formen des **Arbeitszeitflexibilisierung** sind die Halbtagsarbeit, Gleitzeit, Wechselschicht, tage-, wochen-,und und monatsweise Mobilzeitarbeit; Langzeitarbeit und Arbeit auf Abruf.

■ Bei der **Gleitzeit** sind Arbeitsbeginn und -ende nicht einheitlich festgelegt. Innerhalb der Kern-/Blockarbeitszeit besteht jedoch Anwesenheitspflicht.

■ Bei der **Schichtarbeit** weichen Lage und Verteilung der Arbeitszeit regelmäßig von der Normalarbeitszeit ab.

■ Bei der **Telearbeit** geht die Flexibilisierung der Arbeitszeit so weit, dass der Arbeitsplatz nach Hause verlegt wird.

1 Unterscheiden Sie die Begriffe Arbeitszeit, Schichtzeit und Schichtarbeit.

2 Erklären Sie einige Formen der Arbeitszeitflexibilisierung (Mobilzeitarbeit).

3 Überlegen Sie Vorteile und Nachteile der Gleitzeit.

4 a) Beschreiben Sie einige Formen der Schichtarbeit.

b) Diskutieren Sie über Vorteile und Nachteile der Schichtarbeit.

5 a) Erläutern Sie einige Formen der Telearbeit.

b) Welche Probleme sind mit der Einführung der Telearbeit verbunden und wie können diese gelöst werden? Legen Sie dabei die Betriebsvereinbarung über Telearbeit der Weller KG zugrunde (siehe Seite 91 f.).

c) Welche Vorteile hat die Telearbeit aus der Sicht der Arbeitnehmer, Arbeitgeber und Gesellschaft?

6 Stellen Sie das Arbeitszeitmodell Ihres Ausbildungsbetriebs vor. Vergleichen Sie dieses mit den Regelungen in anderen Betrieben (bzw. mit aktuellen Zeitungsmeldungen zu diesem Thema) und diskutieren Sie über Vor- und Nachteile.

7

Arbeitszeitkonto – Modell der Zukunft?

Auf dem betrieblichen **Arbeitszeitkonto** des Arbeitnehmers werden Mehrarbeitsstunden gesammelt (Wertguthaben), um damit eine bezahlte Freistellung auszugleichen. Beim **Kurzzeitkonto** (z.B. Jahresarbeitszeitkonto) findet der Ausgleich innerhalb eines vereinbarten Zeitraums statt. Das **Langzeitkonto** (auch Lebensarbeitszeitkonto) zielt darauf, zeitweilig (z.B. Sabbatjahr) oder vorzeitig aus dem Berufsleben auszusteigen. Ein mehr als sechsmonatiger Ausgleichszeitraum kann nur durch Tarifvertrag oder Betriebsvereinbarung aufgrund eines Tarifvertrags vereinbart werden. Während der Freistellung besteht der volle Sozialversicherungsschutz (SGB IV §7 [1a]). Das während der Freistellung zu zahlende Arbeitsentgelt (Wertguthaben) ist einschließlich des darauf entfallenden Arbeitgeberanteils gegen Insolvenz des Arbeitgebers zu versichern (SGB IV §7d).

Diskutieren Sie über Vor- und Nachteile von Lebensarbeitszeitkonten.

2.3 Bestimmungen zum Schutz der Arbeitnehmer

Problem

Katja Müller, Auszubildende zur Kauffrau im Groß- und Außenhandel, ist seit einem Monat Mitglied im Vertriebsteam der Karl Wenz KG.

Sie sitzt die meiste Zeit vor dem Bildschirm, um Aufträge zu erfassen. In letzter Zeit leidet Katja, vor allem nach mehrstündiger Bildschirmarbeit unter Verspannungen im Schulter- und Nackenbereich und gereizten, tränenden und zu trockenen Augen.

Ihre Arbeitskollegin Corinne Schwarz ist im dritten Monat schwanger. Sie macht sich Sorgen um ihren Arbeitsplatz.

Ein weiteres Teammitglied, Carsten Schmid, klagt darüber, dass er schon wieder am Wochenende bei einer Messeveranstaltung eingesetzt wird.

Schlagen Sie in den entsprechenden gesetzlichen Vorschriften (ArbSchG, BildschArbV, MuSchG, ArbZG) nach, welche Pflichten der Arbeitgeber (bzw. welche Rechte der Arbeitnehmer) allgemein und bei den genannten Problemen hat.

Tipp: Bilden Sie thementeilige Gruppen (Regeln zur Gruppenarbeit siehe im Anhang auf Seite 310).

Welche Art von Personalpolitik beschreibt der Karikaturist?

2.3.1 Kündigungsschutz – kein „Hire and Fire"

■ Allgemeiner Kündigungsschutz

Den allgemeinen Schutz vor **sozial ungerechtfertigter Kündigung** genießen alle **volljährigen Arbeitnehmer**, sofern sie *länger als sechs Monate* ohne Unterbrechung in demselben Betrieb beschäftigt sind (KSchG § 1 [1]). Kündigungen sind demnach nur zulässig (sozial gerechtfertigt), wenn sie *verhaltens-, personen- oder betriebsbedingt sind* und der Betriebsrat gehört wurde. Ist die betriebsbedingte Kündigung unvermeidbar, dann ist eine **Sozialauswahl** vorzunehmen, bei der Lebensalter, Dauer der Betriebszugehörigkeit, Unterhaltspflichten und Schwerbehinderung der einzelnen Arbeitnehmer zu berücksichtigen sind (KSchG § 1 [3]).

Hält der Arbeitnehmer seine Kündigung für sozial ungerechtfertigt, so kann er beim Betriebsrat innerhalb einer Woche Einspruch oder beim Arbeitsgericht binnen drei Wochen Klage erheben.

Der **allgemeine Kündigungsschutz** gilt in Betrieben mit mehr als *zehn Arbeitnehmern*, wenn der Betrieb ab dem 1. Januar 2004 neue Arbeitskräfte eingestellt hat (KSchG § 23). Für die vor dem 1. Januar 2004 bereits Beschäftigten greift der Kündigungsschutz bereits ab dem sechsten Arbeitnehmer. Bei der Feststellung der Beschäftigtenzahl zählen Auszubildende nicht mit. Teilzeitbeschäftigte zählen nur mit Bruchteilen (z. B. Arbeitnehmer, die 20 Stunden pro Woche arbeiten, zählen mit einem Faktor von 0,5).

■ Besonderer Kündigungsschutz

Dieser gilt nur, **wenn der Arbeitgeber kündigt**. Kündigt der Arbeitnehmer so muss er sich lediglich an die ordentlichen Kündigungsfristen (siehe Seite 85 f.) halten.

Personenkreis mit besonderem Kündigungsschutz

Geschützter Personenkreis	Schutzbestimmungen	Gesetzliche Grundlage
● Auszubildende	Nach Ablauf der Probezeit ist nur noch eine außerordentliche Kündigung möglich.	BBiG § 22
● Mitglieder des Betriebsrats und der Jugend- und Auszubildendenvertretung	Während der Amtszeit und dem darauffolgenden Jahr ist nur eine außerordentliche Kündigung möglich. Der Betrieb muss die Azubis übernehmen, wenn er ihnen nicht drei Monate vor Abschluss der Ausbildung schriftlich kündigt.	KSchG § 15 BetrVG § 78 a
● Werdende Mütter bzw. Mütter	Keine Kündigung während der Schwangerschaft (sofern der Arbeitgeber von ihr Kenntnis hat oder innerhalb zwei Wochen nach der Kündigung davon Kenntnis erlangt), während vier Monaten nach der Entbindung und während der Elternzeit (auch nicht aus wichtigem Grund).	MuSchG § 9 BEEG § 18
● Schwerbehinderte (50 % Erwerbsminderung)	Kündigung nur mit Zustimmung des Integrationsamtes. Die Kündigungsfrist muss mindestens vier Wochen betragen. Eine außerordentliche Kündigung ist möglich.	SGB IX § 85 f.
● Wehr- und Zivildienstleistende	Für die Dauer der Grunddienstzeit und während der Wehrübungen ist keine Kündigung möglich.	ArbplSchG § 2
● Langjährig Beschäftigte	Besondere Kündigungsfristen je nach Beschäftigungsdauer. Die Beschäftigungsdauer rechnet erst ab der Zeit, die nach der Vollendung des 25. Lebensjahres liegt.	BGB § 622 (2)

Verlängerte Kündigungsfristen des Arbeitgebers bei langjährig Beschäftigten nach BGB § 622 (2)

Beschäftigungszeit ab	2 Jahre	5 Jahre	8 Jahre	10 Jahre	12 Jahre	15 Jahre	20 Jahre
Kündigungsfrist jeweils zum Monatsende	1 Monat	2 Monate	3 Monate	4 Monate	5 Monate	6 Monate	7 Monate

Beispiel: Anja Wurz ist 30 Jahre alt und seit zehn Jahren als Buchhalterin im selben Betrieb beschäftigt. Sie erhält am 20. Juni die Kündigung (es liegt kein wichtiger Grund vor).

Ihr Arbeitsverhältnis ist erst am 31. August beendet. Die Beschäftigungszeit zählt erst ab dem 25. Lebensjahr; d.h., es zählen nur fünf Jahre; die entsprechende Kündigungsfrist beträgt zwei Monate.

Frau Wurz kann selbst am 20. Juni zum 31. Juli kündigen (vier Wochen zum Monatsende).

■ *Kündigungsschutzverfahren*

Hält der Arbeitnehmer eine Kündigung für sozialwidrig, so hat er folgende Möglichkeiten:

- **Einspruch beim Betriebsrat:** Der Arbeitnehmer kann binnen einer Woche beim Betriebsrat Einspruch erheben. Der Betriebsrat muss sich um eine Verständigung mit dem Arbeitgeber bemühen, er hat jedoch keine Entscheidungsbefugnis.
  Zu beachten ist, dass der Einspruch nicht die Dreiwochenfrist für die Erhebung der Kündigungsschutzklage unterbricht.

- **Kündigungsschutzklage:** Der Arbeitnehmer muss – ohne Rücksicht auf seinen Einspruch beim Betriebsrat – auf jeden Fall die Unwirksamkeit der Kündigung durch Kündigungsschutzklage beim Arbeitsgericht binnen drei Wochen nach Zugang der Kündigung geltend machen, sonst wird die sozialwidrige Kündigung voll wirksam (§ 4 KSchG).

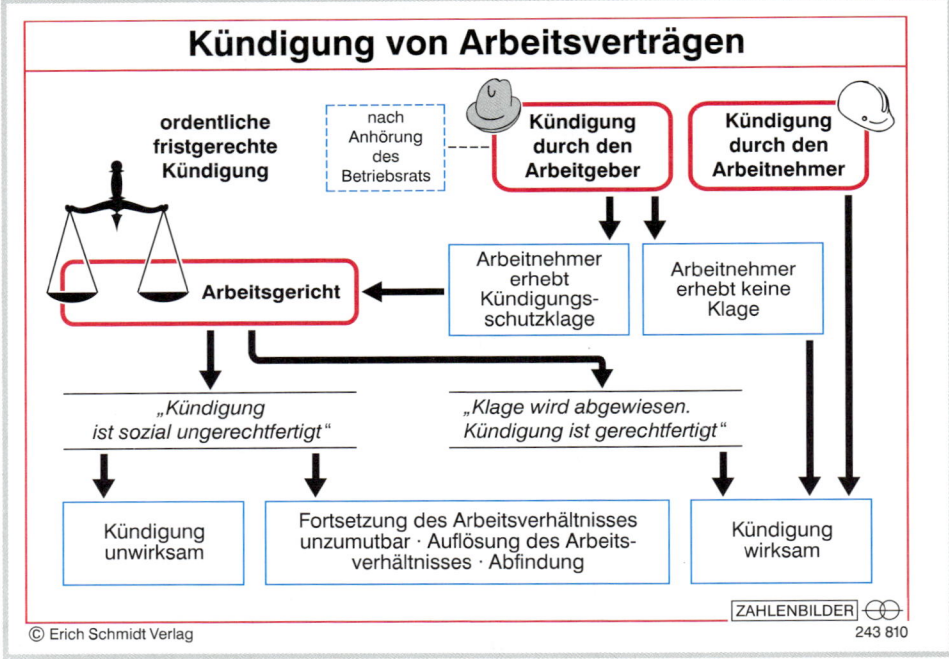

2.3.2 *Arbeitsschutz – Sicherheit und Gesundheit gehen vor*

Maßnahmen des Arbeitsschutzes sind Maßnahmen zur Verhütung von Unfällen bei der Arbeit und arbeitsbedingten Gesundheitsgefahren einschließlich Maßnahmen der menschengerechten Gestaltung der Arbeit (ArbSchG § 2).

Der Arbeitgeber ist verpflichtet, auf eigene Kosten die erforderlichen Maßnahmen des Arbeitsschutzes unter Berücksichtigung der Umstände zu treffen, die die Sicherheit und Gesundheit der Beschäftigten bei der Arbeit beeinflussen. Er hat nach § 3 (1) ArbSchG insbesondere die Maßnahmen auf ihre Wirksamkeit zu überprüfen und erforderlichenfalls sich ändernden Gegebenheiten anzupassen sowie eine Verbesserung von Sicherheit und Gesundheitsschutz der Beschäftigten anzustreben.

■ *Übersicht über wichtige Arbeitsschutzvorschriften für verschiedene Personenkreise*

Personen- kreis	Arbeitnehmer Männer und Frauen	Zusätzliche Schutzvorschriften für	
		werdende Mütter	Jugendliche (15- bis 17-Jährige)
gesetzliche Grundlage	ArbZG	MuSchG	JArbSchG[1]
Arbeitszeit[2]	werktäglich höchstens 8 Stunden; bis 10 Stunden, wenn innerhalb von 6 Kalendermonaten oder innerhalb von 24 Wochen im Durchschnitt 8 Stunden werktäglich nicht überschritten werden, § 3	werktäglich höchstens 8 Stunden; Frauen über 18 Jahren: höchstens 8 Stunden täglich oder 90 Stunden in der Doppelwoche, § 8 (2).	höchstens 8 Stunden täglich; wöchentlich höchstens 40 Stunden, § 8 Beschäftigung nur zwischen 6 und 20 Uhr, § 14 (1); Ausnahmen: § 14 (2)
Mindest- ruhe- pausen während der Arbeit	Arbeitszeit von 6 bis 9 Stunden: 30 Minuten, Arbeitszeit mehr als 9 Stunden: 45 Minuten, aufteilbar in 15-Minuten-Pausen; keine Beschäftigung von mehr als 6 Stunden ohne Pause, § 4	keine Sonderregelung	Arbeitszeit von 4 1/2 bis 6 Stunden: 30 Minuten, Arbeitszeit mehr als 6 Stunden: 60 Minuten, keine Beschäftigung von mehr als viereinhalb Stunden: ohne Pause
Mindest- ruhezeit zwischen den Arbeits- tagen	mindestens 11 Stunden ununterbrochen; mindestens 10 Stunden in Krankenhäusern, Gaststätten u. a., wenn Ausgleich jeweils durch 12 Stunden Ruhezeit innerhalb eines Kalendermonats oder innerhalb von 4 Wochen, § 5	keine Sonderregelung	mindestens 12 Stunden ununterbrochen, § 13
Nacht-[3] und Schicht- arbeit	werktäglich höchstens 8 Stunden; bis 10 Stunden, wenn innerhalb von 4 Wochen im Durchschnitt 8 Stunden werktäglich nicht überschritten werden, § 6	keine Beschäftigung zwischen 20 und 6 Uhr; Ausnahmen möglich, z.B. in Gastwirtschaften in den ersten 4 Schwangerschaftsmonaten bis 22 Uhr, § 8 (3)	bei Schichtarbeit bis zu 11 Stunden, § 12; keine Nachtarbeit; Ausnahme: in Bäckereien und der Landwirtschaft, siehe § 14 (3)

[1] Siehe auf Seite 78 f.

[2] Abweichende Regelungen können in einem Tarifvertrag bzw. einer Betriebsvereinbarung getroffen werden; vgl. ArbZG §§ 7, 12!

[3] **Nachtarbeit:** wenn mindestens zwei Stunden der Arbeitszeit in der Zeit von 23:00 bis 06:00 Uhr (Nachtzeit) liegen; ArbZG § 2.

| Sonn-[1] und Feiertags-beschäfti-gung | keine Beschäftigung, § 9; Ausnahmen: wenn Beschäftigung werktags nicht möglich, z.B. in Krankenhäusern, Verkehrsbetrieben usw., § 10; Mindestens 15 Sonntage jährlich beschäftigungsfrei, § 11 | keine Beschäftigung; Ausnahme: wenn wöchentlich eine ununterbrochene Ruhezeit von mindestens 24 Stunden gewährt wird, § 8 (4) | keine Beschäftigung; Ausnahmen siehe §§ 16 und 17 |

Werdende Mütter dürfen nicht mit schweren körperlichen Arbeiten und mit Akkord- und Fließbandarbeiten beschäftigt werden. Sechs Wochen vor und acht Wochen nach der Geburt besteht ein Beschäftigungsverbot (MuSchG §§ 3, 4, 6). Erwerbstätige Mütter oder Väter können bis zur Vollendung des 3. Lebensjahres ihres Kindes **Elternzeit** nehmen. In dieser Zeit besteht Kündigungsschutz. (BEEG §§ 15, 18). Verheiratete erhalten **Elterngeld**, wenn ein Elternteil auf die Berufstätigkeit verzichtet. Das Elterngeld beträgt 67 Prozent des Nettoverdienstes (maximal 1 800,00 EUR pro Monat) und wird zwölf Monate lang gezahlt (BEEG §§ 2, 4). Die Zahlung verlängert sich um zwei Monate, wenn in dieser Zeit beide Eltern beruflich pausieren. *Alleinerziehende* erhalten das Elterngeld 14 Monate lang. Familien ohne Einkommen erhalten monatlich einen Sockelbetrag in Höhe von 300,00 EUR.

Jugendliche dürfen nicht mit Akkord- und Fließbandarbeiten, mit die Leistungsfähigkeit übersteigenden und mit sittlich gefährdenden Arbeiten beschäftigt werden (JArbSchG §§ 22, 23). Die Beschäftigung von Kindern (Personen unter 15 Jahren) ist verboten; Ausnahmen: Berufsausbildung bzw. Beschäftigung mit leichten Arbeiten bis zu sieben Stunden täglich (JArbSchG § 7).

■ Unfallverhütungsmaßnahmen

Die Berufsgenossenschaften sind verpflichtet, Unfällen vorzubeugen, indem sie **Unfallverhütungsvorschriften (UVV)** erlassen. Diese sind für Arbeitgeber und Arbeitnehmer verbindlich. Der Arbeitgeber muss seine Arbeitnehmer vor Aufnahme der Beschäftigung über die Unfall- und Gesundheitsgefahren des jeweiligen Arbeitsplatzes sowie über Maßnahmen und Einrichtungen zur Abwendung dieser Gefahren belehren (BetrVG § 81).

Auszüge aus den „Allgemeinen Vorschriften" (BGV A1):

Die wichtigsten allgemeinen Verhaltensregeln aus der Unfallverhütungsvorschrift „Allgemeine Vorschriften"

§ 14. Die Versicherten haben alle der Arbeitssicherheit dienenden Maßnahmen zu unterstützen. Sie sind verpflichtet, Weisungen des Unternehmers zum Zwecke der Unfallverhütung zu befolgen, es sei denn, es handelt sich um Weisungen, die offensichtlich unbegründet sind. Sie haben die zur Verfügung gestellten persönlichen Schutzausrüstungen zu benutzen. Die Versicherten dürfen sicherheitswidrige Weisungen nicht befolgen.

§ 15. Die Versicherten dürfen Einrichtungen nur zu dem Zweck verwenden, der vom Unternehmer bestimmt oder üblich ist.

§ 16. (1) Stellt ein Versicherter fest, dass eine Einrichtung sicherheitstechnisch nicht einwandfrei ist, so hat er diesen Mangel unverzüglich zu beseitigen. Gehört dies nicht zu seiner Arbeitsaufgabe oder verfügt er nicht über Sachkunde, so hat er den Mangel dem Vorgesetzten zu melden.

---

[1] Abweichende Regelungen können in einem Tarifvertrag bzw. einer Betriebsvereinbarung getroffen werden; vgl. ArbZG §§ 7, 12!

§ 17. Versicherte dürfen Einrichtungen und Arbeitsstoffe nicht unbefugt benutzen. Einrichtungen dürfen sie nicht unbefugt betreten.

§ 24. (1) Verkehrswege müssen freigehalten werden, damit sie jederzeit benutzt werden können.

§ 30. (3) Rettungswege und Notausgänge dürfen nicht eingeengt werden und sind stets freizuhalten.

§ 34. (1) Lager und Stapel dürfen nur so errichtet werden, dass die Belastung sicher aufgenommen werden kann.

§ 35. (1) Versicherte dürfen bei der Arbeit nur Kleidung tragen, durch die ein Arbeitsunfall, insbesondere durch sich bewegende Teile von Einrichtungen, durch Hitze, ätzende Stoffe, elektrostatische Aufladung, nicht verursacht werden kann.

Zur Kleidung gehört auch die Fußbekleidung (Schuhwerk), die ebenso wie die übrige Kleidung den Arbeitsplatzbedingungen zu entsprechen hat. Eine Gefährdung kann auch durch unzweckmäßiges Schuhwerk (wie offene Schuhe, Sandalen, Schuhe mit überdicker Laufsohle) entstehen.

§ 47. Bereiche, in denen gesundheitsgefährliche Stoffe erfahrungsgemäß in gefährlicher Konzentration oder Menge auftreten können, dürfen nur von ausdrücklich befugten Personen und unter Anwendung der erforderlichen Sicherheitsmaßnahmen betreten oder befahren werden.

Die Verhütung von Unfällen erfolgt durch **sicherheitstechnische** (z. B. Verwendung von Leitern mit dem GS-Zeichen = geprüfte Sicherheit) oder **sicherheitsorganisatorische** Maßnahmen (z. B. Anweisung zum Tragen von geeignetem Schuhwerk bei Benutzung von Leitern). Wenn trotz sicherheitstechnischer und organisatorischer Maßnahmen Gefahren und Risiken verbleiben, dann hilft die **Sicherheits- und Gesundheitsschutzkennzeichnung**.

Beispiel:

Sicherheitskennzeichnung am Arbeitsplatz (BGV A8)

Verbotszeichen	Warnzeichen	Gebotszeichen	Rettungszeichen
Feuer, offenes Licht und Rauchen verboten	Warnung vor gefährlicher elektrischer Spannung	Schutzschuhe tragen	Richtungsangabe zur ersten Hilfe

Nur wer die Gefahren erkennt, der kann Unfälle vermeiden helfen. Gefahrenquellen können sowohl

- *sachlicher Art* (z. B. fehlende oder ungeignete Schutzvorrichtungen, schlechte Beleuchtung) als auch
- *persönlicher Art* (z. B. Arbeitsstress, Ablenkung durch Kunden, Übermüdung, Alkohol) sein.

■ Sicherheitsregeln für Bildschirmarbeitsplätze

Bei der Gestaltung von Bildschirmarbeitsplätzen sind zum Schutze der betroffenen Mitarbeiter bestimmte Mindeststandards einzuhalten (BildschArbV).

Der Arbeitgeber ist verpflichtet, eine Analyse der Arbeitsplätze durchzuführen, um die Sicherheits- und Gesundheitsbedingungen zu beurteilen. Er hat dabei insbesondere auf die mögliche Gefährdung des Sehvermögens sowie auf körperliche und psychische Belastungen der Arbeitnehmer zu achten und seine Arbeitnehmer entsprechend zu unterrichten und zu unterweisen. Die Arbeitnehmer haben das Recht auf eine angemessene Untersuchung der Augen und des Sehvermögens durch eine qualifizierte Person.

Der Arbeitgeber hat die Tätigkeit der Beschäftigten so zu gestalten, dass sie durch andere Tätigkeiten oder durch bezahlte Kurzpausen von angemessener Dauer und in angemessenem Abstand (etwa alle 60 Minuten) unterbrochen wird (BildschArbV § 5).

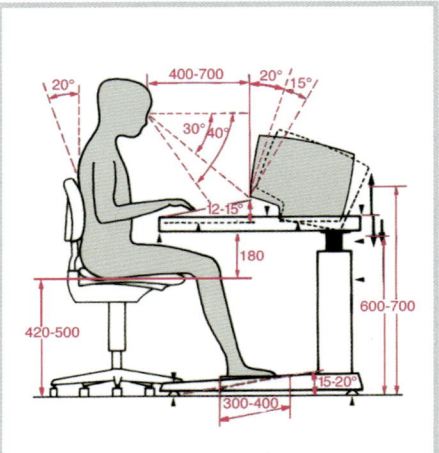

Die Aufstellung von Arbeitsmitteln, Bildschirm, Tastatur, Beleghalter usw. auf der Tischplatte soll so erfolgen, dass schiefe Körperhaltungen und häufiges Kopfdrehen und damit überflüssige Suchaufgaben für die Augen vermieden werden.

Das Bildschirmgerät darf nicht über die hintere Kante der Tischplatte hinausragen.

Der Abstand Auge-Bildschirm/Auge-Beleg/Auge-Tastatur soll annähernd gleich groß sein und zwischen 45 und 70 cm betragen – **am besten 50 cm.**

Die Bildschirmoberkante soll in Augenhöhe oder knapp darunter liegen (in einer Höhe von etwa 115 bis 130 cm über dem Fußboden) der Bürostuhl sollte individuell verstellbar sein.

■ Überwachung der Arbeitsschutzvorschriften

Für die *Einhaltung aller Schutzvorschriften* ist zunächst der Arbeitgeber verantwortlich (ArbSchG § 3). Werden diese nicht eingehalten, so verletzt der Arbeitgeber seine Fürsorgepflicht. Dies kann dazu führen, dass der Arbeitnehmer u.U. nicht verpflichtet ist, seiner Dienstleistungspflicht nachzukommen. Der **Betriebsrat**[2] wacht darüber, dass die Schutzbestimmungen eingehalten werden (BetrVG § 80). Betriebsärzte, Sicherheits- und Umweltschutzbeauftragte unterstützen den Arbeitgeber beim Arbeitsschutz und der Unfallverhütung.

Die **Berufsgenossenschaften** überwachen durch **technische Aufsichtsbeamte** die Durchführung der Unfallverhütung, beraten ihre Mitglieder und können im Einzelfall Anordnungen treffen. Die **Gewerbepolizei** und die **Gewerbeaufsichtsämter** sind staatliche Organe, die die Einhaltung der Arbeitsschutzvorschriften garantieren sollen.

---

[1] **Ergonomie:** Wissenschaft, die sich mit der Anpassung der Arbeitsbedingungen an den Menschen befasst. Der Arbeitgeber muss dafür sorgen, dass der Bildschirmarbeitsplatz (einschließlich eingesetzter Software) den „Grundsätzen der Ergonomie" entspricht, wie sie in der internationalen Normenreihe ISO 9241 „Ergonomische Anforderungen an Büroarbeit mit Bildschirmgeräten" festgelegt sind.
[2] Siehe auf Seite 105 ff.

2.3.3 Arbeitsgerichtsbarkeit

Zur Entscheidung über Rechtsstreitigkeiten aus dem Arbeitsleben wurde in der Weimarer Republik im Jahre 1926 die Arbeitsgerichtsbarkeit (Gerichte für Arbeitssachen) geschaffen.

■ Zuständigkeit

Sachliche Zuständigkeit

● **im Urteils-verfahren** Die Parteien bringen die Tatsachen vor und beweisen diese. Das Arbeitsgericht fällt ein Urteil.	Bürgerliche Rechtsstreitigkeiten *zwischen Arbeitnehmern und Arbeit-gebern*[1], z.B. ● über Ansprüche, die mit dem Arbeitsverhältnis zusammenhängen ● über das Bestehen oder Nichtbestehen eines Arbeitsverhältnisses ● über unerlaubte Handlungen, die mit dem Arbeitsverhältnis zusammenhängen ● über Arbeitspapiere
	Bürgerliche Rechtsstreitigkeiten *zwischen Tarifvertragsparteien*[1] ● über das Bestehen oder Nichtbestehen von Tarifverträgen ● aus unerlaubten Handlungen zum Zwecke des Arbeitskampfes ● über Fragen der Vereinigungsfreiheit
● **im Beschluss-verfahren** Das Arbeitsgericht klärt den Sachverhalt von sich aus.	Angelegenheiten ● aus dem *Betriebsverfassungsgesetz*[2] (Aufgaben des Betriebsrats usw.) ● aus dem *Mitbestimmungsgesetz und DrittelbG* (Wahl des Aufsichtsrats)

● **Örtliche Zuständigkeit:** Im Urteilsverfahren ist das Arbeitsgericht zuständig, in dessen Bezirk der Arbeitnehmer gewöhnlich seine Arbeit verrichtet oder zuletzt gewöhnlich verrichtet hat (ArbGG § 48). Im Beschlussverfahren ist das Arbeitsgericht zuständig, in dessen Bezirk der Betrieb liegt (ArbGG § 82).

■ Instanzen

● Das **Arbeitsgericht** ist zunächst für alle Verfahren zuständig. Die streitenden Parteien brauchen keinen Anwalt. Sie können sich selbst vertreten oder durch Gewerkschaften oder Arbeitgebervereinigungen vertreten lassen.

Die *Kosten* sind verhältnismäßig *gering*. Deshalb muss jede Partei, auch die siegende, die Kosten selbst tragen; z.B. bei Gegenständen bis 150,00 EUR entstehen 10,00 EUR Gerichtskosten (Höchstsatz 500,00 EUR ab einem Streitwert von 12 000,00 EUR).

Die *Urteile* bzw. *Beschlüsse* werden in den Kammern des Arbeitsgerichts durch **Berufsrichter** und die **ehrenamtlichen Arbeitsrichter** (je zur Hälfte aus Arbeitnehmer- und Arbeitgebervertretern) gefällt (ArbGG § 16) und noch am Verhandlungstermin verkündet.

Bei bürgerlichen Rechtsstreitigkeiten beginnt die mündliche Verhandlung mit dem Versuch einer gütlichen Einigung der Prozessparteien. Diese **Güteverhandlung** findet vor dem Vorsitzenden der Arbeitsgerichtskammer statt und soll die Prozessdauer und damit die Prozesskosten verringern. Die Prozessparteien können sich gütlich einigen, indem der Kläger die *Klage zurückzieht* oder der Beklagte den *Anspruch des Klägers anerkennt* oder beide einen *Vergleich (Kompromiss) schließen*.

Gelingt dies nicht, dann folgt die **streitige Verhandlung**, die mit einem Urteil endet (ArbGG §§ 54 ff.).

---

[1] Siehe hierzu auf den Seiten 115 ff.

- Die **Landesarbeitsgerichte** entscheiden im **Berufungsverfahren** über Urteile der Arbeitsgerichte u.a., wenn es um das Bestehen oder Nichtbestehen oder die Kündigung eines Arbeitsverhältnisses geht oder der Streitwert *600,00 EUR übersteigt*, im **Beschwerdeverfahren** über Beschlüsse der Arbeitsgerichte (ArbGG §§ 87 ff.).
- Das **Bundesarbeitsgericht** *in Erfurt* entscheidet im **Revisionsverfahren** über das Urteil eines Landesarbeitsgerichts (ArbGG §§ 72 ff.), im **Rechtsbeschwerdeverfahren** über den Beschluss eines Landesarbeitsgerichts (ArbGG §§ 92 ff.).

Beim Bundesarbeitsgericht muss sich jede Partei durch einen Rechtsanwalt vertreten lassen (*Anwaltszwang*).

Das Arbeitsgerichtsverfahren

Kläger (z.B. Arbeitnehmer) → **Klage** → **Arbeitsgericht** → Abschrift der Klage → Beklagter (z.B. Arbeitgeber)

1 Güteverhandlung — Erörterung der Rechtslage Ratschläge des Richters, den Rechtsstreit gütlich beizulegen

erfolgt keine Einigung, wird der Rechtsstreit an die Kammer verwiesen | Einigung → **Vergleich**

2 Verhandlung vor der Kammer

Kläger | Beklagter → **Urteil**

Verfahren bei einem Rechtsstreit aus einem Arbeitsverhältnis

ZAHLENBILDER

© Erich Schmidt Verlag

129 162

Zusammenfassung

- Beim **Kündigungsschutz** unterscheidet man den
  - *allgemeinem Kündigungsschutz* (alle volljährigen Arbeitnehmer sind vor sozial ungerechtfertigter Kündigung geschützt)
  - *besonderen Kündigungsschutz* (Auszubildende, Mitglieder des Betriebsrats und der Jugend- und Auszubildendenvertretung, werdende Mütter bzw. Mütter, Schwerbehinderte, Wehr- und Zivildienstleistende und langjährig Beschäftigte)
- Das **Arbeitszeitgesetz** regelt nur die Arbeitszeit für Arbeitnehmer über 18 Jahre. Für Jugendliche (15 bis 17 Jahre alt) sind die Bestimmungen des **Jugendarbeitsschutzgesetzes** anzuwenden. Die Höchstarbeitszeit darf zehn Stunden pro Tag (ArbZG) bzw. 8 Stunden pro Tag (JArbSchG) und 48 Stunden pro Woche (ArbZG) bzw. 40 Stunden pro Woche (JArbSchG) nicht überschreiten. Außerdem enthalten das ArbZG und das JArbSchG Bestimmungen über Ruhezeiten und -pausen, Nachtarbeit und Sonn- und Feiertagsarbeit.

- Das **Mutterschutzgesetz** legt zugunsten schwangerer Frauen und junger Mütter Beschäftigungs- und Kündigungsverbote sowie Schutzfristen für die Zeit vor und nach der Entbindung fest. Nach dem **BEEG** können erwerbstätige Mütter bzw Väter Elternzeit nehmen und staatliches Elterngeld beantragen.
- Die Berufsgenossenschaften helfen, Unfällen vorzubeugen, indem sie **Unfallverhütungsvorschriften** erlassen und Sicherheitsregeln aufstellen. Die Verhütung von Unfällen erfolgt durch sicherheitstechnische, sicherheitsorganisatorische Maßnahmen und durch Sicherheits- und Gesundheitskennzeichnung. Bei **Bildschirmarbeitsplätzen** sind bestimmte Mindeststandards einzuhalten.
- Die **Arbeitsgerichte** sind sachlich zuständig für
  - bürgerlich-rechtliche Streitigkeiten zwischen Arbeitnehmern und Arbeitgebern und zwischen den Tarifvertragsparteien sowie für
  - Angelegenheiten aus dem Drittbeteiligungs- oder dem Mitbestimmungsgesetz. Die **Instanzen** der Arbeitsgerichtsbarkeit sind: Arbeits-, Landesarbeits-, Bundesarbeitsgericht.

Aufgaben

1 Welcher Personenkreis unterliegt dem

a) allgemeinen Kündigungsschutz

b) besonderen Kündigungsschutz?

2 Wann ist eine Kündigung sozial gerechtfertigt?

3 Halten Sie es für richtig, dass bei Kündigungen auch soziale Momente mitsprechen? Sollte nicht gelten, dass der Tüchtigste bleibt?

4 Folgenden Personen wurde am 10. August aus zwingenden betrieblichen Gründen gekündigt. Wann sind die Kündigungen wirksam? Begründen Sie Ihre Ansicht!

a) Angestellter Maier, 35 Jahre, 8 1/2 Jahre im Betrieb
b) Angestellte Scholz, 26 Jahre, vier Jahre im Betrieb
c) Angestellte Wolf, 31 Jahre, sieben Jahre im Betrieb, bringt am nächsten Tag ein ärztliches Attest über eine bestehende Schwangerschaft, voraussichtlicher Geburtstermin 16. Januar.
d) Auszubildender Müller, Ausbildungsende 20. September desselben Jahres
e) Arbeiter Huber, 22 Jahre, ein Jahr im Betrieb
f) Arbeiter Hofer, 38 Jahre, sechs Jahre im Betrieb, vor genau 19 Monaten zum Betriebsrat gewählt.

5 Betrachten Sie die Karikaturen auf Seite 94.

a) Beurteilen Sie die dargestellte Vorgehensweise aus rechtlicher Sicht.

b) Ein alter Wahlspruch erfahrener Personalchefs lautet: „Kündige Mitarbeitern niemals an einem Freitag." Begründen Sie diese Aussage! Warum sollte man bei Kündigungen sensibel vorgehen?

c) Was kann ein Arbeitnehmer gegen eine unberechtigte Kündigung durch den Arbeitgeber unternehmen?

6 Beschreiben Sie anhand des ArbZG die Bestimmungen zu

a) Höchstarbeitszeit,
b) Ruhezeit und Ruhepausen,
c) Nacht- und Schichtarbeit,
d) Sonn- und Feiertagsarbeit.

7 Beschreiben Sie anhand des MuSchG und BEEG die Regelungen bezüglich

a) *Schutzfristen,*
b) *Gefahrenschutz,*
c) *Mutterschaftsgeld,*
d) *Elterngeld und Elternzeit,*
e) *Kündigungsschutz.*

8 Erläutern Sie einige Vorschriften des JArbSchG.

9 Klären Sie folgende Fälle mithilfe des Jugendarbeitsschutzgesetzes:

a) *Wann darf eine 16-jährige Angestellte, die um 19:30 Uhr das Geschäft verlassen hat, frühestens wieder mit der Arbeit beginnen?*

b) *Eine 15-jährige Arbeiterin möchte durch Akkordarbeit mehr verdienen, um ihre Eltern beim Hausbau finanziell zu unterstützen.*

c) *Ein Auszubildender wird am 15. Mai 18 Jahre alt. Am 1. August fährt er in Urlaub. Wie viel Urlaubstage stehen ihm zu?*

10

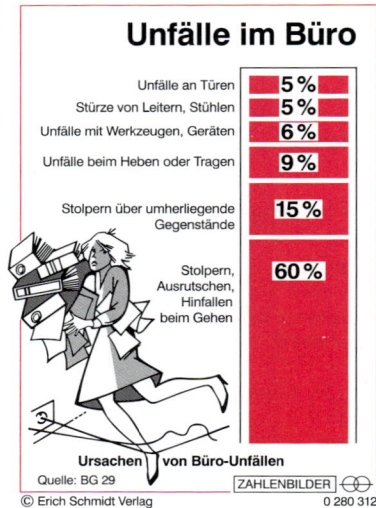

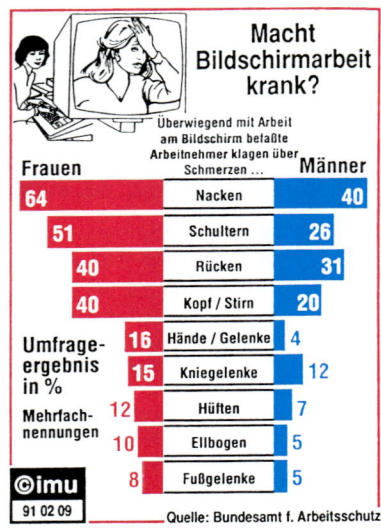

a) *Zählen Sie mögliche Unfallgefahren im Büro auf (ggf. eigene Erlebnisse).*

b) *Erläutern Sie einige Verhaltensregeln aus der BGV A1 „Allgemeine Vorschriften".*

c) *Unterscheiden Sie an Beispielen*
   ● *sicherheitstechnische und*
   ● *sicherheitsorganisatorische Maßnahmen zur Unfallverhütung.*

d) *Frauen fühlen sich durch die Bildschirmarbeit wesentlich stärker belastet als Männer. Suchen Sie nach möglichen Gründen für dieses Ergebnis einer Umfrage des Bundesamtes für Arbeitsschutz.*

e) *Widerlegen Sie die Behauptung „Bildschirmarbeit macht krank", indem Sie auf die Ursachen von Gesundheitsschäden eingehen und Abhilfemöglichkeiten vorschlagen.*

11 *Heidrun Berg ist Verkaufsberaterin im Autohaus Bühler KG in Stuttgart. Sie wohnt bei ihren Eltern in Ulm. Seit drei Monaten muss sie in der Registratur aushelfen; eine Rückkehr in die Verkaufsabteilung ist nicht absehbar. Heidrun muss seitdem auf 10 Prozent ihres Gehalts verzichten. Ihre Vorgesetzte Frau Steinhagen begründet dies mit der schlechten Auftragslage. Heidrun Berg will sich dies nicht länger gefallen lassen.*

a) *Geben Sie der Heidrun Berg einen Rat, wie sie vorgehen sollte.*

b) *Heidrun entschließt sich, Klage beim Arbeitsgericht einzureichen. Welches Arbeitsgericht ist örtlich zuständig?*

c) *Erläutern Sie den Ablauf des Arbeitsgerichtsverfahrens ausführlich. Gehen Sie auch auf mögliche Ergebnisse ein.*

d) *Was kann das Autohaus Bühler gegen ein Urteil des Arbeitsgerichts unternehmen?*

e) *Für welche Rechtsstreitigkeiten bzw. Angelegenheiten ist das Arbeitsgericht rechtlich zuständig? Unterscheiden Sie dabei zwischen Urteils- und Beschlussverfahren.*

f) *Weshalb wirken in der Arbeitsgerichtsbarkeit neben den Berufsrichtern auch ehrenamtliche Richter mit?*

2.4 Betriebliche Mitbestimmung und Mitwirkung der Arbeitnehmer

Problem

Herbert Brauner, kaufmännischer Angestellter der Lederwaren-AG in Nürnberg, hat völlig überraschend seine Kündigung zum 31. März erhalten. Er will sich dagegen wehren, da gleichzeitig die Lederwaren-AG in der Zeitung zwei kaufmännische Angestellte sucht und er sich nichts zuschulden hat kommen lassen – aber er ist ratlos. Da zeigt ihm ein Kollege eine Möglichkeit: „Wir haben doch unsere Vertreter gewählt. An die würde ich mich wenden!"

Mit wem wird Brauner Kontakt aufnehmen?

Sachdarstellung

2.4.1 Betriebsrat – Interessenvertretung der Arbeitnehmer

Die Sozialpartnerschaft zwischen Unternehmer und Arbeitnehmer erfordert eine mit weitgehenden Rechten und Pflichten ausgestattete Vertretung der Arbeitnehmer. Nach dem Betriebsverfassungsgesetz (BetrVG) ist dies der **Betriebsrat**.

■ Wahl des Betriebsrats

Die *Mitwirkung* und *Mitbestimmung* der Arbeitnehmer ist durch den Betriebsrat garantiert. Sobald mindestens fünf Mitarbeiter (über 18 Jahre) in der Firma arbeiten, wählen sie für **vier Jahre** in freier, geheimer und unmittelbarer Wahl ihre Interessenvertreter, die über 18 Jahre alt sind, mindestens sechs Monate dem Betrieb angehören und wahlberechtigt sein müssen (BetrVG §§ 7 und 8). Die Größe des Betriebsrats ist von der Zahl der Arbeitnehmer abhängig. Bis 9000 Arbeitnehmer steigert sich die Zahl der Betriebsratsmitglieder auf 35; darüber hinaus erhöht sie sich für je angefangene 3000 Arbeitnehmer um zwei. Ab drei Mitgliedern müssen männliche und weibliche Beschäftigte entsprechend ihrem zahlenmäßigen Anteil im Betriebsrat vertreten sein.

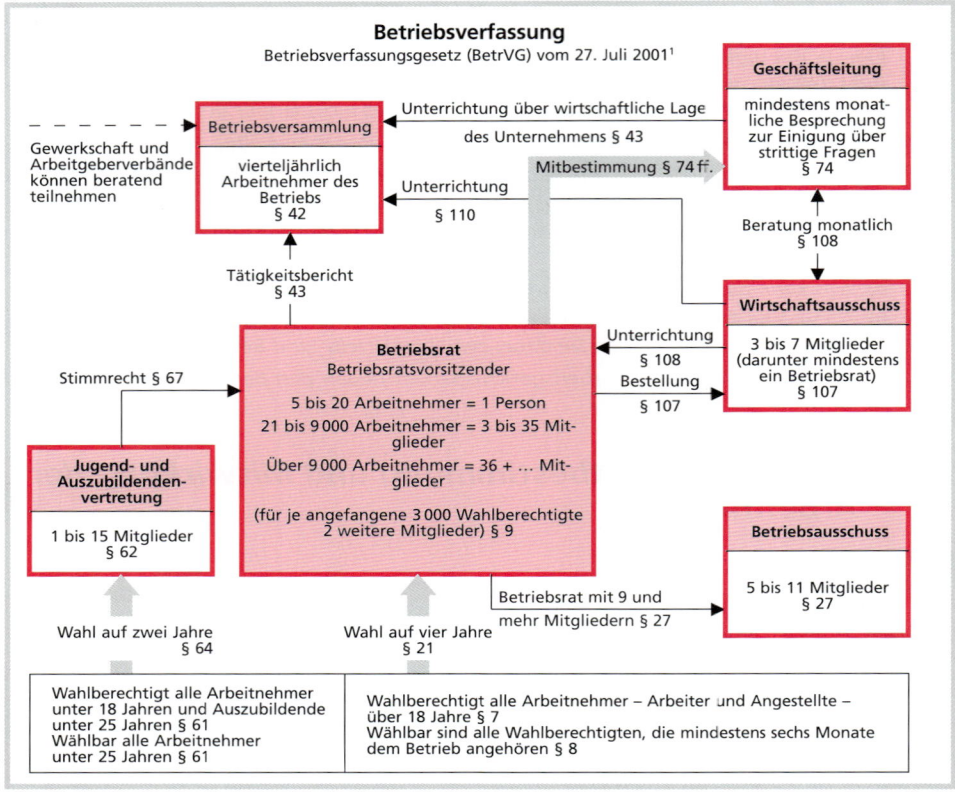

Betriebsverfassung
Betriebsverfassungsgesetz (BetrVG) vom 27. Juli 2001[1]

Der *Betriebsratsvorsitzende* und sein Stellvertreter werden aus der Mitte des Betriebsrats gewählt, der seine Arbeit ehrenamtlich leistet.

▪ *Aufgaben des Betriebsrats*

Arbeitgeber und Betriebsrat sollen zum Wohl aller Betriebsangehörigen, des Betriebs und zum Gemeinwohl **vertrauensvoll zusammenarbeiten**. Die Tarifverträge sind dabei zu beachten. Bei Meinungsverschiedenheiten soll, wenn keine Einigung erzielbar ist, eine Einigungsstelle angerufen werden. Alle Betriebsangehörigen müssen gleich behandelt werden.

Der Betriebsrat ist u. a. für folgende **allgemeine Aufgaben**[2] zuständig:

- Er beantragt Maßnahmen, die dem Unternehmen und seinen Beschäftigten dienen.
- Er wacht darüber, dass die zugunsten der Arbeitnehmer geltenden Gesetze, Verordnungen, Unfallverhütungsvorschriften, Tarifverträge und Betriebsvereinbarungen durchgeführt werden.
- Er leitet berechtigte Beschwerden an den Unternehmer weiter.
- Er sorgt für die Eingliederung der Schwerbehinderten und sonstigen Schutzbedürftigen (BetrVG §§ 80, 84, 85).

[1] Die genannten §§ beziehen sich auf das BetrVG.
[2] Mitbestimmungsrecht in *sozialen, personellen* und *wirtschaftlichen* Angelegenheiten siehe S. 107 f.

In der mindestens *vierteljährlich* stattfindenden **Betriebsversammlung** aller Arbeitnehmer berichtet der Betriebsrat über seine Arbeit. Der Arbeitgeber wird dazu eingeladen und kann, wie auch alle anderen Betriebsangehörigen, das Wort ergreifen (BetrVG § 43).

In den Betrieben mit über 100 Beschäftigten wird ein *Wirtschaftsausschuss* gebildet, der mit drei bis sieben Mitgliedern besetzt ist. Mindestens ein Mitglied muss dem Betriebsrat angehören. Der Wirtschaftsausschuss berät wirtschaftliche Angelegenheiten mit dem Unternehmer, z. B. Fabrikations- und Arbeitsmethoden, Produktionsprogramm, die wirtschaftliche Situation des Unternehmens, die Produktions- und Absatzlage, und berichtet darüber dem Betriebsrat (BetrVG § 106).

Bei Meinungsverschiedenheiten zwischen Arbeitgeber und Betriebsrat kann eine **Einigungsstelle** gebildet werden, die paritätisch mit Arbeitgebervertretern und Betriebsratsmitgliedern besetzt ist und deren Vorsitzender, auf dessen Person sich beide Seiten einigen müssen, unparteiisch sein muss.

■ *Mitwirkungs- und Mitbestimmungsrechte des Betriebsrats*

Die Befugnisse des Betriebsrats sind bei *sozialen und personellen Angelegenheiten* am wirksamsten, dagegen liegen in *wirtschaftlichen Angelegenheiten* nur Informations- und Beratungsrechte vor.

Echte Mitbestimmung bei sozialen Angelegenheiten		
Erzwingbare Mitbestimmung BetrVG §§ 87, 91, 95, 98, 104, 112	Ohne eine Einigung mit dem Betriebsrat darf der Arbeitgeber eine Maßnahme nicht durchführen; dies schließt das Initiativrecht des Betriebsrats ein, der von sich aus aktiv werden kann, um bestimmte Angelegenheiten (anders) zu regeln. Bei Nichteinigung mit dem Arbeitgeber entscheidet die Einigungsstelle.	• Fragen der Ordnung des Betriebs • Beginn und Ende der täglichen Arbeitszeit • vorübergehende Verlängerung/ Verkürzung der betrieblichen Arbeitszeit • Fragen der Leistungs-/Verhaltenskontrolle der Arbeitnehmer mittels technischer Einrichtungen • Ausschreibung von Arbeitsplätzen • Aufstellung und Ausgestaltung eines Sozialplans
Mitwirkung bei personellen Angelegenheiten		
Widerspruchs-/ Zustimmungsrechte BetrVG §§ 87, 94, 95, 98, 99, 102, 103	Über den Bereich der erzwingbaren Mitbestimmung hinaus ist der Arbeitgeber bei einer Reihe von Maßnahmen auf die Zustimmung des Betriebsrats angewiesen. Erhält er diese nicht, so entscheidet entweder die Einigungsstelle oder der Arbeitgeber kann die nicht erfolgte Zustimmung des Betriebsrats durch das Arbeitsgericht ersetzen lassen. Widerspruchs-/Zustimmungsrechte fallen folglich nur teilweise unter den Bereich echter Mitbestimmung.	• eingeschränkte Widerspruchsmöglichkeit des Betriebsrats bei arbeitgeberseitigen Kündigungen • Zustimmungserfordernis bei personellen Einzelmaßnahmen wie Einstellung, Ein-/Umgruppierung und Versetzung • Maßnahmen im Bereich der Berufsausbildung • Personalfragebogen

Mitwirkung bei wirtschaftlichen Angelegenheiten		
Beratungsrechte BetrVG §§ 90, 92, 96, 97, 106, 111	Von der Durchsetzungsmöglichkeit her sind die Informations-, Anhörungs- und Beratungsrechte des Betriebsrats am schwächsten ausgeprägt. Zwar sind rechtzeitige und umfassende Informationen über geplante Arbeitgeber-Maßnahmen für eine effektive Betriebsratsarbeit unerlässlich – eine wirksame Beeinflussung derartiger Maßnahmen allein aufgrund der Wahrnehmung dieser drei Beteiligungsrechte dürfte in der Praxis jedoch die Ausnahme sein. Eine Einflussnahme des Betriebsrats ist allerhöchstens in zeitlicher Hinsicht möglich, da der Arbeitgeber in einigen Fällen die geplanten Maßnahmen erst durchführen kann, nachdem er dem Betriebsrat die erforderlichen Informations-, Anhörungs- und Beratungsrechte gewährt hat.	• Über Planung technischer Anlagen, von Arbeitsabläufen und Arbeitsplätzen sowie die Auswirkungen auf die Art der Arbeit sowie die Anforderungen an die Arbeitnehmer hat der Arbeitgeber mit dem Betriebsrat zu beraten. • Personalplanung
Anhörungsrechte BetrVG § 102		• bei arbeitgeberseitigen Kündigungen
Informationsrechte BetrVG §§ 80, 89, 90, 92, 92 a, 93, 105, 106, 111		• allgemeiner Unterrichtungsanspruch des Betriebsrats, um seine gesetzlichen Aufgaben erfüllen zu können • Personalplanung • Unterrichtung des Wirtschaftsausschusses über die wirtschaftlichen Angelegenheiten des Unternehmens • Einstellung leitender Angestellter • Arbeits- und betrieblicher Umweltschutz • Beschäftigungssicherung

■ Europäischer Betriebsrat (EBR)

Die EU-Richtlinie über Europäische Betriebsräte hat die Voraussetzung geschaffen, dass die Arbeitnehmer auf europäischer Ebene mitreden können. Die Richtlinie gilt für **europaweit tätige Unternehmen** oder Unternehmensgruppen, die in den EU-Staaten (mit Ausnahme Großbritanniens), in Island, Liechtenstein und Norwegen insgesamt mindestens 1000 Arbeitnehmer und davon in zwei Mitgliedstaaten jeweils mindestens 150 Arbeitnehmer beschäftigen.

In den genannten Unternehmen sind **Europäische Betriebsräte** oder andere Verfahren zur grenzüberschreitenden Unterrichtung und Anhörung der Arbeitnehmer einzurichten. Dabei bleibt den beteiligten Parteien Spielraum für **freiwillige Vereinbarungen** u.a. über Zuständigkeit und Aufgaben, Zusammensetzung und Finanzierung des Europäischen Betriebsrats und die Einbeziehung von Betrieben außerhalb der EU. Nur wenn keine Verhandlungslösung zustande kommt, wird ein Europäischer Betriebsrat nach den gesetzlichen Standortvorschriften gebildet. Der „gesetzliche" EBR besteht aus 3 bis 30 gewählten Mitgliedern, wobei jedes Land, in dem sich ein Standort des Unternehmens befindet, durch mindestens einen Vertreter repräsentiert sein muss. Die Unternehmensleitung muss den EBR unter anderem über die Struktur und die Situation des Unternehmens, über die Beschäftigungslage, die Investitionen, über grundlegende Änderungen der Organisation, die Einführung neuer Arbeits- und Fertigungsverfahren, Produktionsverlagerungen, Fusionen, Betriebsschließungen und Massenentlassungen unterrichten.

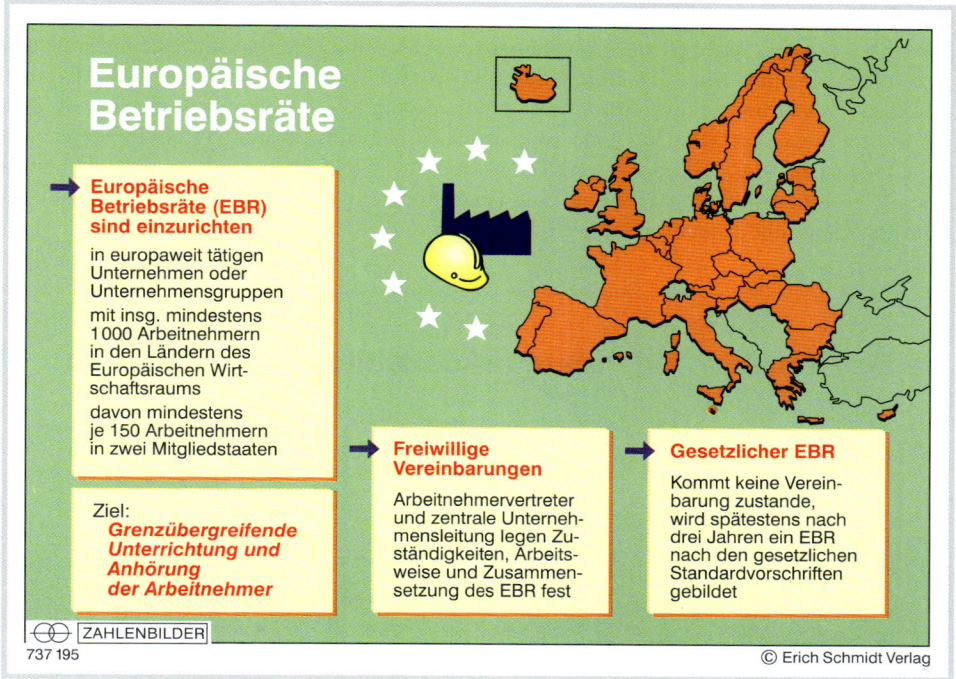

Europäische Betriebsräte

Europäische Betriebsräte (EBR) sind einzurichten

in europaweit tätigen Unternehmen oder Unternehmensgruppen

mit insg. mindestens 1 000 Arbeitnehmern in den Ländern des Europäischen Wirtschaftsraums

davon mindestens je 150 Arbeitnehmern in zwei Mitgliedstaaten

Ziel:
Grenzübergreifende Unterrichtung und Anhörung der Arbeitnehmer

Freiwillige Vereinbarungen

Arbeitnehmervertreter und zentrale Unternehmensleitung legen Zuständigkeiten, Arbeitsweise und Zusammensetzung des EBR fest

Gesetzlicher EBR

Kommt keine Vereinbarung zustande, wird spätestens nach drei Jahren ein EBR nach den gesetzlichen Standardvorschriften gebildet

ZAHLENBILDER

737 195

© Erich Schmidt Verlag

2.4.2 Jugend- und Auszubildendenvertretung

Wo ein Betriebsrat besteht und mindestens fünf jugendliche Arbeitnehmer oder Auszubildende beschäftigt sind, kann eine **Jugend- und Auszubildendenvertretung (JAV)** gewählt werden. Zu deren Aufgaben gehört es, beim Betriebsrat Maßnahmen zu beantragen, die den jungen Betriebsangehörigen zugute kommen, auf die Einhaltung der Gesetze, Schutzvorschriften, Tarifverträge und Betriebsvereinbarungen zugunsten der jugendlichen Arbeitnehmer und Auszubildenden zu achten und berechtigte Anregungen oder Beschwerden zur Erledigung an den Betriebsrat weiterzugeben.

Die Jugend- und Auszubildendenvertretung ist folglich kein selbstständiges Organ der Betriebsverfassung, sondern bleibt **dem Betriebsrat nachgeordnet** und kann nur durch dessen Vermittlung auf den Arbeitgeber einwirken. Damit sie ihre Aufgaben erfüllen kann, muss der Betriebsrat sie rechtzeitig und umfassend informieren und ihr die erforderlichen Unterlagen zur Verfügung stellen. Zu jeder Betriebsratssitzung kann sie einen Vertreter oder eine Vertreterin entsenden; stehen Jugend- und Ausbildungsfragen auf der Tagesordnung, ist sie mit allen Mitgliedern teilnahmeberechtigt. Darüber hinaus haben die Jugend- und Auszubildendenvertreter auch Stimmrecht, wenn im Betriebsrat ein Beschluss gefasst werden soll, der die jugendlichen Arbeitnehmer oder die Auszubildenden betrifft. Vor oder nach jeder Betriebsversammlung kann im Einvernehmen mit dem Betriebsrat eine betriebliche Jugend- und Auszubildendenversammlung abgehalten werden; soll sie zu einem anderen Zeitpunkt stattfinden, muss auch der Arbeitgeber zustimmen.

Jugend- und Auszubildendenvertretungen werden in den Betrieben jeweils im Oktober oder November für eine **Amtszeit von zwei Jahren** gewählt. Wahlberechtigt sind alle jugendlichen Arbeitnehmer/-innen unter 18 Jahren und alle Auszubildenden unter 25 Jahren. Wählbar sind die Arbeitnehmer/-innen des Betriebs unter 25 Jahren; sie dürfen nicht gleichzeitig dem Betriebsrat angehören (BetrVG § 61). Die Größe der Jugendvertretung (1 bis 15 Mitglieder) richtet sich nach der Zahl der Jugendlichen und Auszubildenden im Betrieb. Bestehen in einem Unternehmen mehrere Jugend- und Auszubildendenvertretungen, ist eine Gesamt-Jugend- und Auszubildendenvertretung zu errichten.

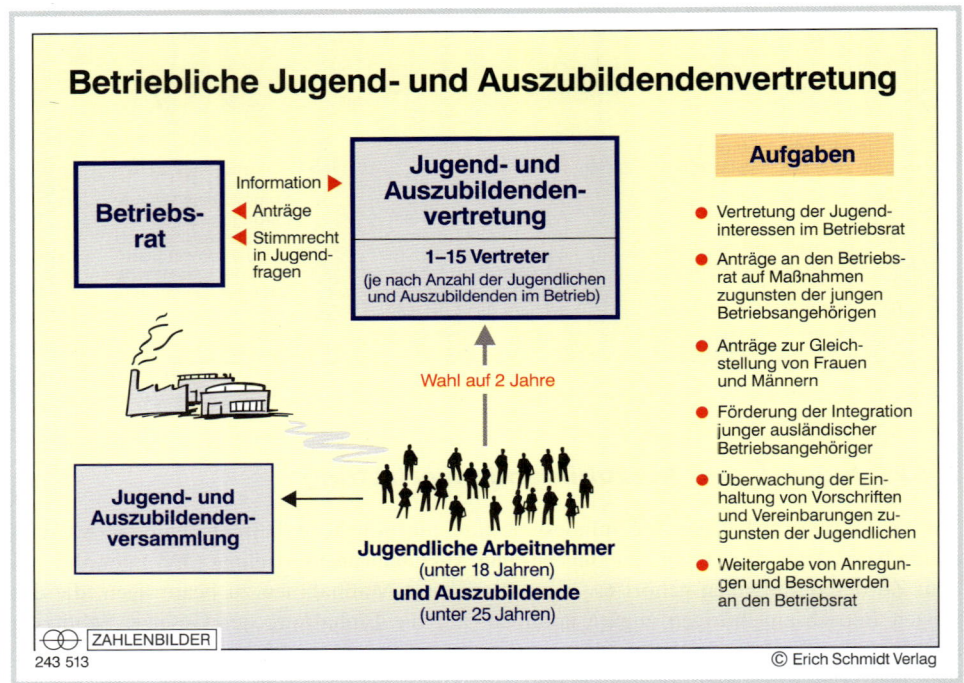

2.4.3 Schülervertretung

Die Schülervertretung ist ein Mitwirkungsorgan im schulischen Teil der Berufsausbildung. Die Schüler einer Schule werden hierbei durch den Schülerrat bzw. die **Schülermitverantwortung** vertreten. Seine Mitglieder sind die Sprecher der Klassen und Jahrgangsstufen. Der durch den Schülerrat zu wählende Verbindungslehrer hat die Möglichkeit, mit beratender Stimme an der Schulkonferenz teilzunehmen und hier die Interessen der Schüler einzubringen. Auch die Vertreter der Schüler in den Fach- und Schulkonferenzen werden durch den Schülerrat gewählt. Ein Stimmrecht in diesen Gremien haben sie allerdings nicht.

Die Aufgabe der Schülervertretung besteht vor allem darin, die Interessen der Schüler

- bei der Gestaltung der Bildungs- und Erziehungsarbeit zu vertreten,

- auf fachlichen, kulturellen, sportlichen, politischen und sozialen Gebieten zu fördern.

110

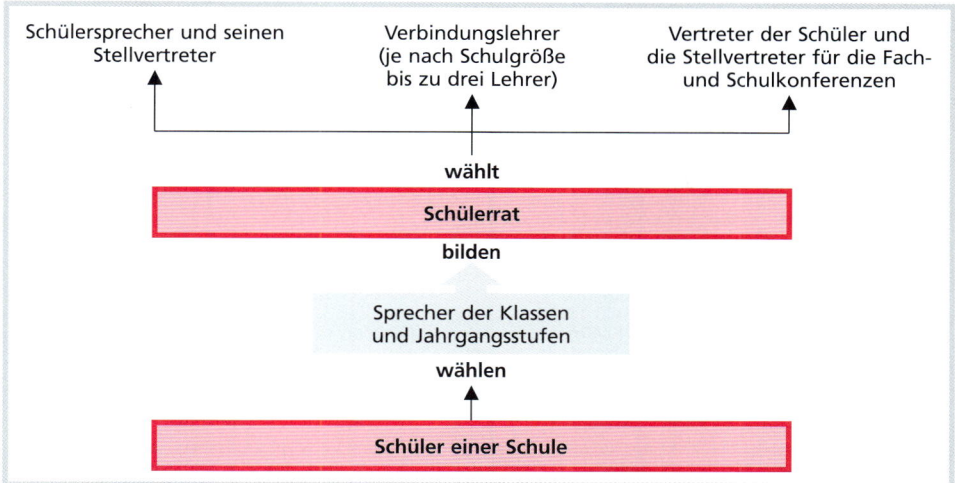

2.4.4 Betriebsvereinbarung

In **Betriebsvereinbarungen** werden vom *Betriebsrat* und dem einzelnen *Arbeitgeber* für das jeweilige Unternehmen **betriebsinterne Regelungen** beschlossen (BetrVG § 77).

Solche betriebsinternen Bestimmungen betreffen z. B. Arbeitszeitregelung, Rauchverbot, Meldung von Unfällen, soziale Maßnahmen, Maßnahmen zur Unfallverhütung.

Tarifvertragliche Regelungen dürfen grundsätzlich nicht Gegenstand einer Betriebsvereinbarung sein.

In **Betriebsordnungen** und **Dienstordnungen**, welche den Betriebsangehörigen z. B. durch Aushang zugänglich gemacht sein müssen, sind solche Betriebsvereinbarungen festgelegt.

Beispiel:

Betriebsvereinbarung über die Hilfe für Alkoholkranke bzw. drogen- und medikamentenabhängige Mitarbeiter (Suchtkranke)

Zwischen	der Geschäftsleitung der Weller KG Büromöbelfabrik
und	dem Betriebsrat

wird gemäß § 87 Absatz 1 Ziffer 1 BetrVG diese Betriebsvereinbarung abgeschlossen.

1. Geltungsbereich
Diese Betriebsvereinbarung gilt für alle Belegschaftsmitglieder der Firma Weller KG, Büromöbelfabrik.

2. Ziel
Das Ziel dieser Betriebsvereinbarung ist es:
2.1 Alkoholkranken bzw. drogen- und medikamentenabhängigen Mitarbeitern (nachfolgend Suchtkranke genannt) ein Hilfsangebot zu bieten,
2.2 die Gleichbehandlung aller Betroffenen sicherzustellen,
2.3 die Zusammenarbeit mit externen Suchtberatungsstellen zu regeln,
2.4 die Ausbildung und Stellung der Helfer abzusichern,
2.5 eine ausreichende Information der Vorgesetzten zu gewährleisten,
2.6 die Zusammenarbeit zwischen Helfergruppe, Betriebsarzt, Betriebsrat, Personalabteilung und ggf. Schwerbehindertenvertrauensmann (SchwbVM) zu regeln.

3. Verfahrensweise

Das Hilfsangebot besteht aus einer Kombination von konkreten Hilfen, Auflagen und vorgesehenen Maßnahmen. Es entwickelt sich in mehreren Stufen.

3.1 Entsteht bei einem Vorgesetzten der Eindruck, dass bei einem seiner Mitarbeiter Alkoholgefährdung bzw. -krankheit, Drogen- oder Medikamentenabhängigkeit vorliegt, so hat er mit dem Betreffenden ein vertrauliches Gespräch zu führen. Vor dem Gespräch soll sich der Vorgesetzte von einem Helfer beraten lassen. Zu dem Gespräch kann der Vorgesetzte einen Helfer hinzuziehen.

Das Gespräch hat keine arbeitsrechtlichen Konsequenzen. Ein Vermerk in der Personalakte erfolgt nicht.

3.2 Ist im Verhalten des Betroffenen nach überschaubarer Zeit (etwa drei Monate) keine Änderung erkennbar, so ist vom Vorgesetzten ein weiteres Gespräch mit ihm zu führen. An diesem Gespräch nehmen außerdem je ein Vertreter der Personalabteilung und des Betriebsrats, ein Helfer und ggf. der SchwBVM teil.

Dabei ist der Betroffene auf die Konsequenzen hinzuweisen, die er durch Verhaltensänderungen abwenden kann.

3.3 Wird bei gleichbleibendem Verhalten das Hilfsangebot nicht angenommen, erfolgt aus diesem Grunde nach vier Wochen die erste Abmahnung. Aus diesem Anlass wird die Annahme des Hilfsangebotes zur Auflage gemacht.

3.4 Nimmt der Suchtkranke das Hilfsangebot erneut nicht an, oder bricht er begonnene Maßnahmen ab, so erfolgt nach vier Wochen die zweite Abmahnung. Dabei werden durch die Personalabteilung folgende Auflagen gemacht:
- sofortiger Anschluss an eine Selbsthilfegruppe und
- ambulante Beratung und Behandlung in einer psychosozialen Beratungsstelle oder
- ggf. stationäre Behandlung in einem Fachkrankenhaus.

3.5 Nimmt der Suchtkranke die Auflagen des Hilfsangebotes an und wirkt sich dies positiv auf sein Verhalten aus, erfolgt keine weitere Abmahnung.

Befolgt der Betroffene die Auflagen nicht und kann er weiterhin seine Pflichten aus dem Arbeitsverhältnis nicht ordnungsgemäß erfüllen, kann das Arbeitsverhältnis unter Beachtung der Mitbestimmungsrechte des Betriebsrates (erforderlichenfalls unter Einhaltung der Bestimmungen des Schwerbehindertengesetzes) gekündigt werden. Bei Ausspruch der Kündigung soll in allen Fällen darauf Rücksicht genommen werden, dass die Entziehungsbehandlung möglichst unmittelbar nach Beendigung des Arbeitsverhältnisses angetreten werden kann. Dabei erfolgt die Zusicherung einer befristeten (üblicherweise ein Jahr) Wiedereinstellung nach erfolgreich beendeter Behandlung. Wird der Mitarbeiter innerhalb dieser Zeit nicht rückfällig, erfolgt die Übernahme in ein unbefristetes Arbeitsverhältnis, sofern nicht zu diesem Zeitpunkt betriebsbedingte Kündigungen im Bereich vergleichbarer Arbeitsplätze anstehen. Es wird angestrebt, dass der betroffene Mitarbeiter wieder am alten, wenigstens jedoch an einem vergleichbaren Arbeitsplatz eingesetzt wird.

5. Vorgesetzte

Die Geschäftsleitung stellt sicher, dass die Vorgesetzten durch gezielte Informationen, z.B. auch im Rahmen von Vorgesetztenschulungen, auf ihre in dieser Betriebsvereinbarung aufgeführten Aufgaben vorbereitet werden.

6. Geltungsdauer

Diese Betriebsvereinbarung tritt mit Wirkung vom 1. April .. in Kraft. Sie kann mit einer Frist von vier Wochen zum Quartalsende gekündigt werden. Die Betriebsvereinbarung wirkt so lange nach, bis sie durch eine Neuregelung ersetzt wird.

Geschäftsleitung   Personalleitung   Betriebsrat

Weller   *Marten*   *Fischer*

Weller   Marten   Fischer

Ulm, 23. April ..

- Der **Betriebsrat** ist die Vertretung der Belegschaft. Er wird von ihr auf vier Jahre gewählt.
- **Aktives Wahlrecht:** 18 Jahre; **passives Wahlrecht:** 18 Jahre und 1/2 Jahr Betriebszugehörigkeit.
- Arbeitgeber und Betriebsrat sollen **vertrauensvoll** zusammenarbeiten.
- In *sozialen* Angelegenheiten hat der Betriebsrat erzwingbare **Mitbestimmungsrechte**, in *personellen* und *wirtschaftlichen* Angelegenheiten hat er lediglich **Mitwirkungsrechte** (Widerspruchs-/Zustimmungs-/Beratungs-, Anhörungs- und Informationsrechte).
- Eine **Einigungsstelle** entscheidet bei Meinungsverschiedenheiten zwischen Arbeitgeber und Betriebsrat bei sozialen und personellen Angelegenheiten.

  In den EU-Staaten müssen alle europaweit tätigen Unternehmen einen **Europäischen Betriebsrat** (EBR) einrichten, wenn sie in zwei EU-Staaten mindestens 150 Arbeitnehmer beschäftigen. Der EBR hat nur Unterrichtungs- und Anhörungsrechte in wirtschaftlichen Angelegenheiten.
- Die **Jugend- und Auszubildendenvertretung** wird von den Jugendlichen und den Auszubildenden unter 25 Jahren auf zwei Jahre gewählt; passives Wahlrecht haben alle Mitarbeiter unter 25 Jahren. Voraussetzung: Es besteht ein Betriebsrat.
- In **Betriebsvereinbarungen** zwischen Betriebsrat und Arbeitgeber werden betriebsinterne Regelungen schriftlich abgeschlossen.

1 Welche Aufgaben hat a) der Betriebsrat, b) der Europäische Betriebsrat, c) der Wirtschaftsausschuss, d) die JAV?

2 Ist die Vorschrift einer bestimmten Betriebszugehörigkeit als Voraussetzung für eine Betriebsratstätigkeit sinnvoll?

3 a) Wie ist die Vertretung Jugendlicher und Auszubildender im Betriebsrat geregelt?

b) Wer hat das aktive, wer das passive Wahlrecht für diese Vertretung?

4 Für welche allgemeinen Aufgaben ist der Betriebsrat zuständig?

5 In der Maschinenfabrik Unterland AG, Heilbronn, hat der Betriebsrat zur Betriebsversammlung eingeladen.

a) Welchen Zweck hat diese Betriebsversammlung?

b) Wie oft findet sie statt?

c) Betriebsratswahlen stehen bevor. Wer ist wahlberechtigt? Begründen Sie, ob aktives und eventuell passives Wahlrecht vorliegt!
   1. Monteur Fritz Haußer, 21 Jahre, vier Monate im Betrieb,
   2. Metallbauer Achmed Yglür, Gastarbeiter, 19 Jahre, ein Jahr im Betrieb,
   3. Angestellte Claudia Herb, 36 Jahre, elf Jahre im Betrieb,
   4. Auszubildende Renate Schuster, 17 Jahre, 16 Monate im Betrieb.

d) Der Betriebsrat hat nach dem Betriebsverfassungsgesetz Mitbestimmungsrechte in bestimmten Angelegenheiten.
   1. Um welche Rechte handelt es sich im Einzelnen?
   2. Geben Sie jeweils dazu zwei Beispiele!
   3. Halten Sie die Mitbestimmung der Arbeitnehmer im Betrieb für gerechtfertigt, oder sehen Sie darin einen Eingriff in das Eigentumsrecht des Unternehmers? Begründung!
   4. Würden Sie hierbei (vgl. Frage d) 1.) zwischen Mitbestimmung in sozialen Fragen und Mitbestimmung in wirtschaftlichen Fragen Unterschiede machen? Begründung!

6 Warum gibt es in zahlreichen betriebsratsfähigen Betrieben keinen Betriebsrat?

7 Bei der Verlagsgesellschaft Maser GmbH stehen die folgenden Entscheidungen an. Erläutern Sie die Mitwirkungs- bzw. Mitbestimmungsrechte des Betriebsrats.

a) Aus Rationalisierungsgründen soll die Druckerei aufgegeben werden.

b) 20 der 30 Beschäftigten der Druckerei soll gekündigt werden. Die anderen können in der Auslieferung weiterbeschäftigt werden.

c) Zwischen Weihnachten und Neujahr ist geplant, den Betrieb zu schließen. Die ausfallende Arbeitszeit soll dadurch eingeholt werden, dass die Mittagspause das ganze Jahr über um 15 Minuten gekürzt wird.

d) Die Unternehmensleitung besetzt die Stelle des Leiters der Einkaufsabteilung mit einem Mitarbeiter aus der EDV-Abteilung. Der Betriebsrat widerspricht dieser Versetzung. Welche Konsequenzen ergeben sich hieraus?

e) In einem Betrieb soll die vorhandene Lehrwerkstatt erweitert und besser ausgestattet werden. Welche Aufgaben kann der Betriebsrat hierbei wahrnehmen?

8 Auszug aus dem Betriebsverfassungsgesetz:

> **§ 78a Schutz Auszubildender in besonderen Fällen.** (1) Beabsichtigt der Arbeitgeber, einen Auszubildenden, der Mitglied der Jugendvertretung, des Betriebsrats, der Bordvertretung oder des Seebetriebsrats ist, nach Beendigung des Berufsausbildungsverhältnisses nicht in ein Arbeitsverhältnis auf unbestimmte Zeit zu übernehmen, so hat er dies drei Monate vor Beendigung des Berufsausbildungsverhältnisses dem Auszubildenden schriftlich mitzuteilen.
>
> (2) Verlangt ein in Absatz 1 genannter Auszubildender innerhalb der letzten drei Monate vor Beendigung des Berufsausbildungsverhältnisses schriftlich vom Arbeitgeber die Weiterbeschäftigung, so gilt zwischen Auszubildenden und Arbeitgeber im Anschluss an das Berufsausbildungsverhältnis ein Arbeitsverhältnis auf unbestimmte Zeit als begründet.
>
> (3) Die Absätze 1 und 2 gelten auch, wenn das Berufsausbildungsverhältnis vor Ablauf eines Jahres nach Beendigung der Amtszeit der Jugendvertretung, des Betriebsrats, der Bordvertretung oder des Seebetriebsrats endet.

Aus welchem Grund hat der Gesetzgeber gerade für Betriebsrats- bzw. JAV-Mitglieder einen besonderen Kündigungsschutz vorgesehen?

9 Welchen Zweck haben Betriebsvereinbarungen zwischen Betriebsrat und Arbeitgeber?

10 a) Diskutieren Sie über die „Betriebsvereinbarung über die Hilfe für Alkohol- und Suchtkranke" der Weller KG auf Seite 111 f.

b) Wie ist dieses Problem in Ihrem Ausbildungsbetrieb geregelt?

11 Bringen Sie Betriebsvereinbarungen Ihres Ausbildungsbetriebs zum Thema

a) Raucher, b) Arbeitszeit mit und vergleichen Sie den Inhalt mit den Regelungen in anderen Ausbildungsbetrieben.

12 a) Vergleichen Sie die Rechte des Euro-Betriebsrats (EBR) mit den Rechten eines Betriebsrats nach dem BetrVG.

b) Weshalb ist die Einrichtung von Euro-Betriebsräten für deutsche Großunternehmen kein „Handicap", sondern eher für die europäische Konkurrenz?

13
Viessmann-Betriebsvereinbarung über Beschäftigungsgarantie sorgt für heftige Diskussionen

Ursache der Aufregung war das „Bündnis für Arbeit". Die Belegschaft erklärte sich in dieser Betriebsvereinbarung bereit, vom 1. Mai an ohne Lohnausgleich drei Stunden wöchentlich länger zu arbeiten. Dafür gibt die Geschäftsleitung eine dreijährige Beschäftigungsgarantie und verzichtet auf den Bau einer Fabrik in Tschechien.

Die IG Metall hat die gesamte Arbeitnehmervertretung der Viessmann Werke wegen grober Pflichtverletzung verklagt.

(Quelle: wb, Frankfurt/M.: Viessmann-Betriebsvereinbarung (…), in Handelsblatt, 17.04.1996, S. 13)

a) *Prüfen Sie anhand der §§ 77 (3), 87 BetrVG, ob der Betriebsrat der Viessmann Werke berechtigt war, obige Betriebsvereinbarung abzuschließen.*

b) *Diskutieren Sie über den § 77 BetrVG vor dem Hintergrund der Beschäftigungssicherung.*

2.5 Kollektiver Arbeitsvertrag – ein Relikt von gestern?

Problem

(Quelle: Zeitlupe Nr. 26, Soziale Marktwirtschaft, Bundeszentrale für politische Bildung, Bonn, 1990)

Schildern Sie die Interessengegensätze zwischen Arbeitgebern und Arbeitnehmern! Wie werden diese Gegensätze zum Ausgleich gebracht?

2.5.1 Abschluss und Beendigung des Tarifvertrags

Im **Tarifvertrag** vereinbaren die Tarifvertragsparteien ihre Rechte und Pflichten sowie Vorschriften über den Inhalt, den Abschluss und die Beendigung von Arbeitsverhältnissen und über betriebliche und betriebsverfassungsrechtliche Fragen (Tarifvertragsgesetz, TVG § 1). Im Gegensatz zum Arbeitsvertrag, der mit einem einzelnen Arbeitnehmer abgeschlossen wird (Einzelarbeitsvertrag), gilt der Tarifvertrag für eine ganze Gruppe von Arbeitnehmern (*Kollektivarbeitsvertrag*). Der Tarifvertrag bedarf der *Schriftform* und muss im Betrieb ausgelegt werden.

Tarifvertragsparteien und damit **tariffähig** sind

- Gewerkschaften,
- einzelne Arbeitgeber sowie
- Vereinigungen von Arbeitgebern.

Zusammenschlüsse von Gewerkschaften und von Vereinigungen von Arbeitgebern, sogenannte *Spitzenorganisationen*, können im Namen der ihnen angeschlossenen Verbände Tarifverträge abschließen, wenn sie eine entsprechende Vollmacht haben (TVG § 2). Sie sind aber auch selbst tariffähig, wenn der Abschluss von Tarifverträgen zu ihren satzungsgemäßen Aufgaben gehört. Die Tarifvertragsparteien handeln Tarifverträge in eigener Verantwortung ohne Einmischung des Staates aus (**Tarifautonomie**). Die Tarifautonomie ist durch das *Grundrecht der Vereinigungsfreiheit* garantiert (Art. 9 GG). Die Tarifvertragsparteien (Koalitionen) müssen von der Gegenseite unabhängig und gegnerfrei organisiert sein. Gewerkschaften müssen laut einem Urteil des Bundesarbeitsgerichts eine ausreichende Durchsetzungsfähigkeit (Gegenmächtigkeit) besitzen.

Spitzenorganisationen der Arbeitnehmer- und Arbeitgeberseite

Arbeitnehmer-organisationen (Gewerk-schaften)	• **DGB** (Deutscher Gewerkschaftsbund mit 6,4 Mio. Mitgliedern) als Dachorganisation mehrerer autonomer Einzelgewerkschaften, z.B. Ver.di (Vereinigte Dienstleistungsgewerkschaft); IG Metall (Industriegewerkschaft Metall); IG Bergbau-Chemie-Energie; IG Bauen-Agrar-Umwelt, Gewerkschaft Nahrung, Genuss, Gaststätten). *Beachte:* Nur die Einzelgewerkschaften sind tariffähig, der DGB als Dachorganisation ist nicht tariffähig. • **DBB** (Deutscher Beamtenbund und Tarifunion mit über 1,3 Mio. Mitgliedern) • **CGB** (Christlicher Gewerkschaftsbund mit etwa 0,3 Mio. Mitgliedern)
Arbeitgeber-organisationen (Verbände)	**BDA** (Bundesvereinigung der Deutschen Arbeitgeberverbände) als Dachverband mit 14 Landesverbänden und 56 Bundesfachverbänden, z.B. Bundesverband des Groß- und Außenhandels mit zahlreichen Landes- und Fachverbänden, Gesamtmetall (Gesamtverband der metallindustriellen Arbeitgeberverbände) mit Landes- und Fachverbänden. *Beachte:* Nur die Fachverbände sind tariffähig, der BDA als Dachverband ist nicht tariffähig.

Der **Organisationsgrad** der Arbeitnehmer ist rückläufig (1980: 32,5%; 2007: 16,1%).

Tarifgebunden sind nur die Mitglieder der Tarifvertragsparteien (z.B. Mitglieder der entsprechenden Gewerkschaft bzw. des Arbeitgeberverbandes) bzw. der Arbeitgeber, der selbst Partei des Tarifvertrags ist. Für sie gilt der Tarifvertrag unmittelbar und zwingend (*Grundsatz der Unabdingbarkeit*). Abweichende Abmachungen sind nur zulässig, wenn sie durch den Tarifvertrag gestattet sind (Tarifvertrag mit *Öffnungsklausel*) oder wenn sie Regelungen zugunsten der Arbeitnehmer enthalten (*Günstigkeitsprinzip*). Die Tarifgebundenheit bleibt bestehen, bis der Tarifvertrag endet (TVG §§ 3, 4, BetrVG § 77 [3]).

Auf Antrag einer Tarifvertragspartei kann der Bundesminister für Arbeit und Soziales im Einvernehmen mit dem *Tarifausschuss* (er besteht aus je drei Vertretern der Spitzenorganisationen der Arbeitgeber und Arbeitnehmer) einen Tarifvertrag für **allgemein verbindlich** erklären (TVG § 5), wenn

- die tarifgebundenen Arbeitgeber mindestens 50% der unter dem Geltungsbereich des Tarifvertrags fallenden Arbeitnehmer beschäftigen und
- die Allgemeinverbindlichkeit im öffentlichen Interesse geboten erscheint.

Mit der Allgemeinverbindlicherklärung erfassen die Rechtsnormen des Tarifvertrags in seinem Geltungsbereich auch die bisher nicht tarifgebundenen Arbeitgeber und Arbeitnehmer.

Die Erklärung der Allgemeinverbindlichkeit sowie deren Aufhebung müssen öffentlich bekannt gemacht werden. Der Bundesminister für Arbeit und Soziales kann dieses Recht auf die entsprechenden Landesminister übertragen. Die Allgemeinverbindlicherklärung hat Kartellfunktion, da sie die organisierten Arbeitgeber vor dem Wettbewerb der nicht organisierten Konkurrenz und die Arbeitgeberverbände vor dem Austritt ihrer Mitglieder schützt. Die Allgemeinverbindlichkeit kann sich auf den gesamten Tarifvertrag, aber auch nur auf einzelne Bestimmungen beziehen. Von den rund 47 000 Tarifverträgen sind etwa 2 % allgemein verbindlich.

Der Tarifvertrag endet mit Ablauf der Zeit, für die er vereinbart war. Ist er auf unbestimmte Zeit abgeschlossen, dann endet er mit einer wirksamen Kündigung. Die maximale Dauer eines unbefristeten Tarifvertrags beträgt nach vorherrschender Auffassung (in Anlehnung an § 39 BGB) nicht länger als zwei Jahre. Nach Ablauf des Tarifvertrags gelten seine Vereinbarungen weiter, bis sie durch eine andere Abmachung ersetzt werden (**Grundsatz der Nachwirkung**). Damit wird einer *Tarif- bzw. Verbandsflucht* vorgebeugt. Andere Abmachungen können Tarifverträge, Betriebsvereinbarungen (sofern § 77 BetrVG mit seiner Regelungssperre nicht greift), Individualabreden oder Firmentarifverträge sein. Während der Nachwirkung eines Tarifvertrags besteht keine Friedenspflicht mehr.

2.5.2 Arten und Funktionen des Tarifvertrags

Tarifverträge können nach den beteiligten Tarifvertragsparteien, nach ihrem Inhalt und nach dem Tarifgebiet unterschieden werden.

Arten von Tarifverträgen

Unterscheidungs-merkmal	Tarifvertragsarten
Tarif-vertrags-parteien	**Firmen- oder Haustarifvertrag**: Tarifvertrag zwischen einer Einzelgewerkschaft und einem *einzelnen Arbeitgeber* (z.B. VW, IBM) **Verbandstarifvertrag**: Tarifvertrag zwischen einer Einzelgewerkschaft und einem *Arbeitgeber-Fachverband* (z.B. Ver.di mit dem Bundesverband des Deutschen Groß- und Außenhandels)
Vertragsinhalt	**Entgelt- bzw. Vergütungstarifvertrag**: regelt die Höhe der *Löhne und Gehälter* und der Ausbildungsvergütungen (die Laufzeit beträgt meist ein Jahr) **Mantel- oder Rahmentarifvertrag**: regelt *allgemeine Arbeitsbedingungen* wie Wochenarbeitszeit, Urlaubsdauer und Urlaubsgeld, Einteilung der Lohn- und Gehaltsgruppen, Kündigungsfristen usw. (die Laufzeit beträgt meist mehrere Jahre)
Tarifgebiet	**Bundestarifvertrag**: gilt für das gesamte Bundesgebiet (z.B. Tarifvertrag öffentlicher Dienst TVöD) **Landestarifvertrag**: gilt für ein bestimmtes Bundesland **Bezirkstarifvertrag**: gilt für einen bestimmten Tarifbezirk (ein Bundesland ist in der Regel in mehrere Tarifbezirke aufgeteilt)

Tarifverträge gelten in der Regel nur für einen bestimmten *Wirtschaftszweig (fachlicher Geltungsbereich)* und erfassen dort alle organisierten Arbeitnehmer auch wenn ihr Tätigkeitsbereich mit dem speziellen Wirtschaftsbereich (z. B. Metall) nicht direkt zu tun hat (z. B. Pförtner, Reinigungspersonal usw.). Im Falle der Tarifkonkurrenz (der Arbeitgeber fällt in den Geltungsbereich mehrerer Tarifverträge) wird nach dem **Grundsatz der Tarifeinheit** und dem **Grundsatz der Tarifvertragsspezialität** der sachfernere Tarifvertrag durch den sachnäheren verdrängt. Dabei ist ein Firmentarifvertrag immer spezieller (sachnäher) als ein Flächentarifvertrag.

Der einheitliche Tarifvertrag für ganze Branchen und Regionen (**Flächentarifvertrag**) gerät in letzter Zeit zunehmend unter Druck. Die Arbeitgeberverbände fordern die *„Flexibilisierung des Flächentarifs"* und wollen den Betrieben bzw. den Betriebsräten mehr Gestaltungsrechte bei den tariflichen Kernfragen, wie Bezahlung und Arbeitszeit, einräumen. Die Gewerkschaften verweisen darauf, dass mit der Abschaffung der Unabdingbarkeit des Tarifvertrags ein *Häuserkampf von Betrieb zu Betrieb* die Folge wäre und die gesellschaftlichen Funktionen des Flächentarifvertrags infrage gestellt würden.

Soziale Funktionen des Flächentarifvertrags

Friedensfunktion	Arbeitskämpfe sind während der Geltungsdauer eines Tarifvertrags ausgeschlossen (Wahrung des sozialen Friedens)
Ordnungsfunktion	Die Arbeitsverhältnisse sind für ganze Branchen einheitlich geregelt. Dadurch haben die Arbeitgeber in der gleichen Branche eine in etwa gleiche Kalkulationsgrundlage für die Lohnkosten.
Schutzfunktion	Arbeitnehmer sind durch tarifliche Mindestarbeitsbedingungen gegen einseitige Festlegungen durch die Arbeitgeber geschützt. Weibliche und männliche Arbeitnehmer sind gleich gestellt.

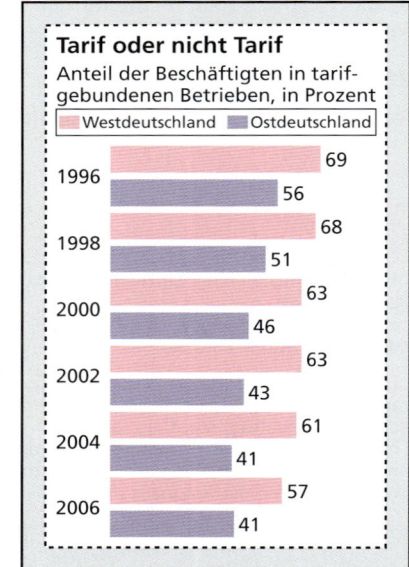

Tarifbindung sinkt auf neuen Tiefpunkt
Nur noch jeder dritte Betrieb in Deutschland ist an einen Flächentarifvertrag gebunden. Zugleich arbeitet nur noch etwas mehr als die Hälfte der Beschäftigten in einem Betrieb, für den ein Flächentarif gilt. Damit hat die Tarifbindung in ihrer klassischen Form einen neuen Tiefpunkt erreicht. Das zeigt eine aktuelle Analyse des Instituts für Arbeitsmarkt- und Berufsforschung (IAB). […] Noch ausgeprägter zeigt sich diese Tendenz am rückläufigen Anteil tarifgebundener Betriebe: Allein seit 2000 ist ihr Anteil im Westen von 45 auf nur noch 37 Prozent gesunken […]. Tatsächlich gibt es zusätzlich viele Betriebe, die sich […] auch ohne formale Bindung am Flächentarifvertrag orientieren. […] Auf diese Weise profitieren weitere 20 Prozent der Beschäftigten von einem Flächentarif. Daneben gilt für weitere acht Prozent der Beschäftigten im Westen und 13 Prozent im Osten ein Firmentarifvertrag […]

(Quelle: Creutzburg, Dietrich: Tarifbindung sinkt auf neuen Tiefpunkt, in: Handelsblatt, 15. 06. 07, S. 5)

Nach dem Nachweisgesetz gehört der Hinweis auf den Tarifvertrag zu den Mindestinhalten des Arbeitsvertrags (siehe Seite 82). Nach der Rechtsprechung ist jedoch eine Unterscheidung von Gewerkschaftsmitgliedern und nicht organisierten Arbeitnehmern bei Leistung aus einem Tarifvertrag zulässig. Grundsätzlich haben nur tarifgebundene Arbeitnehmer Anspruch auf die Leistungen des Tarifvertrags. Für **Nichtorganisierte** gibt es keinen tarifrechtlichen Anspruch aus dem Grundsatz der Gleichbehandlung. Im Regelfall besteht jedoch keine beiderseitige Tarifbindung durch Mitgliedschaft in den tarifvertragsschließenden Koalitionen. In diesen Fällen ist es üblich, dass in standardisierten schriftlichen Arbeitsverträgen auf tarifliche Regelungen Bezug genommen wird. Die meisten Arbeitgeber gewähren allen Arbeitnehmern die Tarifbedingungen, unabhängig davon, ob sie gewerkschaftlich organisiert sind oder nicht. Sie wollen ihre Arbeitnehmer nicht in die Gewerkschaften treiben. Nach einem Urteil des BAG können tarifvertragliche Regelungen auch stillschweigend auf das Arbeitsverhältnis angewandt werden, z. B. durch Bekanntgabe des jeweils neuen Tarifvertrags.

Beispiel: Entgelttarifvertrag

Zwischen dem

Verband der Metall- und Elektroindustrie Baden-Württemberg e. V.

und der

Industriegewerkschaft Metall Hessen, Bezirksleitung Stuttgart

wird folgender

Tarifvertrag über Entgelte und Ausbildungsvergütungen
für die Beschäftigten und Auszubildenden in der Metall- und Elektroindustrie
in Nordwürttemberg/Nordbaden

vereinbart:

§ 1 Geltungsbereich
1.1   Dieser Tarifvertrag gilt
1.1.1   **räumlich**
        für die Regierungsbezirke Nordwürttemberg/Nordbaden des Landes Baden-Württemberg
1.1.2   **fachlich**
        für alle Betriebe, die selbst oder deren Inhaber Mitglied des Verbandes der Metall- und Elektroindustrie Baden-Württemberg e. V. sind
1.1.3   **persönlich**
        für alle in den in 1.1.2 genannten Betrieben Beschäftigten [...], die Mitglied der Industriegewerkschaft Metall sind [...]

§ 2 Entgelt
2.1   Mit Wirkung ab 1. Februar 2009 erhöhen sich die Tabellenentgelte um 2,1 Prozent (1. Stufe). Frühestens ab 1. Mai 2009, spätestens ab 1. Dezember 2009 erhöhen sich die Tabellenentgelte um weitere 2,1 Prozent (2. Stufe).
2.2   Für die Monate November und Dezember 2008 sowie Januar 2009 erfolgt eine Einmalzahlung von insgesamt 510,00 EUR.
2.3   Im September 2009 erfolgt eine Einmalzahlung von 122,00 EUR, die aus betriebswirtschaftlichen Gründen entfallen kann.
2.4   Für die Monate Januar bis April 2010 erfolgt eine Erhöhung im Volumen von 1,6 Prozent, das für diesen Zeitraum des Tarifvertrages zum flexiblen Übergang in die Rente verwendet wird (Finanzierung der Altersteilzeit).
        [...]

§ 7 Inkrafttreten und Kündigung
7.1   Dieser Tarifvertrag tritt am 01. November 2008 in Kraft und ersetzt den Tarifvertrag über Entgelte und Ausbildungsvergütungen vom 1. April 2007.
7.2   Der Tarifvertrag hat eine Laufzeit von 18 Monaten und kann mit 2-Monatsfrist zum Monatsende, erstmals zum 30. April 2010, gekündigt werden.
        [...]

2.5.3 Tarifverhandlungen mit friedlichen Mitteln

Tarifverträge, die beinahe unbemerkt von der Öffentlichkeit vereinbart werden, bringen den Arbeitnehmern oft mehr als die spektakulär umkämpften Tarifabschlüsse.

Die Ausgangslage ist vor jeder Tarifrunde im Grundsatz gleich. Beide Verhandlungsparteien haben **andere, sich nicht entsprechende Interessen.**

- Die *Gewerkschaften* wollen **möglichst viel „herausholen"** für ihre Mitglieder, also für die Arbeitnehmer. Denn diese haben später das Recht auf die tariflich verbriefte Leistung – und das bringt mehr Geld oder günstigere Arbeitsbedingungen.
- Die *Arbeitgeberverbände* wollen dagegen einen **niedrigen Abschluss erreichen,** einen Abschluss, der den Rahmen der Produktivitätserhöhung nicht sprengt. Konkurrenzfähigkeit und Arbeitsplätze sollen für die Betriebe erhalten bleiben.

Der natürliche Interessengegensatz bestimmt auch die tarifpolitische Strategie.
Beide Partner wissen ganz genau, dass sie auf einen Kompromiss hinsteuern müssen.

- Die Gewerkschaften wissen, dass sie nie ihre Forderung in voller Höhe durchsetzen können.
- Die Arbeitgeberverbände wissen, dass sie nie mit ihrem ersten Angebot landen können.

Ablaufschema friedlicher Tarifverhandlungen

① Streng juristisch gesehen, beginnt eine Tarifrunde mit der fristgerechten Kündigung des alten Vertrags. Doch bereits im Vorfeld werden die Tarifpartner aktiv:
Beide Seiten versuchen, ihre Verhandlungsposition durch **gezielte Öffentlichkeitsarbeit** zu verbessern. Die Informationen zielen auf die Bevölkerung, indirekt aber auf den anderen Tarifpartner.

② Dann sind die Gewerkschaften am Zuge: Sie stellen ihre **Forderungen**. Erst viel später, wenn bereits die konkreten Verhandlungen laufen, geben die Arbeitgeber ihr **Angebot** bekannt.

③ **Schroffe Ablehnung der gewerkschaftlichen Forderung** durch den Arbeitgeberverband: „Sie ist völlig unrealistisch!"
Ebenso schroffe Ablehnung des Arbeitgeberangebots durch die Gewerkschaft: „Eine unzumutbare Frechheit!"

④ Öffentlicher Streit über die **tatsächlichen Belastungen,** die bei Erfüllung der Forderungen entstehen würden.
Öffentlicher Streit darüber, was das Angebot für die einzelnen Arbeitnehmer **tatsächlich bringen** würde.

⑤ Mehrfache, **ergebnislose Vertagung** nach sehr langwierigen Verhandlungen mit großer Medienbegleitung.
Androhung des Scheiterns der Verhandlung, Androhung von **Kampfmaßnahmen.**

⑥ Die Einigung, die generell in den frühen Morgenstunden erzielt und als **„Kompromiss nach harten Verhandlungen, mit dem man leben kann"** bezeichnet wird.

Verhandelt wird je nach Branche und Art des Tarifvertrags auf unterschiedlichen Ebenen:

- **Bundesebene.** Das ist für den Öffentlichen Dienst immer der Fall. In der privaten Wirtschaft ist dies **eher die Ausnahme.**
- **Landes- bzw. Bezirksebene.** Das ist der Normalfall für die Privatwirtschaft. Dies schließt aber nicht aus, dass das Ergebnis einer erfolgreichen Regionalverhandlung bundesweit übernommen wird (**„Pilotabschluss"**). Unterschrieben wird der Tarifvertrag aber auch dann immer in den Regionen.

2.5.4 Tarifverhandlungen mit Kampfmaßnahmen

■ **Ablaufschema**

Tarifverhandlungen laufen immer nach dem gleichen Ritual ab: Die Gewerkschaften fordern mehr, als sie durchsetzen können; die Arbeitgeber bieten weniger an, als sie am Ende zugestehen müssen.

Ablaufschema von Tarifverhandlungen mit Kampfmaßnahmen:

Spielregeln für den Arbeitskampf
am Beispiel des öffentlichen Dienstes

- Tarifverhandlungen Gewerkschaften/Arbeitgeber, oft begleitet von Warnstreiks
- Beschluss des ver.di-Bundesvorstands über Ergebnis *oder* Urabstimmung über Ergebnis (über 25 % Zustimmung erforderlich); Streik-Ende
- Neue Verhandlungen
- Mögliche Gegenmaßnahme der Arbeitgeber: Aussperrung*
- **Streik**
- **Neuer Tarifvertrag**
- Erklärung des Scheiterns
- Schlichtungsverfahren, wenn von einer Seite gefordert
- Annahme oder Ablehnung des Schlichterspruchs
- Neue Verhandlungsrunde
- Beschluss des ver.di-Bundesvorstands über Streik *oder* Urabstimmung der Gewerkschaftsmitglieder über Streik (75 % Zustimmung erforderlich, falls nicht erreicht: Neue Verhandlungen)

dpa—
Grafik 7291   *im öffentl. Dienst bisher nicht praktiziert

■ **Schlichtung – die letzte Chance vor dem Kampf**

Wenn abzusehen ist, dass alle Mittel der Verhandlung ausgeschöpft sind, steuern die Tarifpartner zumeist auf den letzten friedlichen Ausweg zu. Er heißt: **„Schlichtung"**.

Voraussetzung ist, dass **beide Seiten** eine Schlichtung wollen. Die Tarifpartner haben sich in einigen Branchen auf ein festes Schlichtungsabkommen geeinigt. Andere bevorzugen Regelungen von Fall zu Fall. Wichtig: Während der **„allgemeinen"** Schlichtung – wie übrigens auch während der Tarifverhandlungen – herrscht **Friedenspflicht**. Das heißt: Ein Streik ist in dieser Zeit nicht zulässig.

Die Schlichtung findet unter aktiver Mitwirkung der Tarifpartner **ohne Beteiligung des Staates** statt. Das ist eine Lehre aus der Vergangenheit: In der Weimarer Republik gab es eine staatliche Zwangsschlichtung, die aber sowohl dem Staat als auch der Tarifautonomie nicht gut bekam.

Die Schlichtungsstelle setzt sich zunächst einmal aus Vertretern der beiden Tarifpartner zusammen. In den meisten Branchen kommt ein **„neutraler Mann"** dazu. In der Chemischen Industrie zum Beispiel wird jedoch ganz ohne Außenstehende geschlichtet.

In den vergangenen Jahren endeten sehr viele Tarifauseinandersetzungen in der Schlichtung. Wichtigste Gründe:

● Der kleine Verhandlungskreis außerhalb der Öffentlichkeit sprengt festgefahrene Formen.

● Auch unangenehme Entscheidungen der Schlichtungsstelle können beide Tarifpartner wesentlich leichter verkraften, ohne ihr Gesicht zu verlieren.

Die Schlichtungsinstanz ist nicht allein letzte Rettung vor dem Arbeitskampf – sie ist in einigen Branchen zugleich auch wichtigster „Treffpunkt" der Tarifpartner **während** des Arbeitskampfes. So gibt es zum Beispiel in der Metallindustrie für diese Situation die **„besondere Schlichtung"**.

Ablaufplan (Metall)

Verfahrensabschnitt	Frist
1. Erklärung des Scheiterns der Verhandlungen	
2. Gemeinsame Anrufung der Schlichtungsstelle oder einseitige Anrufung der Schlichtungsstelle und Anschlusserklärung der anderen Partei	zwei Werktage ein Werktag zwei Werktage
3. a) Feststellung der Verfügbarkeit der Vorsitzenden b) Bestimmung des stimmberechtigten Vorsitzenden (Einigung oder Losentscheid) c) Unterrichtung der Vorsitzenden über Verhandlungsstand d) Benennung der Parteibeisitzer	unverzüglich
4. Zusammentreten der Schlichtungsstelle	drei Werktage
5. Einigungsvorschlag der Schlichtungsstelle unter Umständen einmalige Verlängerung	fünf Werktage drei Werktage
6. Annahme oder Ablehnung des Einigungsvorschlages Fristbestimmung durch Schlichtungsstelle	zwei Werktage höchstens sechs Werktage

Wird der Einigungsvorschlag der Schlichtungsstelle von einem der beteiligten Tarifpartner abgelehnt (**Ende der Friedenspflicht**), dann ist der Arbeitskampf das letzte Mittel (*„ultima ratio"*), um einen neuen Tarifvertrag zu erzwingen. Das Recht auf kollektive Kampfmaßnahmen stützt sich zum einen auf das Grundgesetz, das garantiert, dass der Staat gegen Arbeitskämpfe nicht vorgehen darf (GG Art. 9), und auf die europäische Sozialcharta, die als Bundesrecht gilt.

■ Streik – das Kampfmittel der Arbeitnehmer

Das wichtigste Kampfmittel der Gewerkschaften bei Tarifauseinandersetzungen ist der **Streik**, bei dem die betroffenen gewerkschaftlich organisierten Arbeitnehmer die Arbeit gemeinschaftlich niederlegen.

Rechtmäßig ist ein Streik nur dann, wenn folgende *Bedingungen* erfüllt sind:

● Vor dem Streik muss eine **Urabstimmung** der betroffenen gewerkschaftlich organisierten Arbeitnehmer stattfinden, wenn das die Satzung der Gewerkschaft vorsieht. Bei manchen Gewerkschaften reicht ein **Vorstandsbeschluss**. Durch die Urabstimmung wird den

Arbeitgebern die *Mobilisierungsbereitschaft* der Arbeitnehmer gezeigt („Säbelrasseln"). In der Metallindustrie kann ein Streik nur beginnen, wenn sich *mindestens 75 Prozent der betroffenen Gewerkschaftsmitglieder* dafür aussprechen.

- Der Streik muss **gegen die gegnerische Tarifvertragspartei** geführt werden und **gewerkschaftlich organisiert** sein. Deshalb wird der *„wilde Streik"* als rechtswidrig angesehen.

- Der Streik muss ein **tariflich regelbares Ziel** verfolgen, das der Tarifgegner erfüllen kann. Deshalb ist ein politischer Arbeitskampf, auch ein politischer Demonstrationsstreik (*Generalstreik*), rechtswidrig, weil er einen Hoheitsträger zu hoheitlichem Handeln veranlassen soll. Zugelassen sind nach vorherrschender Meinung *kurzfristige Warnstreiks* (Streiks ohne formelle Scheiternserklärung) und *Sympathiestreiks* (Arbeitnehmer anderer Branchen solidarisieren sich). Das Bundesarbeitsgericht hat jedoch „längere" Sympathiestreiks für rechtswidrig erklärt (BAG 1 AZR 219/86).

Der Streik kann durch eine Urabstimmung beendet werden, bei der *mindestens 25 Prozent* der betroffenen gewerkschaftlich organisierten Arbeitnehmer für den Streikabbruch stimmen müssen. Meist wird er durch die Annahme (ebenfalls durch Urabstimmung) eines Schlichtungsspruchs der *„besonderen Schlichtungsstelle"* beendet.

■ Aussperrung – das Kampfmittel der Arbeitgeber

Zur Abwehr eines Streiks können die Arbeitgeber ihrerseits ihr Kampfmittel, die **Aussperrung**, einsetzen (Kampfmittelparität).

Bei der Aussperrung wird streikenden *und* arbeitswilligen Arbeitnehmern kollektiv die Arbeitsmöglichkeit verweigert. Das geschieht meist in der Form, dass sämtliche *Arbeitsverhältnisse* **suspendiert**[1] werden, d. h., die gegenseitigen Rechte und Pflichten aus dem Arbeitsverhältnis werden für die *Dauer des Arbeitskampfes ausgesetzt*. Während der Aussperrung wird kein Lohn bzw. Gehalt gezahlt. Nur in *Ausnahmefällen*, z. B. bei wilden Streiks, können die Arbeitsverhältnisse streikender Arbeitnehmer *gelöst* werden.

Nach Beendigung der Aussperrung werden die suspendierten Arbeitsverhältnisse fortgesetzt, die gelösten müssen jedoch neu geschlossen werden, wenn der Tarifvertrag keine *Wiedereinstellungsklausel* enthält.

Die Aussperrung verschärft zwar den Arbeitskampf, trägt aber andererseits dazu bei, die Sozialpartner rascher, meist unter Einschaltung der Schlichtungsstelle, zu einer Lösung des Arbeitskonflikts und zum Abschluss neuer Tarifverträge zu bringen. Die Aussperrung wird bei uns verhältnismäßig selten angewandt. Sie ist meist eine defensive Maßnahme auf einen Streik, obwohl nach Ende der Friedenspflicht auch eine vorsorgliche Aussperrung ohne Streik (**Angriffsaussperrung**) möglich wäre.

◼ *Folgen von Streik und Aussperrung*

Nicht in Gewerkschaften organisierte Arbeitnehmer sind während eines Streiks oder einer Aussperrung besonders hart betroffen; denn sie haben weder Anspruch auf Lohn noch auf Streikgeld. Der Arbeitgeber ist für die Dauer des Streiks von seiner Beschäftigungs- und Lohnfortzahlungspflicht auch gegenüber arbeitswilligen Arbeitnehmern befreit. Dies gilt sowohl für unmittelbar betroffene Arbeitgeber als auch für Arbeitgeber, deren Betriebsablauf durch die Fernwirkung eines Streiks gestört ist (BAG 1 AZR 622/93).

Streikende oder ausgesperrte Gewerkschaftsmitglieder erhalten aus der „Streikkasse" ihrer Gewerkschaft **Streikgelder** (je nach Gewerkschaft, Dauer der Mitgliedschaft und Bruttoverdienst etwa 25,00 bis 50,00 EUR pro Tag). Dafür zahlen sie monatlich 1 Prozent ihres Einkommens als Gewerkschaftsbeitrag ein.

Bestreikte oder aussperrende Betriebe erhalten aus der Solidaritätskasse ihres Arbeitgeberverbandes eine finanzielle Unterstützung.

Um die volkswirtschaftlichen Schäden (Verluste von Absatzmärkten, geringere Wirtschaftsleistung durch ausgefallene Arbeitsstunden und Aufträge) gering zu halten, gilt für Streik und Aussperrung das *Prinzip der Verhältnismäßigkeit*. Keine Tarifpartei darf den Arbeitskampf so führen, dass die Gegenseite über Gebühr geschwächt wird. Die **„Mini-Max-Strategie"** der Gewerkschaften ist daher rechtlich umstritten, vor allem, wenn davon Fernwirkungen in andere Tarifbezirke (**„kalte" Aussperrung**) ausgehen. Durch diese Strategie werden die Streikgelder gering gehalten, weil nur wenige „Schlüsselbetriebe" (z. B. kleine, aber wichtige Autozulieferer) bestreikt und damit weite Bereiche eines Wirtschaftszweigs (z. B. der Autoindustrie) lahmgelegt werden.

Ausgesperrte (auch „kalt" ausgesperrte) und streikende Arbeitnehmer haben nach bisheriger Rechtsprechung keinen Anspruch auf Kurzarbeiter- oder Arbeitslosengeld (**SGB III § 146**).

---

[1] **suspendieren** (lat.). = zeitweilig aufheben; einstweilig des Dienstes entheben.

Streiktage

Ausgefallene Arbeitstage durch Streiks in Deutschland

Jahr	Streiktage
1999	79 000
2000	11 000
2001	27 000
2002	310 000
2003	163 000
2004	51 000
2005	19 000
2006	429 000

Quelle: WSI/iw, gerundet

dpa·Grafik 4161

- Der **Tarifvertrag** ist ein **kollektiver** Arbeitsvertrag. Er wird von den **Tarifvertragspartnern** (Arbeitgeberverband und Gewerkschaft) ohne Einmischung des Staates (**Tarifautonomie**) ausgehandelt.
- **Tarifvertragsarten**
  - *nach den beteiligten Tarifvertragspartnern:* Verbands-, Firmentarifvertrag
  - *nach dem Inhalt:* Entgelt- (Lohn-, Gehalts-), Rahmen-, Mantel-, besondere Tarifverträge
  - Tarifvertragsarten können auch *nach dem zeitlichen, räumlichen, persönlichen und fachlichen Geltungsbereich* unterschieden werden.
- **Tarifvertragsverhandlungen** laufen immer nach dem gleichen Grundmuster ab. Das Ergebnis friedlicher Tarifverhandlungen ist ein *„Kompromiss, mit dem beide Tarifpartner leben können"*.
- **Ablaufschema von Tarifverhandlungen** mit Kampfmaßnahmen (Metallindustrie):
  - Tarifverhandlungen werden von einer Partei für gescheitert erklärt
  - Schlichtungsverfahren (*allgemeine Schlichtung*)
  - Schlichtungsergebnis wird von einer Partei abgelehnt (Ende der Friedenspflicht)
  - Urabstimmung der betroffenen Gewerkschaftsmitglieder über einen Streik
  - Streik der Arbeitnehmer (wenn 75 % dafür sind)
  - Abwehraussperrung der Arbeitgeber
  - Neue Verhandlungen (*besondere Schlichtung*)
  - *Urabstimmung über das Ergebnis*
  - *Neuer Tarifvertrag (wenn 25 % dafür sind).*

- Bei einem **Streik** legen alle gewerkschaftlich organisierten Arbeitnehmer die Arbeit gemeinschaftlich nieder. Ein Streik ist rechtmäßig, wenn
  - eine *gewerkschaftlich organisierte Urabstimmung* vorausging,
  - er *gegen eine Tarifvertragspartei* gerichtet ist,
  - er ein *tariflich regelbares Ziel* verfolgt.
- Zur Abwehr eines Streiks können die Arbeitgeber ihr Kampfmittel, die Aussperrung, einsetzen. Bei einer **Aussperrung** werden die Arbeitsverhältnisse einer Gruppe von Arbeitnehmern suspendiert.
- Nicht gewerkschaftlich organisierte Arbeitnehmer erhalten während des Arbeitskampfes weder Lohn, *Streikgeld* noch Kurzarbeiter- oder Arbeitslosengeld.
- Die **Mini-Max-Strategie** der Gewerkschaften ist rechtlich umstritten, da sie gegen das Prinzip der *Verhältnismäßigkeit* verstoßen kann und meist kalte Aussperrungen zur Folge hat.

Aufgaben

1 Bilden Sie mehrere Arbeitsgruppen. Schreiben Sie die Fragen a) bis j) auf Kärtchen (eine Frage pro Kärtchen). Beantworten Sie in den Gruppen die Fragen und schreiben Sie die Lösungen auf das jeweilige Kärtchen. Veranstalten Sie in Ihrer Gruppe ein Frage-Antwort-Spiel (wer die meisten Kärtchen gewinnt, ist Gruppensieger). Die Gruppensieger können anschließend den Klassensieger unter sich ausspielen.

Fragen:
a) Worin unterscheiden sich Individual- und Kollektivarbeitsvertrag?
b) Erklären Sie die Begriffe Tarifvertragspartner, Tarifautonomie, Tariffähigkeit.
c) Was versteht man unter einer Allgemeinverbindlicherklärung?
d) Unterscheiden Sie die Tarifvertragsarten nach den beteiligten Tarifvertragspartnern.
e) Unterscheiden Sie die Tarifvertragsarten nach dem Inhalt.
f) Unterscheiden Sie die Tarifvertragsarten nach dem Geltungsbereich.
g) Erklären Sie die Begriffe Schlichtung, allgemeine und besondere Schlichtung.
h) Erklären Sie die Begriffe Friedenspflicht, Streik, Aussperrung, kalte Aussperrung.
i) Wann endet die Friedenspflicht?
j) Welche Voraussetzung muss erfüllt sein, damit die Tarifvertragspartner Kampfmittel einsetzen dürfen?

2 Schildern Sie den Ablauf von

a) friedlichen Tarifverhandlungen,
b) Tarifverhandlungen mit Kampfmaßnahmen.

Tipp: Präsentieren Sie Ihre Ergebnisse mithilfe einer Plakatwand. Regeln der Metaplantechnik siehe im Anhang auf Seite 311 f.

3 Diskutieren Sie über Vor- und Nachteile

a) der Aussperrung,
b) der Mini-Max-Strategie,
c) des Flächentarifvertrags.

Tipp: Diskussionsregeln siehe im Anhang auf Seite 312.

4 Erläutern Sie mögliche Folgen eines Arbeitskampfes für

a) die Arbeitnehmer,
b) die Arbeitgeber,
c) die Volkswirtschaft.

5 Die Streikbereitschaft ist in fast allen Industriestaaten rückläufig. Begründen Sie diese Feststellung.

6 Führen Sie im Klassenverband das Rollenspiel „Arbeitskampf" durch.

Informationen:

- Der Gehaltstarifvertrag ist gekündigt. Die Gewerkschaft fordert 5 Prozent Gehaltserhöhung wegen höherer Produktivität, Inflation und Steuerbelastung.
- Der Branchenverband der Arbeitgeber klagt über die schlechte Auftragslage, Wettbewerbsnachteile wegen hoher Kostenbelastung und kündigt Entlassungen an.

Rollenkarten:

Gewerkschaftsdelegation

- Begründen Sie die Forderung nach Gehaltserhöhung.
- Weisen Sie den Gegenvorschlag der Arbeitgeber zurück.
- Rufen Sie ggf. zum Streik auf.

Delegation des Arbeitgeberverbands

- Stellen Sie die Position der Arbeitgeber dar.
- Weisen Sie die Forderungen der Gewerkschaft zurück.

Gewerkschaftsmitglieder

- Verfolgen Sie die Verhandlungen.
- Stimmen Sie für oder gegen den Streik, wenn die Verhandlungen scheitern.

---

a) Beurteilen Sie den Verlauf der Verhandlungen.
b) Beurteilen Sie das Verhalten Ihrer Mitschüler während des Rollenspiels.

Tipp: Regeln für das Rollenspiel siehe auf Seite 313.

7

Optionen des Arbeitgebers bei einem Streik

Das Bundesarbeitsgericht (BAG) hat in einer Reihe von Urteilen geklärt, welche Reaktionsmöglichkeiten der Arbeitgeber hat, wenn sein Betrieb bestreikt wird. Jede dieser Möglichkeiten ist mit unterschiedlichen Erklärungspflichten und Risiken verbunden.
Ein Arbeitgeber hat im Falle eines Streiks verschiedene Möglichkeiten.
● So kann er z. B. auf Kurzstreiks im Rahmen des Verhältnismäßigkeitsprinzips mit Aussperrungen reagieren. Nach Aufgabe der Privilegierung des sog. Warnstreiks ist davon auszugehen, dass auch der kurzfristige Streik ein Erzwingungsstreik ist, der von der Seite des Arbeitgebers mit Abwehrmaßnahmen beantwortet werden kann. Zu den zulässigen Abwehrmaßnahmen kann die Abwehraussperrung gehören. Dieses Recht hat auch ein Arbeitgeber, der keinem Verband angehört.

Durch eine Abwehraussperrung werden die beiderseitigen Rechte und Pflichten aus dem Arbeitsverhältnis suspendiert. Die Aussperrung muss gegenüber den Arbeitnehmern, deren Arbeitsverhältnisse suspendiert werden sollen, wie gegenüber der Gewerkschaft in hinreichend klarer Form erklärt werden. Das BAG verlangt keine bestimmte Form für diese Erklärung, doch muss sie eindeutig sein.
● Der Arbeitgeber kann sich aber auch dafür entscheiden, nicht auszusperren, sondern den Betrieb wenigstens teilweise mithilfe von Arbeitswilligen aufrechtzuerhalten, um damit die Wirkung des Streiks abzuschwächen. In diesem Falle sind nur die Arbeitsverhältnisse derjenigen Arbeitnehmer suspendiert, die sich am Streik beteiligen. Die nicht streikenden Arbeitnehmer bleiben zur Arbeitsleistung verpflichtet und behalten dem-

entsprechend auch ihren Anspruch auf Arbeitsentgelt.

Wenn der Arbeitgeber sich am Arbeitskampf nicht beteiligen will, aber eine Weiterbeschäftigung z. B. der arbeitswilligen Arbeitnehmer infolge eines vorangegangenen oder angekündigten Streiks unmöglich geworden ist, dann führen die Grundsätze des Arbeitskampfrisikos zu einem Wegfall der Lohnzahlungspflicht. Der Arbeitgeber, der sich auf diese Rechtslage beruft, greift nicht aktiv gestaltend in den Arbeitskampf ein, sondern macht eine rechtsvernichtende Einwendung geltend.

● Der Arbeitgeber ist nicht verpflichtet, einen bestreikten Betrieb oder Betriebsteil so weit wie möglich aufrechtzuerhalten. Er kann ihn für die Dauer des Streiks ganz stilllegen mit der Folge, dass die beiderseitigen Rechte und Pflichten aus dem Arbeitsverhältnis suspendiert werden und auch arbeitswillige Arbeitnehmer ihren Lohnanspruch verlieren.

Der Arbeitgeber kann sich also immer dem Streik beugen und den Betrieb stilllegen. Das Arbeitskampfrecht kennt keine Pflicht zur aktiven Abwehr von Kampfmaßnahmen. Bei dem kollektiven Charakter von Arbeitskämpfen ergibt sich aus dem Arbeitsverhältnis keine Verpflichtung, die arbeitswilligen Arbeitnehmer immer so lange zu beschäftigen, wie dies in den jeweiligen, oft rasch wechselnden Stadien des Streikgeschehens möglich ist und zumutbar erscheint. Anders als bei der Aussperrung beteiligt sich der Arbeitgeber mit der Stilllegungs- und Unterwerfungserklärung unter den Streikbeschluss der Gewerkschaft noch nicht aktiv am Arbeitskampf. Beugt er sich dem Streikbeschluss, so reagiert er nur auf ein Arbeitskampfmittel der Gegenseite. Insoweit liegt der Verzicht auf die Fortführung des Betriebes auf der gleichen Linie wie die Einstellung des Betriebes infolge arbeitskampfbedingter Fernwirkungen.

Die Beurteilung der Unmöglichkeit oder Unzumutbarkeit ist hier nur der Entscheidung des Arbeitgebers überlassen. Kommt dieser zu dem Ergebnis, dass eine Beschäftigung nicht möglich ist und verzichtet er deshalb auf die Arbeitsleistung der Arbeitnehmer in eindeutiger Form, so ist das zugleich als schlüssige Stilllegungserklärung zu werten.

Der Arbeitgeber ist übrigens nicht verpflichtet abzuwarten, ob und in welchem Umfang sich Arbeitnehmer an dem von der Gewerkschaft beschlossenen Streik beteiligen. Entscheidend ist, dass der Streik beschlossen und angekündigt war.

Will sich der Arbeitgeber dem Streik beugen und den Betrieb im Umfang des Streikaufrufs einstellen, so muss er dies erklären.

Adressaten der Erklärung des Arbeitgebers sind die Arbeitnehmer, die darüber Klarheit haben müssen, ob ihre Arbeitspflicht suspendiert ist oder nicht.

Die Erklärung des Arbeitgebers kann auch stillschweigend erfolgen. Macht er freilich nicht hinreichend deutlich, ob er sich dem Streik beugen oder den Betrieb weiterführen will, so ist Letzteres anzunehmen. Das gilt auch, wenn der Betrieb zwar zum Erliegen kommt, der Arbeitgeber aber den Eindruck erweckt, er wolle die Arbeitnehmer so bald und so weit wie möglich zur Arbeit heranziehen.

In diesem Fall müssen die Arbeitnehmer sich nämlich zur Verfügung halten, solange sie sich nicht dem Streik anschließen, was einer Erklärung von ihrer Seite bedürfte. Deshalb darf der Arbeitgeber keine Unklarheit über seine Reaktion auf den Streik entstehen lassen.

(Quelle: df: Optionen des Arbeitgebers bei einem Streik, in: Handelsblatt, 20./21. 01. 1996)

Der Autor beschreibt die Möglichkeiten (Optionen) und Voraussetzungen einer Aussperrung so wie die jeweiligen Folgen für die betroffenen Arbeitnehmer. Erstellen Sie eine Gliederung des Textes und fassen Sie die Kernaussagen zusammen.

Tipp: *Bilden Sie themengleiche Gruppen und analysieren Sie den Text (Regeln zur Gruppenarbeit und zur Textanalyse finden Sie im Anhang auf Seite 310).*

2.6 Leistungsgerechte Entgeltmodelle – jedem das, was er verdient

„Gleicher Lohn? Und die Muskeln Ihres männlichen Kollegen – ist das etwa gar nichts?"
Auf welches Problem will der Karikaturist aufmerksam machen?

Je nach Bemessungsgrundlage werden folgende Entgeltmodelle unterschieden:

Bemessungsgrundlage	Arbeitszeit	Leistungsmenge	Arbeitsergebnis
Entgeltsystem	● Zeitentgelt	● Akkordentgelt	● Prämienentgelt ● Mitarbeiter- beteiligung
		● Leistungsentgelt	

2.6.1 Zeitentgelt – mehr Zeit, weniger Ausschuss

Wird die Arbeitszeit (Stunden, Tage, Wochen, Monate) vergütet, die der Beschäftigte im Rahmen seines Arbeitsvertrags dem Betrieb zur Verfügung stellt, so liegt **Zeitentgelt** vor. Eine Sonderform des Zeitentgelts ist das **Gehalt** der Angestellten, das monatlich ausbezahlt wird.

Der Bruttoverdienst wird beim Zeitentgelt wie folgt berechnet:

Bruttoverdienst = Lohnsatz pro Zeiteinheit · Anzahl der Zeiteinheiten

Beispiel: War die Arbeitskraft 40 Stunden in der Woche anwesend und erhält laut Tarifvertrag einen Stundenverdienst von 15 EUR, so errechnet sich folgender Wochenverdienst:

Bruttoverdienst = 15 EUR/Stunde · 40 Stunden/Woche = 600 EUR pro Woche

Das Zeitentgelt findet seine Anwendung, wenn das Arbeitsergebnis nicht oder nur schwer messbar ist (Büro-, Kontroll-, Entwicklungsarbeiten, Arbeit der Führungskräfte), die Qualität der Arbeit vorrangig ist (wegen teurem Material, in Labors), das Arbeitstempo aufgrund der angewandten Technik vorgegeben ist (z. B. Fließband) oder wenn die Arbeit nach Art und Umfang nicht exakt vorausgeplant werden kann.

Sinkende Unfall- und Krankheitszahlen, besseres Betriebsklima aufgrund einheitlicher Bezahlung, Schonung der Betriebsmittel, geringe Ausschussquoten und einfache Entgeltberechnung und -verwaltung machen diese Entlohnungsform wirtschaftlich. Der Vorwurf, der Zeitentgelt sei nicht leistungsgerecht, ist nicht richtig, da mit der Bezahlung auch eine konkrete Vorstellung von der erwarteten Leistung verbunden ist und die erbrachte Leistung in Form einer **Leistungszulage** (aufgrund der Mitarbeiterbeurteilung) in das Entgelt einfließt.

Beispiel: Bei einem Stundenverdienst von 15 EUR entstehen folgende Lohnstückkosten:

Lohnkosten pro Stunde	15	15	15	15	15	**EUR**
Arbeitsleistung pro Stunde	10	15	20	25	30	**Stück**
Lohnkosten pro Stück	1,50	1,00	0,75	0,60	0,50	**EUR/Stück**

Um einen Leistungsanreiz zu schaffen, gehen immer mehr Betriebe dazu über, mit den einzelnen Arbeitnehmern oder den Arbeitsgruppen *Ziele zu vereinbaren*. Entsprechend dem Zielerreichungsgrad, der im Rahmen einer regelmäßigen Leistungsbeurteilung ermittelt wird, werden dann Bewertungspunkte verteilt, die in Leistungszulagen umgerechnet werden.

Beispiel: Zeitentgelt mit Leistungszulage (LZ)

2.6.2 Akkordentgelt – mehr Leistung, mehr Lohn

Wird die Arbeitskraft entsprechend ihrer geleisteten Arbeitsmenge entlohnt, dann liegt **Akkordentgelt** vor. Es besteht ein unmittelbarer Bezug zwischen Leistung und Entgelthöhe.

Das Akkordentgelt setzt sich aus einem tariflich garantierten **Mindestentgelt** und dem **Akkordzuschlag** (zwischen 15 bis 25 Prozent des Mindestentgelts) zusammen. Mindestentgelt und Akkordzuschlag ergeben das **Grundentgelt**, das auch als **Akkordrichtsatz** bezeichnet wird. Er stellt den Verdienst einer Arbeitskraft bei **Normalleistung** dar und ist höher als das Zeitentgelt für eine vergleichbare Arbeitsleistung. Die Normalleistung wird für jeden Arbeitsvorgang mittels Arbeitszeitstudien ermittelt.

Akkordrichtsatz = Mindestentgelt + Akkordzuschlag

Der Bruttoverdienst wird beim **Zeitakkord** wie folgt berechnet:

Zeitakkordsatz (Vorgabezeit) = *60 Minuten : Normalleistung pro Stunde*
Minutenfaktor = *Akkordrichtsatz : 60 Minuten*
Bruttoverdienst = *Zeitakkordsatz · Leistungsmenge · Minutenfaktor*
Stundenverdienst = *Bruttoverdienst : Stundenzahl*

Beispiel: Das Mindestentgelt eines Drehers beträgt 15 EUR/Stunde, der Akkordzuschlag 20 Prozent, als Normalleistung wurden sechs Stück pro Stunde ermittelt (die Vorgabezeit beträgt zehn Minuten pro Stück). Der Dreher hat in der Woche 300 Teile gefertigt und war dabei 40 Stunden anwesend. Daraus errechnet sich folgender Bruttoverdienst:

Akkordrichtsatz = 15 EUR + 20 % · 15 EUR = 18,00 EUR pro Stunde
Normalleistung = 60 Minuten : 10 Minuten = 6 Stück in einer Stunde

Zeitakkordsatz (Vorgabezeit)	= 60 Minuten : 6 Stück	= 10 Minuten pro Stück
Minutenfaktor	= 18 EUR : 60 Minuten	= 0,30 EUR pro Minute
Bruttoverdienst	= 10 Minuten/Stück · 300 Stück · 0,30 EUR/Minute	= 900 EUR
Stundenverdienst	= 900 EUR : 40 Stunden	= 22,50 EUR pro Stunde

Das Akkordentgelt ist in der Industrie weit verbreitet. Ernsthafte Bedenken werden unter dem Schlagwort „Akkord ist Mord" vorgebracht und richten sich gegen zu niedrig veranschlagte Akkordsätze (Geld- bzw. Zeitakkordsätze), die die Arbeitskraft zu andauernder Höchstleistung zwingen. Die Gewerkschaften versuchen, vor allem die berüchtigte „Akkordschere" zu verhindern. Bei hohen Verdiensten soll nicht mehr ohne Weiteres der Zeitakkordsatz heruntergesetzt werden können.

Die Ablösung des **Einzelakkords** durch **Gruppenakkord** (gemeinsame Entlohnung aller Arbeitskräfte einer Gruppe) hat zur Folge, dass die schwächeren Gruppenmitglieder eine Zeit lang von der Gruppe mitgetragen werden, doch dann verstärkt sich der Gruppendruck auf diese Leistungsschwachen.

Akkordentgelt

Vorteile	Nachteile
• Leistungsanreiz • Mehrleistung wird bezahlt • Ausnützung der Maschinenkapazität, dadurch • Kostendegression • genaue Kalkulation, da Lohnkosten je Stück konstant sind, wenn die Arbeitskräfte die Normalleistung erreichen	• Gesundheitsschädigung durch überhöhtes Arbeitstempo • Überanstrengung • Verschleiß von Betriebsmitteln • Qualitätsminderung • Notwendigkeit zusätzlicher Qualitätskontrollen • aufwendige Lohnermittlung und Lohnabrechnung • ständiger Wettbewerb verschlechtert das Betriebsklima

2.6.3 Prämienentgelt – mehr Leistung, weniger Fehler

Wird neben dem Grundentgelt (z. B. Zeitentgelt) planmäßig ein zusätzliches Entgelt, die Prämie, gewährt, dann handelt es sich um ein **Prämienentgelt**. Dabei bietet nur die Prämie Leistungsanreize, das Grundentgelt (Fixum) ist tariflich garantiert.

Die vielfältigen Einsatzmöglichkeiten machen das Prämienentgelt gegenüber dem Akkordentgelt vorteilhaft.

Berechnungsgrundlagen für Prämien	
• Mengenprämie, z. B. Unterschreitung der Vorgabezeit • Terminprämie, z. B. Termineinhaltung eiliger Aufträge • Sorgfaltsprämie, z. B. sorgsame Werkzeugbehandlung	• Güteprämie, z. B. Verringerung des Ausschusses • Nutzungsprämie, z. B. günstige Maschinenausnutzung • Ersparnisprämie, z. B. Rohstoffeinsparung
└──────► kombinierte Prämiensysteme ◄──────┘ z. B. Mengen- + Ersparnisprämie	

Beispiel: Wird die Vorgabezeit unterschritten, erhält die Arbeitsperson 50 Prozent des ersparten Zeitentgelts.

Tariflicher Stunden-verdienst (Zeitent-gelt)	Vor-gabe-zeit pro Stück	Be-nötigte Zeit	Zeit-erspar-nis pro Stunde	Zeit_erspar-nis-Prämie pro Stunde	Effektiver Stundenver-dienst (Prämien-entgelt)	Gefertigte Stückzahl pro Stunde
15 EUR/Std.	10 Min.	10 Min.	0 Min.	0,00 EUR	15,00 EUR/Std.	6,00 Stück
15 EUR/Std.	10 Min.	9 Min.	6 Min.	0,75 EUR	15,75 EUR/Std.	6,67 Stück
15 EUR/Std.	10 Min.	8 Min.	12 Min.	1,50 EUR	16,50 EUR/Std.	7,50 Stück
15 EUR/Std.	10 Min.	7 Min.	18 Min.	2,25 EUR	17,25 EUR/Std.	8,57 Stück
15 EUR/Std.	10 Min.	6 Min.	24 Min.	3,00 EUR	18,00 EUR/Std.	10,00 Stück

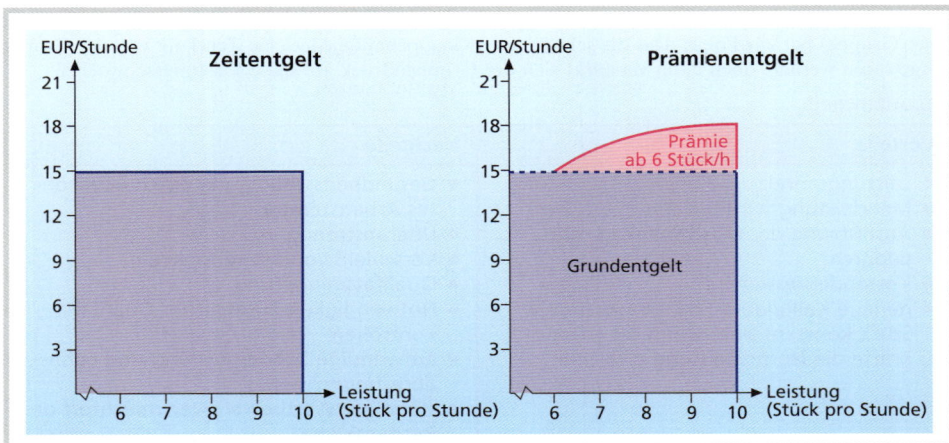

Allgemein gesehen ist das Prämienentgelt das geeignete Entgeltsystem für Arbeiten, bei denen das Ergebnis weniger von körperlichen Fähigkeiten und Muskelkraft abhängt, sondern mehr von geistigen Leistungen (durch Aufmerksamkeit und Umsicht, aufgrund von Dispositionsvermögen, Urteilsfähigkeit usw.) des arbeitenden Menschen bestimmt wird.

Daher sind Prämiensysteme angebracht, wenn die Beeinflussung der qualitativen Gesichtspunkte und Begleitumstände der Aufgabenerfüllung im Vordergrund stehen und nicht ausschließlich eine mengenmäßige Beziehung zwischen Erzeugungsleistung und Arbeitsentgelt hergestellt werden soll.

Ein Prämiensystem kann bei Einzel- oder Gruppenarbeit angewandt werden. Das Arbeitsergebnis ist oft das Produkt einer Gemeinschaftsleistung, sodass die Prämie unter mehreren Personen aufgeteilt werden muss. So können in einem Betrieb **Einzelprämien** (z. B. für Mengenprämie) neben **Gruppenprämien** (z. B. für höhere Auslastung einer Produktionsanlage oder Maschinengruppe) und **Gesamtprämien** vorkommen. Gesamtprämien werden für alle Mitarbeiter einer Abteilung oder des gesamten Betriebes häufig als Ersparnisprämien (z. B. für sparsamen Hilfs- und Betriebsstoffverbrauch oder allgemeine Einsparung von Gemeinkosten als sog. **„Gemeinschaftsleistungsprämien"**) gewährt.

Auch Prämiensysteme werden zunehmend in einem *Zielvereinbarungsprozess* mit den einzelnen Mitarbeitern oder Arbeitsgruppen festgelegt.

2.6.4 Mitarbeiterbeteiligung – Mitarbeiter an sich binden

Der Gewinn eines Unternehmens steht rechtlich dem Eigentümer zu. Dagegen ist einzuwenden, dass der Gewinn nicht nur durch die Bereitstellung des Kapitals, sondern auch durch die Arbeitsleistung aller Mitarbeiter/-innen erwirtschaftet wird. Somit hätten diese auch einen Anspruch auf einen Anteil am Gewinn. Der Einwand, dass dann jeder Arbeitnehmer auch am Verlust beteiligt sein müsse, wird dadurch entkräftet, dass er ja das Risiko des Arbeitsplatzverlustes trägt. Auch in diesem Bereich ist der immerwährende gesellschaftliche Konflikt zwischen Arbeit und Kapital sichtbar.

Die Beteiligung der Mitarbeiter an der Unternehmung ist immer ein **Zuschlag** zum normalen Entgelt und kann verschiedene **Gründe** haben:

- Sozialethische Gründe, z. B. Verständnis für den Wert der geleisteten Arbeit,
- Verbesserung des Betriebsklimas durch Erhöhung der Arbeitszufriedenheit,
- Schaffung von Leistungsanreizen („man arbeitet für sich selbst"),
- Bindung der Arbeitnehmer an den Betrieb (Partnerschaftsgedanke),
- Aufbringung von Kapital mangels anderer Möglichkeiten.

Die wichtigsten **Arten der Mitarbeiterbeteiligung** sind:

- Umsatzbeteiligung;
- Gewinnbeteiligung (Profitsharing);
- Kapitalbeteiligung (Mitunternehmerschaft), z. B. durch Belegschaftsaktien;
- Arbeitnehmerdarlehen mit Mindestverzinsung, wobei die Darlehenssumme wegen des Insolvenzrisikos zu versichern ist.

Durch Befragungen betroffener Mitarbeiter fand man heraus, dass diese eine Erfolgsbeteiligung in Form direkter **Geldzuwendungen** gegenüber einer Kapitalbeteiligung mit anschließender Verzinsung vorziehen.

Die Mitarbeiterbeteiligung macht es möglich, dass breite Bevölkerungsschichten *Zugang zum Produktivkapital* erhalten. Dadurch sind die Mitarbeiter unmittelbar am Wachstum ihrer Unternehmen beteiligt und können sich so ein weiteres Standbein zur Alterssicherung aufbauen.

In letzter Zeit machen sogenannte **Management-Buy-outs** von sich reden. Bei dieser besonderen Form der Mitarbeiterbeteiligung kaufen eine oder mehrere Führungskräfte (Manager) ihre Unternehmung ganz oder teilweise auf. Dies kann die Fortführung der Unternehmung sichern, wenn die bisherigen Eigentümer aufgeben wollen.

■ Entgeltsysteme für teilautonome Gruppen

Für die Entlohnung teilautonomer Gruppen sind das Zeitentgelt wegen seiner geringen Anreizwirkung und das Akkordentgelt wegen der damit verbundenen Qualitätskosten ungeeignet. Viele Unternehmen bauen Entgeltsysteme für Gruppenarbeit auf drei Bausteinen auf.

Die drei Bestandteile des Gesamtentgelts (**anforderungsorientiertes Grundentgelt, individuelle Leistungszulage** und **Gruppenzulage**) beinhalten jeweils unterschiedliche Herausforderungen. Auf dem Gebiet der anforderungsgerechten Entlohnung geht es vor allem um die Differenzierung bzw. Angleichung der Arbeitswerte bzw. Entgeltgruppen innerhalb des Teams.

Honoriert werden auch Qualitätspotenziale, die nicht ständig genutzt werden. *Die persönliche Leistungszulage* wirft eher herkömmliche Gestaltungsprobleme auf, die mit der Objektivität der Leistungsbeurteilung (durch den Meister in Zusammenarbeit mit dem Gruppensprecher) und mit einem möglichen Konflikt zwischen individueller Profilierung einerseits und mannschaftsdienlichem Verhalten andererseits zusammenhängen.

Als Bezugsgrößen für die Ermittlung von *Gruppenzulagen* kommen u. a. Kennzahlen der Anlagennutzung, Qualität, Termineinhaltung und der Gemeinkostenersparnis zum Einsatz. Die Aufstellung einheitlicher Regeln, nach denen die Gruppenprämie auf die Gruppenmitglieder zu verteilen ist, beinhaltet ein beträchtliches Konfliktpotenzial.

Die ständige Erhöhung von Leistungsanforderungen entspricht grundsätzlich der Philosophie des Kontinuierlichen Verbesserungsprozesses (KVP).

Beispiel: Im Rahmen eines Entgeltsystems von Fertigungsinseln eines Kfz-Zulieferers werden alle Mitarbeiter in die gleiche Entgeltgruppe entsprechend der Arbeitsschwierigkeit eingruppiert; lediglich der Gruppensprecher erhält einen Zuschlag. Zusätzlich zum Grundentgelt wird ein Leistungsentgelt gewährt. Er setzt sich aus einem Einzelakkord (basierend auf individuell gefertigten Teilen und Vorgabezeiten) und aus einem gruppenbezogenen Prämienentgelt (Gemeinkostenersparnisprämie) zusammen. Man geht beim Prämienentgelt davon aus, dass im Zeitverlauf ein konstanter indivdueller Leistungsgrad vorliegt, sodass sich der Erfolg der Insel nur durch sinkende Gemeinkostentätigkeiten (z. B. Rüsten, Disposition) erhöhen lässt. Insbesondere eine effizientere Organisation der Gruppenarbeit führt zu Entgeltverbesserungen, weniger dagegen höhere Mengenleistungen.

Zusammenfassung

- ■ Wird die Arbeitszeit vergütet, die der Beschäftigte im Rahmen seines Arbeitsvertrags dem Betrieb zur Verfügung stellt, so liegt **Zeitentgelt** vor. Eine Sonderform des Zeitentgelts ist das **Gehalt** der Angestellten.
- ■ **Zeitentgelt:** Bruttoverdienst = Lohnsatz pro Zeiteinheit · Anzahl der Zeiteinheiten
- ■ Wird die Arbeitskraft entsprechend ihrer geleisteten Arbeitsmenge entlohnt, dann liegt **Akkordentgelt** vor. Der Akkordrichtsatz (Grundentgelt) ist der Verdienst einer Arbeitskraft bei **Normalleistung**.
- ■ **Grundentgelt:** Akkordrichtsatz = Mindestentgelt + Akkordzuschlag
- ■ Man unterscheidet folgende Arten des Leistungsentgelts:
  - ● **Zeitakkord:** Bruttoverdienst = Zeitakkordsatz · Leistungsmenge · Minutenfaktor
  - ● **Prämienentgelt:** Bruttoverdienst = Grundentgelt + Prämie

- Die wichtigsten Arten der **Mitarbeiterbeteiligung** sind:
  - Umsatzbeteiligung
  - Gewinnbeteiligung
  - Kapitalbeteiligung
  - Arbeitnehmerdarlehen

- **Entgeltsysteme für Teams** enthalten drei Bestandteile: das anforderungsorientierte Grundentgelt, die individuelle Leistungszulage und die Gruppenzulage.

Aufgaben

1   Die Kurt Weller KG schafft das Akkordentgelt ab

Die Unternehmensleitung der Kurt Weller KG und der Betriebsrat haben ein neues Entgeltsystem entwickelt. Danach wird das Akkordentgelt „im Großen und Ganzen" abgeschafft. Die Mitarbeiter erhalten stattdessen ein konstantes Monatsentgelt auf Basis einer vereinbarten Leistung, auch bei geringerem Arbeitsanfall. Generell werden die Zeitspielräume für die Fertigung vorgegebener Stückzahlen flexibler und erweitert. Bisherige Akkordlöhner erhalten ein Prämienentgelt. Dieses besteht aus einem Grundentgelt und einer Weller-Zulage. In dieser Höhe entspricht es dem bisherigen Entgelt. Zusätzlich kann ein Mitarbeiter noch eine persönliche Zulage erhalten. Mit der Einführung des neuen Entgeltsystems will Weller den Beitrag des einzelnen Mitarbeiters zum Gruppenergebnis honorieren.

Damit sollen neben der Funktion des Mitarbeiters seine Entscheidungsspielräume und die Schwierigkeit und Vielseitigkeit seiner Aufgabe berücksichtigt werden. Die höchste Stufe der monatlichen persönlichen Zulage erhalten Mitarbeiter, die durch Zusammenwirken, Arbeitsqualität und Initiative das Gruppenergebnis maßgeblich beeinflussen. Die persönliche Zulage teilt sich in vier Stufen. In der höchsten Stufe beträgt sie 150,00 EUR monatlich. Die Zulage wird einmal jährlich in einem Gespräch zwischen Vorgesetzten und Gruppenmitgliedern ausgehandelt. Das Einzelentgelt wird durch Prämien für Verbesserungsvorschläge ergänzt.

a) *Finden Sie mögliche Gründe für die Abschaffung des Akkordentgelts.*

b) *Nennen Sie wichtige Voraussetzungen für die Akkordentlohnung.*

c) *Erstellen Sie eine Tabelle, in der Sie Vor- und Nachteile der Akkordentlohnung einander gegenüberstellen.*

d) *Entscheiden Sie über die Eignung des Zeit- oder Akkordentgelts für folgende Tätigkeiten: Sekretärin, Pförtner, Bote, Dreher, Maurer, Verkäufer, Meister, Packer, Datentypistin in einem zentralen Schreibbüro, Programmierer, Fernfahrer.*

2

Bisher wurde in der Abteilung Dreherei nach Akkord entlohnt. Die Zeitaufnahme für das Drehen von Motorwellen brachte bei Normalleistung folgende Ergebnisse:

Tätigkeit	Minuten
Auftrag lesen	10
Material bereitstellen	25
Maschine einrichten	40
Welle drehen	7
Arbeitsplatz aufräumen	25

a) *Ordnen Sie die aufgeführten Tätigkeiten der Rüstzeit (auftragsfixe Zeit) bzw. der Ausführungszeit (hängt von der zu produzierenden Stückzahl ab) richtig zu.*

b) *Berechnen Sie die Vorgabezeit (Rüstzeit und Ausführungszeit) für das Drehen von 200 Motorwellen.*

c) *Berechnen Sie die Normalleistung in Stück je Stunde.*

d) *Ein Dreher erhält ein Grundentgelt von 15,00 EUR/Stunde und einen Akkordzuschlag von 20 Prozent. Berechnen Sie den Bruttoverdienst eines Drehers für die Fertigung von 400 Motorwellen.*

e) *Wie wirken sich unterschiedliche Leistungsgrade auf den effektiven Stundenverdienst aus? Berechnen Sie den Leistungsgrad und den effektiven Stundenverdienst, wenn der Dreher 40 Stunden für die 400 Motorwellen benötigte.*

f) *Schlagen Sie für die Entlohnung der Dreher nach der Einführung der computergesteuerten Drehbänke ein anderes Entgeltsystem als das Akkordsystem vor. Begründen Sie Ihren Vorschlag ausführlich.*

3 *Ein Akkordarbeiter erhält ein Mindestentgelt von 15,00 EUR und einen Akkordzuschlag von 15 Prozent. Er hat an 300 Werkstücken Feilarbeiten zu leisten, die Vorgabezeit beträgt pro Stück zwei Minuten. Der Akkordarbeiter war acht Stunden anwesend.*

a) *Berechnen Sie das Zeitentgelt für die Zeit, die er anwesend war, um die 300 Werkstücke zu feilen.*

b) *Berechnen Sie die Normalleistung.*

c) *Berechnen Sie Bruttoverdienst und Stundenverdienst nach dem Geldakkord.*

d) *Berechnen Sie Bruttoverdienst und Stundenverdienst nach dem Zeitakkord.*

e) *Berechnen Sie den (effektiven) Stundenverdienst bei Akkordentlohnung und begründen Sie die unterschiedliche Lohnhöhe bei Zeit- und Akkordentgelt.*

f) *In der Praxis werden die Stunden häufig in 100 Dezimalminuten eingeteilt. Berechnen Sie den Zeitakkord, indem Sie Dezimalminuten zugrunde legen.*

g) *Welchen Vorteil hat die Akkordentgeltberechnung mit Dezimalminuten?*

h) *Welche Vorteile hat das Zeitentgelt gegenüber dem Geldakkord?*

4 *Ein anderer Akkordarbeiter feilt in der gleichen Zeit 350 Werkstücke. Er wird nach den gleichen Bedingungen bezahlt (siehe Aufgabe 3).*

a) *Berechnen Sie den Zeitentgelt dieses Arbeiters.*

b) *Berechnen Sie dessen Akkordentgelt.*

c) *Vergleichen Sie die Ergebnisse und begründen Sie die Abweichung.*

5

Motiviert

a) *Was will der Karikaturist ausdrücken?*

b) *Diskutieren Sie über Vor- und Nachteile der Mitarbeiterbeteiligung.*

c) *Welche Möglichkeiten der Mitarbeiterbeteiligung kennen Sie?*

6 **Entgeltsystem für Gruppenarbeit bei der Weller KG**

Der Zielvereinbarungsprozess verläuft wie folgt:

- Team und Vorgesetzter vereinbaren für den zukünftigen Bewertungszeitraum drei Leistungsziele, das Leistungsniveau für jedes Ziel und die Dauer des Bewertungszeitraumes.

- Das Leistungsergebnis wird während des Bewertungszeitraumes jeden Montag für die vergangene Woche und kumuliert für den Bewertungszeitraum der Teams zurückgemeldet.

- Am Ende des Bewertungszeitraumes beurteilen das Team und der Vorgesetzte den Zielerreichungsgrad des Teams und dokumentieren ihn in einem Formblatt. Der Summe der so erreichten Bewertungspunkte entspricht ein Bonus für das Quartal je Mitarbeiter, der mit der nächsten Entgeltzahlung ausgezahlt wird.

Formblatt für die Zielvereinbarung

Leistungsziele	Leistungsniveau	Zielerreichungsgrad			
Arbeits-produktivität	Soll: 83 % Ist:	0	2	4	8
Fehlerquote	Soll: 4 % Ist:	0	1	2	4
Durchlaufzeit	Soll: 36 Stunden Ist:	0	1	2	4
Summe der Bewertungspunkte		0 bis 4	5 bis 8	9 bis 12	13 bis 16
Bonus im Quartal je Mitarbeiter		0,00 EUR	130,00 EUR	250,00 EUR	400,00 EUR

a) Beschreiben Sie die Bestandteile dieses Entgeltsystems für Gruppenarbeit.

b) Erörtern Sie mögliche Probleme dieses Entgeltsystems für Gruppenarbeit.

7[1] Die Produkte der Keramikwerke Werner Wagner genießen auf dem keramischen Markt seit Jahren einen besonders guten Ruf für hervorragende Qualität.

In Gruppe IV der Abteilung Produktion werden Waschbecken hergestellt. Mit der Fertigung sind 20 Arbeitnehmer beschäftigt. Gruppenleiter ist Herr Renner.

Bei der Herstellung der Waschbecken wird vom Arbeiter besondere Sorgfalt verlangt. Das Becken muss zuerst geformt werden, danach wird es im Ofen gebrannt (große Gefahrenquelle für Ausschuss) und anschließend zum Lagerplatz gefahren, wo es einer letzten Säuberung und gleichzeitigen Kontrolle unterzogen wird. Vom rein technischen Ablauf her wäre eine Trennung in einzelne Arbeitsgänge leicht durchführbar. Es hat sich jedoch in den letzten Jahren erwiesen, dass das Verantwortungsbewusstsein der Arbeiter steigt, wenn sie für die Herstellung eines Waschbeckens von Beginn bis Ende allein zuständig sind. Bis vor einem Jahr wurden die 20 Arbeiter nach Zeit bezahlt. Der Stundenverdienst betrug 15,00 EUR. Damals wurden im Jahresdurchschnitt 7 500 Waschbecken geformt und im Ofen gebrannt. Bei der Kontrolle stellte sich ein langjähriger Durchschnitt von 4 Prozent Ausschuss heraus. Vor etwa 1 1/2 Jahren wurde auf Vorschlag des Betriebsrates untersucht, ob eine Umstellung von Zeitentgelt auf Akkordentgelt nicht eine Steigerung der Verdienstmöglichkeit bei leistungsgerechter Entlohnung ermögliche und das Betriebsklima fördere. Die sorgfältig durchgeführte Untersuchung führte zufolgendem Ergebnis: In Gruppe IV soll der Akkordsatz je gebranntem Stück 82,50 EUR

---

[1] Nach: Fallstudie „Heuern oder feuern?" Autoren: Ulrich Besch, Münsingen, Gerhard Raiser, Tübingen.

betragen. Der Unternehmer, Herr Werner Wagner, stimmte damals dem Ergebnis zu, weil er sich eine Verbesserung des Betriebsklimas versprach. Seit genau einem Jahr wird nach Akkordentgelt bezahlt.

Bereits während des Jahres hat der Gruppenleiter, Herr Renner, feststellen müssen, dass sich der Ausschuss wesentlich erhöht hat. Immer wieder sprach er eindringlich mit den Arbeitern und wies auch darauf hin, dass Herr Wagner sich dies bestimmt nicht lange ansehen werde.

Nun, nach Ablauf eines Jahres, wird Herr Renner zu einem Gespräch mit Herrn Wagner geladen. Letzter Teil dieses Gesprächs: „Herr Renner, ich habe nicht die geringste Lust, weiterhin so viel Ausschuss in Kauf zu nehmen. Entweder Sie lassen sich bis in 14 Tagen etwas einfallen, oder ich werde einige jener Arbeiter mit den höchsten Ausschussquoten entlassen."

a) Herr Renner lässt sich von der Abteilung Rechnungswesen Unterlagen über Gruppe IV geben. Anhand derer will er überprüfen, ob die Ziele, die mit der Einführung des Akkordsystems angestrebt wurden, erreicht werden konnten.

Daten des Rechnungswesens über die Gruppe IV:
Die Berechnungen wurden unter der Annahme durchgeführt, dass durch die Umstellung die Produktionsmenge um etwa 15 Prozent steigen und die Ausschussquote sich bei etwa 5 Prozent einpendeln werde.

Akkordrichtsatz	Mindestentgelt lt. Tarifvertrag:	15,00 EUR
	+ 10 % Akkordzuschlag:	1,50 EUR
	Akkordrichtsatz:	16,50 EUR
Normalleistung	360 Stück in 1800 Stunden	= 0,20 Stück pro Stunde
Vorgabezeit (Zeitakkordsatz)		300 Minuten pro Stück
Geldakkordsatz	16,50 EUR/0,20 Stück	82,50 EUR pro Stück
Verkaufspreis		140,00 EUR pro Stück

Situation bei Stundenverdienst:

Gebrannt wurden   7500 Stück
verkaufsfähig waren   7200 Stück

Ergebniskonto der Gruppe IV (gekürzt)

Kosten	958000 EUR	Verkaufserlöse	
davon Fertigungs-		7200 · 140 EUR/Stück =	1008000 EUR
löhne	540000 EUR		
Ergebnis	50000 EUR		

Situation bei Akkordentgelt:

Gebrannt wurden   9000 Stück
verkaufsfähig waren   8100 Stück

Ergebniskonto der Gruppe IV (gekürzt)

Kosten	1086000 EUR	Verkaufserlöse	
davon Fertigungs-		8100 · 140 EUR/Stück =	1134000 EUR
löhne	742500 EUR		
Ergebnis	48000 EUR		

b) Herr Renner überlegt, durch welche Maßnahmen die alte Ausschussquote wieder erreicht werden könnte.

c) Für die Besprechung mit Herrn Wagner vergleicht Herr Renner – unter der Annahme, dass sich die Ausschussquote wieder bei 4 Prozent stabilisiert – das Ergebnis der Gruppe IV bei
1. Einführung einer Qualitätsprämie,
2. Einstellung eines Kontrolleurs.

Zu Vorschlag 1

Herr Renner geht von folgendem Modell der Prämienentlohnung aus:
- Die Ausschussquote soll von 10 auf 4 Prozent gesenkt werden.
- Die sich durch sinkende Ausschussquote ergebenden Mehrerlöse werden auf Arbeitnehmer und Arbeitgeber zu gleichen Teilen verteilt.
- Der Akkordsatz je Stück in Höhe von 82,50 EUR bleibt erhalten und gilt für jedes gebrannte Stück.
- Für jedes verkaufsfähige Stück wird unter der Bedingung, dass die Ausschussquote weniger als 10 Prozent beträgt, eine Prämie bezahlt.
- Ausgangspunkt der Berechnungen ist die Zahl der gebrannten Stücke des letzten Jahres.
- Tabelle zur Prämienberechnung:

Ausschuss in %	Verkaufs-fähige Stücke	Zusätzliche verkaufs-fähige Stücke	Gesamter Mehrver-kaufserlös EUR	Arbeitneh-meranteil am Mehrerlös EUR	Prämie je Stück EUR

Zu Vorschlag 2

Auswirkungen bei der Einstellung eines Kontrolleurs:
- Um die Ausschussquote auf 4 Prozent zu senken, müsste eine Vollzeitkraft eingestellt werden.
- Personalkosten (einschließlich sämtlicher Nebenkosten) für einen Kontrolleur im Jahr 30 000,00 EUR.
- Die Zahl der gebrannten Stücke des letzten Jahres wird gehalten.

d) Abschließend wertet er die Vor- und Nachteile der beiden Maßnahmen und macht Herrn Wagner einen Vorschlag.
Treffen Sie eine endgültige Entscheidung mithilfe einer Entscheidungsbewertungstabelle, in der Sie auch qualitative Kriterien wie Arbeitszufriedenheit, Personalentwicklungsmöglichkeit, Umweltschutz usw. berücksichtigen.

Gewichtungsfaktoren

unverzicht-bar = 4	sehr wichtig = 3	wichtig = 2	weniger wichtig = 1	unwichtig = 0

Bewertungsskala (Notenpunkte)

sehr gut = 3	gut = 2	mittel-mäßig = 1	schlecht = 0

Entscheidungsbewertungstabelle

Alternativen	Ge-wich-tung	Zeitentgelt		Akkord-entgelt		Akkord-entgelt mit Kontrolleur		Prämien-entgelt	
Vergleichskriterien	G	B	G × B	B	G × B	B	G × B	B	G × B

2.7   System der Sozialversicherung – Gefahr im Verzug

Problem

Es geschah auf dem Weg zum Ausbildungsbetrieb

Eigentlich könnte Katja Müller mit diesem Mittwoch zufrieden sein: Bestes Wetter, das bevorstehende Wochenende fiel diesmal um zwei Tage länger aus, weil der Donnerstag ein Feiertag war und sie am Freitag einen Urlaubstag bekommen hat. Zudem hat Gulio, ihr Freund, auch Urlaub bekommen. Vergnügt tritt Katja in die Pedale ihres neu erworbenen Mountainbikes. Noch 50 Meter – dann links in die Industriestraße abbiegen. Ihr Ausbildungsbetrieb liegt auf der anderen Straßenseite. Endlich wieder Urlaub. Vier Tage Paris, Euro-Disneyland. Hoffentlich bekommt Gulio das Auto seiner Eltern. Da – ein kreischender Ton reißt sie aus ihren Gedanken. Bremsen quietschen. Beinahe wie im Traum, als sei sie gar nicht beteiligt, bemerkt Katja den Lastwagen unmittelbar vor ihr. Deutlich kann sie hinter der Windschutzscheibe das entsetzte Gesicht des Fahrers erkennen. Dann wird ihr schwarz vor Augen. Sie wacht erst wieder auf der Unfallstation auf. Ein Bein und einen Arm kann sie nicht bewegen; beide Körperteile sind komplett eingegipst.

Alle möglichen Fragen schießen Katja durch den Kopf. Wer kommt für die Krankenhausbehandlung auf? Wie lange wird meine Ausbildungsvergütung weiter bezahlt? Was passiert mit meinem Ausbildungsplatz? Was geschieht, wenn ich für den Rest meines Lebens gehbehindert bin? Wer kommt für eine mögliche Umschulung auf?
Helfen Sie Katja Müller bei der Beantwortung dieser Fragen.

Sachdarstellung

Die deutsche Sozialversicherung blickt auf eine sehr lange, bewegte Geschichte zurück. Die ersten Denkmodelle stammen aus der Feder eines Reichskanzlers. **Otto von Bismarck** hat sich Ende des 19. Jahrhunderts der sozialen Frage angenommen.

2.7.1   Zweige und Träger der Sozialversicherung

Gründungsjahr	Versicherungszweig	Versicherungsträger
1883	Gesetzliche Krankenversicherung	Allgemeine Ortskrankenkasse (AOK), Innungs-, Betriebskrankenkassen, Ersatzkassen (DAK, KKH, BEK usw.), Landwirtschaftliche Krankenkassen u.a.
1884	Gesetzliche Unfallversicherung	Berufsgenossenschaften einzelner Branchen, Eigenunfallversicherungen (Bund, Länder, Gemeinden)
1889 1911	Gesetzliche Rentenversicherung der Arbeiter bzw. der Angestellten	Deutsche Rentenversicherung Bund (DRV) in Berlin mit Regionalträgern (z.B. DRV Schwaben, DRV Oberbayern, DRV Rheinland)
1927	Gesetzliche Arbeitslosenversicherung	Bundesagentur für Arbeit in Nürnberg mit Regionaldirektionen und Agenturen für Arbeit
1995	Gesetzliche und private Pflegeversicherung	Pflegekassen der gesetzlichen Krankenkassen bzw. der privaten Krankenkassen

2.7.2 Beiträge und wesentliche Leistungen

Versicherungs-zweig	Versicherungs-pflicht	Beiträge[1]	Wesentliche Leistungen
● **Gesetzliche Kranken-versiche-rung** (SGB I § 21, V)	Arbeitnehmer bis zur Versiche-rungspflicht-grenze, Rentner, Auszubildende, Wehrdienstleis-tende	14,9 % des Brut-toentgelts, Arbeitnehmer 7,9 %, Arbeit-geber 7,0 %	Maßnahmen zur Früherkennung von Krankheiten, Krankenhilfe (ärztliche Behandlung durch Vertragsärzte, Arz-nei-, Verbands-, Heil-, Hilfsmittel, Zahn- und Krankenhausbehandlung), kostenlose Familienhilfe für Angehöri-ge des Versicherten ohne eigenes Ein-kommen usw.[2]
● **Gesetzliche Unfallver-sicherung** (SGB I § 22, VII)	Arbeitgeber muss seine Ar-beitnehmer versichern las-sen, ebenso un-entgeltlich Hil-feleistende	Je nach Gefah-renklasse des Be-triebs, Arbeit-geber bringt Bei-träge alleine auf (ca. 1,3 % von der Lohnsumme)	Maßnahmen zur Unfallverhütung, Heilbehandlung nach Arbeitsunfall (auch Wegeunfall zum Arbeitsplatz) oder bei Berufskrankheiten, Rehabili-tationsmaßnahmen (Kur, Umschulung usw.), Verletzten-, Übergangsgeld, Unfallrente
● **Gesetzliche Rentenver-sicherung** (SGB I § 23, VI)	Arbeitnehmer, Auszubildende, Wehrdienstleis-tende, unent-geltlich tätige häusliche Pfle-gekräfte	19,9 % des Brut-toentgelts, Ar-beitnehmer und Arbeitgeber je zur Hälfte, Bun-deszuschuss	Regelaltersrente[3] ab 67 Lebensjahre, Erwerbsminderungsrente bei einge-schränkter Arbeitskraft (Leistungsver-mögen pro Tag weniger als 3 Stunden: volle Rente, weniger als 6 Stunden: halbe Rente) zunächst für maximal 3 Jahre, Rehabilitationsmaßnahmen
● **Gesetzliche und private Pflegever-sicherung** (SGB I § 21 a, IX)	Gesetzlich und privat Kranken-versicherte	1,95 % des Brut-toentgelts, Ar-beitnehmer und Arbeitgeber[4] je zur Hälfte	Bei *häuslicher Pflege:* Pflegegeld, Pflegesachleistungen je nach Pflege-stufe 223–1 510 EUR, soziale Sicherung der häuslich unentgeltlich tätigen Pflegepersonen. Bei *stationärer Pfle-ge:* pflegebedingte Aufwendungen je nach Pflegestufe 1 023–1 510 EUR

[1] Ab der **Beitragsbemessungsgrenze (BBG)** bleibt der Beitrag in EUR unverändert (Höchstbeitrag). 2010 beträgt die monatliche BBG in der gesetzlichen *Renten- und Arbeitslosenversicherung* 5 500,00 EUR (alte Bundesländer) bzw. 4 650 EUR (neue Bundesländer), in der gesetzlichen *Kranken- und Pflegeversicherung* 3 750,00 EUR (alte und neue Bundesländer). Aus der gesetzlichen Kranken- und Pflegeversicherung kann der Arbeitnehmer austreten, wenn sein jährliches Bruttoentgelt die **Jahresar-beitsentgeltgrenze** (2010: 49 950,00 EUR = 4 162,50 EUR monatlich) dreimal hintereinander über-steigt.

[2] Zahnersatz und Krankengeld muss der Arbeitnehmer allein versichern (Pauschalsatz 0,9%).

[3] Das Standardrentenniveau von etwa 70% des ∅ Nettoentgelts erreichen Arbeitnehmer, wenn sie 45 Jahre lang Rentenbeiträge eingezahlt haben ("Eckrentner"). Wer früher in Rente geht, muss Ren-tenabschläge von 0,3% pro Monat des früheren Rentenbeginns in Kauf nehmen. Bis 2030 wird das allgemeine Rentenniveau auf rund 67% abgesenkt. Das Renteneintrittsalter wird von 2012 bis 2029 schrittweise auf 67 Jahre erhöht.

[4] Wer keine Kinder hat und das 23. Lebenjahr vollendet hat, der zahlt zusätzlich 0,25%, sodass der Arbeitnehmeranteil auf 0,975 + 0,25 = 1,225%) ansteigt. Der Arbeitgeberanteil (0,975%) wurde seit 1995 dadurch kompensiert, dass der Buß- und Bettag kein Feiertag mehr ist.

Versicherungs-zweig	Versicherungs-pflicht	Beiträge	Wesentliche Leistungen
● **Gesetzliche Arbeits-losenver-sicherung** (SGB I § 19, II, III)	Arbeitnehmer, Auszubildende	2,8 % des Brutto-entgelts, Ar-beitnehmer und Arbeitgeber je zur Hälfte, Ar-beitslosengeld II wird aus Steuer-mitteln finan-ziert	Arbeitsvermittlung, Berufsbera-tung, Förderung der beruflichen Weiterbildung, Arbeitslosengeld[1] (ohne Kind: 60 %, mit Kind: 67 % des durchschn. Nettoentgelts der letzten sechs Monate) je nach Alter und Beschäftigungsdauer längstens für 24 Monate, danach Arbeitslosen-geld II (Regelsatz: 359,00 EUR), In-solvenzgeld (rückständiges Netto-entgelt der letzten drei Monate)

2.7.3 Grundprinzipien der Sozialversicherung

Nach dem Grundgesetz (Art. 20) ist die Bundesrepublik Deutschland ein demokratischer und sozialer Bundesstaat. Ein wesentlicher Baustein des vom Staat geknüpften sozialen Netzes ist die Sozialversicherung. Für alle Personen, die in einem Beschäftigungsverhältnis stehen, besteht **Versicherungspflicht** in allen Zweigen der Sozialversicherung.

Beschäftigung ist nach SGB IV § 7

- die nichtselbstständige Arbeit, insbesondere in einem Arbeitsverhältnis (Tätigkeit nach Weisungen, Eingliederung in die Arbeitsorganisation des Arbeitgebers),
- die Zeit einer Freistellung im Zusammenhang mit einem Lebensarbeitszeitkonto, z. B. Inanspruchnahme eines Zeit- bzw. Wertguthabens,
- der Erwerb beruflicher Kenntnisse, Fertigkeiten oder Erfahrungen im Rahmen einer betrieblichen Berufsbildung,
- die Dauer, in der Kranken-, Verletzten-, Übergangs-, Mutterschafts- oder Elterngeld bezogen oder Elternzeit in Anspruch genommen oder Wehrdienst bzw. Zivildienst geleistet wird.

Personen, die für ihre selbstständige Tätigkeit einen Gründungszuschuss von der Arbeits-agentur erhalten, sind keine Beschäftigten.

Für **Minijobs** bis 400 EUR monatlich (geringfügige Beschäftigungen) zahlt der Arbeitgeber einen Pauschalbeitrag von 30,67 Prozent. Dieser beinhaltet 15 Prozent Renten-, 13 Prozent Krankenversicherung, 2 Prozent einheitliche Pauschsteuer sowie 0,67 Prozent Umlagen zum Ausgleich der Arbeitgeberaufwendungen bei Krankheit und Mutterschaft.

Kurzfristige Beschäftigungen (bis zwei Monate bzw. 50 Arbeitstage im Kalenderjahr) sind nicht sozialabgaben-, aber lohnsteuerpflichtig.

Beiträge und Leistungen der Sozialversicherung sind auf dem Prinzip der **Solidargemein-schaft** („Einer für alle – alle für einen") aufgebaut. Der Bruttoverdienst jedes Arbeitnehmers wird bis zur Beitragsbemessungsgrenze mit dem gleichen prozentualen Beitragssatz belastet;

[1] Anspruch auf Arbeitslosengeld haben Arbeitnehmer unter 65 Jahren, die arbeitslos sind, sich bei der Arbeitsagentur arbeitssuchend gemeldet haben und die Anwartschaftszeit erfüllt haben. Die Anwart-schaft hat erfüllt, wer in den letzten zwei Jahren (Rahmenfrist) mindestens zwölf Monate versiche-rungspflichtig beschäftigt war. Die Dauer des Anspruchs richtet sich nach der Dauer der versiche-rungspflichtigen Arbeitsverhältnisse und nach dem Lebensalter des Arbeitslosen (SGB III §§ 117, 123, 124, 127).

d. h., dass die Besserverdienenden einen höheren Eurobetrag aufbringen. Auf der anderen Seite erhalten jedoch alle Versicherten die gleichen Leistungen.

Ein weiterer Pfeiler der Rentenversicherung ist der **Generationenvertrag**. Die Generation der Erwerbstätigen finanziert mit ihren Beiträgen die Renten der nicht mehr erwerbstätigen Generation. Dadurch erwerben die Jüngeren ihrerseits das Recht, im Alter von der nachfolgenden Generation versorgt zu werden (*Umlageverfahren*). Sozialer Friede und soziale Gerechtigkeit sind maßgeblich mit der Einhaltung dieses Generationenvertrags, der nirgendwo schriftlich festgehalten ist, verknüpft. Mit jährlichen Rentenanpassungen sollen die Rentner an der allgemeinen Erhöhung des Nettoverdienstes teilhaben (**Rentendynamisierung**). Die Rentenanpassung berücksichtigt jedoch einen **Nachhaltigkeitsfaktor**, der das Verhältnis zwischen Beitragszahlern und Rentnern einbezieht. Sinkt dieses Verhältnis z. B. um 0.7 Prozent und erhöhen sich die Nettoverdienste um 1,2 Prozent, dann erhöhen sich die Renten nur um 0,5 Prozent. Negative Rentenanpassungen sind ausgeschlossen (Schutzklausel. § 255 e SGB VI).

Die Aufgaben der Sozialversicherung werden von den Versicherungsträgern wahrgenommen. Diese sind Körperschaften des öffentlichen Rechts und arbeiten nach dem Prinzip der **Selbstverwaltung**. Der Verwaltungsrat der gesetzlichen Krankenversicherungen ist je zur Hälfte mit Vertreterinnen und Vertretern der Versicherten und der Arbeitgeber besetzt. Er legt den Haushalt und damit auch den Beitragssatz fest und wird alle sechs Jahre gewählt (**Sozialwahlen**). Die Sozialwahl ist eine reine Listenwahl: Versicherte und Arbeitgeber wählen ihre Vertreter jeweils getrennt aufgrund von Vorschlagslisten, die von den Gewerkschaften und den Arbeitgeberverbänden (Sozialpartner) eingereicht werden. Sozialwahlen finden als Briefwahl statt.

2.7.4 Probleme und Reform der sozialen Sicherung

■ Probleme des sozialen Sicherungssystems

Das System der sozialen Sicherung ist in eine schwere **Finanzierungskrise** geraten. Aufgrund der doppelten Herausforderung durch die Eingliederung der neuen Bundesländer, des zunehmenden globalen Wettbewerbs und der anhaltend hohen Arbeitslosigkeit lassen sich die enormen Sozialausgaben (diese entsprechen etwa einem Drittel der gesamten Wirtschaftsleistung) nicht mehr solide finanzieren. Hinzu kommt, dass Steuern und Sozialversicherungsbeiträge mit über 40 Prozent des Bruttoeinkommens eine Schmerzgrenze erreicht haben.

Die Leistungsfähigkeit der Wirtschaft wird durch die steigenden Kosten des Sozialsystems beeinträchtigt, denn die Unternehmen tragen einen Großteil dieser Kosten. Ein **Teufelskreis** tut sich auf: Steigende Sozialausgaben machen steigende Einkommen notwendig. Die Einkommen werden jedoch durch die steigenden Steuern und Sozialabgaben zunehmend belastet.

Das System der Alterssicherung gerät durch Zunahme des Rentneranteils an der Bevölkerung stark unter Druck.

Die Kosten des Gesundheitswesens steigen unaufhaltsam. Die **Überalterung** der Bevölkerung wird diese Ausgabensteigerung noch beschleunigen. Aufgrund zunehmender Arbeitslosigkeit, Schwarzarbeit und Überalterung sinkt der Anteil der Steuern und Abgaben zahlenden Bürger, während gleichzeitig die Zahl der Empfänger von Sozialleistungen und damit die Aufgaben ansteigen. Damit steigen die entsprechenden Ausgaben.

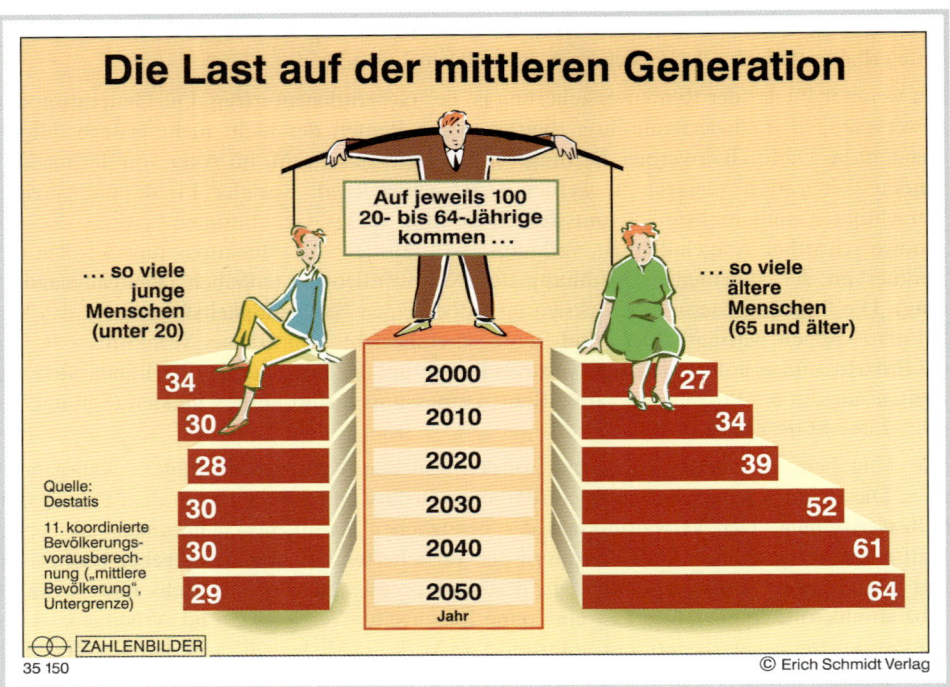

Die staatliche Sozialversicherung, als Maßnahme zur Sicherung des sozialen Friedens eingeführt, wird zunehmend selbst zur Gefahr für den sozialen Frieden.

Zentrale Mängel des Sozialsystems

Unübersichtlichkeit und mangelnde Kontrolle	Die Verwaltung durch zahlreiche Behörden und Versicherungsträger erschwert die Erfolgskontrolle und begünstigt den Missbrauch von Sozialleistungen.
Großer Einfluss staatlicher Institutionen	Die Zuteilung der Sozialleistungen durch den Staat begünstigt die versicherungsfremde Verwendung der Mittel. Hinzu kommt der mangelnde Wettbewerb zwischen den gesetzlichen Versicherungsträgern und den Leistungsanbietern (z. B. staatliche Krankenhäuser, Kassenärzte).
Zu viel Umverteilung	Die Sozialleistungen werden von der Solidargemeinschaft aus Arbeitnehmern und Arbeitgebern bezahlt, wobei Leistung und Finanzierungsbeitrag (Gegenleistung) auseinanderklaffen. Die hohe Abgabenbelastung führt zu einer Abgaben-Anspruchs-Spirale, die sich immer schneller dreht (wer mehr zahlt, möchte auch mehr Sozialleistungen mitnehmen).
Mangel an Eigenvorsorge	Angesichts des sozialen Netzes erscheint dem Bürger die Eigenvorsorge als überflüssig. Zum anderen wird sein finanzieller Spielraum für die Eigenvorsorge immer geringer, wenn der Staat ihm immer tiefer in die Tasche greift. Die Abhängigkeit des Bürgers vom Staat ist umso bedenklicher, da der Staat die Sozialleistungen aus laufenden Einnahmen finanziert und ebenfalls kaum Rücklagen bildet.

Enge Kopplung an den Arbeitsvertrag	Die Kosten der sozialen Sicherung werden überwiegend vom Faktor Arbeit aufgebracht. Dies führte zu sinkenden Nettoverdiensten der Arbeitnehmer und hohen Lohnnebenkosten der Arbeitgeber. Kaufkraft und Wettbewerbsfähigkeit leiden darunter.

■ *Reform des sozialen Sicherungssystems*

Zur Reform der sozialen Sicherungssysteme werden folgende Vorschläge gemacht:

- **Vorrang der Eigenvorsorge** und -verantwortung des Einzelnen (**Subsidiaritätsprinzip**),

- **Stärkung des Versicherungsprinzips** mit individuellen Wahlleistungen,

- **Stärkung des Wettbewerbs** zwischen den Leistungsanbietern bei gleichzeitiger Rücknahme staatlicher Vorschriften,

- **Begrenzung auf Grundrisiken**, z. B. sollte die gesetzliche Arbeitslosenversicherung nur die Existenzgefährdung bei Arbeitslosigkeit absichern und nicht für die Arbeitsmarktpolitik oder Arbeitsvermittlung aufkommen. Die gesetzliche Rentenversicherung sollte nur eine Grundrente garantieren.

- **Beschränkung** der Leistungen aus der Pflege- und Arbeitslosenversicherung **auf Bedürftige**.

Lösungsansätze für die Finanzierungsprobleme der **gesetzlichen Rentenversicherung**:

- *weitere Rentenreformen unter Beibehaltung des Umlageverfahrens* (z. B. Heraufsetzung des Rentenalters, der Versicherungsbeiträge oder der Lebensarbeitszeit, Verringerung der Rentenansprüche und der Zahl der Frührentner, Anrechnung von Ausbildungszeiten);

- *Einführung von Tariffonds* als gemeinsamer Einrichtung der Tarifvertragspartner, in die ein Teil der jährlichen Lohnerhöhungen fließen soll. Aus dieser neuen Säule der Alterssicherung sollen individuelle Rentenansprüche der Arbeitnehmer begründet werden.

- *Einführung einer Grundrente* von z. B. 40 Prozent des durchschnittlichen Nettoentgelts. Die Grundrente wird vom allgemeinen Steueraufkommen finanziert. Dafür entfallen die Rentenbeiträge für Arbeitnehmer und Arbeitgeber, sodass die Lohnnebenkosten sinken.

- *Zwang zur privaten Alterssicherung* durch Ansparen in so genannten Pensionsfonds, die einer staatlichen Aufsicht unterliegen.

Eckpunkte der Gesundheitsreform 2007

Gesundheits-fonds und Kopfpauschale mit Zu- oder Abschlag	Für alle Krankenkassen gilt ab 2009 ein einheitlicher Beitragssatz, der vom Gesundheitsministerium festgelegt wird. Die Kassen ziehen die Beiträge ein, überweisen sie aber an den **zentralen Gesundheitsfonds**. Von ihm bekommen sie eine **Kopfpauschale** von 150 bis 170 Euro pro Versicherten sowie Zusatzzahlungen, wenn sie besonders viele Frauen, Ältere und Kranke versichern. Von 2010 an können Kassen, die besonders sparsam wirtschaften, ihren Mitgliedern einen Bonus zurückzahlen, dessen Höhe nicht beschränkt ist. Kommen sie dagegen mit der Pauschale nicht aus, können sie von den Versicherten einen Zusatzbeitrag erheben, an dem sich der Arbeitgeber nicht beteiligt. Er darf 5 % ihrer Einnahmen und 1 % des beitragspflichtigen Einkommens des Versicherten nicht übersteigen. Von 2011 an erhalten Arbeitgeber die Möglichkeit, Beiträge nur an eine Kasse als Einzugsstelle zu überweisen.

Steuerzu-schüsse	Die beitragsfreie **Mitversicherung von Kindern** wird aus Steuermitteln finanziert.
Private Kran-kenversiche-rung (PKV)	Die PKV muss einen Basistarif einführen, der die gleichen Leistungen bietet wie die gesetzliche Krankenversicherung (GKV). Dabei ist die Ablehnung wegen Gesundheitsrisiken ausgeschlossen. Der Basistarif darf nicht höher sein als der Höchstbeitrag der GKV.
Versicherungs-wechsel	Ein Versicherungswechsel von der **GKV in eine PKV** ist nur möglich, wenn in drei aufeinanderfolgenden Jahren die Jahresarbeitsentgelt-grenze überschritten wird. Bei einem Wechsel von einer **PKV zu einer anderen** kann der Versicherte die Altersrückstellungen mitnehmen, die seine bisherige PKV für ihn gebildet hat.
Risiko-Struk-turausgleich	Zwischen den Kassen sollen finanzielle Risiken ausgeglichen werden, die durch die unterschiedliche Verteilung von Kranken entstehen. Für 50 bis 80 Krankheiten werden Zuschläge ermittelt. Dies soll Wettbe-werbsnachteile für Kassen mit vielen chronisch Kranken vermeiden.
Mehr Wettbe-werb	Seit 2009 können die gesetzlichen Kassen ihren Kunden **verschiedene Tarife,** etwa mit Selbstbeteiligung oder Kostenerstattung, anbieten sowie die Wahl zwischen verschiedenen Versorgungsformen, etwa Haus-arzttarife.

Die gesetzliche Rente allein wird in Zukunft keine ausreichende Versorgung mehr im Alter gewährleisten können. Je mehr ein Arbeitnehmer verdient, desto größer wird seine **Versor-gungslücke**[1] im Falle der Berufsunfähigkeit oder im Alter. Zukünftig wird die gesetzliche Rente eines „Standardrentners" nur noch rund 50 Prozent seines letzten Nettoeinkommens betragen. Wer den sozialen Abstieg im Alter verhindern will, der muss dreifach vorsorgen (Drei-Schichten-Modell).

Drei-Schichten-Modell der Altersvorsorge

Erste Schicht	**Basisversorgung:** *Grundabsicherung* aus der gesetzlichen und ggf. aus einer zusätzlichen *privaten* Rentenversicherung.
Zweite Schicht	**Zusatzversorgung:** *Betriebliche Altersversorgung* und *private Zusatzvor-sorge* in Form der *Riester-Rente*[2]
Dritte Schicht	**Ergänzende private Vorsorge** in Form von *privaten Personenversicherun-gen* (z. B. Berufsunfähigkeits-, Kapitallebensversicherung) und sonstigen *Kapitalanlagen.*

2.7.5 Sozialgerichtsbarkeit

Die Sozialgerichtsbarkeit, die in ihren Anfängen auf das 1884 errichtete Reichsversiche-rungsamt zurückgeht, ist eine der fünf verfassungsrechtlich anerkannten gleichrangigen Gerichtsbarkeiten der Bundesrepublik Deutschland. Gerichtsverfassung und Verfahren der Sozialgerichtsbarkeit sind im Sozialgerichtsgesetz (SGG) geregelt.

■ *Zuständigkeit*

Sozialgerichte entscheiden über öffentlich-rechtliche Streitigkeiten auf dem Gebiet des Sozialrechts. Ihre Zuständigkeit erstreckt sich auf Angelegenheiten der Sozialversicherung,

---

[1] Unterschied zwischen dem letzten Nettoeinkommen und der Höhe der gesetzlichen Rente.

[2] Walter Riester war von 1998 bis 2002 Bundesminister für Arbeit und Sozialordnung. Siehe im Inter-net, z. B. „www.FinanceScout24.de" oder „www.RiesterRechner24.de/Vergleich".

des Kassenarztrechts, der Bundesagentur für Arbeit und des Kindergeldrechts. Die Sozialgerichtsbarkeit gewährt dem einzelnen Bürger aus konkretem Anlass Rechtsschutz gegenüber der Verwaltung. Das Sozialgerichtsverfahren ist kostenfrei.

▮ *Instanzen*

- Dem gerichtlichen Verfahren geht im Regelfall ein sogenanntes außergerichtliches **Vorverfahren** voraus. Dieses wird durch den Widerspruch des Versicherten ausgelöst und vom *Widerspruchsausschuss* des Versicherungsträgers behandelt, dem ehrenamtlich tätige Versicherte und Arbeitgeber angehören.

- Ist der Versicherte auch mit der Entscheidung des Widerspruchsausschusses nicht einverstanden, dann bleibt ihm nur noch das **Streitverfahren** vor dem Sozialgericht.

Durch Klage vor dem **Sozialgericht** kann er die gerichtliche Nachprüfung des Verwaltungshandelns – meist mit dem Ziel der Aufhebung, Änderung (*Anfechtungsklage*) oder Herbeiführung (*Verpflichtungsklage*) eines bestimmten Verwaltungsakts – in Gang setzen. Im Unterschied zu diesen Leistungsklagen zielt die *Feststellungsklage* nur auf die Feststellung des Bestehens oder Nichtbestehens eines Verwaltungsakts. Das Sozialgericht entscheidet in Kammern, die für die einzelnen Fachgebiete eingerichtet sind. Jede Kammer ist mit einem Berufsrichter als Vorsitzenden und zwei ehrenamtlichen Richtern besetzt. Das Gericht muss von Amts wegen den Sachverhalt erforschen und ist nicht an die Beweisanträge der Verfahrensbeteiligten gebunden.

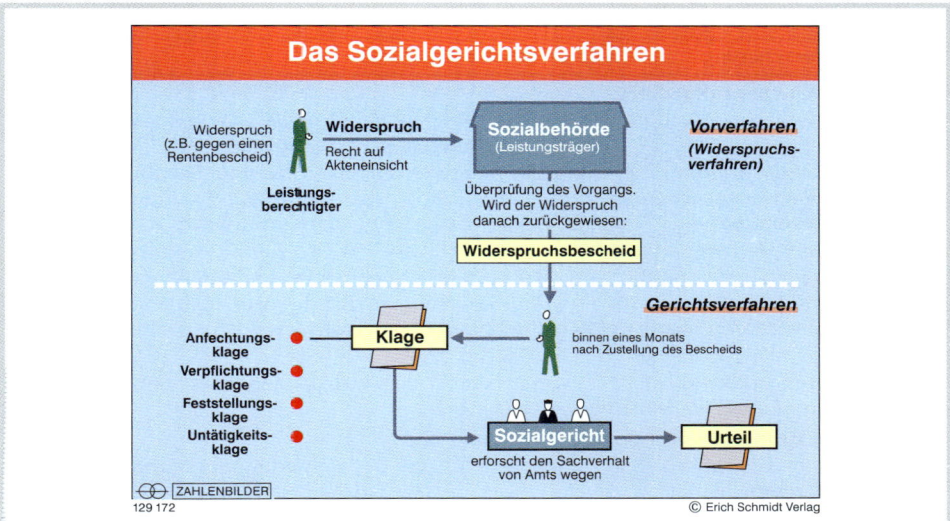

Gegen Urteile der Sozialgerichte ist die *Berufung* beim **Landessozialgericht** möglich. In Ausnahmefällen kann unmittelbar Revision beim Bundessozialgericht (Sprungrevision) eingelegt und damit eine höchstrichterliche Grundsatzentscheidung in streitigen Rechtsfragen herbeigeführt werden.

Das Landessozialgericht als zweite Instanz prüft einen Streitfall noch einmal in vollem Umfang unter sachlichen und rechtlichen Gesichtspunkten. Es entscheidet in Senaten, die die gleichen, Gliederung wie die Kammern aufweisen. Die Senate sind mit drei Berufs- und zwei ehrenamtlichen Richtern besetzt.

147

Die Senate des **Bundessozialgerichts**, die in Gliederung und Besetzung den Senaten der Landessozialgerichte entsprechen, entscheiden über das Rechtsmittel der *Revision*. Beim Bundessozialgericht (Sitz: Kassel) wird außerdem ein Großer Senat gebildet, der sich aus dem Präsidenten, sechs weiteren Berufsrichtern und vier ehrenamtlichen Richtern zusammensetzt. Seine Aufgabe liegt in der Fortbildung des Rechts und der Sicherung einer einheitlichen Rechtsprechung.

In den ersten beiden Instanzen kann sich der Sozialversicherte selbst vertreten oder sich von einem Gewerkschaftsfunktionär vertreten lassen. Der Versicherte trägt lediglich seine Anwaltskosten und muss nur in Ausnahmefällen (z. B. bei einer aussichtslosen Klage) für Gerichtskosten aufkommen.

Zusammenfassung

- **Gesetzliche Sozialversicherung**

Zweige	Versicherungsträger
Krankenversicherung	AOK, IKK, Ersatzkassen (z. B. BEK, DAK)
Rentenversicherung	Deutsche Rentenversicherung (DRV) in Berlin mit Regionalträgern
Arbeitslosenversicherung	Bundesagentur für Arbeit in Nürnberg mit Regionaldirektionen und Arbeitsagenturen
Pflegeversicherung	Pflegekassen der Krankenversicherungen
Unfallversicherung	Berufsgenossenschaften

- **Wesentliche Leistungen** der
  - **Krankenversicherung:** Krankenhilfe, Familienhilfe, Krankengeld, Früherkennung
  - **Unfallversicherung:** Erlass der UVV, Heilbehandlung bei Arbeitsunfall, Unfallrente
  - **Rentenversicherung:** Regelaltersrente, Erwerbsminderungsrente, Rehabilitation
  - **Arbeitslosenversicherung:** Arbeitsvermittlung, Berufsberatung, Arbeitslosengeld
  - **Pflegeversicherung:** Pflegegeld und -sachleistungen bei häuslicher Pflege, pflegebedingte Aufwendungen bei stationärer Pflege

- Die **Beiträge** werden jeweils zur Hälfte vom Arbeitnehmer und Arbeitgeber aufgebracht. Ausnahmen: Die Beiträge für die Unfallversicherung trägt der Arbeitgeber allein, bei der Pflegeversicherung wurde der Arbeitgeberanteil durch die Abschaffung eines bezahlten Feiertags kompensiert.

- **Versicherungspflicht** besteht für Arbeitnehmer und Auszubildende. Bei der Krankenversicherung gibt es eine Versicherungspflichtgrenze.

- Wichtige **Grundsätze der Sozialversicherung** sind:
  - Versicherungspflicht
  - Solidargemeinschaft
  - Generationenvertrag
  - Dynamisierung der Rente
  - Selbstverwaltung

- **Probleme des sozialen Sicherungssystems** sind entstanden durch die Eingliederung der neuen Bundesländer, die Alterung der Gesellschaft, die anhaltend hohe Arbeitslosigkeit, Mängel des staatlichen Systems der sozialen Sicherung (Unübersichtlichkeit und mangelnde Kontrolle, großer Einfluss staatlicher Institutionen, zu viel Umverteilung, Mangel an Eigenvorsorge, enge Kopplung an den Arbeitsvertrag).

- Zur **Reform der sozialen Sicherungssysteme** werden folgende Vorschläge gemacht: Vorrang der Eigenvorsorge (Subsidiaritätsprinzip), Stärkung des Versicherungsprinzips, Stärkung des Wettbewerbs, Begrenzung auf Grundrisiken, Beschränkung der Leistungen auf Bedürftige.

Lösungsansätze für die Finanzierungsprobleme der gesetzlichen Rentenversicherung zielen auf weitere Rentenreformen unter Beibehaltung des Umlageverfahrens, Einführung einer Grundrente, Verpflichtung zur privaten Alterssicherung durch Ansparen.

Die gesetzliche Krankenversicherung versucht ihre Finanzierungsprobleme durch Gesundheitsreformen in den Griff zu bekommen.

■ Die **Sozialgerichtsbarkeit** gewährt dem Bürger Rechtsschutz gegenüber der Sozialverwaltung. Instanzen: Sozialgericht, Landes-, Bundessozialgericht.

Dem gerichtlichen Verfahren geht im Regelfall ein sogenanntes außergerichtliches **Vorverfahren** voraus. Ist der Versicherte auch mit der Entscheidung des Widerspruchsausschusses nicht einverstanden, dann bleibt ihm nur noch das **Streitverfahren** vor dem Sozialgericht.

Aufgaben

1 Erläutern Sie einige Grundprinzipien der Sozialversicherung.

2 Erstellen Sie eine Tabelle, in der sie für die fünf Zweige der Sozialversicherung den jeweiligen versicherungspflichtigen Personenkreis, die Aufbringung der Beiträge und die wesentlichen Leistungen darstellen.

Tipp: Stellen Sie Ihre Ergebnisse auf einer Pinnwand dar. Setzen Sie dabei Formen und Farben der Kärtchen sinnvoll ein. Regeln zur Präsentation (z. B. Metaplantechnik) siehe im Anhang auf Seite 311 f.

3 Welcher Sozialversicherungszweig ist zuständig? Welche Leistungen kommen infrage?

a) Eva Kunz bringt ihr Kind zur Vorsorgeuntersuchung (U4).

b) Bernd Kast will etwas gegen seine Drogenabhängigkeit tun.

c) Fritz Birke verunglückt auf dem Weg zu seinem Arbeitsplatz und zieht sich ein Halswirbelschleudertrauma zu. Er ist acht Wochen krankgeschrieben.

d) Frau Bader heiratet und kündigt kurz darauf ihre Arbeitsstelle.

e) Der leitende Angestellte Alex Fröhlich ist der Meinung, dass er nicht mehr der Sozialversicherungspflicht unterliegt. Sein Bruttogehalt beträgt monatlich 4800,00 EUR.

f) Frau Winter pflegt unentgeltlich ihre schwer kranke, hilflose Mutter. Sie hilft ihrer Mutter regelmäßig beim Aufstehen und begleitet sie auf die Toilette. Eines Tages rutscht Frau Winter aus, als sie ihrer Mutter aus dem Bett helfen will, und bricht sich dabei die Hand.

g) Ernst Kögel erleidet einen Skiunfall und ist acht Wochen arbeitsunfähig.

h) Wegen schlechter Auftragslage seines Betriebs erhält der Ausfahrer Martin Zeeb die Kündigung.

4 **Unfallversicherung**

Kein Schutz bei Umweg

Ein Umweg von nur wenigen Metern auf dem Heimweg von der Arbeit kann den Schutz der gesetzlichen Unfallversicherung zunichte machen. Das musste ein Straßenbahnfahrer aus Stuttgart erleben. Der heute 42-Jährige hatte nach der Arbeit einen Abstecher zu seinen Eltern gemacht, die direkt an seinem Heimweg wohnten. Als er nach dem Mittagessen das Haus verließ, stürzte er in eine schlecht abgedeckte Baugrube und verletzte sich schwer. Die Berufsgenossenschaft weigerte sich, für diesen Unfall zu zahlen und bekam in einem am Dienstag veröffentlichten Urteil beim Kasseler Bundessozialgericht Recht. Der Umweg sei zwar ein paar Meter weit gewesen, habe aber einem privaten Ziel gedient, nämlich der Nahrungsaufnahme (Az.: 2 RU 11/96).

(Quelle: dpa: Kein Schutz bei Umweg, in: Handelsblatt, 06. 04 1997, S. 4)

Versicherung auf dem Arbeitsweg

Wer für mindestens zwei Stunden seinen Arbeitsweg unterbricht, ist unfallversichert. Wer nur kürzere Zeit für seine Besorgungen braucht, verliert auf dem Umweg die Ansprüche. Mit dieser Grundsatzentscheidung vereinfachte das Bundessozialgericht am Dienstag den Versicherungsschutz auf dem Weg zwischen Wohnung und Arbeitsstätte (Az.: B 2 U 40/97 R).

Dabei ging es um die häufig vorkommenden Fälle einer Unterbrechung des Hin- oder Rückweges etwa durch einen Arztbesuch oder schnelles Einkaufen vor oder nach der Arbeit. Versichert sind dagegen Beschäftigte, die nicht zu Hause übernachten. Ist die Unterbrechung kürzer als zwei Stunden, gilt der Versicherungsschutz nur auf dem direkten Weg zwischen Arbeitsplatz und Wohnung. Auf dem Umweg beispielsweise zum Supermarkt oder – wie in einem vor Kurzem entschiedenen Fall – zum Friedhof zum Besuch eines Grabes ist der Beschäftigte nicht versichert.

(Quelle: dpa: Versicherung auf dem Arbeitsweg, in: Handelsblatt, vom 06. 05 1998, S. 4)

a) *Nehmen Sie zu obigen Urteilen des Bundessozialgerichts Stellung.*

b) *Beschreiben Sie die Zuständigkeiten und Instanzen der Sozialgerichtsbarkeit.*

5 *„Wer gesund lebt, muss belohnt werden"*

Der Präsident der Bundesärztekammer ist bekannt für seinen ausdauernden Kampf gegen überzogenes Anspruchsdenken in der medizinischen Versorgung. Im Gespräch mit Sonntag Aktuell fordert er mehr Eigenverantwortung von Krankenversicherten. Wer gesund lebe, so Vilmar, der müsse mit „einer Beitragsrückerstattung in der Größenordnung eines Monatsbeitrags pro Jahr" belohnt werden.

a) *Diskutieren Sie über die These „Wer gesund lebt, muss belohnt werden".*

b) *Weshalb sind Einsparungen im Gesundheitswesen ein „zweischneidiges Schwert"?*

6

a) *Erläutern Sie die Grafik.*

b) *Wodurch gerät der Generationenvertrag zunehmend in Gefahr? Welche Lösungsvorschläge werden diskutiert? Beschreiben Sie auch die „Riester-Rente".*

c) *Sammeln Sie aktuelle Zeitungsartikel zum Thema „Rentenproblem" und stellen Sie Lösungsvorschläge zusammen.*

7 *Die Versorgungslücke wird größer*

Die Versorgungslücke wird größer			
	Die bisherige Lücke bleibt		
		Zusätzliche Lücke	
100 %	**70 %** (mit 45 Beitrags- jahren)	**67 %**	**50 %**
monatliches Netto- einkommen	maximale Rente mit Riester-Rente	maximale Rente ohne Riester- Rente	durchschnittliche Rente

a) Erläutern Sie den Begriff Versorgungslücke.

b) Stellen Sie die Höhe der Versorgungslücke mithilfe eines Versorgungslückenrechners (z. B. https://www.ruv.de/de/s_vlr/startRechner.do) für verschiedene monatliche Nettoeinkommen fest (in % und in EUR)

c) Weshalb steigt die Versorgungslücke (in EUR) mit steigendem Einkommen?

d) Erklären Sie die Begriffe „Eckrenter" und „Riester-Rente".

e) Weshalb kann die Riester-Rente allein die Versorgungslücke nicht schließen?

f) Interpretieren Sie das Schaubild und nehmen Sie dazu Stellung.

g) Machen Sie Vorschläge, wie Sie ihre Versorgungslücke schließen könnten.

8

„Die Politik ignoriert die Vorteile der Privatvorsorge"

Kürzlich sprach ich auf der Heimfahrt mit einem selbstständigen Taxifahrer über dessen Altersvorsorge. Der Fahrer erklärte, er habe bewusst niemals frei- willige Beiträge zur Gesetzlichen Ren- tenversicherung (GRV) entrichtet, son- dern stets in Form von Wertpapieren für sein Auskommen im Alter gespart. Bei Eintritt in den Ruhestand werde er sein Vermögen in eine Leibrente umwan- deln. Als Begründung gab er an, dass sei- ne monatliche Rente auf diese Weise etwa doppelt so hoch sein werde wie bei Entrichtung freiwilliger Beiträge zur GRV. Der Mann hat recht, und es ist be- dauerlich, dass eine solche Form der Al- terssicherung gesetzlich nur wenigen Mitbürgern erlaubt ist.
Technisch gesprochen hat der Taxiunter- nehmer eine sogenannte kapitalgedeck- te Altersvorsorge aufgebaut. Seine „Bei- träge" hat er zum Marktzins angelegt, wobei die konkrete Anlageform – Immo- bilien, Fondsanteile, Aktien, festverzins- liche Papiere oder Lebensversicherun- gen – weniger wichtig ist als das Grund- prinzip. Es versteht sich von selbst, dass bei der Anlage auf eine breite Risiko- streuung geachtet werden sollte und spekulative Titel höchstens als Beimi- schung dienen können. Beim Kapitalde- ckungsverfahren sorgt jede Generation gewissermaßen für sich selbst, indem sie in jungen Jahren Geld anspart und im Al- ter von diesem Kapital nebst aufgelaufe- ner Zinsen lebt.
Die Mehrheit der Deutschen nimmt nicht an einem Alterssicherungssystem vom Typ Kapitaldeckungsverfahren teil, son- dern ist zwangsweise in ein System ein- gebunden, bei dem die Beiträge der Jun- gen unmittelbar an die Rentner ausge- schüttet werden. Zwar verfügt auch die GRV über einen Kapitalbestand, doch fungiert dieser nur als Schwankungsre- serve: Er beträgt ungefähr eine Monats- ausgabe. Im Gegensatz zum Kapital- deckungsverfahren sorgt beim Umlage- verfahren jede Generation für die voran- gegangene und ist ihrerseits auf Unter- stützung durch die folgende Genera- tion angewiesen.
Folglich stellt das Umlageverfahren eine Umverteilung zwischen den Generatio-

nen dar und ist politisch stabil, weil die Belasteten zum Teil noch nicht wahlberechtigt, zum Teil noch gar nicht geboren sind.

Die Rendite des Umlageverfahrens entspricht der Wachstumsrate der Lohnsumme, während die Rendite des Kapitaldeckungsverfahrens dem Marktzins entspricht. Auch theoretisch ist der Marktzins langfristig stets höher als die Wachstumsrate der Lohnsumme. Und in diesem Punkt liegt ein wesentlicher Vorteil des Kapitaldeckungsverfahren gegenüber dem Umlageverfahren: Das Kapitaldeckungsverfahren bietet auf Dauer eine höhere Rendite; die Altersvorsorge ist aus Sicht der Beitragszahler billiger.

Ein Versicherungszwang kann hingegen in beiden Fällen vorgesehen werden und bildet deshalb kein Charakteristikum des Umlageverfahrens: Wer meint, dass viele Bürger aus freien Stücken keine genügende Altersvorsorge betreiben würden, könnte das Kapitaldeckungsverfahren mit einem Versicherungszwang verbinden, wie es ihn ähnlich bei der Autohaftpflicht gibt.

Ein weiterer Unterschied der beiden Vorsorgesysteme lässt sich zwar nicht zahlenmäßig erfassen, ist aber deshalb nicht minder bedeutsam. Während Kapitaldeckung privat oder staatlich erfolgen kann, muss das Umlageverfahren staatlich betrieben werden, weil es gegenüber den Folgegenerationen nur mit staatlicher Hoheitsgewalt durchsetzbar ist. Ein Privatanbieter würde sicher scheitern oder sähe sich schon im Vorfeld als Initiator eines Kettenbriefsystems verurteilt.

Die Umlage bedingt folglich nicht nur einen Versicherungszwang, sondern, was mehr wiegt, eine staatliche Zwangsversicherung. Als Folge verfügen die Versicherten nicht über privates Eigentum, sondern erhalten staatlichen Eigentumsersatz. Nach der sehr differenzierten Rechtsprechung des Bundesverfassungsgerichts unterliegen Rentenansprüche zwar einem eigentumsähnlichen Schutz. Gleichwohl hat der Gesetzgeber, so das Bundesverfassungsgericht, bei der Bemessung der Renten und Beiträge einen erheblichen Gestaltungsspielraum. Auch unabhängig davon besteht kein Zweifel, dass zwischen Privateigentum und Rentenansprüchen Welten liegen, was Sicherheit, Verfügbarkeit oder Beleihbarkeit angeht. So betrachtet ist die mit der Kapitaldeckung verbundene persönliche Freiheit vielleicht noch wichtiger als die eingangs genannte Renditedifferenz.

Die Politik ignoriert diese elementare Tatsache jedoch weitgehend, und es sind teilweise oft dieselben Personen, die einerseits das staatliche Umlageverfahren gegen alle Angriffe in Schutz nehmen, andererseits die geringe Eigentumsbildung der Arbeitnehmer beklagen. Eine solche Position ist nichts weiter als paradox, weil sie verkennt, dass die Altersvorsorge das wichtigste Sparmotiv darstellt. Wird den deutschen Arbeitnehmern sowohl dieses Sparmotiv (qua Rentenversprechen) als auch die Sparfähigkeit (qua Beitragsbelastung) genommen, kann es wohl kaum verwundern, wenn private Altersvorsorge hier in geringerem Umfang stattfindet als anderenorts. Bei wachsenden Zweifeln am Bestand des heutigen Umlageverfahrens mag sich dies teilweise ändern.

Wer weiß etwa noch, dass Bismarcks ehrwürdige Rentenversicherung ein Kapitaldeckungsverfahren war? Bei einem Beitragssatz von 1,87 Prozent sah sie Leistungen für Personen vor, die über 70 Jahre alt und außerdem zu mindestens zwei Dritteln erwerbsunfähig waren. Die Lebenserwartung der Männer lag damals jedoch unter 60 Jahren.

(Quelle: Homburg, Stefan; „Die Politik ignoriert die Vorteile der Privatvorsorge"; in: Fonds Magazin Nr. 3, März 1998, Seite 40 f.)

a) *Der Autor beschreibt die Vorzüge einer kapitalgedeckten Altersvorsorge gegenüber dem heutigen Umlageverfahren. Fassen Sie seine Argumente zusammen.*

b) *Stellen Sie dar, warum sich, nach Meinung des Autors, viele Politiker gegen die Einführung einer kapitalgedeckten Altersvorsorge sträuben.*

Tipp: *Bilden Sie thementeilige Gruppen und analysieren Sie den Text (Regeln zur Gruppenarbeit und zur Textanalyse finden Sie im Anhang auf Seite 310).*

2.8 Entgeltabrechnung

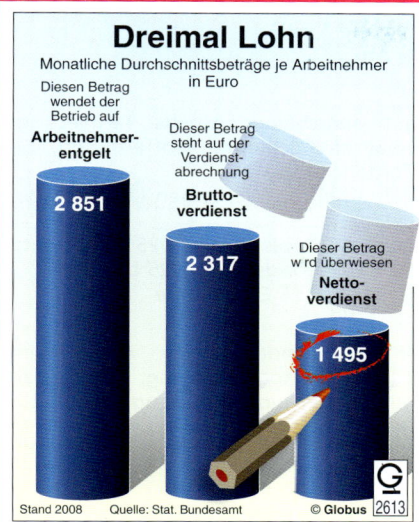

Dreimal Lohn
Monatliche Durchschnittsbeträge je Arbeitnehmer in Euro

Diesen Betrag wendet der Betrieb auf
Arbeitnehmer-entgelt
2 851

Dieser Betrag steht auf der Verdienst-abrechnung
Brutto-verdienst
2 317

Dieser Betrag wird überwiesen
Netto-verdienst
1 495

Stand 2008   Quelle: Stat. Bundesamt   © Globus 2613

Nur die Hälfte kommt beim Arbeitnehmer an
Wenn Arbeitgeber und Arbeitnehmer sich über den Arbeitslohn unterhalten, gibt es oft Verständigungsschwierigkeiten. Der Chef stöhnt über die hohen Lohnkosten, der Mitarbeiter beklagt sein niedriges Nettoeinkommen. Und in der Tat: Vom Aufwand für Arbeit, wie ihn der Betrieb in seiner Kostenrechnung kalkuliert, kommt nur gut die Hälfte (52 Prozent) auf dem Konto des Arbeitnehmers an. Durchschnittlich 2 851 Euro im Monat mussten die Arbeitgeber im Jahr 2008 für jeden abhängig Beschäftigten kalkulieren. Davon sind nur 2 317 Euro brutto auf der monatlichen Lohn- und Gehaltsabrechnung ausgewiesen. Unsichtbar für den Arbeitnehmer bleiben jene 534 Euro, die der Betrieb als Arbeitgeberbeiträge an die Sozialkassen abführt. Nach Abzug der Lohnsteuer und der Arbeitnehmerbeiträge zur Renten-, Arbeitslosen-, Kranken- und Pflegeversicherung bleiben dem Beschäftigten lediglich 1 495 Euro netto im Monat. Fazit: Der Betrieb wendet 2 851 Euro auf, der Beschäftigte erhält 1 495 Euro. Den Unterschied zwischen Lohnkosten und Nettolohn – in diesem Beispiel 1 356 Euro – kassieren der Staat und die Sozialversicherung.

Statistische Angaben: Statistisches Bundesamt
Quelle: dpa-infografik, GmbH, Hamburg, 06.02.2009

Viele Arbeitnehmer wissen, was sie verdienen, selten aber, was sie kosten.

1. Betrachten Sie das Schaubild „Dreimal Lohn" und begründen Sie, weshalb die Personalaufwendungen für den Arbeitgeber den Bruttoverdienst des Arbeitnehmers stark übersteigen.

2. Erklären Sie den Unterschied zwischen Brutto- und Nettoverdienst.

3. Weshalb hängt die Höhe des Nettoverdiensts von Familienstand und von der Kinderzahl ab?

4. Angenommen, Sie verdienen nach Ende Ihrer Ausbildung rund 2 000,00 EUR brutto im Monat. Schätzen Sie Ihr Nettoverdienst mithilfe folgender Aufstellung:
   Bruttoverdienst
   – Lohn- und Kirchensteuer sowie Solidaritätszuschlag
   – Sozialversicherungsbeiträge
   Nettoverdienst

2.8.1 Ermittlung des Bruttoentgelts

Mit der **Bruttoabrechnung** wird der Bruttoverdienst für eine Periode (in der Regel ein Monat) ermittelt. Grundlage für die Höhe des Lohns bzw. Gehalts eines Arbeitnehmers ist die Einstufung in den Entgeltgruppenkatalog des entsprechenden Tarifvertrags. Die Lohn- und Gehaltstafeln enthalten neben der **Tarifgruppe** noch Merkmale wie **Alters-** und **Ortsklassen**, mit deren Hilfe soziale Gesichtspunkte in den Stundenverdienst einfließen können.

153

Mit der Ermittlung des Akkordentgelts bzw. der Übernahme des Gehalts ist die Bruttoabrechnung noch nicht beendet. Es müssen noch die Zulagen, Zuschläge, Zuwendungen und Sachbezüge hinzugezählt werden, um den **lohnsteuer- und sozialversicherungspflichtigen Bruttoverdienst** zu erhalten.

Beispiel: Ermittlung des Bruttoverdienstes für Marlis Abt

Akkord-/Zeit-/Prämienentgelt,		
Gehalt	**1900,00 EUR**	laut Lohnscheinen, Arbeits-, Tarifvertrag
+ Zulagen	0,00 EUR	Gefahren-, Schmutz-, Entfernungs-, Bau-, Montagezulage
+ bezahlte Überstunden	60,00 EUR	Mehrarbeit an Werktagen (25 bis 50 % Zuschlag)
+ steuerfreie Zuschläge (EStG § 3 b)	0,00 EUR	Nacht- (20 bis 6 Uhr, 25 %), Sonntags- (50 %), Feiertagsarbeit (125 bis 150 %) → maximal 25 EUR/Stunde
= Regelverdienst 1960,00 EUR		
+ steuerpflichtige Zuwendungen	40,00 EUR	Urlaubs-/Weihnachtsgeld, Arbeitgeberanteil zur Vermögensbildung, Mitarbeiterbeteiligung, Erfindervergütung usw.
+ steuerfreie und sozialversicherungsfreie Zuwendungen (EStG § 3)	0,00 EUR	Umzugskostenvergütung, Trinkgelder usw.
+ Sachbezüge (EStG §§ 8, 19)	0,00 EUR	freie oder verbilligte Mahlzeiten, Betriebswohnungen unter dem ortsüblichem Mietwert, Kraftwagen- und Fahrergestellung für Privatfahrten usw. (bis 44,00 EUR monatlich sind steuerfrei)
= Bruttoverdienst	**2000,00 EUR**	
● **lohnsteuerpflichtig:**	2000,00 EUR	Lohnsteuer/Kirchensteuer
● **sozialversicherungspflichtig:**	2000,00 EUR	Kranken-, Pflege-, Renten-, Arbeitslosenversicherung

2.8.2 Ermittlung des Nettoentgelts

Wer Mitarbeiter/-innen beschäftigt, muss in der Regel bei der Lohn- bzw. Gehaltszahlung Lohnsteuer, Kirchensteuer und Sozialversicherungsbeiträge abziehen und an die Finanzkasse und die Einzugsstelle der Krankenkasse bzw. Berufsgenossenschaft abführen.

Zur Durchführung der Nettoabrechnung muss der Arbeitgeber für jeden Arbeitnehmer ein **Lohn- bzw. Gehaltskonto** führen (Einkommensteuergesetz – EStG § 41). Es muss folgende Daten enthalten (Lohnsteuer-Durchführungsverordnung – LStDV § 4):

● Vorname und Familienname, Geburtstag, Wohnsitz, Steuerklasse, Zahl der Kinderfreibeträge, Religionsbekenntnis, Gemeinde, die die Lohnsteuerkarte ausgestellt hat, das zuständige Finanzamt, Zeitpunkt einer Datenänderung.

● Persönlicher Lohnsteuerfreibetrag, der auf der Lohnsteuerkarte eingetragen ist. Arbeitnehmer, deren jährliche Aufwendungen die Pauschal-Freibeträge (z. B. 920,00 EUR Werbungskosten) um mehr als 600,00 EUR übersteigen, erhalten diesen Freibetrag vom Finanzamt, wenn sie einen Antrag auf **Lohnsteuer-Ermäßigung** stellen.

● Lohnzahlungstermin und -zeitraum.

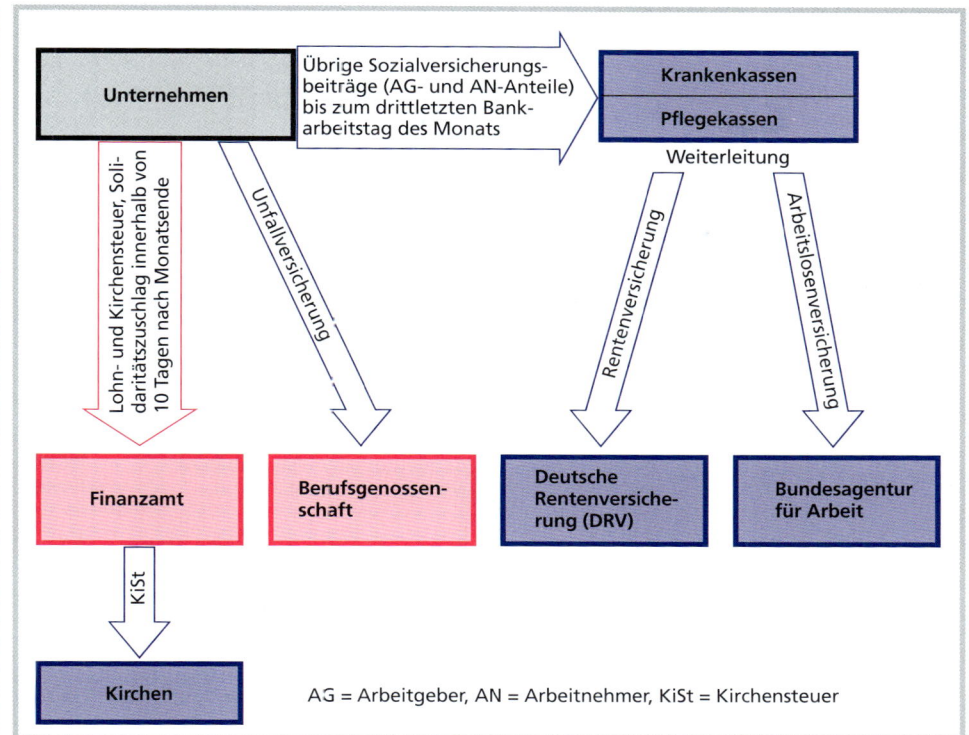

Im Rahmen der Einführung der **el**ektronischen **St**euer**er**klärung (ELSTER) erteilt das Bundeszentral-amt für Steuern (BZSt) jedem Steuerpflichtigen eine lebenslang gültige **Identifikationsnummer** (AO §139 a). Bei einem Wechsel des Arbeitgebers oder am Ende des Kalenderjahres erhält der Arbeit-nehmer seine Lohnsteuerkarte nicht mehr zurück. Stattdessen bekommt er eine **elektronische Lohn-steuerbescheinigung** mit seiner Steueridentifikationsnummer, anhand der das Finanzamt den Arbeitneh-mer eindeutig zuordnen kann. Auf der Rückseite der Lohnsteuerkarte erfolgen keine Einträge mehr.

Der Zahlenteil der Lohn- bzw. Gehaltskonten wird monatlich für alle Arbeitnehmer auf die **Lohn- bzw. Gehaltsliste** übernommen. Die Lohn- bzw. Gehaltsliste ist der **Buchungsbeleg** für die Lohnbuchhaltung.

Vereinfachtes Muster einer (Lohn-) Gehaltsliste (in EUR)

Gehaltsliste Juli ..

Name	Brutto-ver-dienst	Steuer-klasse	Kir-chen-steuer	Abzüge									Netto-ver-dienst	Arbeit-geber-anteil zur Sozial-vers.
				Finanzamt			Sozialversicherung				Ge-samt-abzüge			
				Lohn-steuer	SolZ	Kir-chen-steuer	Kran-ken-vers.	Pflege-vers.	Ren-ten-vers.	Ar-beits-losen-vers.				
Abt, Marlis	2000	I	8 %	225,75	12,41	18,06	158,00	24,50	199,00	28,00	665,72	1 334,28	386,50

155

◼ Ermittlung der Lohnsteuer

Die Höhe der Lohnsteuer hängt von der **Lohnsteuerklasse** ab, in der der Arbeitnehmer nach seinen persönlichen Merkmalen (Alter, Familienstand, Kinderzahl) eingestuft ist.

Übersicht über die Lohnsteuerklassen nach § 38 b und § 39 b EStG

Steuer-klasse	Personenkreis	Beim Lohnsteuerabzug berück-sichtigte Pauschalen und Freibeträge[1]	2010[2] in EUR
I	Ledige, verwitwete, geschiedene so-wie verheiratete Arbeitnehmer, die **dauernd getrennt** leben.	Grundfreibetrag Arbeitnehmer-Pauschbetrag Sonderausgaben-Pauschbetrag Vorsorgepauschale[3]	8 004,00 920,00 36,00 1 900,00
II	Alleinerziehende Arbeitnehmer der Steuerklasse I	Siehe Steuerklasse I Entlastungsbetrag	 1 308,00
III	Verheiratete Arbeitnehmer, die nicht dauernd getrennt leben und deren Ehepartner keinen Arbeitslohn be-zieht **oder** die auf gemeinsamen An-trag in Steuerklasse V eingestuft wer-den[4]	Grundfreibetrag Arbeitnehmer-Pauschbetrag Sonderausgaben-Pauschbetrag Vorsorgepauschale[3]	16 008,00 920,00 36,00 3 000,00
IV	Verheiratete, die **beide Arbeitslohn** beziehen und nicht dauernd ge-trennt leben.	Grundfreibetrag Arbeitnehmer-Pauschbetrag Sonderausgaben-Pauschbetrag Vorsorgepauschale[3]	8 004,00 920,00 36,00 1 900,00
V	Arbeitnehmer der Steuerklasse IV, wenn einer der Ehegatten **auf gemeinsamen Antrag** in die Steuer-klasse III eingestuft wird.	Arbeitnehmer-Pauschbetrag Sonderausgaben-Pauschbetrag Vorsorgepauschale[3]	920,00 36,00 1 900,00
VI	Für eine zweite und alle **weiteren Lohnsteuerkarten** eines Arbeitneh-mers, der gleichzeitig Arbeitslohn von mehreren Arbeitgebern bezieht.	Vorsorgepauschale[3]	1 900,00

Der steuerpflichtige Bruttoverdienst wird vor der Berechnung der Lohnsteuer um die **Freibe-träge** gekürzt, die auf der **Lohnsteuerkarte** eingetragen sind. Außerdem werden bei der **Lohn-steuerberechnung** Pauschal-Freibeträge berücksichtigt (Grundfreibetrag, Arbeitnehmer-, Sonderausgaben-Pauschbetrag, Vorsorgepauschale, Entlastungs-, Kinderfreibetrag).

Im Regelfall wird die Lohnsteuer aus der **Monatslohnsteuertabelle** abgelesen. Für erhaltene „sonstige Bezüge" (z. B. Urlaubs-, Weihnachtsgeld, Abfindungen, Jubiläumsgelder, Nachzahlungen) gilt die **Jah-reslohnsteuertabelle**. Die **Kirchensteuer** (nur für Konfessionen, die als öffentlich rechtliche Körperschaft anerkannt sind) errechnet sich aus der Lohnsteuer (8 Prozent bzw. 9 Prozent der Lohnsteuer).

---

[1] Bei Bezug von Kindergeld entfällt der Kinderfreibetrag. Kinderfreibeträge werden deshalb im Regel-fall bei der Ermittlung der Lohnsteuer nicht mehr berücksichtigt. Sie erscheinen in den Tabellen, weil sie für den Abzug des Solidaritätszuschlages und der Kirchensteuer von Bedeutung sind.

[2] Siehe hierzu auf Seite 171.

[3] Siehe hierzu Höchstbetragsrechnung auf Seite 167 f..

[4] Anstelle der Steuerklassenkombination III/V können Eheleute die Steuerklassenkombination IV-Fak-tor/IV-Faktor wählen (EStG § 39 f., **individuelles Faktorverhalten**). Damit wird erreicht, dass bei dem jeweiligen Ehegatten mindestens die ihm persönlich zustehenden Frei- und Pauschbeträge berücksich-tigt werden.

Auszüge aus der Monatslohnsteuertabelle 2010

Monats-entgelt	Steuer-klasse	Lohn-steuer	Ohne Kinderfreibetrag			Mit 1 Kinderfreibetrag		
			SolZ 5,5%	Kirchensteuer 8%	9%	SolZ 5,5%	Kirchensteuer 8%	9%
500,00	I	0,00	0,00	0,00	0,00	0,00	0,00	0,00
	II	0,00	0,00	0,00	0,00	0,00	0,00	0,00
BVSP: 60,00	III	0,00	0,00	0,00	0,00	0,00	0,00	0,00
TAGZ: 38,33	IV	0,00	0,00	0,00	0,00	0,00	0,00	0,00
	V	47,58	-	3,80	4,28	0,00	0,00	0,00
	VI	58,75	-	4,70	5,28	0,00	0,00	0,00
1.000,00	I	14,00	-	1,12	1,26	0,00	0,00	0,00
	II	0,00	0,00	0,00	0,00	0,00	0,00	0,00
BVSP: 120,00 €	III	0,00	0,00	0,00	0,00	0,00	0,00	0,00
TAGZ: 76,75 €	IV	14,00	-	1,12		0,00	0,00	0,00
	V	106,41	5,08	8,51	9,57	0,00	0,00	0,00
	VI	132,83	7,30	10,62	11,95	0,00	0,00	0,00
1.500,00	I	105,75	4,95	8,46	9,51	-	-	0,00
	II	79,50	-	-	0,00	-	-	0,00
BVSP: 158,33 €	III	0,00	0,00	0,00	0,00	0,00	0,00	0,00
TAGZ: 115,08 €	IV	105,75	4,95	8,46	9,51	-	3,24	3,64
	V	284,91	15,67	22,79	25,64	-	-	-
	VI	314,33	17,28	25,14	28,29	-	-	-
2.000,00	I	225,75	12,41	18,06	20,31	-	6,21	6,99
	II	196,66	-	-	-	-	4,29	4,83
BVSP: 171,50 €	III	41,16	-	3,29	3,70	-	-	-
- / III: 240,00 €	IV	225,75	12,41	18,06	20,31	8,21	11,94	13,44
TAGZ: 153,50 €	V	450,33	24,76	36,02	40,53	-	-	-
	VI	479,33	26,36	38,34	43,14	-	-	-
2.500,00	I	348,91	19,19	27,91	31,40	10,27	14,94	16,80
	II	317,25	-	-	-	8,71	12,68	14,26
BVSP: 214,33 €	III	132,83	-	10,62	11,95	-	1,81	2,04
- / III: 250,00 €	IV	348,91	19,19	27,91	31,40	14,60	21,24	23,89
TAGZ: 191,83 €	V	618,66	34,02	49,49	55,68	-	-	-
	VI	651,66	35,84	52,13	58,65	-	-	-
3.000,00	I	482,58	26,54	38,60	43,43	16,85	24,51	27,57
	II	448,25	-	-	-	15,15	22,04	24,80
BVSP: 257,16 €	III	245,83	13,52	19,66	22,12	-	8,72	9,81
TAGZ: 230,25 €	IV	482,58	26,54	38,60	43,43	21,56	31,37	35,29
	V	801,83	44,10	64,14	72,16	-	-	-
	VI	835,33	45,94	66,82	75,18	-	-	-
4.500,00	I	971,75	53,44	77,74	87,45	41,32	60,11	67,62
	II	929,16	-	-	-	39,18	56,99	64,11
	III	612,83	33,70	49,02	55,15	24,78	36,05	40,56
	IV	971,75	53,44	77,74	87,45	47,25	68,74	77,33
	V	1379,75	75,88	110,38	124,17	-	-	-
	VI	1413,25	77,72	113,06	127,19	-	-	-
6.000,00	I	1578,50	86,81	126,28	142,06	73,32	106,66	119,99
	II	1532,75	-	-	-	70,80	102,99	115,86
	III	1059,33	58,26	84,74	95,34	48,05	69,89	78,63
	IV	1578,50	86,81	126,28	142,06	80,07	116,46	131,02
	V	1993,08	109,61	159,44	179,37	-	-	-
	VI	2026,50	111,45	162,12	182,38	-	-	-

BVSP ist der beim AN berücksichtigte monatliche Kranken- und Pflegeversicherungsbeitrag
TAGZ ist der monatliche (typisierte) Arbeitgeberzuschuss

Beispiel: Ermittlung der Steuerabzüge für Marlis Abt (sie ist 25 Jahre alt)

lohnsteuerpflichtiges Entgelt	2 000,00 EUR	
− persönlicher Freibetrag	0,00 EUR	auf der Lohnsteuerkarte (laut Lohnsteuer-Ermäßigungsantrag)
= **Maßgeblicher Betrag für die Lohnsteuer**	2 000,00 EUR	Ablesen aus der Monats-Lohnsteuertabelle
Lohnsteuer	225,75 EUR	Lohnsteuerklasse I
Solidaritätszuschlag	12,41 EUR	5,5 % von der Lohnsteuer
Kirchensteuer	18,06 EUR	8 % von der Lohnsteuer

■ *Berechnung der Sozialversicherungsbeiträge*

Neben der Lohnsteuer sind den Arbeitnehmern die Sozialversicherungsbeiträge abzuziehen, da diese aufgrund gesetzlicher Vorschriften (Sozialgesetzbuch) in folgenden Sozialversicherungszweigen pflichtversichert werden müssen:

Versicherungszweig	Beitragssatz[1]	Beitragsbemessungsgrenze[1]
Kranken-versicherung	14,9 % Arbeitnehmer zahlt 7,9 %[2], Arbeitgeber zahlt 7,0 %	3750,00 EUR pro Monat (alte und neue Bundesländer)
Pflegeversicherung	1,95 % Arbeitnehmer zahlt die Hälfte[3]	s. Krankenversicherung
Rentenversicherung	19,9 % Arbeitnehmer zahlt die Hälfte	5500,00 EUR pro Monat (neue Bundesl.: 4650,00 EUR)
Arbeitslosen-versicherung	2,8 % Arbeitnehmer zahlt die Hälfte	s. Rentenversicherung

Die Höhe des Sozialversicherungsbeitrages ist abhängig von

- der Höhe des **sozialversicherungspflichtigen Bruttoentgelts** (im Regelfall entspricht dieses dem steuerpflichtigen Bruttoentgelt, jedoch sind die in der Lohnsteuerkarte eingetragenen Steuerfreibeträge in der Sozialversicherung nicht beitragsfrei),
- der **Beitragsgruppe der Sozialversicherung**.

Die wichtigsten **Beitragsgruppen der Sozialversicherung** sind:

Zweig der Sozialversicherung	Kürzel SV	Beitragsgruppe	
		alphabetisch	numerisch
Krankenversicherung (allgemeiner Beitrag)	KV	G	1000
Pflegeversicherung (soziale)	PV	P	0001
Rentenversicherung (Arbeiter)	RV	K	0100
Rentenversicherung (Angestellte)	RV	L	0200
Arbeitslosenversicherung	AV	M	0010

[1] Stand: 2010; Ab der **Beitragsbemessungsgrenze** bleibt der EUR-Betrag des Beitrags unverändert (Höchstbeitrag). Siehe auch auf Seite 141.

[2] Für Zahnersatz und Krankengeld erhöht sich der Arbeitnehmeranteil um 0,9 Prozentpunkte.

[3] Um die Arbeitgeber für ihren 50-prozentigen Beitragsanteil zu entschädigen, wurden in allen Bundesländern (Ausnahme: Sachsen) der Buß- und Bettag als Feiertag abgeschafft. In Sachsen zahlen die Arbeitnehmer den vollen Beitrag für die ersten 1 %; an den restlichen 0,95 % beteiligen sich die Arbeitgeber zur Hälfte; dafür wurde hier kein Feiertag abgeschafft. Für Arbeitnehmer, die das 23. Lebensjahr vollendet haben und keine Kinder haben, erhöht sich der Beitragssatz um 0,25 Prozentpunkte auf 1,225 % (Sachsen: 1,725).

Beispiel: Ermittlung der Beiträge zur Sozialversicherung für Marlis Abt (Angestellte)

Sozialversicherungspflichtiges Entgelt	2000,00 EUR	Sozialversicherungstabelle
Krankenversicherung[1] (Arbeitnehmeranteil)	158,00 EUR[1]	Beitragsgruppe 1000 bzw. G
Pflegeversicherung (Arbeitnehmeranteil)	24,50 EUR[2]	Beitragsgruppe 0001 bzw. P
Rentenversicherung (Arbeitnehmeranteil)	199,00 EUR	Beitragsgruppe 0200 bzw. L
Arbeitslosenversicherung (Arbeitnehmeranteil)	28,00 EUR	Beitragsgruppe 0010 bzw. M
Sozialversicherung (Arbeitnehmeranteil)	409,50 EUR	Beitragsgruppe 1211 (G/P/L/M)

Beispiel: Ermittlung des Nettoverdienstes für Marlis Abt

Bruttoverdienst	**2000,00 EUR**
− Lohnsteuer	225,75 EUR
− Kirchensteuer	18,06 EUR
− Solidaritätszuschlag[3]	12,41 EUR
− Sozialversicherung	409,50 EUR
= Nettoverdienst	**1334,28 EUR**

2.8.3 Ermittlung des auszuzahlenden Betrags

Der Nettoverdienst entspricht in der Regel nicht dem Betrag, den der Arbeitnehmer auf sein Konto gutgeschrieben bekommt.

Beispiel: Ermittlung des auszuzahlenden Betrags für Marlis Abt

Nettoverdienst	**1334,28 EUR**	
− vermögenswirksame Leistungen	40,00 EUR	Überweisung auf Vermögensbildungskonto des Arbeitnehmers
− Vorschuss/Abschlagszahlungen	0,00 EUR	Rückzahlung/Verrechnung
− sonstige Abzüge	0,00 EUR	Gewerkschaftsbeitrag, Betriebswohnungsmiete, Lohnpfändung usw.
= Auszuzahlender Betrag	**1294,28 EUR**	

Als Abrechnungsbeleg erhält jeder Arbeitnehmer eine **Verdienstabrechnung** bzw. einen Lohnstreifen. Als sehr wirtschaftlich hat sich die Ausgliederung der Lohn- und Gehaltsabrechnung auf ein **Service-Rechenzentrum** erwiesen. Dieses übernimmt die umfangreichen Berechnungen nach dem neuesten Stand der gesetzlichen Vorschriften und erstellt alle Unterlagen für Finanzamt, Krankenkasse usw. unterschriftsfertig. Alle zusätzlichen Auswertungen können individuell abgerufen werden.

[1] Beitragssatz 7,0% + 0,9% (trägt Arbeitnehmer allein).
[2] Siehe Fußnote 3, Seite 158.
[3] Seit 1995 wird in den alten und neuen Bundesländern ein **Solidaritätszuschlag** erhoben, der den Aufbau der neuen Bundesländer beschleunigen helfen soll. Der Solidaritätszuschlag beträgt seit 1998 5,5% von der Lohn- bzw. Einkommen-, Kapitalertrag-, Zinsabschlag- und Körperschaftsteuer. Der Solidaritätszuschlag kann erst am Ende des Jahres endgültig festgesetzt werden, wenn das zu versteuernde Einkommen (siehe S. 169 ff.) und damit die festzusetzende Einkommensteuer feststeht. Der Arbeitgeber muss jedoch bereits während des Jahres beim Lohnsteuerabzug den Solidaritätszuschlag einbehalten und am Jahresende auf der Rückseite der Lohnsteuerkarte bescheinigen. Bis zu einer Jahreslohnsteuer von 972,00 EUR (Verheiratete: 1944,00 EUR) muss kein Solidaritätszuschlag bezahlt werden (SolZG § 3).

Beispiel: Vereinfachter Gehaltsbeleg (Gehaltsabrechnung) für die Mitarbeiterin Marlis Abt

Abrechnung der Brutto-/Netto-Bezüge für den Monat März								Blatt: 1
Perso-nal-Nr.	Name, Vorname	Eintritt	Abt.-Nr.	KK-Nr.	St.-Kl.	Kinder-zahl	Sozialvers.-Schlüssel	Freibetrag
000001	Marlis Abt	05-05-02	143	01	1	0	1211	0

		Bezahlte Zeit Stunden	% Zuschlag	Faktor	Bruttobetrag (EUR)
01	Gehalt				1 900,00
08	Überstunden	4	25	12,0	60,00
42	VWL				40,00

Steuer-Brutto	Soz.vers.-Brutto							Gesamt-Brutto
2 000,00	2 000,00							2 000,00

Lohn-steuer	Kirchen-steuer	Sol.-Beitrag	Pflege-vers.	Kranken-vers.	Renten-vers.	Arb.losen-vers.	Gesamtabzüge
225,75	18,06	12,41	24,50	158,00	199,00	28,00	665,72

		Nettoverdienst
	Nettoentgelt	1 334,28
	– VWL	40,00
	Auszahlung	1 294,28

Zusammenfassung

- Mit der **Bruttoabrechnung** wird der Bruttoverdienst für eine Periode ermittelt. Zum Grundentgelt müssen noch die Zulagen, Zuschläge, Zuwendungen und Sachbezüge hinzugezählt werden, um den lohnsteuer- bzw. sozialversicherungspflichtigen **Bruttoverdienst** zu erhalten.

- Zur Durchführung der **Nettoabrechnung** muss der Arbeitgeber für jeden Arbeitnehmer ein **Lohn- bzw. Gehaltskonto** führen. Das Lohn- bzw. Gehaltskonto ist der **Berechnungsbeleg** für die Lohnbuchhaltung. Der Zahlenteil der Lohn- bzw. Gehaltskonten wird monatlich für alle Arbeitnehmer auf die **Lohn- bzw. Gehaltsliste** übernommen. Sie ist der **Buchungsbeleg** für die Finanzbuchhaltung.

- Die Höhe der Lohnsteuer ist abhängig von der Höhe des maßgebenden Bruttoverdienstes und der **Lohnsteuerklasse** des Arbeitnehmers. Die Lohnsteuer wird wie die Kirchensteuer (8 % bzw. 9 % der Lohnsteuer) und der Solidaritätszuschlag (5,5 % der Lohnsteuer) aus der **Lohnsteuertabelle** abgelesen.

- Neben der Lohnsteuer sind den Arbeitnehmern die Sozialversicherungsbeiträge abzuziehen. Ab der **Beitragsbemessungsgrenze** bleibt die Höhe des Beitrags unverändert (Höchstbeitrag). Die Höhe des Sozialversicherungsbeitrages ist abhängig von der Höhe des sozialversicherungspflichtigen Arbeitslohns und der Beitragsgruppe des Arbeitnehmers.

- Als Abrechnungsbeleg erhält jeder Arbeitnehmer eine **Verdienstabrechnung**. Am Jahresende übersendet der Arbeitgeber für jeden Arbeitnehmer eine elektronische **Lohnsteuerbescheinigung** ans Finanzamt.

1 Bilden Sie mehrere Arbeitsgruppen. Schreiben Sie die Fragen a) bis j) auf Kärtchen (eine Frage pro Kärtchen). Beantworten Sie in den Gruppen die Fragen und schreiben Sie die Lösungen auf das jeweilige Kärtchen. Veranstalten Sie in Ihrer Gruppe ein Frage-Antwort-Spiel (wer die meisten Kärtchen gewinnt, ist Gruppensieger). Die Gruppensieger können anschließend den Klassensieger des **Gruppenturniers** unter sich ausspielen.

Fragen:

a) Erläutern Sie die einzelnen Lohnbestandteile des Bruttoverdienstes.

b) Welche Daten muss das Lohn- bzw. Gehaltskonto enthalten?

c) Unterscheiden Sie zwischen Gehaltskonto und Gehaltsliste.

d) Welche Freibeträge sind in der Lohnsteuertabelle eingearbeitet?

e) Wovon hängt die Höhe der Lohnsteuer ab?

f) Erläutern Sie die sechs Lohnsteuerklassen.

g) Wovon hängt die Höhe des Sozialversicherungsbeitrags ab?

h) Erklären Sie den Begriff Beitragsbemessungsgrenze.

i) Unterscheiden Sie zwischen Brutto-, Nettoverdienst und auszuzahlendem Betrag.

j) Geben Sie wesentliche Inhalte der Verdienstabrechnung des Arbeitnehmers an.

2 In welcher Lohnsteuerklasse sind folgende Arbeitnehmer eingruppiert?

a) Karl Greiner, ledig, 40 Jahre alt, ein Kind

b) Regina Reiber, ledig, 25 Jahre alt, verlobt

c) Bernd Nuber, verheiratet, 30 Jahre alt, zwei Kinder, Ehefrau ist Hausfrau

d) Nesrin Özal, verheiratet, ein Kind, Ehemann Murat Özal ist auch Arbeitnehmer

e) Murat Özal verdient ungefähr das Doppelte wie seine Frau Nesrin

f) Yvonne Nusser, 20 Jahre alt, ledig, ein Kind, hat zwei Teilzeitjobs bei verschiedenen Arbeitgebern.

3 Auszug aus der Lohn- und Gehaltsliste der Weller KG:

Nr.	Name	Bruttoentgelt	Sonstige Hinweise
1	T. Möller	3000,00 EUR	Alleinstehend, 26 Jahre alt, kinderlos
2	R. Miller	2000,00 EUR	Alleinstehend, 30 Jahre alt, kinderlos; R. Miller hat sich einen persönlichen Freibetrag in Höhe von 6000,00 EUR (monatlich 500,00 EUR) auf seiner Lohnsteuerkarte eintragen lassen
3	E. Klein	2500,00 EUR	Verheiratet, 28 Jahre alt, 1 Kind, Ehepartner ist in Steuerklasse IV
4	T. Kraft	6000,00 EUR	Verheiratet, 35 Jahre alt, 1 Kind, Ehepartner ist nicht erwerbstätig

a) Ermitteln Sie die Steuerabzüge (Auszüge aus der Monatslohnsteuer-Tabelle siehe auf Seite 157).

b) Ermitteln Sie die Sozialversicherungsabzüge. (Die Arbeitnehmer sind in allen Zweigen der Sozialversicherung versichert, Beitragssatz der Krankenkasse: 7,0 % + 0,9 %.)

c) Erstellen Sie für die vier Arbeitnehmer die Gehaltsabrechnungen, aus denen Bruttogehalt, Nettogehalt und auszuzahlender Betrag sichtbar sind.

Hinweis:

Alle Arbeitnehmer erhalten vermögenswirksame Leistungen (siehe Seite 241). Der Arbeitgeberanteil beträgt 27,00 EUR und ist in obigen Bruttogehältern bereits enthalten. Der Arbeitgeber überweist monatlich jeweils 40,00 EUR auf die Vermögensbildungskonten der Arbeitnehmer.

2.9 Einkommensteuererklärung eines Arbeitnehmers

„Brav, Cäsar, brav! Schön knurr-knurr gemacht! Braver Hund!"
Weshalb lassen sich viele Bundesbürger ihre zu viel bezahlte Lohnsteuer nicht zurücker-statten?

2.9.1 Einkommensteuerpflicht – Wohnsitz entscheidet

Natürliche Personen, die im Inland einen Wohnsitz oder ihren gewöhnlichen Aufenthalt haben, sind *unbeschränkt* einkommensteuerpflichtig (EStG § 1). Unbeschränkt heißt, dass sowohl die inländischen als auch die ausländischen Einkünfte der Einkommensteuer unter-liegen. Personen mit ausländischem Wohnsitz sind nur mit ihren inländischen Einkünften (*beschränkt*) steuerpflichtig (EStG § 49).

2.9.2 Erhebungsformen der Einkommensteuer

Besondere Erhebungsformen der Einkommensteuer sind die **Lohnsteuer** und die **Kapitaler-tragsteuer** (seit 2009 als Abgeltungssteuer). Letztere sind *Abzugsteuern*, weil sie bereits an der Einkunftsquelle einbehalten und abgeführt werden. Zur Vermeidung einer Doppelbe-steuerung werden diese Abzugsteuern auf Antrag auf die Einkommensteuerschuld des Steuerpflichtigen angerechnet.

Da die Lohnsteuerberechnung nicht alle individuellen Daten des Arbeitnehmers berücksichtigen kann (nur Pauschal-Freibeträge sind eingearbeitet), wird in der Regel zu viel Lohnsteuer einbehalten. Daher kann der Arbeitnehmer eine Einkommensteuererklärung abgeben. Für diese **Antragsveranlagung** (früher Lohnsteuerjahresausgleich genannt) kann er sich vier Jahre lang Zeit lassen. Die freiwillige Einkommensteuererklärung für das Jahr 2010 muss also spätestens am 31. Dezember 2014 abgegeben werden.

Viele Arbeitnehmer unterliegen jedoch einer **Pflichtveranlagung**, wenn sie noch weitere Einkunftsarten haben (z. B. Einkünfte aus Vermietung und Verpachtung). Wer verpflichtet ist, eine Einkommensteuererklärung abzugeben, für den gilt als Abgabetermin grundsätzlich der 31. Mai des folgenden Jahres (für das Jahr 2010 ist das der 31. Mai 2011).

Zum Antrag auf Einkommensteuerveranlagung gehören für Arbeitnehmer

- der vierseitige **Hauptvordruck ESt 1A** (für allgemeine Angaben, Sonderausgaben und außergewöhnliche Belastungen);
- die **Anlage N** (für Angaben zum Arbeitslohn, zu vermögenswirksamen Leistungen und zu den Werbungskosten);
- weitere Vordrucke für jede Einkunftsart.

Beispiel: Marlis Abt muss eine Pflichtveranlagung durchführen lassen, da sie mehr als eine Einkunftsart hat. Sie hätte auch freiwillig eine Einkommensteuererklärung abgegeben, da ihre Werbungskosten und Sonderausgaben über den Pauschalbeträgen liegen. Sie hat zwei Einkunftsarten und muss zum Hauptvordruck noch zwei Anlagen (Anlage S für ihre Einkünfte aus selbstständiger Arbeit, Anlage N für ihre Einkünfte aus nicht selbstständiger Arbeit) beim Finanzamt einreichen.

2.9.3 Ermittlung des zu versteuernden Einkommens

Die Bemessungsgrundlage für die Einkommensteuer ist das **zu versteuernde Einkommen**, das der Steuerpflichtige im Kalenderjahr bezogen hat. Nach § 2 EStG wird es stufenweise ermittelt.

Schema zur Berechnung des zu versteuernden Einkommens (stark vereinfacht):

1. Einkünfte aus Land- und Forstwirtschaft 2. Einkünfte aus Gewerbebetrieb 3. Einkünfte aus selbstständiger Arbeit 4. Einkünfte aus nicht selbstständiger Arbeit	**Gewinneinkünfte**	Betriebseinnahmen – Betriebsausgaben = Gewinn
5. Einkünfte aus Kapitalvermögen 6. Einkünfte aus Vermietung und Verpachtung 7. Sonstige Einkünfte	**Überschusseinkünfte**	Einnahmen – Werbungskosten = Überschuss

= Summe der Einkünfte
– Altersentlastungsbetrag (1 520,00 EUR)[1],

= Gesamtbetrag der Einkünfte
– Sonderausgaben, außergewöhnliche Belastungen

= Einkommen
– Kinderfreibetrag (7 008,00 EUR)[2]

= zu versteuerndes Einkommen

Im Folgenden werden die verwendeten Begriffe erläutert.

---

[1] Stand 2010: Danach jedes Jahr um 76,00 EUR geringer (EStG § 24a)

[2] Bei Bezug von Kindergeld entfällt der Kinderfreibetrag (das Finanzamt führt eine Günstigerrechnung durch).

■ Einkunftsarten – sieben an der Zahl

Unter **Einkunft** ist der Reinertrag bzw. -verlust aus einer Einkunftsart zu verstehen. Dabei kann jede Einkunftsart mehrere **Einkunftsquellen** haben.

● Gewinneinkünfte

Die Gewinneinkünfte im Überblick:

Einkunftsart	Mögliche Einkunftsquellen
● **Land- und Forst-wirtschaft** (§§ 13–14a EStG)	Einkünfte aus dem Betrieb von Land- und Forstwirtschaft, Weinbau, Gartenbau, Obstbau, Gemüsebau, Baumschulen; aus der Tierzucht, der Binnenfischerei, der Teichwirtschaft usw.
● **Gewerbebetrieb** (§§ 15–17 EStG)	Einkünfte aus gewerblichen Unternehmen; Gewinnanteile der Gesellschafter einer OHG oder einer KG; Gewinne aus der Veräußerung eines Gewerbebetriebs oder eines Gesellschafteranteils
● **Selbstständige Arbeit** (§ 18 EStG)	Einkünfte aus freiberuflicher Tätigkeit (insbesondere die selbstständig ausgeübte wissenschaftliche, künstlerische, schriftstellerische, unterrichtende oder erzieherische Tätigkeit, die selbstständige Berufstätigkeit der Ärzte, Rechtsanwälte, Notare, Ingenieure, Architekten, Wirtschaftsprüfer, Steuerberater, Heilpraktiker, Journalisten, Dolmetscher usw.); Vergütungen für die Tätigkeit als Aufsichtsratsmitglied

Bei den Gewinneinkunftsarten werden die Einkünfte als Gewinn ermittelt.

● Überschusseinkünfte

Die Überschusseinkünfte im Überblick:

Einkunftsart	Mögliche Einkunftsquellen
● **Nicht selbst-ständige Arbeit** (§§ 19 EStG)	Gehälter, Löhne, Gratifikationen, Tantiemen und andere Bezüge und Vorteile, die für eine Beschäftigung im öffentlichen oder privaten Dienst gewährt werden; Wartegelder, Ruhegelder, Witwen- und Waisengelder und andere Bezüge und Vorteile aus früheren Dienstverträgen
● **Kapitalvermögen** (§ 20 EStG)	Dividenden inländischer Gesellschaften, Investmenterträge (Zins- und Dividendenanteil), Einnahmen aus Zinsen jeglicher Art, Gewinne aus der Veräußerung von Wertpapieren, die nach dem 31.12.2008 erworben wurden. Bei Rentenversicherungen mit Kapitalwahlrecht und Lebensversicherungen für den Erlebensfall der Unterschiedsbetrag zwischen der Versicherungsleistung und der Summe der auf sie entrichteten Beiträge usw.
● **Vermietung und Verpachtung** (§ 21 EStG)	Einkünfte aus Vermietung und Verpachtung von Grundstücken, Gebäuden und Wohnungen;
● **Sonstige Einkünfte** (§§ 22–23 EStG)	Einkünfte aus wiederkehrenden Bezügen (insbesondere Renten); Einkünfte aus privaten Grundstücksgeschäften innerhalb der Spekulationsfrist von zehn Jahren; Einkünfte aus gelegentlichen Vermittlungen und aus der Vermietung beweglicher Gegenstände

Bei den Überschusseinkunftsarten ergeben sich die Einkünfte als Überschuss der Einnahmen über die Werbungskosten. Das kann auch ein Verlust sein.

■ *Abzugsfähige Aufwendungen*

● *Werbungskosten*

Werbungskosten sind alle Aufwendungen, die getätigt werden müssen, um Einnahmen zu erzielen, zu sichern und zu erhalten (EStG § 9).

Sie können nur bei den Überschusseinkunftsarten entstehen und sind bei der Einkunftsart abzusetzen, bei der sie entstanden sind. Gegenstände, die über mehrere Jahre hinweg genutzt werden und deren Anschaffungskosten mehr als 410,00 EUR (ohne Umsatzsteuer) betragen, sind auf die Nutzungsdauer zu verteilen (Lohnsteuerrichtlinien Abschnitt 44).

Beispiel: Werbungskosten bei der Einkunftsart „Nicht selbstständige Arbeit":

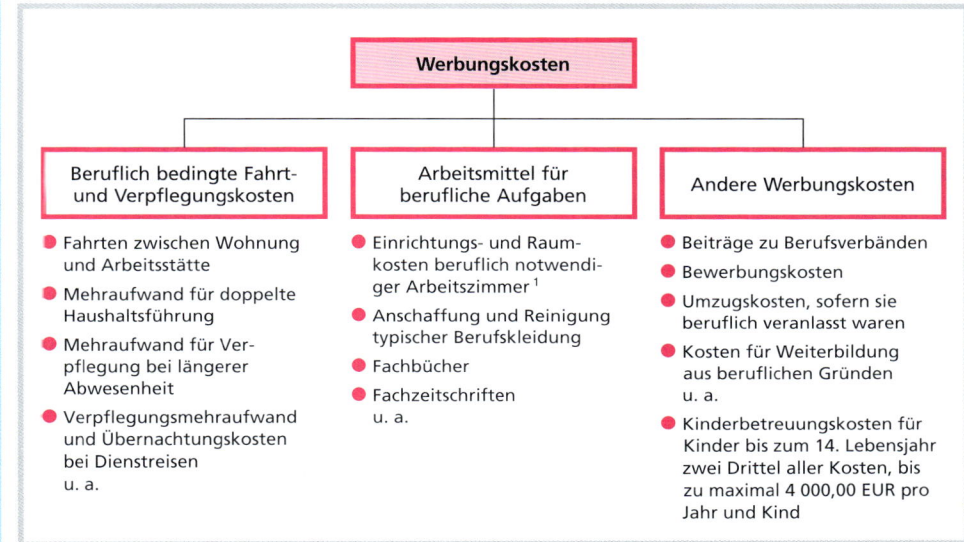

Beispiel: Die Buchhalterin Marlis Abt hat ein eigenes Auto, mit dem sie fünfmal pro Woche zur Arbeit fährt (im Jahr sind das 250 Tage − 30 Urlaubstage = 220 Arbeitstage). Sie legt bis zu ihrer Arbeitsstelle 33 Entfernungskilometer zurück. Zusätzlich kann sie Gewerkschaftsbeiträge, Arbeitsmittel, Kosten des IHK-Kurses „Arbeitsrecht für Lohnbuchhalter" und Kontoführungsentgelt für ihr Gehaltskonto absetzen.

Marlies errechnet folgende Werbungskosten aus nicht selbstständiger Arbeit:

Fahrtkosten zur Arbeit[2]	220 Tage · 0,30 EUR/km · 33 km	2178,00 EUR
Gewerkschaftsbeiträge	etwa 1 % des Gehalts (27 000,00 EUR)	270,00 EUR
Arbeitsmittel	Fachbücher, -zeitschriften	336,00 EUR
Weiterbildungskosten	IHK-Buchhaltungskurs	200,00 EUR
Kontoführungsentgelt	für Gehaltskonto	16,00 EUR
Summe der Werbungskosten aus nicht selbstständiger Arbeit		**3000,00 EUR**

[1] Nur abzugsfähig, wenn das häusliche Arbeitszimmer der Mittelpunkt der gesamten beruflichen Tätigkeit ist.

[2] Für jeden Arbeitstag, an dem der Arbeitnehmer die Arbeitsstätte aufsucht, kann er eine **Entfernungspauschale** für jeden vollen Kilometer der Entfernung zwischen Wohnung und Arbeitsstätte von 0,30 EUR ansetzen.

Aus Gründen der Vereinfachung des Besteuerungsverfahrens sind folgende **Pauschbeträge** abzuziehen, wenn keine höheren Werbungskosten nachgewiesen werden (EStG § 9 a):

- Einnahmen aus nicht selbstständiger Arbeit: **Werbungskostenpauschbetrag für Arbeitnehmer** von 920,00 EUR.
- Einnahmen aus Kapitalvermögen: **Sparerpauschbetrag** von 801,00 EUR.
- Bei wiederkehrenden Bezügen, z. B. Leibrente (sonstige Einkünfte): **Pauschbetrag** von 102,00 EUR.

Die Pauschbeträge dürfen jedoch *nicht zu einem Verlust* aus der betreffenden Einkunftsart führen.

Bei den einzelnen Einkunftsquellen bzw. Einkunftsarten können positive (Gewinne bzw. Überschüsse) oder negative Einkünfte (Verluste) erzielt werden. Alle Einkünfte ergeben zusammen die Summe der Einkünfte. Dies führt dazu, dass Verluste sowohl innerhalb der einzelnen Einkunftsart (bei mehreren Einkunftsquellen) als auch zwischen mehreren Einkunftsarten ausgeglichen werden können (**Verlustausgleich**[1]). Dabei ist zu beachten, dass die **Kosten der privaten Lebensführung** (z. B. für den Unterhalt der Familie, für Urlaubsreise) weder als Betriebsausgaben noch als Werbungskosten abziehbar sind.

Beispiel: Berechnung der Summe der Einkünfte und des Gesamtbetrags der Einkünfte:

Die Buchhalterin Marlis Abt hatte sowohl Gewinn- als auch Überschusseinkünfte erzielt. Sie gibt als Nebenbeschäftigung betriebsinterne Buchhaltungskurse für interessierte Mitarbeiter und hatte Einnahmen aus selbstständiger Arbeit (1200,00 EUR). Um diese Kurse optimal vorzubereiten, hatte sie Aufwendungen in Höhe von 200,00 EUR (z. B. Abschreibungen für einen Personalcomputer mit Laserdrucker usw.). Marlis hatte außerdem Einnahmen aus Kapitalvermögen in Höhe von 700,00 EUR.

Einkünfte aus selbstständiger Arbeit	Betriebseinnahmen − Betriebsausgaben	1200,00 EUR − 200,00 EUR	1000,00 EUR
Einkünfte aus nicht selbstständiger Arbeit	Bruttoentgelt − Werbungskosten	27000,00 EUR 3000,00 EUR	24000,00 EUR
Einkünfte aus Kapitalvermögen	Einnahmen − Sparer-Pauschbetrag	700,00 EUR 801,00 EUR	0,00 EUR[2]
Summe der Einkünfte			**25000,00 EUR**
− Altersentlastungsbetrag, Entlastungsbetrag für Alleinerziehende			0,00 EUR
Gesamtbetrag der Einkünfte			**25000,00 EUR**

● *Sonderausgaben*

Sonderausgaben sind Aufwendungen der Lebensführung, die aus *sozial-, wirtschafts- oder finanzpolitischen Gründen* steuerlich begünstigt werden (EStG § 10). Sie sind weder Werbungskosten noch Betriebsausgaben.

[1] Ausnahme: Von einem Kreditinstitut bescheinigte *Verluste aus Kapitaleinkünften* sind nicht mit Einkünften aus anderen Einkunftsarten verrechenbar. Sie können nur mit Kapitaleinkünften des laufenden Jahres bei anderen Banken oder mit Kapitaleinkünften der Folgejahre verrechnet werden (EStG § 20 Abs. 6). Verluste aus Aktienverkäufen können z. B. grundsätzlich nur mit Gewinnen aus Aktienverkäufen verrechnet werden.

[2] Der Sparerpauschbetrag darf nicht zu negativen Einkünften aus Kapitalvermögen führen.

Überblick über die Sonderausgaben

Vorsor-geaufwen-dungen	Die Vorsorgeaufwendungen werden nach §39b (2) Nr. 3 EStG bereits beim Lohnsteuerabzug berücksichtigt[1]. Sie setzen sich aus folgenden Teilbeträgen zusammen: ● Teilbetrag für den **Arbeitnehmeranteil zur gesetzlichen Rentenversicherung** und Beiträge für eine nicht übertragbare private Rentenversicherung („Rürup-Rente"). Der jährliche Höchstbetrag beträgt hierfür insgesamt 20 000 EUR bzw. 40 000 EUR für Ehegatten (EStG §10 Abs. 3). ● Teilbetrag für den **Arbeitnehmeranteil zur Basisversorgung in der gesetzlichen Kranken- und Pflegeversicherung** (Krankengeld und Zusatztarife für Zahnersatz gehören nicht zur Basisversorgung). Der jährliche Höchstbetrag beträgt insgesamt 1 900 EUR (Verheiratete: 3 000 EUR). Ist die Basisversorgung jedoch teurer, dann sind mindestens die tatsächlich geleisteten Beiträge anzusetzen. Bringen Beschäftigte (z.B. Selbstständige) den Gesamtbeitrag alleine auf, dann beträgt der Höchstbetrag 2 800 EUR (Verheiratete: 5 600 EUR). ● Teilbetrag für die **Basisversorgung in der privaten Krankenversicherung bzw. privaten Pflegepflichtversicherung** bei Arbeitnehmern, die nicht Mitglied in der gesetzlichen Kranken- bzw. sozialen Pflegeversicherung sind (z.B. höher verdienende Arbeitnehmer, privat versicherte Beamte). Die Höhe der Basisversorgung wird vom Versicherungsunternehmen bescheinigt. Der Arbeitnehmer muss dies seinem Arbeitgeber mitteilen, sonst erhält er lediglich die **Mindestvorsorgepauschale** (12 % des Arbeitslohns, höchstens jährlich 1 900 EUR). ● **Sonstige Vorsorgeaufwendungen:** Beiträge zu einer Berufsunfähigkeits-, Haftpflicht- oder Unfallversicherung sind nur dann als Sonderausgaben abzugsfähig, wenn oben genannte Höchstbeträge noch nicht ausgeschöpft sind.
Übrige Son-derausgaben EStG §10	● *Unbeschränkt abzugsfähig:* gezahlte Kirchensteuer, Versorgungsleistungen im Zusammenhang mit der Übertragung eines Mitunternehmeranteils oder eines Betriebs, Leistungen auf Grund eines schuldrechtlichen Versorgungsausgleichs ● *Beschränkt abzugsfähig:* jährliche Aufwendungen für die eigene Berufsausbildung bis 4 000 EUR, jährliche Zuwendungen an politische Parteien bis insgesamt 1 650 EUR, Spenden und Mitgliedsbeiträge (siehe hierzu §§10 b, 34 g EStG), jährliche Unterhaltsleistungen an den geschiedenen oder dauernd getrennt lebenden Ehegatten bis zu 13 805 EUR, jährliche Kinderbetreuungskosten[2] bis 4 000 EUR pro Kind.

Beispiel: Marlis Abt wurden laut Lohnsteuerbescheinigung 3 500,00 EUR Lohnsteuer, 280,00 EUR Kirchensteuer, 2 600,00 EUR für die gesetzliche Rentenversicherung und 2 500,00 EUR für die gesetzliche Kranken- und Pflegeversicherung einbehalten. Für Berufsunfähigkeits- und Haftpflichtversicherungen hat sie insgesamt 1 000,00 EUR ausgegeben. Der Caritas und dem Roten Kreuz hat sie insgesamt 220,00 EUR gespendet.

unbeschränkt abziehbar	gezahlte Kirchensteuer	280,00 EUR
beschränkt abziehbar	Spenden	220,00 EUR
Übrige Sonderausgaben insgesamt		**500,00 EUR**

[1] Siehe Lohnsteuerklassen auf Seite 156

[2] Nicht erwerbstätige Alleinerziehende und Paare, bei denen nur ein Elternteil erwerbstätig ist, können für ihre 3- bis 6-jährigen Kinder generell zwei Drittel der Kinderbetreuungskosten geltend machen.

167

Beispiel: Selbstberechnung der abziehbaren Vorsorgeaufwendungen für Marlis Abt:

Teilbetrag für Rentenversicherung	
Arbeitnehmeranteil zur gesetzlichen Rentenversicherung	2 600,00 EUR
höchstens 40 %[1] sind abziehbar	*1 040,00 EUR*
andere Berechnungsweise:	
AG- und AN-Anteil zur gesetzlichen Rentenversicherung	5 200,00 EUR
abzugsfähig sind höchstens jährlich einschließlich Rürup-Rente	20 000,00 EUR
höchstens 70 %[2] vom niedrigeren Betrag	3 640,00 EUR
– Arbeitgeberanteil zur gesetzlichen Rentenversicherung	– 2 600,00 EUR
= abzugsfähige Altersvorsorgeaufwendungen	*= 1 040,00 EUR*
+ Teilbetrag für Kranken- und Pflegeversicherung (bis 12 % des Arbeitslohns)	
AN-Anteile zur gesetzlichen Kranken- und Pflegeversicherung	2 500,00 EUR
davon Basisversorgung (Beiträge abzüglich 4 % für Krankengeld)	2 400,00 EUR
höchstens 1 900 EUR, mindestens der tatsächliche Basisbeitrag	*2 400,00 EUR*
+ Sonstige Vorsorgeaufwendungen: Beiträge zu einer weiteren privaten Berufsunfähigkeits-, Haftpflicht-, Zusatzkranken-, Lebens- oder Unfallversicherung bis in Höhe des noch nicht ausgeschöpften Teils des Höchstbetrags von 1 900 EUR	1 000,00 EUR *0,00 EUR*
als Sonderausgaben abziehbare Vorsorgeaufwendungen	*3 440,00 EUR*

Das Bürgerentlastungsgesetz sieht für den Zeitraum 2010 bis 2019 eine sogenannte automatische Günstigerprüfung vor. Das bedeutet, dass in jedem Einzelfall geprüft wird, ob die bisherige oder die neue Rechtslage (ab 2010) für den Steuerpflichtigen günstiger ist. Hätte Marlis Abt nach der alten Rechtslage höhere Beiträge als Vorsorgeaufwendungen geltend machen können, dann kann sie den höheren Betrag unter den bereits genannten Voraussetzungen bis zum Jahr 2019 auch weiterhin absetzen.

● *Außergewöhnliche Belastungen*

Neben den Sonderausgaben können außergewöhnliche Belastungen vom Gesamtbetrag der Einkünfte abgezogen werden. Eine **außergewöhnliche Belastung** eines Steuerpflichtigen liegt dann vor, wenn er zwangsläufig größere Aufwendungen hat als die überwiegende Mehrzahl der Steuerpflichtigen gleicher Einkommens- und Vermögensverhältnisse und gleichen Familienstands (EStG § 33). Absetzbar sind nur finanzielle Belastungen in angemessener Höhe.

Zwangsläufig sind Aufwendungen dann, wenn sich der Steuerpflichtige ihnen nicht entziehen kann aus

- rechtlichen Gründen (z. B. Unterhaltspflicht gegenüber seinen Eltern);
- tatsächlichen Gründen (z. B. nicht erstattete Krankheitskosten, Beerdigungskosten);
- sittlichen Gründen (z. B. Unterstützung eines bedürftigen Bruders)[3].

Steuerlich kann nur der Teil der allgemeinen außergewöhnlichen Aufwendungen abgesetzt werden, der die **zumutbare Belastung** übersteigt und nicht von anderen Stellen (z. B. Versicherungen) erstattet worden ist. Die zumutbare Belastung beträgt zwischen 1 Prozent und 7 Prozent des Gesamtbetrags der Einkünfte, je nach Familienstand, Kinderzahl und Höhe der Einkünfte.

---

[1] Stand 2010, 2011: 44% danach jährlich bis 2025 um 4 Prozentpunkte ansteigend
[2] Stand 2010, 2011: 72% danach jährlich bis 2025 um 2 Prozentpunkte ansteigend
[3] Unterhaltsleistungen sind nur bei gesetzlicher Unterhaltspflicht steuerlich abzugsfähig. Für Lebensgemeinschaften und Geschwister gibt es eine Härteklausel (EStG § 33a).

Außergewöhnliche Belastungen

„in besonderen Fällen" (beschränkt abzugsfähig bis zu einem bestimmten Höchstbetrag oder als Pauschbetrag)	„allgemeiner Art" (zu kürzen um die sogenannte „zumutbare Belastung")
• Behinderten-Pauschbetrag • Hinterbliebenen-Pauschbetrag • Aufwendungen für die Unterstützung bedürftiger Personen, für die Beschäftigung einer Haushaltshilfe bzw. Hausgehilfin • Ausbildungsfreibetrag • Aufwendungen für die Heim- oder Pflegeunterbringung • Freibetrag für besondere Fälle (z. B. Flüchtling) • Pflege-Pauschbetrag	Hier müssen bestimmte Voraussetzungen erfüllt werden. Abzugsfähig können z. B. sein: • Von der Krankenversicherung nicht erstattete Krankheits- und Kurkosten • Kosten der Ehescheidung • Beerdigungskosten • Aufwendungen zur Beseitigung gesundheitsschädlicher Stoffe in der Wohnung bzw. im Haus

Beispiel: Für eine aufwendige kieferorthopädische Zahnbehandlung erhielt Marlis Abt von ihrer Krankenversicherung nur 2/3 der Kosten erstattet. Den Restbetrag in Höhe von 1000 EUR kann Marlis als außergewöhnliche Belastung absetzen. Ihre zumutbare Belastung (6 Prozent vom Gesamtbetrag der Einkünfte = 6 % · 25000 EUR = 1500,00 EUR) muss sie jedoch davon abziehen. Eine außergewöhnliche Belastung kann sie daher nicht geltend machen.

■ Zu versteuerndes Einkommen

Marlis Abt ermittelt ihre Erstattungs- bzw. Abschlusszahlung durch eine Selbstberechnung:

Einkünfte aus selbstständiger Arbeit	Betriebseinnahmen − Betriebsausgaben	1200 EUR − 200 EUR	1000 EUR
Einkünfte aus nicht selbstständiger Arbeit	Bruttoentgelt − Werbungskosten	27000 EUR − 3000 EUR	24000 EUR
Einkünfte aus Kapitalvermögen	Einnahmen − Sparer-Pauschbetrag	700 EUR − 801 EUR	0 EUR
Summe der Einkünfte − Altersentlastungsbetrag, Entlastungsbetrag für Alleinerziehende			**25000 EUR** 0 EUR
Gesamtbetrag der Einkünfte − Sonderausgaben − außergewöhnliche Belastungen	übrige Sonderausgaben Vorsorge- aufwendungen	500 EUR 3440 EUR	**25000 EUR** 3940 EUR 0 EUR
Einkommen − Kinder (EStG § 32 Abs. 6)			**21060 EUR**
Zu versteuerndes Einkommen			**21060 EUR**

[1] Bei Bezug von Kindergeld nach § 6 des Bundeskindergeldgesetzes (erstes und zweites Kind: je 184,00 EUR/Monat, 3. Kind: 190,00 EUR/Monat, ab dem 4. Kind 215,00 EUR/Monat) entfallen der Kinderfreibetrag (2184,00 EUR/Jahr je Kind und Elternteil) und der Betreuungs- und Erziehungsfreibetrag (1320,00 EUR/Jahr je Kind und Elternteil). Das Finanzamt führt eine Günstigerrechnung durch.

Tarifliche Einkommensteuer (siehe Tarifformel)	2989 EUR
+ **abzuführender Solidaritätszuschlag (5,5 %)** − **vom Arbeitgeber einbehaltene Lohnsteuer** − **anrechenbarer Solidaritätszuschlag (5,5 %)** − **geleistete Einkommensteuervorauszahlungen**	+ 164 EUR − 3500 EUR − 280 EUR 0 EUR
Erstattung (−) bzw. Abschlusszahlung (+)	− 627 EUR

Aufgrund der eingereichten Einkommensteuererklärung setzt das Finanzamt die Erstattungs- bzw. Abschlusszahlung fest. Darüber erhält der Steuerpflichtige einen **Einkommensteuerbescheid**, in dem auch ggf. die zu leistenden Einkommensteuervorauszahlungen angegeben sind. Die zu viel einbehaltene Kirchensteuer wird vom Kirchensteueramt erstattet, eine Nachzahlung entsprechend mittels des **Kirchensteuerbescheids** eingefordert.

■ Berechnung der Einkommensteuer mit der Tarifformel

Die tarifliche Einkommensteuer wird genau berechnet (Formeltarif) und bemisst sich nach dem zu versteuernden Einkommen (zvE).

Tarifformel nach EStG § 32 a für Tarif 2010

Tarifzone	Zu versteuerndes Einkommen (zvE)	Tarifformel
1	bis 8004 EUR (Grundfreibetrag)	0
2	von 8005 EUR bis 13469 EUR	$(912{,}17 \cdot y + 1400) \cdot y$
3	von 13470 EUR bis 52881 EUR	$(228{,}74 \cdot z + 2397) \cdot z + 1038$
4	von 52882 EUR bis 250730 EUR	$0{,}42 \cdot x - 8172$
5	von 250731 EUR an	$0{,}45 \cdot x - 15694$

Dabei ist

„y" das 1/10000 des 8004 EUR übersteigenden Teils des auf einen vollen EUR-Betrag abgerundeten zvE

„z" das 1/10000 des 13469 EUR übersteigenden Teils des auf einen vollen EUR-Betrag abgerundeten zvE

„x" das auf einen vollen EUR-Betrag abgerundete zvE

Die sich ergebende Einkommensteuer ist auf den nächsten vollen EUR-Betrag abzurunden.

Beispiel 1: Berechnung der Einkommensteuer für Marlis Abt
Das zvE von Marlis Abt (= 21060,00 EUR) fällt in die **Tarifzone 3**.

Damit errechnet sich die Einkommensteuer wie folgt:

Nebenrechnung: z = (21060 − 13469) : 10000 = 0,7591
Einkommensteuer = (228,74 · 0,7591 + 2397) · 0,7591 + 1038 = **2989,00 EUR**
Individueller Einkommensteuersatz von Marlis Abt: 2989 · 100 / 21060 = 14,19 %

Beispiel 2: Berechnung der Einkommensteuer für das halbe zvE von Marlis Abt (10530 EUR)
Dieses zvE fällt in die **Tarifzone 2**.

Damit errechnet sich die Einkommensteuer wie folgt:

Nebenrechnung: y = (10530 − 8004) : 10000 = 0,2526
Einkommensteuer = (912,17 · 0,2526 + 1400) · 0,2526 = **411,00 EUR**
Individueller Einkommensteuersatz für diesen Fall: 411 · 100 / 10530 = 3,90 %

2.9.4 Einkommensteuertarif – Leistungsfähigkeit entscheidet

■ Tarifzonen

Wie hoch das zu versteuernde Einkommen besteuert wird, ergibt sich aus dem Einkommensteuertarif (EStG § 32 a). Um sicherzustellen, dass der leistungsfähigere Steuerpflichtige auch stärker belastet wird, ist der Steuertarif in fünf Zonen unterteilt. Die Tarifzonen werden wie folgt unterschieden (für Verheiratete gelten die doppelten Beträge):

Tarifzonen der Einkommensteuer (zvE = zu versteuerndes Einkommen)

Tarifzonen	Jahre	2007 T2007	2009 T2009	2010 T2010
Freizone (Grundfreibetrag) bis zu einem zvE von beträgt der Steuersatz		7 664 0,00 %	7 834 0,00 %	8 004 0,00 %
Erste Progressionszone ab einem zvE von Eingangssteuersatz (danach ansteigend mit steigendem zvE)		7 665 15,0 %	7 835 14,0 %	8 005 14,0 %
Zweite Progressionszone ab einem zvE von anfänglicher Steuersatz (danach ansteigend mit steigendem zvE)		12 740 23,97 %	13 140 23,97 %	13 470 23,97 %
Erste Proportionalzone ab einem zvE von gleichbleibender Steuersatz		52 152 42,0 %	52 552 42,0 %	52 882 42,0 %
Zweite Proportionalzone ab einem zvE von gleichbleibender Höchst-/Spitzensteuersatz		250 001 45,0 %	250 401 45,0 %	250 731 45,0 %

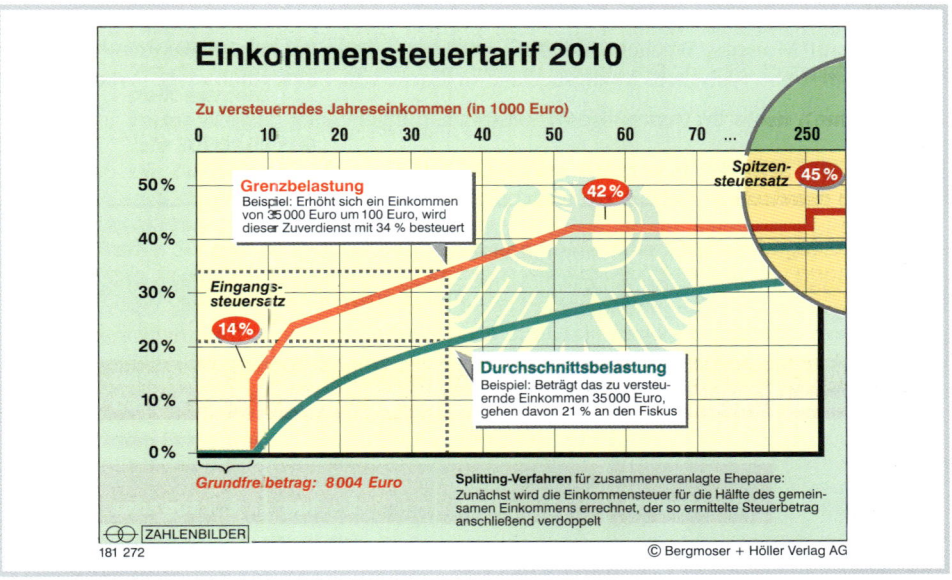

■ Grenzbelastung und Durchschnittsbelastung

Die **Grenzbelastung** gibt an, mit wie viel Prozent ein Einkommenszuwachs um einen Euro besteuert wird. Die **Durchschnittsbelastung** gibt an, mit wie viel Prozent das gesamte zu versteuernde Einkommen (zvE) belastet wird.

171

Beispiel: Grenzbelastung der Marlis Abt nach T2010: etwa 30 Prozent (abgelesen aus der Grafik auf Seite 171); Durchschnittsbelastung der Marlis Abt nach T2010: 2 989 (ESt) · 100 : 21 060 = etwa 14,2 %. Würde Marlis Abt einen Euro mehr verdienen, dann würde dieser letzte Euro mit 30 Cent besteuert. Durchschnittlich werden ihr von jedem Euro ihres Gesamtverdienstes 14 Cent Einkommensteuer abgezogen.

■ Grundtarif und Splittingtarif

Das Einkommensteuergesetz enthält die Tarifformel (EStG § 32a), mit der sich die zu zahlende Einkommensteuer berechnen lässt. Für Alleinstehende und getrennt veranlagte Verheiratete ist der **Grundtarif**, für Verheiratete, die die Zusammenveranlagung wählen, ist der **Splittingtarif** anzuwenden. Der Splittingtarif ist vom Grundtarif abgeleitet; dabei wird das zvE beider Ehegatten halbiert, die Einkommensteuer nach dem Grundtarif berechnet und verdoppelt. Dadurch ergibt sich eine niedrigere Grenzbelastung. Dies führt zu einer erheblichen Steuerersparnis, wenn einer der zusammenveranlagten Ehegatten ein erheblich höheres zvE hat als der andere.

Beispiel: Nach dem Grundtarif T2010 beträgt die Einkommensteuer der Marlis Abt 2 989 EUR. Wäre sie verheiratet und das zvE ihres Ehegatten gleich null, dann müsste sie nach dem Splittingtarif 822 EUR versteuern.

Der Splittingtarif errechnet sich auf der Grundlage des *halben zvE*. Der ermittelte Steuerbetrag (siehe Beispiel 2 auf Seite 170) wird anschließend *verdoppelt*. Für Marlis Abt ergäbe sich nach T2010 ein Steuerbetrag von 411 EUR, verdoppelt sind das 822 EUR.

Die **Lohnsteuerberechnung** leitet sich wiederum aus dem Grund- und dem Splittingtarif ab und wird auf Monats-, Wochen- und Tagesverdienste zugeschnitten. Außerdem werden die für Arbeitnehmer typischen Abzugsbeträge in Form von Pauschalen (z. B. Arbeitnehmer-, Sonderausgaben-Pauschbetrag und Vorsorgepauschale) berücksichtigt.

Zusammenfassung

- **Natürliche Personen**, die im Inland einen Wohnsitz oder ihren gewöhnlichen Aufenthalt haben, sind *unbeschränkt* einkommensteuerpflichtig (EStG § 1).
- Besondere Erhebungsformen der Einkommensteuer sind die **Lohnsteuer** und die **Kapitalertragsteuer** (bzw. **Abgeltungsteuer**). Letztere sind *Abzugsteuern*, weil sie bereits an der Einkunftsquelle einbehalten und abgeführt werden.
- **Bemessungsgrundlage** der Einkommensteuer ist das zu versteuernde Einkommen. Es wird vereinfacht in folgenden Stufen ermittelt:
  Gewinneinkünfte + Überschusseinkünfte = **Summe der Einkünfte**
  Summe der Einkünfte − Altersentlastungsbetrag = **Gesamtbetrag der Einkünfte**
  Gesamtbetrag der Einkünfte − Sonderausgaben, außergewöhnliche Belastungen = **Einkommen**
  Einkommen − Kinderfreibetrag = **zu versteuerndes Einkommen**
- **Gewinneinkünfte** sind Einkünfte aus Land- und Forstwirtschaft, Gewerbebetrieb und selbstständiger Arbeit. Der Gewinn muss bei Buchführungspflichtigen durch Betriebsvermögensvergleich ermittelt werden. Bei allen anderen reicht eine Einnnahmenüberschussrechnung.
- **Überschusseinkünfte** sind Einkünfte aus nicht selbstständiger Arbeit, Kapitalvermögen, Vermietung und Verpachtung und sonstige. Sie ergeben sich als Überschuss der Einnahmen über die Werbungskosten.

- **Werbungskosten** sind Aufwendungen, die getätigt werden müssen, um Einnahmen zu erzielen, zu sichern und zu erhalten. Aus Gründen der Vereinfachung werden Pauschbeträge abgezogen, wenn keine höheren Werbungskosten nachgewiesen werden.

- **Sonderausgaben** sind Aufwendungen der Lebensführung, die aus sozial-, wirtschafts- oder finanzpolitischen Gründen steuerlich begünstigt werden. Man unterscheidet beschränkt, unbeschränkt abzugsfähige Sonderausgaben und Vorsorgeaufwendungen. Letztere sind innerhalb bestimmter Höchstbeträge abzugsfähig.

- **Außergewöhnliche Belastungen** liegen vor, wenn einem Steuerpflichtigen zwangsläufig größere Aufwendungen erwachsen als der überwiegenden Mehrzahl der Steuerpflichtigen gleicher Einkommens- und Vermögensverhältnisse und gleichen Familienstands.

- Es lohnt sich für den Arbeitnehmer, eine **Antragsveranlagung** durchführen zu lassen, wenn seine tatsächlichen Aufwendungen die in der Lohnsteuertabelle eingearbeiteten Pauschalbeträge übersteigen.

- Ein Arbeitnehmer unterliegt einer **Pflichtveranlagung**, wenn er noch weitere Einkunftsarten hatte.

- Aufgrund der eingereichten Einkommensteuererklärung setzt das Finanzamt die **Erstattungs- bzw. Abschlusszahlung** und ggf. die Höhe der Vorauszahlungen fest.

- Das zu versteuernde Einkommen wird nach dem **Einkommensteuertarif** besteuert.

- Der **Steuertarif** ist in vier Zonen unterteilt. Dadurch wird die Leistungsfähigkeit des einzelnen Steuerpflichtigen berücksichtigt.

- Die **Grenzbelastung** gibt an, mit wie viel Prozent ein Einkommenszuwachs um 1 EUR besteuert wird. Die **Durchschnittsbelastung** gibt an, mit wie viel Prozent das gesamte zu versteuernde Einkommen belastet wird.

- Für Alleinstehende und getrennt veranlagte Verheiratete ist der **Grundtarif** anzuwenden. Für Verheiratete, die die Zusammenveranlagung wählen, ist der **Splittingtarif** anzuwenden. Beim Splittingtarif wird das Einkommen beider Ehegatten halbiert und die Steuer nach dem Grundtarif berechnet, anschließend wird die berechnete Steuer verdoppelt.

Aufgaben

1 Bilden Sie drei **Arbeitsgruppen** A, B und C mit je sechs Mitgliedern. Die Gruppe A befasst sich mit den Fragen a) bis d), die Gruppe B mit e) bis h), die Gruppe C mit i) bis k). Tauschen Sie anschließend Ihre Informationen in sechs **Puzzlegruppen** aus. Die Puzzlegruppen bestehen aus je einem Mitglied jeder Arbeitsgruppe A, B und C; dieses berichtet jeweils über die Ergebnisse seiner Arbeitsgruppe. Anschließend beantworten zwei Puzzlegruppen im Wechsel die Fragen vor der Klasse und stellen sich der Kritik.

Fragen:
a) Unterscheiden Sie unbeschränkte und beschränkte Einkommensteuerpflicht.
b) Begründen Sie, warum Lohn-, Kapital-, Zinsabschlagsteuer besondere Erhebungsformen der Einkommensteuer sind.
c) Erläutern Sie die sieben Einkunftsarten kurz.
d) Unterscheiden Sie
   - Einnahmen und Einkünfte,
   - Gewinneinkünfte und Überschusseinkünfte,
   - Werbungskosten und Sonderausgaben.
e) Erklären Sie das Schema zur Berechnung des zu versteuernden Einkommens.
f) Nennen Sie steuerbare Einnahmen, die von der Einkommensteuer befreit sind.
g) Nennen Sie Beispiele für
   - Werbungskosten,   - Sonderausgaben,   - außergewöhnliche Belastungen.

h) Weshalb gewährt der Staat steuerliche Vorteile, wenn ein Steuerpflichtiger Haftpflicht- oder Lebensversicherungsbeiträge leistet?

i) Erläutern Sie, unter welchen Voraussetzungen ein Arbeitnehmer eine
- Pflichtveranlagung durchführen lassen muss;
- Antragsveranlagung durchführen lassen sollte.

j) Erklären Sie die Begriffe   • Proportionalzone,   • Progressionszone.

k) Unterscheiden Sie   • Grenz- und Durchschnittsbelastung,
     • Grund- und Splittingtarif.

2   Zu welcher Einkunftsart gehören folgende Einnahmequellen?

a) Gewinnanteil eines GmbH-Gesellschafters,

b) Gewinnanteil eines OHG-Gesellschafters,

c) Gehalt eines Buchhalters,

d) Besoldung eines Beamten,

e) Honorar eines Arztes,

f) Provision eines angestellten Handlungsreisenden,

g) Provision eines selbstständigen Handelsvertreters,

h) Ruhegeld eines Rentners.

3   a) Abzugsfähig sind Werbungskosten, Sonderausgaben und außergewöhnliche Belastungen. Ordnen Sie die folgenden Aufwendungen der Sekretärin Helga Kirsten (25 Jahre alt) diesen drei Begriffen zu (Tabelle). Ermitteln Sie auch die entsprechenden abzugsfähigen Beträge.

Aufwendungen im Jahr

a1) Arbeitnehmeranteil zur gesetzlichen Rentenversicherung	3 000,00 EUR
a2) Arbeitnehmeranteil zur gesetzlichen Kranken- und Pflegeversicherung	2 750,00 EUR
a3) Gezahlte Kirchensteuer	483,00 EUR
a4) gezahlte Kraftfahrzeugsteuer	200,00 EUR
a5) Fahrtkosten zur Arbeitsstelle (32 km entfernt, 230 Arbeitstage)	? EUR
a6) von der Krankenkasse nicht erstatteter Teil der Kurkosten	515,00 EUR
a7) von der Krankenkasse nicht erstattete Zahnarztbehandlung	2 400,00 EUR
a8) Aufwendungen für Fachliteratur	70,00 EUR
a9) Beiträge zu ihrer Kraftfahrzeug-Vollkaskoversicherung	250,00 EUR
a10) Beiträge zu einer privaten Berufsunfähigkeitsversicherung	200,00 EUR
a11) Beiträge zu ihrer Kraftfahrzeug-Haftpflichtversicherung	210,00 EUR
a12) Kosten eines Volkshochschulkurses „Wie telefoniere ich richtig?"	60,00 EUR
a13) Kosten eines Englischkurses für Kaufleute bei der IHK	50,00 EUR

b) Führen Sie für Frau Kirsten eine Höchstbetragsrechnung durch. Ihr Jahresgehalt betrug 30000,00 EUR.

c) Führen Sie für Helga Kirsten eine Einkommensteuerveranlagung durch. Ihr wurden laut Lohnsteuerbescheinigung (auf der Rückseite der Lohnsteuerkarte) 4200,00 EUR Lohnsteuer und 235,00 EUR SolZ abgezogen.

c1) Füllen Sie für Frau Kirsten die Einkommensteuererklärung aus.

c2) Ermitteln Sie die Werbungskosten.

c3) Berechnen Sie die abzugsfähigen Vorsorgeaufwendungen.

c4) Berechnen Sie das zu versteuernde Einkommen.

c5) Berechnen Sie die Einkommensteuer nach dem Formeltarif (siehe auf Seite 170).

c6) Ermitteln Sie den Erstattungsbetrag bzw. die Abschlusszahlung.

4   Welche Steuerersparnis bringen zusätzliche Werbungskosten (über den Pauschbetrag hinaus) von 1000,00 EUR einem Steuerpflichtigen mit einem Durchschnittssteuersatz von 22 Prozent und einer Grenzbelastung von 32 Prozent?

a) 1000,00 EUR

b) 220,00 EUR

c) 320,00 EUR

d) 780,00 EUR?

5 a)

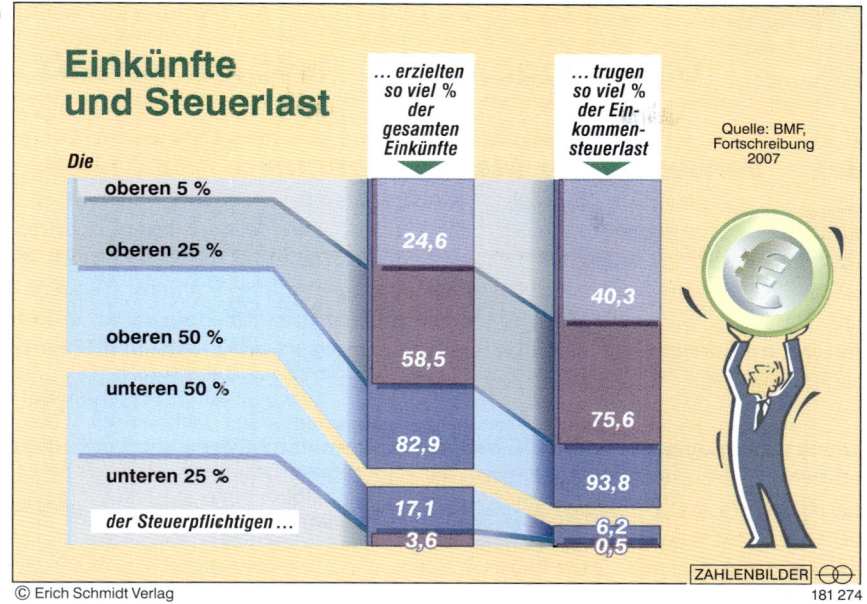

© Erich Schmidt Verlag

Nehmen Sie zu obiger Grafik Stellung.

b) *Beschreiben Sie den Aufbau des Einkommensteuertarifs.*

c) *Diskutieren Sie über den Aufbau des Einkommensteuertarifs unter dem Gesichts-punkt der Steuergerechtigkeit.*

6 *Eines Abends saßen Ronald Reagan (ehemaliger Präsident der USA) und Arthur Laffer in einem Restaurant beim Essen. Da ergriff der Volkswirtschaftsprofessor plötzlich eine Serviette und zeichnete darauf eine Kurve. So wird erzählt. Die „Laffer-Kurve" wurde später ein Kernstück der Steuerreformpolitik Reagans.*

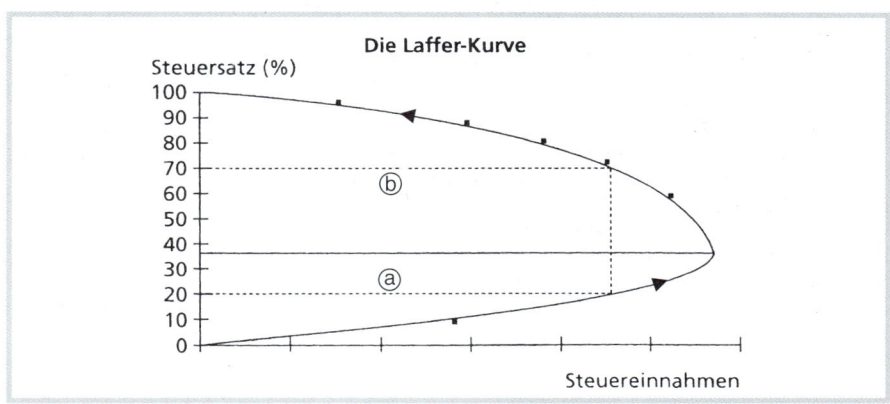

a) *Begründen Sie den Verlauf der „Laffer-Kurve".*

b) *Diskutieren Sie über diese Kurve.*

Grundlagen der Marktwirtschaft

3.1 Verhalten der Marktteilnehmer

Problem

Faire Marktpreise

Unter Ökonomen ist es weitgehend unstrittig, dass die marktwirtschaftliche Form der Preisbildung ein effizientes System ist. Doch werden die Preise, die sich nach Angebot und Nachfrage bilden, in der Bevölkerung auch als „fair" empfunden? Eine Untersuchung der beiden Wirtschaftswissenschaftler Bruno S. Frey und Werner W. Pommerehne kommt zu einigen aufschlussreichen Ergebnissen.

Nur eine Minderheit der Bevölkerung hält nämlich die Regeln der Preisbildung in der Marktwirtschaft für fair, hat die im Hamburger Jahrbuch für Wirtschafts- und Gesellschaftspolitik veröffentlichte Umfrage unter 1750 Personen in Berlin und im Schweizer Kanton Zürich ergeben. Die Frage lautete: „Auf einem nur zu Fuß erreichbaren Aussichtspunkt wurde eine Wasserquelle erschlossen. Das in Flaschen gefüllte Wasser wird an einem Stand an durstige Wanderer verkauft. Der Preis beträgt 1 CHF pro Flasche. Die tägliche Produktion und damit der Tagesvorrat besteht aus 100 Flaschen. An einem besonders heißen Tag möchten 200 Wanderer eine Flasche erwerben. Daraufhin erhöht der Stand den Preis auf 2 CHF pro Flasche. Wie finden Sie diese Preiserhöhung?"

Diese Frage beantworteten 452 Personen, von denen 5 Prozent die Preiserhö

hung als „völlig fair" und 17 Prozent als „akzeptabel" einstuften. Die restlichen 78 Prozent hielten die Anhebung für „unfair" oder „sehr unfair". Das Ergebnis stehe im Gegensatz zur vorherrschenden Auffassung in der traditionellen Nationalökonomie, derzufolge dem Markt vorwiegend positive Eigenschaften zugeschrieben werden, konstatieren die beiden Autoren.

Interessant ist, dass die Befragten zur Lösung einer Übernachfragesituation das Prinzip „Wer zuerst kommt, mahlt zuerst" bei Weitem am häufigsten akzeptieren. Diese Einstufung sei nicht unbedingt selbstverständlich, denn warum sollte es unbedingt fair sein, wenn die zuletzt am Aussichtspunkt ankommenden Wanderer kein Wasser mehr erhalten, meinen die Autoren. An zweiter Stelle hinsichtlich der Fairness folgt die Zuweisung durch die Gemeinde oder den Staat „nach deren eigenem Ermessen". Als drittfairste von insgesamt vier Alternativen wird die Preiserhöhung eingestuft [...]

Die Ergebnisse zeigen deutliche Vorbehalte der Bevölkerung gegenüber den Ergebnissen des Marktes. Dies müsste eine Aufforderung sein, Funktionsweise und Leistungsfähigkeit einer Marktwirtschaft in der Öffentlichkeit stärker hervorzuheben.

Quelle: Faire Marktpreise, in: Handelsblatt, 11.01.1989, S. 2

a) Beschreiben Sie anhand des Zeitungsartikels den Preisbildungsprozess in einer Marktwirtschaft.
b) Weshalb berücksichtigen Marktpreise keine moralischen Gesichtspunkte?
c) Nehmen Sie zu den Lösungsvorschlägen (bei einer Übernachfrage) der Befragten Stellung.

3.1.1 Markt und Marktfunktionen

Der **Markt** ist der Ort, wo sich Nachfrager und Anbieter treffen. Die Anbieter wollen möglichst viele Güter zu möglichst hohen Preisen verkaufen. Die angebotene Menge wird im Wesentlichen von den Produktionskosten und den Gewinnerwartungen bestimmt. Die Nachfrager möchten möglichst viele Güter zu möglichst günstigen Preisen erwerben, um ihren Bedarf zu decken. Die nachgefragte Menge wird im Wesentlichen vom verfügbaren Einkommen und den Zukunftserwartungen bestimmt.

Die unterschiedlichen Interessen der Marktteilnehmer werden am Markt über den Preis zum Ausgleich gebracht (Ausgleichsfunktion des Marktpreises).

Hohe Preise

- signalisieren den Marktteilnehmern, dass das Gut relativ knapp ist (*Signalfunktion*);
- reizen die Anbieter an, dieses Gut vermehrt zu produzieren; sie lenken ihre Produktionsfaktoren auf diese lukrativen Märkte (*Lenkungsfunktion*);
- erzwingen den sparsamen Umgang mit diesen knappen Gütern (*Erziehungsfunktion*).

3.1.2 Modell des vollkommenen Marktes

Modelle haben die Aufgabe, komplizierte Zusammenhänge der Wirklichkeit vereinfacht nachzubilden. Sie sind vereinfachte Ausschnitte der Realität. So ist z.B. der vom Architekten gezeichnete Grundriss eines Gebäudes nur ein vereinfachtes Abbild des tatsächlich vorhandenen Gebäudes.

Das Modell des vollkommenen Marktes geht von folgenden **Annahmen** aus:

Gleichartige (homogene) Güter	Gleiche (einheitliche) Aufmachung und Qualität der Güter; z.B. gleiches Modell einer Automarke, Bücher einer bestimmten Auflage, Kaffee einer bestimmten Marke und Herkunft
Keine Bevorzugungen (keine Präferenzen)	Keine Präferenzen räumlicher Art (z.B. In- und Ausland, Standortunterschiede), zeitlicher Art (z.B. Haupt- und Nebensaison), persönlicher Art (z.B. Sympathie und Antipathie) oder sachlicher Art (z.B. Mengenrabatte, Serviceunterschiede)
Vollkommene Marktübersicht (Markttransparenz)	Marktteilnehmer kennen ihre Preis- und Mengenvorstellungen; sie sind zur gleichen Zeit am gleichen Ort (zentraler bzw. Punktmarkt) und können daher sehr schnell auf Preisänderungen reagieren.

Nur wenn die genannten Bedingungen des **vollkommenen Marktes** erfüllt sind, kann sich ein *einheitlicher Marktpreis* für ein bestimmtes Gut (Einheitsgut) bilden. In der Realität kommen alle zentral organisierten Märkte (z. B. Waren-, Wertpapierbörse, Messen) diesem Marktmodell am nächsten. Aber auch hier lassen sich Präferenzen aufgrund unzureichender Informationen der Marktteilnehmer nicht ausschließen.

Sobald eine der Modellannahmen des vollkommenen Marktes fehlt, spricht man von einem **unvollkommenen Markt**. Diese Unvollkommenheit hat zur Folge, dass das gleiche Gut zu *unterschiedlichen Preisen* angeboten bzw. nachgefragt wird.

3.1.3 Marktformen im Überblick

Nach der Zahl der Anbieter werden folgende Marktformen unterschieden:

Anbieter Nachfrager	einer	wenige	viele
viele	Angebotsmonopol	Angebotsoligopol	Polypol
Beispiele	Gas-, Wasserwerke	Mineralöl-, Automarkt, Fluggesellschaften, Zigarettenmarkt	Waren-, Wertpapierbörsen, Bäckereien

3.1.4 Preisbildung beim Polypol

■ Polypol auf einem vollkommenen Markt

Beim *Polypol*[1] steht einer sehr großen Anzahl von Nachfragern eine **sehr große Zahl von Anbietern** gegenüber.

Die nachgefragte Menge hängt vom Preis ab und ist umso größer, je niedriger der Preis ist. Umgekehrt wird das Angebot umso größer sein, je höher der erzielbare Preis ist. Ein niedriger Preis regt den Konsum, ein hoher Preis die Produktion an.

Beispiel: Preisbildung beim Polypol auf einem vollkommenen Markt

An einer Warenbörse liegen dem Makler folgende Aufträge vor:

Nachfrage			Angebot		
Käufer	Höchstpreis je kg in EUR	nachgefragte Menge in kg	Verkäufer	Mindestpreis je kg in EUR	angebotene Menge in kg
A	8,50	500	E	7,90	750
B	8,30	500	F	8,10	1000
C	8,10	750	G	8,30	500
D	7,90	1000	H	8,50	250

---

[1] Polýs (griech.) = viel; Pólis (griech.) = Stadt, Markt

Der Makler erstellt aus den Kauf- und Verkaufsaufträgen die folgende Übersicht:

Preis	Nachfrage in kg					Angebot in kg				
	A	B	C	D	insge-samt	E	F	G	H	insge-samt
7,90	500	500	750	1000	2750	750	–	–	–	750
8,10	500	500	750	–	1750	750	1000	–	–	1750
8,30	500	500	–	–	1000	750	1000	500	–	2250
8,50	500	–	–	–	500	750	1000	500	250	2500

Daraus ermittelt der Makler folgende Notierung (= Einheitspreis)!

Preis EUR/kg	Nachfrage (N) kg	Angebot (A) kg	Verhältnis zwischen A und N	Preis-tendenz	verkaufte Menge kg
7,90	2750	750	N > A	steigend	750
8,10	**1750**	**1750**	**N = A**	**konstant**	**1750**
8,30	1000	2250	N < A	fallend	1000
8,50	500	2500	N < A	fallend	500

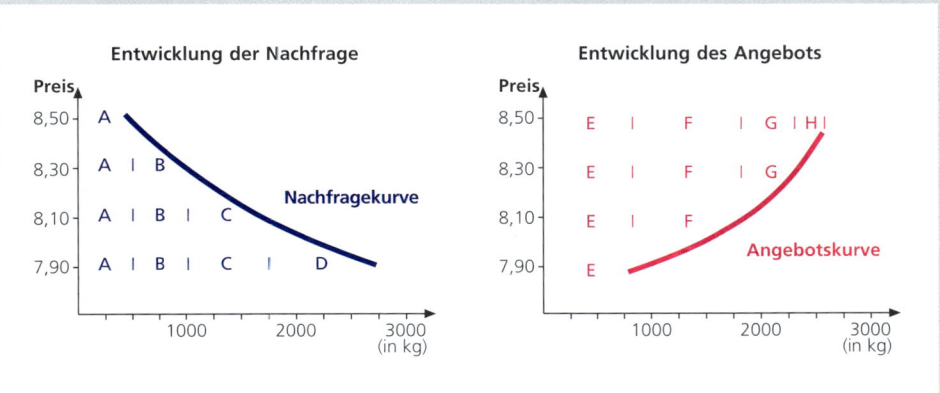

Entwicklung der Nachfrage

Entwicklung des Angebots

Wenn der Preis **steigt**, dann **sinkt** die nachgefragte Menge.
Wenn der Preis **sinkt**, dann **steigt** die nachgefragte Menge.

Wenn der Preis **steigt**, dann **steigt** die angebotene Menge.
Wenn der Preis **sinkt**, dann **sinkt** die angebotene Menge.

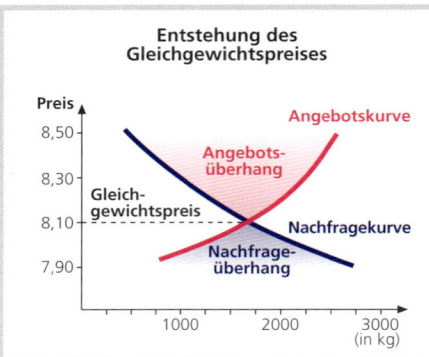

Entstehung des Gleichgewichtspreises

Beim Gleichgewichtspreis sind die geplanten Angebots- und Nachfragemengen gleich.

Es gelten folgende Bedingungen:

(1) angebotene = nachgefragte Menge

(2) verkaufte Menge ist maximal

Alle Kaufaufträge, die mit 8,10 EUR und darüber limitiert sind, werden ausgeführt (die Nachfrager A, B, C kommen zum Zug) und alle Verkaufsaufträge, die mit 8,10 EUR und darunter limitiert sind (Anbieter E, F). Außerdem werden alle „billigst" und „bestens" erteilten Aufträge ausgeführt (solche Aufträge lagen in diesem Beispiel nicht vor).

Unterhalb des Gleichgewichtspreises besteht ein **Nachfrageüberhang (Angebotslücke)**, da lediglich der Anbieter E bereit gewesen wäre, die Ware auch unter 8,10 EUR abzugeben, während alle Nachfrager zu diesem Preis gekauft hätten. Oberhalb des Gleichgewichtspreises liegt ein **Angebotsüberhang (Nachfragelücke)** vor, da hier auch die Anbieter G und H konkurrenzfähig wären, jedoch nur die Nachfrager A, B bereit gewesen wären, diesen höheren Preis zu zahlen.

Der Preis, bei dem Angebots- und Nachfragemengen gleich sind und die umgesetzte Menge am größten (maximal) ist, wird als **Gleichgewichtspreis** bezeichnet. Der Gleichgewichtspreis räumt daher den Markt. Im Beispiel würden sich beim Preis von 8,10 EUR Nachfrage und Angebot mit je 1750 kg entsprechen. Die verkaufte Menge ist hier am höchsten (1750 kg).

Auf einem vollkommenen Markt bildet sich für das entsprechende Gut ein einheitlicher Preis, den weder ein einzelner Anbieter noch ein einzelner Nachfrager beeinflussen kann, da deren Marktanteile (Marktmacht) aufgrund der großen Zahl der Marktteilnehmer zu gering sind. Der Gleichgewichtspreis ist für alle Marktteilnehmer daher ein Datum (feste Größe). Sie können lediglich ihre Angebots- bzw. Nachfragemenge anpassen.

Setzt z. B. ein Anbieter seinen Preis herauf (über den Gleichgewichtspreis), dann verliert er alle Kunden. Setzt er seinen Preis herab (unter den Gleichgewichtspreis), dann wird er seine relativ kleine Menge reißend los, macht aber weniger Gesamtgewinn. Der Anbieter kann seinen Gewinn daher nur erhöhen, wenn er seine Angebotsmenge erhöht; er ist *Mengenanpasser*.

■ Preismechanismus

● Änderung der Nachfragesituation

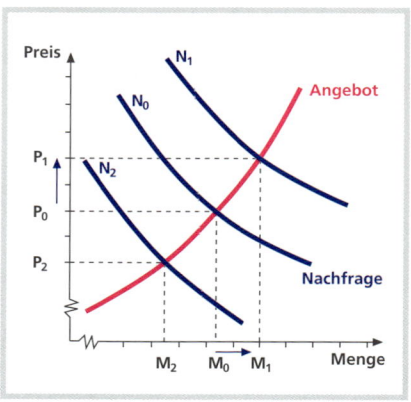

Steigt das Niveau der Nachfrage (z. B. wegen steigender Einkommen oder steigender Zahl der Nachfrager) bei unverändertem Angebot, dann verschiebt sich die Nachfragekurve nach rechts (N_1); der Gleichgewichtspreis steigt (p_1).

Sinkt das Niveau der Nachfrage (z. B. wegen rückläufiger Nettoeinkommen oder sinkender Zahl der Nachfrager) bei unverändertem Angebot, dann verschiebt sich die Nachfragekurve nach links (N_2); der Gleichgewichtspreis sinkt (p_2).

● *Änderung der Angebotssituation*

Steigt das Niveau des Angebots (z. B. wegen guter Auftragslage und steigender Zahl der Anbieter) bei unveränderter Nachfrage, dann verschiebt sich die Angebotskurve nach rechts (A_1); der Gleichgewichtspreis sinkt (p_1).

Sinkt das Niveau des Angebots (z. B. wegen negativer Gewinnerwartungen und sinkender Zahl der Anbieter) bei unveränderter Nachfrage, dann verschiebt sich die Angebotskurve nach links (A_2); der Gleichgewichtspreis steigt (p_2).

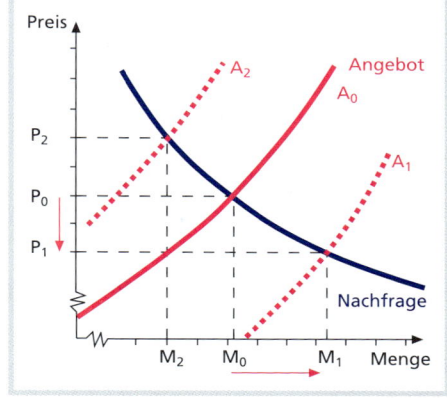

Es ergeben sich folgende **„Preisgesetze":**

Bei gleich bleibendem Angebot führt eine *Nachfragesteigerung* zu steigenden Preisen, ein Nachfragerückgang zu sinkenden Preisen.

Bei gleich bleibender Nachfrage führt eine *Angebotserhöhung* zu sinkenden Preisen, ein Angebotsrückgang zu steigenden Preisen.

■ *Polypol auf einem unvollkommenen Markt*

Auf unvollkommenen Märkten gibt es für ein bestimmtes Gut unterschiedliche Preise. Die Gründe für die Unvollkommenheit der Märkte sind *Präferenzen* der Nachfrager (z. B. Bequemlichkeit, Markentreue) oder Anbieter (z. B. Geschäftslage, Kundendienst), verschiedene *Aufmachungen* und *Qualitäten* der Ware oder *fehlende Marktübersicht* der Nachfrager.

Die unvollkommene Markttransparenz erlaubt den Anbietern, innerhalb einer bestimmten **Bandbreite** die Preise zu verändern, ohne dass sie dabei alle Kunden verlieren bzw. gewinnen. Auf der anderen Seite haben auch die Nachfrager oft keine eindeutige Vorstellung über den Preis einer Ware. Ein Nachfrager ist z. B. bereit, für eine Tafel Schokolade etwa 0,40 EUR bis 0,70 EUR auszugeben.

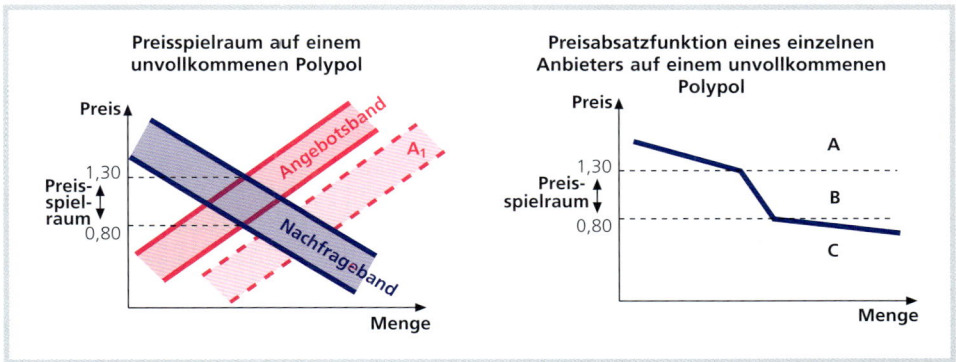

Auf unvollkommenen polypolistischen Märkten sind die Preisgesetze jedoch nicht vollkommen außer Kraft gesetzt. Überschreitet ein Anbieter seinen **Preisspielraum** (Bereich B), dann verliert er schlagartig seine Kunden an die Konkurrenz (Bereich A). Unterschreitet er seinen Preisspielraum, dann verzeichnet er zwar starke Kundenzuläufe, aber er kann seine Kosten nicht mehr decken (Bereich C).

Auf dem *Gesamtmarkt* führt eine starke Angebotserhöhung (A₁) zu einem Angebotsüberhang mit der Tendenz zu Preissenkungen. Umgekehrt führt ein Nachfrageüberhang auch auf unvollkommenen polypolistischen Märkten zu einem steigenden Preisniveau.

3.1.5 Preisbildung beim Oligopol

Beim *Angebotsoligopol* beherrschen **wenige Anbieter** den Markt. Ihnen stehen viele Nachfrager gegenüber.

Im Unterschied zum Polypol müssen die Oligopolisten bei ihrer Preisbildung nicht nur

- die *Reaktion der Nachfrager*, sondern auch
- die *Reaktion der Konkurrenten* berücksichtigen.

■ Oligopol auf dem vollkommenen Markt

Beim **vollkommenen Oligopol** verkaufen alle Anbieter gleichartige (homogene) Güter. Würde ein Oligopolist den Preis senken, dann würden ihm alle Kunden zuströmen, falls seine Konkurrenten nicht reagieren.

Zum einen könnte er aufgrund seiner begrenzten Kapazitäten diesen Nachfragezuwachs gar nicht bewältigen, zum anderen müsste er mit Gegenmaßnahmen (Preissenkungen) der Konkurrenz rechnen. Am Ende hätten alle Anbieter weniger Gewinn, da die Gesamtnachfrage sich nur unwesentlich erhöhen würde.

Würde ein Oligopolist den Preis erhöhen, dann würde er alle seine Kunden an die Konkurrenz verlieren.

Dies erklärt, dass auf vollkommenen Oligopol-Märkten **Preisstarrheit** herrscht („*Schlafmützenwettbewerb*").

Da preispolitische Maßnahmen für alle Oligopolisten nur Nachteile bringen, versuchen sie den Markt unvollkommen zu machen.

■ Oligopol auf einem unvollkommenen Markt

Auf dem **unvollkommenen Markt** können aufgrund von Präferenzen und der fehlenden Markttransparenz für dasselbe Gut unterschiedliche Preise verlangt werden.

Deshalb sind die Oligopolisten bestrebt, ihre Güter in den Augen der Kunden von denen der Konkurrenz zu unterscheiden. Dies erreichen sie durch intensive Werbung, Beratung, Serviceleistungen, Imagepflege, Öffentlichkeitsarbeit, Sponsoring, Markenpolitik usw.

Die Folge ist, dass die Oligopolisten gewisse Preisabstände bei ihren Gütern akzeptieren (z. B. Kleinwagen von VW, Opel oder Ford sind nicht gleich teuer). Auch die Nachfrager akzeptieren die unterschiedlichen Preise. Sie sind bereit, für einen Imagegewinn teuer zu bezahlen.

182

Von Kostensteigerungen (Lohn-, Rohstoffkosten) sind die Oligopolisten aufgrund der gemeinsamen Produkte und ähnlicher Kostenstruktur alle gleich stark betroffen. Deshalb werden sie alle gemeinsam die Preise heraufsetzen (**abgestimmtes Verhalten**), um sich nicht gegenseitig die Kunden „wegzuschnappen". Dabei übernimmt bei jeder Preisrunde ein anderer Oligopolist die **Preisführerschaft**. So gleichen sich die anfänglichen Mengenverluste des Preisführers auf lange Sicht aus.

Fast alle sind dabei
Automobilindustrie dreht an der Preisschraube

Die laufende Preiserhöhungsrunde bei der Automobilindustrie wird immer vollständiger. Mit sofortiger Wirkung haben in jüngster Zeit nun auch Mercedes, Audi, Ford, Jaguar und Renault die Preise für ihre Fahrzeuge erhöht. Zuvor hatten unter anderem bereits Opel, VW, BMW, Citroën und Saab den Reigen eröffnet. Damit haben fast alle großen Fahrzeughersteller und Importeure seit dem Jahreswechsel ihre Produkte verteuert. Die Anhebungen bewegten sich im Schnitt zwischen unter 1 und 3 Prozent.

(Quelle: mid: Fast alle sind dabei, in: Südwestpresse, 10. 02. 1996, S. 41)

Weisen die Oligopolisten unterschiedliche Produktions- und Kostenstrukturen auf, so könnte sich für den kostengünstiger arbeitenden Oligopolisten ein **Preiskrieg** lohnen, wenn er dadurch einen seiner Konkurrenten vom *Markt verdrängen* und dessen Marktanteile übernehmen könnte.

Mobilfunker läuten Preiskampf ein

Die Großen verlieren
Marktanteile Mobilfunk-Betreiber, in %

	T-Mobile	Vodafone	E-Plus	O$_2$
2001	41,1	39,1	13,3	6,5
2003	40,6	38,1	12,7	8,6
2005	37,3	36,8	13,6	12,3
2007*	37,7	34,7	14,9	12,7

Der nach Kunden drittgrößte deutsche Mobilfunker E-Plus plant drastische Preissenkungen. „Die Preise im deutschen Mobilfunk müssen noch weiter fallen", sagte KPN-Chef Ad Scheepbouwer dem Handelsblatt. Das niederländische Telekommunikationsunternehmen ist der Mutterkonzern von E-Plus. Nur bei erheblich niedrigeren Preisen würden die Nutzer deutlich mehr telefonieren, betonte Scheepbouwer. Als Folge würden die Umsätze so stark steigen, dass sie die geringeren Preise überkompensieren. Die Tarife im deutschen Mobilfunk lagen jahrelang deutlich über dem europäischen Durchschnitt. Das hat sich seit dem Jahr 2005 geändert, als E-Plus den Billiganbieter Simyo ins Leben rief und damit noch weitere Mobilfunk-Discounter anlockte. In diesem Sommer hat sogar Marktführer T-Mobile mit Congstar eine eigene Billigmarke auf den Markt gebracht. In den vergangenen zwei Jahren sind die Minutenpreise für Handy-Gespräche jeweils um elf Prozent gesunken. Hintergrund ist der gesättigte Markt: Statistisch gesehen hat jeder Deutsche mindestens ein Mobiltelefon. [...] Auch T-Mobile und Vodafone rechnen mit weiteren Preisrunden. Bisher hat aber niemand so drastische Preismarken gesetzt wie Scheepbouwer. [...] Bei den Kunden, die nur mit dem Handy telefonieren, will Scheepbouwer den Marktanteil verdoppeln. Derzeit liegt er bei der KPN-Tochter E-Plus über alle Nutzergruppen verteilt bei 15 Prozent.

(Quelle: Sandra Louven H.-P. Siebenhaar, Düsseldorf: Mobilfunker läuten Preiskampf ein, in: Handelsblatt, 25. 09. 07, S. 1)

Da Preiskriege für alle Beteiligten ruinös enden können und zudem regelmäßig die staatlichen Überwachungsbehörden (z. B. Kartellämter) auf den Plan rufen, sind die meisten Oligopolisten stillschweigend auf *friedliche Verhaltensweisen* übergegangen.

3.1.6 Preisbildung beim Angebotsmonopol

Beim *Angebotsmonopol* stehen **einem Anbieter** viele Abnehmer gegenüber. Der Monopolist ist daher in der **Preisfestsetzung frei**. Allerdings wird die nachgefragte Menge umso geringer, je höher der Preis steigt. Bei maßlosen Preisforderungen kann unter Umständen die Nachfrage sogar ganz ausbleiben.

Die Nachfrager können nur darüber entscheiden, ob sie das Gut zum gegebenen Preis kaufen, ob sie sich einschränken oder – wenn möglich – auf *Substitutionsgüter* ausweichen, z. B. von Heizöl auf Gas, Kohle, Solarenergie.

Andererseits kann der Monopolist auch die **Absatzmenge festlegen**, z. B. Fördermengen beim Erdöl. Er wird so viel verkaufen, dass sein *Gewinn am größten* ist. Dies ist dann gegeben, wenn der Unterschied zwischen dem Umsatzerlös (= Produkt aus Menge und Preis) und den dabei anfallenden Gesamtkosten am größten ist. Hier liegt eine Begründung dafür, dass bei sehr großen Ernten oft ein Teil vernichtet wird, damit die Preise nicht zu sehr absinken, z. B. bei Kaffee, Aprikosen, Tomaten.

Beispiel: Die Computer GmbH hat ein neues Computerspiel „Telestar" entwickelt. Aufgrund einer Marktuntersuchung werden folgende Absatzchancen prognostiziert:

Preis (EUR)	250	200	150	100	50
Verkaufsmenge (Stück)	100000	150000	200000	250000	300000

Die Produktionsplanung geht von folgender Kostensituation aus:

Fixkosten[1]: 5 Mill. EUR
Variable Kosten: 50 EUR pro Stück

Aus diesen Daten errechnet die Geschäftsleitung folgende Gewinnprognose:

Preis (EUR)	250	200	150	100	50
Verkaufsmenge (Stück)	100000	150000	200000	250000	300000
Umsatz (Tsd. EUR)	25000	30000	30000	25000	15000
− Fixkosten (Tsd. EUR)	5000	5000	5000	5000	5000
− variable Kosten (Tsd. EUR)	5000	7500	10000	12500	15000
Gewinn (Tsd. EUR)	15000	17500	15000	7500	− 5000

Ergebnis: Der **optimale Monopolpreis** für das neue Computerspiel „Telestar" liegt bei 200 EUR. Dieser Preis garantiert der Computer GmbH den höchstmöglichen Gewinn.

Der Monopolist muss jedoch beachten, dass sich unter dem Schutzmantel hoher Preise neue Anbieter formieren, die ähnliche Güter (Ersatz- bzw. Substitutionsgüter) herstellen. Überhöhte Monopolpreise können daher dem Monopolisten gefährlich werden.

---

[1] **Fixkosten** entstehen unabhängig von der Produktions- bzw. Verkaufsmenge (z. B. Miete, Abschreibungen, Gehälter).

Die Ölkrisen in den Siebziger- und Achtzigerjahren des 20. Jahrhunderts z. B. brachte einerseits eine Einschränkung des Verbrauchs und bewirkte gleichzeitig erhöhte Anstrengungen, die fehlende Energie durch neue Quellen, z. B. Kernkraftwerke, zu ersetzen.

Angebotsmonopole können sein:

- **natürliche Monopole**, z. B. aufgrund von Bodenschätzen wie Erdöl, Uran, Gold;
- **staatliche Monopole**, wenn der Staat es ausschließlich übernimmt, bestimmte Versorgungsleistungen sicherzustellen, z. B. Versorgung mit Gas, Wasser;
- **gesetzliche Monopole**, durch Patent- und Gebrauchsmusterschutz können – zumindest auf bestimmte Zeit – Monopole entstehen. Allerdings regen Patente oft zur Erfindung von Konkurrenzprodukten an;
- **vertragliche Monopole**, Bildung von Kartellen[1].

Zusammenfassung

- Als **Markt** bezeichnet man den Ort, wo sich Nachfrager und Anbieter treffen. Die unterschiedlichen Interessen der Marktteilnehmer werden über den Preis zum Ausgleich gebracht (Ausgleichsfunktion des Marktpreises). Der Marktpreis hat eine Signal-, Lenkungs- und Erziehungsfunktion.
- Das **Modell des vollkommenen Marktes** geht von folgenden Annahmen aus:
  - *Gleichartige (homogene) Güter*
  - *Keine Bevorzugungen (keine Präferenzen)*
  - *Vollkommene Marktübersicht (Markttransparenz)*
- Nur wenn die genannten Bedingungen des **vollkommenen Marktes** erfüllt sind, kann sich ein *einheitlicher Marktpreis* für ein bestimmtes Gut (Einheitsgut) bilden. Fehlt eine der Bedingungen, dann ist der betreffende Markt unvollkommen; dann kann ein und dasselbe Gut zu *unterschiedlichen Preisen* angeboten bzw. nachgefragt werden.
- Beim **Polypol** auf dem vollkommenen Markt steht einer sehr großen Anzahl von Nachfragern eine *sehr große Zahl von Anbietern* gegenüber. Der Preis, bei dem Angebots- und Nachfragemengen gleich sind und die umgesetzte Menge am größten (maximal) ist, wird als **Gleichgewichtspreis** bezeichnet. Für die Polypolisten ist der Gleichgewichtspreis ein Datum; sie sind Mengenanpasser.
- Auf vollkommenen Märkten gilt folgender **Preismechanismus:** Bei gleichbleibendem Angebot führt eine Nachfragesteigerung zu einem höheren Gleichgewichtspreis. Bei gleichbleibender Nachfrage führt eine Angebotssteigerung zu einem niedrigeren Gleichgewichtspreis.
- Beim Polypol auf einem unvollkommenen Markt haben die Marktteilnehmer keine festen Preisvorstellungen; die Anbieter können ihre Preise innerhalb einer bestimmten Bandbreite (**Preisspielraumf**) erhöhen, ohne Kunden zu verlieren.
- Beim **Angebotsoligopol** stehen einer sehr großen Anzahl von Nachfragern nur *wenige Anbieter* gegenüber. Der Angebotsoligopolist muss bei seiner Preisbildung sowohl die Reaktionen der Nachfrager als auch seiner Konkurrenten beachten. Auf vollkommenen Oligopolmärkten herrscht Preisstarrheit. Die Oligopolisten können sich *friedlich* verhalten (z. B. stillschweigende gemeinsame Preisänderungen, Preisführerschaft) oder einen *Preiskrieg* gegeneinander führen, mit dem Ziel, einen oder mehrere Konkurrenten vom Markt zu verdrängen.
- Beim **Angebotsmonopol** steht einer sehr großen Anzahl von Nachfragern nur *ein Anbieter* gegenüber. Der Monopolist kann den Preis oder die Angebotsmenge frei festsetzen. Der *optimale Monopolpreis* liegt dort, wo der Gewinn (Umsatz – Kosten) am höchsten ist. Bei der Preisfestsetzung muss der Monopolist auf Substitutionsgüter achten.

[1] Siehe hierzu auf den Seiten 195ff.

1 Erläutern Sie die Begriffe Markt, vollkommener Markt, unvollkommener Markt.

2 Beschreiben Sie wichtige Funktionen des Marktes.

3 Einem Makler an der einzigen Warenbörse einer Volkswirtschaft liegen von verschiedenen Auftraggebern folgende Kauf- und Verkaufsaufträge für ein Produkt vor:

Kaufaufträge			Verkaufsaufträge		
Käufer	Mengen in Tonnen (t)	höchstens zu EUR/t	Ver- käufer	Mengen in t	mindestens zu EUR/t
A	50 t	80 EUR	W	30 t	80 EUR
B	20 t	96 EUR	X	45 t	96 EUR
C	30 t	108 EUR	Y	30 t	108 EUR
D	25 t	120 EUR	Z	50 t	120 EUR

a) Berechnen Sie bei den oben genannten Preisen die Angebotsmengen, die Nachfragemengen und die jeweils maximal erzielbaren Umsätze unter Verwendung des folgenden Lösungsschemas:

Preise EUR/t	Nachfrage in t	Angebot in t	Umsätze EUR

b) Begründen Sie, welchen Preis der Makler festlegen wird.

c) Welche Aufträge können bei dem vom Makler festgesetzten Preis berücksichtigt werden?

d) Wie viel EUR beträgt die Konsumentenrente des Käufers D insgesamt?

e) Welche Anbieter erhalten im Allgemeinen eine Produzentenrente?

f) Bei welchen Preisen liegt ein Angebotsüberhang vor?

g) Bei welchen Preisen besteht ein Nachfrageüberhang?

4 Ermitteln Sie den Gleichgewichtspreis bei folgender Marktsituation:

Kaufaufträge			Verkaufsaufträge		
Kurs		Stück	Kurs		Stück
billigst[1]		1500	mindestens	247,00	200
höchstens	259,00	200	mindestens	250,00	100
höchstens	256,00	100	mindestens	251,00	400
höchstens	252,00	200	mindestens	253,00	300
höchstens	250,00	100	mindestens	256,00	50
höchstens	248,00	100	mindestens	257,00	150
höchstens	246,00	200	mindestens	259,00	100
höchstens	243,00	400	bestens[1]		1800

[1] **Billigst** heißt, dass der Käufer jeden Preis akzeptiert;
bestens heißt, dass der Verkäufer jeden Preis akzeptiert.

5 „Für den Polypolisten auf einem vollkommenen Markt ist der Preis ein festes Datum; er kann lediglich seine Menge anpassen." Begründen Sie diese Aussage.

6 Beschreiben Sie die „Preisgesetze" beim vollkommenen Polypol.

7 Nennen Sie einige Bestimmungsgründe für

a) die Nachfrage,
b) das Angebot.

8 Welche Folgen hat a) die Erhöhung der Nachfrage, b) die Erhöhung des Angebots für den Gleichgewichtspreis?

Weisen Sie die Veränderungen anhand einer Grafik nach.

9 Wodurch können sich Anbieter auf einem unvollkommenen Polypol Preisspielräume schaffen?

10 Beweisen Sie, dass auch auf unvollkommenen polypolistischen Märkten die Preisgesetze gelten.

11 Der deutsche Betriebswirt Eugen Schmalenbach schildert in seinem Buch „Der freien Wirtschaft zum Gedächtnis" die Situation des Verbrauchers auf einem unvollkommenen Markt:

„Ich brauchte seinerzeit einen neuen Regenschirm. Es war zu überlegen, wie ich in meiner Rolle als Abnehmer die in der freien Marktwirtschaft mir obliegende Pflicht am besten treffen könnte. In Köln gibt es, so nahm ich an, etwa 50 Läden, in denen man einen Regenschirm kaufen kann. Diese müsste ich pflichtgemäß alle aufsuchen … Dann gibt es schätzungsweise 200 Sorten Regenschirme für Herren. Da es ein schwarzer Regenschirm mit gebogener Krücke sein sollte, mag sich die Sortenzahl auf 100 ermäßigen. Nun aber geht es mir um einen möglichst dauerhaften Regenschirm, dessen Stoff, Stock und Mechanik lange halten und auch bei starkem Wind brauchbar bleiben. Ich fand bald heraus, dass, allein um die Güte der Regenschirmstoffe auf Haltbarkeit und Wasserdurchlässigkeit zu prüfen, ein Kursus nötig sei, den ein Freund auf vier Wochen Dauer schätzte […] Auch die Mechanik sei, so meinte er, in ihrer Qualität verschieden, und man müsse schon etwas davon verstehen, wenn man eine sachkundige Auswahl treffen wolle. Diese Überlegungen führten dahin, dass ich, um mich und meine Familie mit dem nötigen Hausrat und der nötigen Bekleidung zu versehen, meinen Beruf aufgeben und dazu noch einen Assistenten anstellen müsse. Dieses bedenkend, verzichtete ich auf jede Konkurrenzprüfung, ging in den nächsten Laden und kaufte unter zehn vorgelegten Schirmen einen ohne lange Prüfung und zahlte dafür, was gefordert wurde."

a) Machen Sie Vorschläge, wie die Verbraucher ihre Stellung auf dem Markt verbessern könnten.

b) Überlegen Sie, ob auch der Anbieter eine schwache Position auf dem Markt haben kann.

12 Beschreiben Sie mögliche Verhaltensweisen von Oligopolisten gegenüber Konkurrenten.

13 Begründen Sie, warum auf oligopolistischen Märkten ein „Schlafmützenwettbewerb" herrscht.

14 a) Welche Folgen kann ein Preiskrieg zwischen den Oligopolisten für Verbraucher und Konkurrenten haben? Nehmen Sie die Zeitungsartikel auf Seite 183 zu Hilfe?

b) Weshalb schreitet der Staat bei Preiskämpfen unter Oligopolisten meistens ein?

15 Beschreiben Sie die Preispolitik auf dem

a) Benzinmarkt,
b) Automarkt,
c) Waschmittelmarkt.

16 Wie wirken sich folgende Zeitungsmeldungen auf den Gleichgewichtspreis auf den entsprechenden Märkten aus?

a) „Missernte bei Kaffee erwartet: Unwetter in Brasilien."

b) „Verbraucherschützer warnen vor Energiegetränken: Kraftbrausen sind teuer und ungesund."

c) „Japanische Stereoanlagen überschwemmen den deutschen Markt."

d) „Skihersteller setzen auf Snowboards: Hohe Gewinne zu erwarten."

17 Die Theaterleitung möchte den Eintrittspreis für eine Uraufführung bestimmen. Sie verfügt über folgendes Zahlenmaterial:

Preis (EUR)	200,00	150,00	100,00	50,00	25,00
Bucherzahl	0	1000	3000	8000	10000
Kosten (EUR)	50000	150000	200000	250000	300000

a) Wie geht die Theaterleitung bei der Preisbildung vor? (Nennen Sie vier Schritte!)

b) Bestimmen Sie den optimalen Monopolpreis.

c) Wie viel Karten bleiben bei diesem Preis unverkauft?

d) Welche Folgen nimmt der Monopolist in Kauf, wenn er seinen Preis zu hoch festsetzt?

18 Aufgrund eigener Marktuntersuchungen stellt die Klos KG fest, dass die Käufer des soeben patentierten Brettspiels „GO-HAH" auf Preisänderungen wie folgt reagieren:

Preis in EUR je Stück	28,00	26,00	24,00	22,00	20,00	18,00	16,00	14,00
absetzbare Menge in Stück	1000	1500	2000	2500	3000	3500	4000	4500

Unternehmensinterne Ermittlungen ergaben folgende Kosten: variable Kosten je Spiel 15,00 EUR, fixe Kosten 10000,00 EUR. Alle Zahlen gelten für ein Geschäftsjahr.

a) Tragen Sie die Zahlen in eine Tabelle mit folgender Kopfzeile ein:

absetzbare Menge	Preis je Stück	Fixe Kosten	Variable Kosten	Gesamtkosten	Umsatz = Erlös Menge · Preis	Gesamtgewinn/ -verlust

b) Zu welchem Preis soll die Klos KG das Spiel verkaufen, wenn folgende Zielsetzungen verfolgt werden (vgl. Tabelle, begründen Sie Ihre Entscheidungen):
   1. Gewinnmaximierung,
   2. Umsatzmaximierung,
   3. maximaler Absatz bei kostendeckendem Preis?

c) Begründen Sie, welcher Zielsetzung Sie aufgrund der gegebenen Zahlen den Vorzug geben würden.

Tipp: Verwenden Sie ein Tabellenkalkulationsprogramm.

3.2   Soziale Marktwirtschaft und ihre Grundelemente

Das Grundgesetz garantiert weder die wirtschaftspolitische Neutralität der Regierungs- und Gesetzgebungsgewalt noch eine nur mit marktkonformen Mitteln zu steuernde „soziale Marktwirtschaft". Die wirtschaftspolitische Neutralität des Grundgesetzes besteht darin, dass sich der Verfassungsgeber nicht ausdrücklich für ein bestimmtes Wirtschaftssystem entschieden hat. Dies ermöglicht dem Gesetzgeber, die ihm jeweils sachgemäß erscheinende Wirtschaftspolitik zu verfolgen, sofern er dabei das Grundgesetz beachtet. Die gegenwärtige Wirtschafts- und Sozialordnung ist zwar eine nach dem Grundgesetz mögliche Ordnung, keineswegs aber die allein mögliche. Sie beruht auf einer vom Willen des Gesetzgebers getragenen wirtschafts- und sozialpolitischen Entscheidung, die durch eine andere Entscheidung ersetzt oder durchbrochen werden kann.

(Quelle: Urteil des Bundesverfassungsgerichts über Gewährung von Investitionshilfen vom 20. Juli 1954)

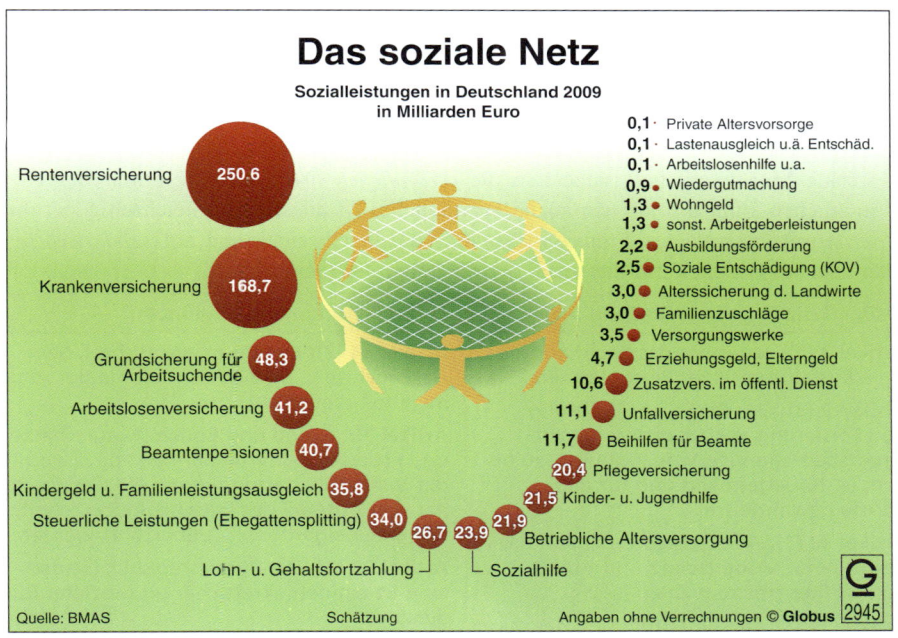

Das soziale Netz

Sozialleistungen in Deutschland 2009
in Milliarden Euro

Rentenversicherung 250.6

Krankenversicherung 168,7

Grundsicherung für Arbeitsuchende 48,3

Arbeitslosenversicherung 41,2

Beamtenpensionen 40,7

Kindergeld u. Familienleistungsausgleich 35,8

Steuerliche Leistungen (Ehegattensplitting) 34,0   26,7   23,9   21,9

Lohn- u. Gehaltsfortzahlung   Sozialhilfe   Betriebliche Altersversorgung

0,1 · Private Altersvorsorge
0,1 · Lastenausgleich u.ä. Entschäd.
0,1 · Arbeitslosenhilfe u.a.
0,9 • Wiedergutmachung
1,3 • Wohngeld
1,3 • sonst. Arbeitgeberleistungen
2,2 ● Ausbildungsförderung
2,5 ● Soziale Entschädigung (KOV)
3,0 ● Alterssicherung d. Landwirte
3,0 ● Familienzuschläge
3,5 ● Versorgungswerke
4,7 ● Erziehungsgeld, Elterngeld
10,6 ● Zusatzvers. im öffentl. Dienst
11,1 ● Unfallversicherung
11,7 ● Beihilfen für Beamte
20,4 ● Pflegeversicherung
21,5 ● Kinder- u. Jugendhilfe

Quelle: BMAS   Schätzung   Angaben ohne Verrechnungen © **Globus** 2945

1. Weshalb schreibt das Grundgesetz keine bestimmte Wirtschaftsordnung vor?
2. Begründen Sie die Notwendigkeit des „sozialen Netzes".

3.2.1 Ordnungsmerkmale der sozialen Marktwirtschaft

Die theoretischen Grundlagen der sozialen Marktwirtschaft sind geprägt vom Gedankengut der „Freiburger Schule". Die Freiburger Schule wurde von **Walter Eucken** (1891–1950) in den 1930er-Jahren begründet. Sie forderte eine Wirtschaftsordnung, die den funktionsfähigen Wettbewerb sichert („Ordoliberalismus"). Staatliche Eingriffe sollten auf ein Minimum beschränkt bleiben. Ein weiterer bedeutender Vertreter der Freiburger Schule war **Alfred Müller-Armack**[1] (1901–1978), der den Begriff „soziale Marktwirtschaft" prägte. Der „politische Vater" der sozialen Marktwirtschaft war **Ludwig Erhard** (1897–1977). Er setzte diese Wirtschaftsordnung nach dem Krieg gegen erhebliche Widerstände durch. Erhard war von 1949 bis 1963 Bundeswirtschaftsminister und von 1963 bis 1966 Bundeskanzler. 1957 erschien sein Buch „Wohlstand für alle".

Alfred Müller-Armack versteht unter der **sozialen Marktwirtschaft** die Verbindung des Freiheitsprinzips auf dem Markt mit dem sozialen Ausgleich. Dies entspricht auch der Zielsetzung des Grundgesetzes.

Das Grundgesetz schreibt keine bestimmte Wirtschaftsordnung vor. Die Wirtschaftsordnung ist nach Auffassung des Bundesverfassungsgerichts eine „vom Willen des Gesetzgebers getragene wirtschafts- und sozialpolitische Entscheidung".

Dennoch enthält das Grundgesetz eine Reihe freiheitlicher und sozialer Ordnungsvorstellungen.

Die soziale Marktwirtschaft sichert so die *persönlichen Freiheitsrechte* durch Begrenzung der staatlichen Eingriffe auf ein sozial verträgliches Mindestmaß. Gleichzeitig beruht sie auf *verantwortungsvollem Gebrauch* dieser individuellen Freiheit **und** auf *solidarischem Verhalten* aller im Hinblick auf die sozial Schwächeren der Gesellschaft.

Freiheitliche Ordnungsvorstellungen	Soziale Ordnungsvorstellungen
Artikel 2 (1): Jeder hat das Recht auf die freie Entfaltung seiner Persönlichkeit [...] **Artikel 9 (3):** Das Recht, zur Wahrung und Förderung der Arbeits- und Wirtschaftsbedingungen Vereinigungen zu bilden, ist für jedermann und für alle Berufe gewährleistet [...] **Artikel 12 (1):** Alle Deutschen haben das Recht, Beruf, Arbeitsplatz und Ausbildungsstätte frei zu wählen [...] **Artikel 14 (1):** Das Eigentum und das Erbrecht werden gewährleistet [...]	**Artikel 14 (2):** Eigentum verpflichtet. Sein Gebrauch soll zugleich dem Wohle der Allgemeinheit dienen. **Artikel 15:** Grund und Boden, Naturschätze und Produktionsmittel können zum Zwecke der Vergesellschaftung durch ein Gesetz, das Art und Ausmaß der Entschädigung regelt, in Gemeineigentum [...] überführt werden. **Artikel 20 (1):** Die Bundesrepublik Deutschland ist ein demokratischer und sozialer Bundesstaat. **Artikel 28 (1):** Die verfassungsmäßige Ordnung in den Ländern muss den Grundsätzen des [...] sozialen Rechtsstaates im Sinne dieses Grundgesetzes entsprechen.

[1] Nationalökonom und Soziologe, war unter Ludwig Erhard Leiter der Abteilung Wirtschaftspolitik im Bundesministerium für Wirtschaft.

Die wesentlichen **Merkmale der sozialen Marktwirtschaft** sind:

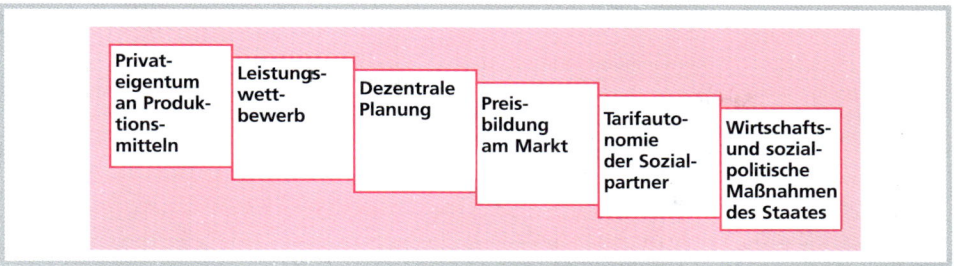

- **Privateigentum an Produktionsmitteln:** Das Privateigentum, auch das an Produktionsmitteln, ist im GG garantiert. Allerdings sind in der Bundesrepublik Deutschland der Staat und auch Verbände, z. B. Gewerkschaften, Eigentümer von Produktionsmitteln. Diese werden nach marktwirtschaftlichen Grundsätzen verwaltet und den Spielregeln des Wettbewerbs unterworfen.

  Durch Ausgabe von „Volks"-Aktien (z. B. VW, Deutsche Telekom, Deutsche Post) wurden Teile der staatlichen Produktionsmittel wieder privatisiert.

- **Leistungswettbewerb:** Auf den Märkten der Bundesrepublik Deutschland herrscht i. A. *unvollständige Konkurrenz*, da sie in vielen Fällen von Oligopolen beherrscht werden. Die modernen Technologien ermöglichen es jedoch oft, ein Gut gegen ein anderes zu tauschen (substituieren), sodass auf vielen Teilmärkten *Substitutionskonkurrenz* besteht.

- **Dezentrale Planung:** Die am Wirtschaftsgeschehen beteiligten Unternehmen und Haushalte entscheiden jeweils in eigener Verantwortung.

  Das einzelne **Unternehmen** plant seine Produktion (*Produktionsplan*) aufgrund der Absatzerwartung (*Absatzplan*). Es entscheidet, wie die Ware dem Kunden nahegebracht wird (*Werbeplan*).

  Die einzelnen **Haushalte** planen den Einsatz ihrer Produktionsfaktoren (Arbeit, Geldanlage) und entscheiden souverän über die Verwendung ihres Einkommens.

- **Preisbildung am Markt:** Die Güterpreise bilden sich im freien Spiel von Angebot und Nachfrage.[1]

  Überwiegt die Nachfrage, dann steigt das Preisniveau; überwiegt das Angebot, dann sinken die Preise. Der Staat hält sich aus der Preisbildung weitgehend heraus. Er setzt lediglich Rahmenbedingungen (z. B. GWB, UWG), die verhindern sollen, dass der Preiswettbewerb eingeschränkt wird oder dazu missbraucht wird, Konkurrenten vom Markt zu verdrängen.

- **Tarifautonomie der Sozialpartner:** Die Arbeitnehmervertreter (Gewerkschaften) und die Arbeitgebervertreter (Arbeitgeberverbände) handeln Löhne und Arbeitsbedingungen im Rahmen ihrer *Tarifhoheit* aus. Zur Durchsetzung ihrer Ziele stehen als Kampfmaßnahmen Streik und Aussperrung zur Verfügung.[2]

3.2.2 Die Rolle des Staates in der sozialen Marktwirtschaft

Der Staat greift durch ein Bündel von Maßnahmen dann ein,
- wenn die freiheitliche Wirtschaftsordnung gefährdet erscheint,
- wenn der Schutz des Einzelnen und des Gesamtwohls notwendig werden.

[1] Siehe auf Seiten 178 ff.
[2] Siehe auf Seiten 115 ff.

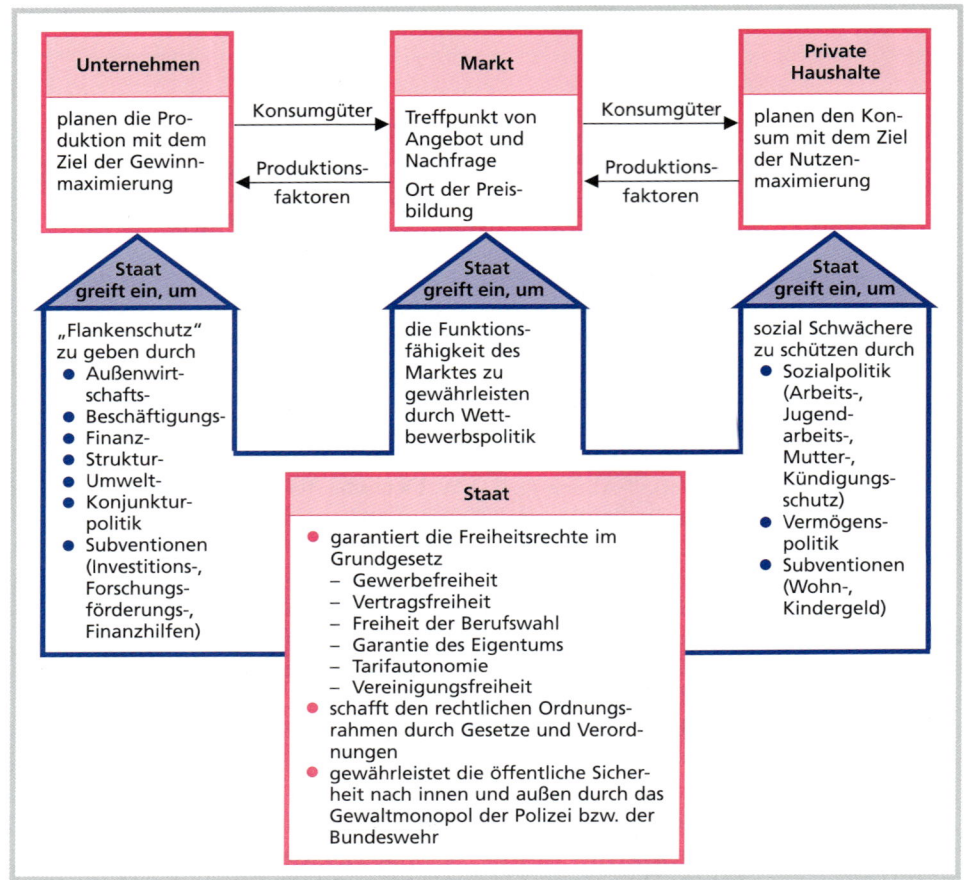

3.2.3 Marktkonforme und marktkonträre Staatseingriffe

Marktkonforme Staatseingriffe	Marktkonträre Staatseingriffe
Preismechanismus bleibt in Kraft (indirekte Markteingriffe) durch	Preismechanismus wird außer Kraft gesetzt (direkte Markteingriffe) durch
• **Erhöhung der Nachfrage** (Bau-, Forschungsaufträge usw.) • **Senkung der Nachfrage** (Steuererhöhungen usw.) • **Erhöhung des Angebots** (Subventionen, Zollsenkungen usw.) • **Senkung des Angebots** (Kürzung von Subventionen, Zollerhöhungen usw.)	• **Festsetzung der Angebotsmengen** (z. B. Milchquoten der EU) • **Festsetzung der Nachfragemengen** (z. B. Rationierung von Lebensmitteln nach dem 2. Weltkrieg) • **Festsetzung von Höchstpreisen** unterhalb des Gleichgewichtspreises zum Schutz der Verbraucher (z. B. Höchstmieten bei Sozialwohnungen) • **Festsetzung von Mindestpreisen** über dem Gleichgewichtspreis zum Schutz der Produzenten (z. B. Mindestpreise für Getreide in der EU)

Beispiel: Höchst- und Mindestpreis

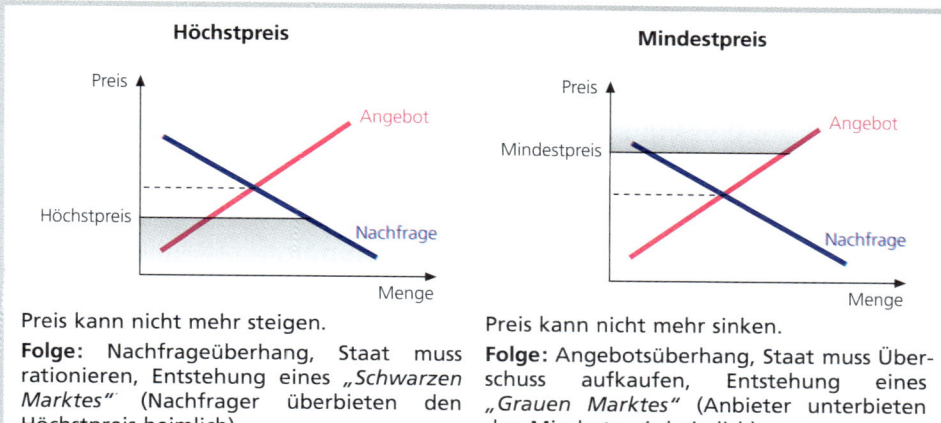

Höchstpreis

Preis kann nicht mehr steigen.

Folge: Nachfrageüberhang, Staat muss rationieren, Entstehung eines *„Schwarzen Marktes"* (Nachfrager überbieten den Höchstpreis heimlich)

Mindestpreis

Preis kann nicht mehr sinken.

Folge: Angebotsüberhang, Staat muss Überschuss aufkaufen, Entstehung eines *„Grauen Marktes"* (Anbieter unterbieten den Mindestpreis heimlich)

Zusammenfassung

- Walter Eucken, Alfred Müller-Armack und Ludwig Erhard sind die „Väter" der sozialen Marktwirtschaft.
- Das **Grundgesetz** enthält in vielen Artikeln freiheitliche und soziale Ordungsvorstellungen (Garantie des Eigentumsrechts, aber auch die Sozialpflichtigkeit des Eigentums usw.).
- Wesentliche **Ordnungsmerkmale** der sozialen Marktwirtschaft sind Privateigentum an Produktionsmitteln, Leistungswettbewerb, dezentrale Planung, Preisbildung am Markt, Tarifautonomie sowie wirtschafts- und sozialpolitische Maßnahmen des Staates.
- Der **Staat greift in das Wirtschaftsgeschehen ein**, um den Unternehmen Flankenschutz zu geben, die Funktionsfähigkeit des Marktes aufrechtzuerhalten und sozial Schwächere sowie die Umwelt zu schützen.
- Darüber hinaus garantiert der Staat die **Freiheitsrechte**, schafft einen rechtlichen Ordnungsrahmen und gewährleistet die öffentliche Sicherheit.
- **Marktkonforme** Staatseingriffe setzen den Preismechanismus nicht außer Kraft, im Gegensatz zu **marktkonträren** Staatseingriffen.

Aufgaben

1 Erklären Sie den Begriff „soziale Marktwirtschaft".

2 Weshalb ist im Grundgesetz keine bestimmte Wirtschaftsordnung vorgeschrieben?

3 Führen Sie beispielhaft einige soziale Ordnungsvorstellungen des Grundgesetzes an.

4 a) Nennen Sie Gründe für Staatseingriffe in die Wirtschaft.

b) Diskutieren Sie über staatliche Eingriffe in die Wirtschaft aus der Sicht
- der Verbraucher,
- der Arbeitnehmer,
- der Arbeitgeber.

5 Der Anteil der Sozialleistungen am Bruttoinlandsprodukt liegt bei über 30 Prozent. Damit ist der Sozialstaat für viele Unternehmen zu einem Standortproblem geworden. Diskutieren Sie darüber.

6 Das freie Spiel der Marktkräfte muss nicht immer zu zufriedenstellenden Ergebnissen in der Wohnungsversorgung führen. Deshalb gehört es zu den Aufgaben des Staates, die Voraussetzungen für eine angemessene Versorgung der Bürger mit Wohnraum zu schaffen.

a) Durch marktkonforme Maßnahmen kann der Staat zur Verbesserung der Versorgung der Bürger mit Wohnungen beitragen.

- Nennen Sie je eine solche Maßnahme auf der Seite des Mieters und des Vermieters, und erläutern Sie die jeweilige Auswirkung.
- Warum werden diese staatlichen Eingriffe als marktkonform bezeichnet?

b) Weshalb gelingt es nicht, durch marktkonträre Maßnahmen, z.B. durch Mietpreisbegrenzung, die Wohnungssituation zu verbessern?

c) Beschreiben Sie an Beispielen, warum die Funktionen des Preises durch eine Mietpreisbegrenzung ausgeschaltet werden können.

7 Für ein landwirtschaftliches Produkt liegt bei vollständiger Konkurrenz folgende Marktsituation vor:

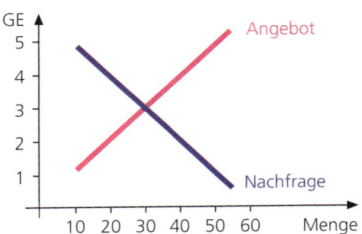

Zur Unterstützung der Landwirtschaft hat die Regierung die Einführung eines Mindestpreises beschlossen, der eine Geldeinheit (GE) über dem Marktpreis liegen soll.

a) Begründen Sie, weshalb es nicht sinnvoll wäre, den Mindestpreis unterhalb des Marktpreises festzusetzen.

b) Der Staat kauft die entstehenden Überschüsse auf.

- Ermitteln Sie anhand der obigen Skizze, in welcher Höhe dafür Haushaltsmittel bereitgestellt werden müssen.
- Welche weiteren Folgen können sich aus dem Aufkauf der Überschüsse ergeben?
- Berechnen Sie die Erlöse der Landwirte vor Festsetzung des Mindestpreises und die Erlöse, die sie erzielen würden, wenn der Staat bei dem oben genannten Mindestpreis die Überschüsse nicht aufkaufen würde.
- Zum Abbau der Überschüsse werden von der Regierung Anbaubeschränkungen beschlossen. Danach dürfen die Anbieter nicht mehr als 30 Mio. t zu dem Mindestpreis anbieten. Wie wirkt sich diese Maßnahme finanziell für den Staat und die Anbieter aus?

c) Das angestrebte Ziel der Einkommenserhöhung in der Landwirtschaft könnte z.B. auch durch Subventionspolitik erreicht werden.

- Wie ist diese Art des Markteingriffs gegenüber einer Mindestpreisfestsetzung ordnungspolitisch zu beurteilen?
- Vergleichen Sie die Subventionspolitik mit der Mindestpreisfestsetzung hinsichtlich des Umfangs der Aufrechterhaltung der verschiedenen Preisfunktionen.

3.3 Gefahren für den Wettbewerb und staatliche Wettbewerbspolitik

3.3.1 Formen der Kooperation und Konzentration

Erläutern Sie den Aussagegehalt dieser Karikatur.

Zusammenschlüsse von Unternehmen entstehen entweder auf der Grundlage von *Verträgen* (**Kooperation**) oder aufgrund von *Kapitalbeteiligungen* (**Konzentration**), wie Konzern und Trust.

■ Kooperationsformen – vertragliche Grundlage

Die Zusammenarbeit mehrerer Unternehmen *auf vertraglicher Basis* heißt **Kooperation**. Die beteiligten Unternehmen bleiben dabei *rechtlich und wirtschaftlich selbstständig*, d. h., sie behalten ihre Firma und ihre unumschränkte Geschäftsführungs- und Vertretungsbefugnis.

● Kartell – vertragliche Absprachen

Unternehmen, die den Wettbewerb untereinander durch vertragliche Absprachen über Preise, Geschäftsbedingungen, Rabattregelungen usw. zu beschränken versuchen, bilden ein **Kartell**. Da sich die beteiligten Unternehmen auf der gleichen Wirtschaftsstufe befinden, sind Kartelle eine Form der *horizontalen Kooperation*.

Kartellarten im Überblick

Preiskartelle	Kartellmitglieder legen einheitliche Verkaufspreise fest.
Gebietskartelle	Kartellmitglieder teilen das Absatzgebiet untereinander auf, sodass jedes Mitglied in seinem Gebiet eine monopolartige Stellung hat.
Quotenkartelle	Das Verkaufsvolumen des Marktes wird nach einem vereinbarten Schlüssel auf die Kartellmitglieder verteilt.
Rabattkartelle	Kartellmitglieder verabreden, gegenüber ihren Abnehmern gleiche Rabatte zu gewähren.
Ausfuhrkartelle	Exporteure regeln das gemeinsame Vorgehen auf den Auslandsmärkten bezüglich Preisen und sonstigen Bedingungen, um ihre Verhandlungsmacht gegenüber den ausländischen Abnehmern zu stärken.
Einfuhrkartelle	Importeure legen gleichartige Preise oder Bedingungen für den Import fest, um ihre Verhandlungsmacht gegenüber den ausländischen Lieferanten zu stärken.
Normen- bzw. Typenkartelle	Vereinbarungen und Beschlüsse, die die einheitliche Anwendung von Normen oder Typen zum Gegenstand haben. Die **Normung** hat die Vereinheitlichung von Einzelteilen eines Produkts zum Gegenstand in Bezug auf Abmessungen, Materialeigenschaften usw., um die Vielfalt von Kleinteilen zu reduzieren. Bei der **Typung** geht es um die Vereinheitlichung ganzer Produkte, um Massenproduktionseffekte zu nutzen.
Spezialisierungskartelle	Vereinbarungen und Beschlüsse, die die Rationalisierung wirtschaftlicher Vorgänge durch Spezialisierung zum Gegenstand haben. Spezialisierung ist die Beschränkung der Angebotsvielfalt auf einige wenige Produkttypen oder auf ein einziges Erzeugnis. Durch Spezialisierung werden Wirtschaftlichkeit und Leistungsfähigkeit technischer, wirtschaftlicher oder organisatorischer Abläufe verbessert.
Mittelstandskartelle	Sie dienen zur Verbesserung der Wettbewerbsfähigkeit kleiner oder mittlerer Unternehmen, z. B. Vereinbarungen und Beschlüsse über den gemeinsamen Einkauf von Waren.
Rationalisierungskartelle	Sie sollen die Leistungsfähigkeit oder Wirtschaftlichkeit der beteiligten Unternehmen in technischer, betriebswirtschaftlicher oder organisatorischer Beziehung wesentlich heben und dadurch die Befriedigung des Bedarfs verbessern. Der Rationalisierungserfolg muss in einem angemessenen Verhältnis zu der damit verbundenen Wettbewerbsbeschränkung stehen. Dabei sind Preisabreden oder gemeinsame Vertriebs- oder Beschaffungseinrichtungen zulässig, wenn der Rationalisierungszweck auf andere Weise nicht erreicht werden kann.
Strukturkrisenkartelle	Sie werden für Hersteller, be- und verarbeitende Unternehmen erlaubt, wenn sie einen Absatzrückgang ausgleichen wollen, der von einer nachhaltigen Veränderung der Nachfrage herrührt. Die Kartellmitglieder müssen eine planmäßige Anpassung der Kapazität an den Bedarf herbeizuführen. Die Wettbewerbsbedingungen in den betroffenen Wirtschaftszweigen müssen bei den Vereinbarungen berücksichtigt werden.

Kartelle, die den Wettbewerb aufheben, einschränken oder verfälschen, sind verboten. Siehe hierzu auf den Seiten 203 ff.

Eine besondere Form des Rationalisierungskartells ist das **Syndikat.** Dabei handelt es sich um eine gemeinsame zentrale Einkaufs- oder Verkaufsorganisation für die angeschlossenen Unternehmen. Die Syndikatsmitglieder können sich auf die Herstellung ihrer Produkte konzentrieren, während sich das Syndikat um die Beschaffung der dazu notwendigen Rohstoffe bzw. Handelswaren oder, im Falle des Verkaufssyndikats, um den Vertrieb der Fertigprodukte bzw. Handelswaren kümmert.

● *Weitere Kooperationsformen*

Weitere verbreitete Kooperationsformen sind

- **Erfahrungsaustauschgruppen**, **Einkaufsverbände** und Einkaufsgenossenschaften. Hier nutzen mehrere kleinere Unternehmen Einkaufsvorteile, indem sie gemeinsam bei einem Hersteller bzw. Großhändler einkaufen.

- **Arbeitsgemeinschaften,** Generalunternehmerschaft und das Konsortium. Hier führen mehrere Unternehmen ein Großprojekt gemeinsam durch. Die Zusammenarbeit ist zeitlich begrenzt.

- **Interessengemeinschaften.** Mehrere Unternehmen nutzen z. B. gemeinsam eine Forschungseinrichtung, um ein Patent auszuwerten, finanzieren gemeinsam eine Werbeanzeige (Werbegemeinschaft) oder beteiligen sich an einem unternehmensübergreifenden Recycling- und Entsorgungssystem.

Die Zusammenarbeit kann von einem losen Erfahrungsaustausch über Verhaltensabsprachen bis hin zu einer gemeinsam gegründeten und geführten Gemeinschaftsunternehmung (**Joint Venture**) gehen. Arbeiten mehrere *multinationale Großunternehmen* auf bestimmten Gebieten zusammen, dann spricht man von **strategischen Allianzen**. Ein Beispiel ist die Kooperation von Daimler und Evonik zur gemeinsamen Fertigung von Lithium-Ionen-Batterien.

Beispiel: Joint-Venture und strategische Allianz

Flugallianzen kämpfen um Mitglieder

Die Bedeutung von strategischen Allianzen in der internationalen Luftfahrt steigt. In Tokio begrüßte die Allianz One World um British Airways gestern drei neue Mitglieder. Mit Japan Airlines, der ungarischen Malev und Royal Jordanian steigt One World nicht nur zur neuen Nummer zwei hinter der Star Alliance um Lufthansa auf, sondern integriert auch als erste Allianz eine Fluglinie aus dem Mittleren Osten. Malev-Vorstand Andras Zboray sagte: „Ohne Mitglied einer Allianz zu sein, hat eine Fluggesellschaft keine Chance, sich im internationalen Wettbewerb durchzusetzen." 18 der 20 weltweit größten Fluggesellschaften gehören mittlerweile einer der drei Allianzen Star Alliance, One World oder Sky Team um Air France-KLM an. Die Fluggesellschaften verschaffen sich durch das sogenannte Code-Sharing – also das Weiterleiten von Passagieren – Größenvorteile. Zudem kaufen sie gemeinsam Kerosin ein. Auch die Passagiere profitieren. „Vergleiche haben gezeigt, dass die Kapazitäten erhöht und die Preise gesenkt wurden", sagt Eric Heymann von Deutsche Bank Research [...] Ein erklärter Gegner der „legalen Kartelle" ist die Fluggesellschaft Emirates. Der internationale Aufsteiger aus Dubai will am Golf sein eigenes Drehkreuz entwickeln [...] Die zunehmende Bedeutung von Allianzen ist ein Resultat der restriktiven Wettbewerbsordnung im Luftverkehr [...]. Externes Wachstum – etwa durch Fusionen oder Übernahmen – scheitert an Klauseln, die die Verkehrsrechte von Fluggesellschaften an nationales Eigentum knüpfen.

(Quelle: Kewes, Tanja: Flugallianzen kämpfen um Mitglieder, in: Handelsblatt, 25.09.07, S. 1)

In manchen Ländern (z. B. China) sind Joint Ventures mit einheimischen Firmen oft die einzige Möglichkeit für ausländische Firmen, auf dem jeweiligen Markt Fuß zu fassen.

Eine neue Form der Kooperation ist das **virtuelle Unternehmen**. Dabei arbeiten Teile verschiedener Unternehmen (z. B. Forschungsabteilung der Unternehmung A mit Forschungsabteilung der Unternehmung B), verbunden durch Computernetzwerke, auf der Basis gemeinsam vereinbarter Regeln („Plattform") auf genau bestimmten Gebieten zeitlich begrenzt zusammen. Bei veränderter Zielsetzung formiert sich das Netzwerk neu, d. h., es scheiden einige Unternehmen aus oder es kommen neue hinzu.

■ Konzentrationsformen – kapitalmäßige Verflechtung

Die *kapitalmäßige Verflechtung* mehrerer Unternehmen zu größeren Unternehmensgebilden heißt **Konzentration.** Zumindest eines der beteiligten Unternehmen *verliert die wirtschaftliche Selbstständigkeit*, indem es sich einer einheitlichen Leitung unterstellt. Je nach Ausprägungsgrad der Kapitalverflechtung kann auch die rechtliche Selbstständigkeit verloren gehen.

● Konzern – Unternehmen bleiben rechtlich selbstständig

Schließen sich **rechtlich selbstständig bleibende** Unternehmen unter einer **einheitlichen Leitung** zusammen, dann entsteht ein Konzern.

Die beteiligten Unternehmen können sich auf

- der gleichen Wirtschaftsstufe einer Branche befinden **(Horizontalkonzern)**, z. B. Lebensmittelgroßhändler A schließt sich mit Lebensmittelgroßhändler B zusammen,

- verschiedenen Wirtschaftsstufen einer Branche befinden **(Vertikalkonzern)**, z. B. Lebensmittelgroßhändler schließt sich mit Nahrungsmittelhersteller zusammen,

- gleichen oder verschiedenen Wirtschaftsstufen verschiedener Branchen befinden **(Diagonalkonzern oder anorganischer Konzern)**, z. B. Lebensmittelgroßhändler schließt sich mit Elektrogroßhändler zusammen.

Nach der Abhängigkeit zwischen den beteiligten Unternehmen werden Unter- und Gleichordnungskonzerne unterschieden.

Handelt es sich um eine *einseitige Beherrschung* verschiedener Tochtergesellschaften durch eine Muttergesellschaft, dann liegt ein **Unterordnungskonzern** vor. Die Beherrschung kann auf einem Beherrschungs- oder einem Gewinnabführungsvertrag (*Vertragskonzern* nach § 18 i. V. m. § 291 AktG) beruhen. Liegt kein Vertrag vor, dann kann die Beherrschung vermutet werden, wenn die Kapitalbeteiligung der Mutter an ihrer Tochter mehr als 50 Prozent beträgt oder wenn die Führung beider Gesellschaften in einer Hand liegt (*faktischer Konzern* nach § 17 AktG).

Beispiel: Unterordnungskonzern

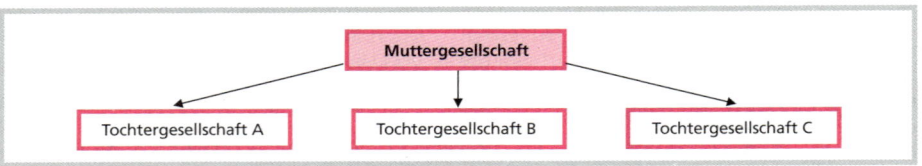

Beteiligen sich Unternehmen gegenseitig am Kapital des anderen Unternehmens (Kapital-verflechtung durch Austausch der Kapitalanteile) und besteht keine gegenseitige Abhängig-keit zwischen den beteiligten Unternehmen, dann liegt ein **Gleichordnungskonzern** vor. Die einheitliche Leitung der Schwestergesellschaften erfolgt durch eine von den beteiligten Unternehmen getragene Gesellschaft (*Dach- oder Holdinggesellschaft*).

Beispiel: Gleichordnungskonzern

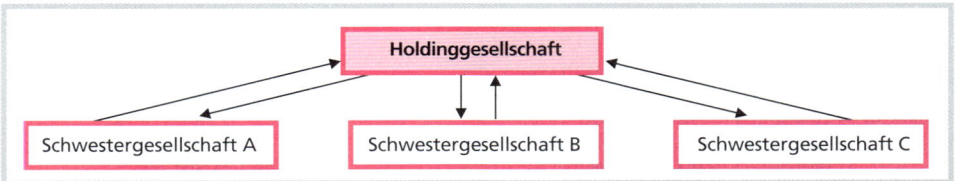

Beispiel eines Konzerns

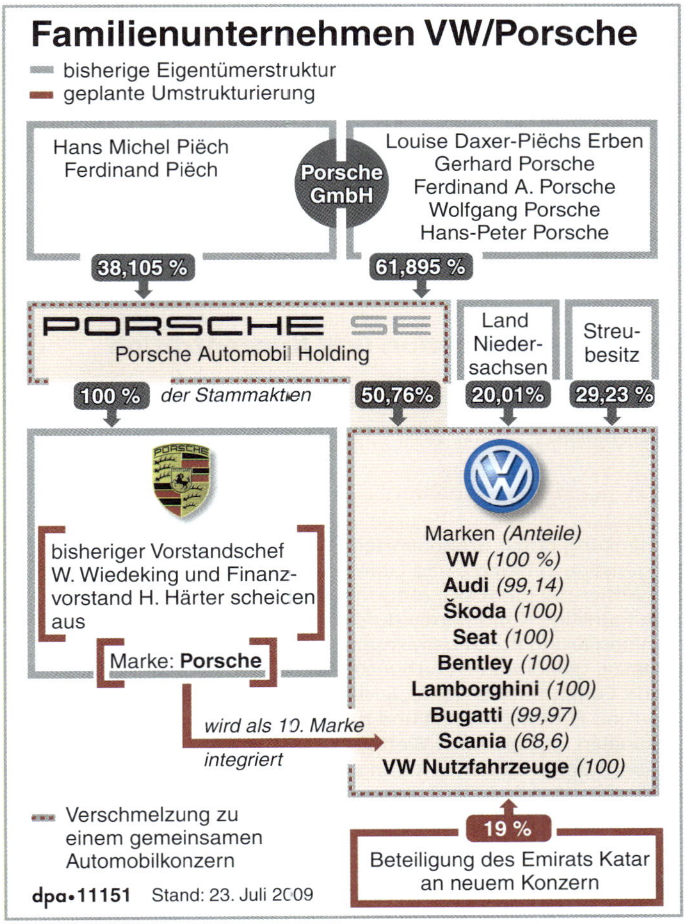

Familienunternehmen VW/Porsche

— bisherige Eigentümerstruktur
— geplante Umstrukturierung

Hans Michel Piëch Ferdinand Piëch	Porsche GmbH	Louise Daxer-Piëchs Erben Gerhard Porsche Ferdinand A. Porsche Wolfgang Porsche Hans-Peter Porsche

38,105 %   **61,895 %**

PORSCHE SE
Porsche Automobil Holding

100 % *der Stammaktien*   **50,76%** | Land Nieder-sachsen **20,01%** | Streu-besitz **29,23 %**

VW

bisheriger Vorstandschef W. Wiedeking und Finanz-vorstand H. Härter scheiden aus

Marke: **Porsche**

wird als 10. Marke integriert →

Marken *(Anteile)*
VW *(100 %)*
Audi *(99,14)*
Škoda *(100)*
Seat *(100)*
Bentley *(100)*
Lamborghini *(100)*
Bugatti *(99,97)*
Scania *(68,6)*
VW Nutzfahrzeuge *(100)*

— Verschmelzung zu einem gemeinsamen Automobilkonzern

dpa•11151   Stand: 23. Juli 2009

19 %
Beteiligung des Emirats Katar an neuem Konzern

● Trust – Aufnahme oder Neubildung

Schließen sich mehrere Unternehmen *zu einem Unternehmen mit einheitlicher Leitung zusammen* (Verschmelzung bzw. Fusion), dann entsteht ein **Trust.** Mindestens eines der beteiligten Unternehmen *gibt seine rechtliche und wirtschaftliche Selbstständigkeit auf.*

Arten der Fusion

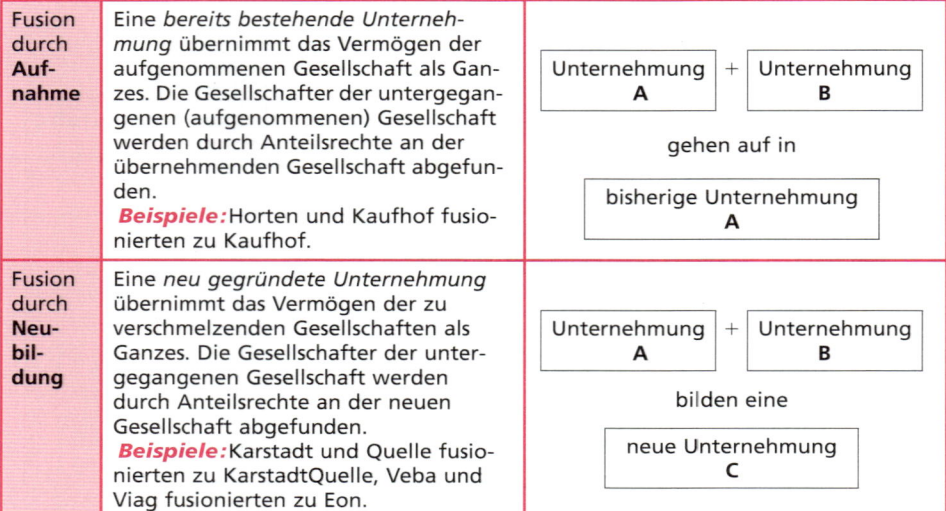

Fusion durch **Aufnahme**	Eine *bereits bestehende Unternehmung* übernimmt das Vermögen der aufgenommenen Gesellschaft als Ganzes. Die Gesellschafter der untergegangenen (aufgenommenen) Gesellschaft werden durch Anteilsrechte an der übernehmenden Gesellschaft abgefunden. ***Beispiele:*** Horten und Kaufhof fusionierten zu Kaufhof.	Unternehmung A + Unternehmung B gehen auf in bisherige Unternehmung A
Fusion durch **Neubildung**	Eine *neu gegründete Unternehmung* übernimmt das Vermögen der zu verschmelzenden Gesellschaften als Ganzes. Die Gesellschafter der untergegangenen Gesellschaft werden durch Anteilsrechte an der neuen Gesellschaft abgefunden. ***Beispiele:*** Karstadt und Quelle fusionierten zu KarstadtQuelle, Veba und Viag fusionierten zu Eon.	Unternehmung A + Unternehmung B bilden eine neue Unternehmung C

3.3.2 Auswirkungen der Kooperation und Konzentration

Kooperation und Konzentration können für das Wirtschaftsgeschehen sowohl positive als auch negative Auswirkungen haben.

Auswirkungen von Kooperation und Konzentration

Positive Auswirkungen	● Kostensenkung durch **Größenvorteile** bei Beschaffung (Mengenrabatte, günstige Zahlungs- und Lieferungsbedingungen), Produktion (Automatisierung lohnt sich aufgrund der höheren Stückzahlen), Finanzierung (günstige Konditionen durch hohe Kreditwürdigkeit), Absatz (Kosteneinsparung durch gemeinsame Verkaufseinrichtungen, Kundendienstnetze, gemeinsame Werbung), Verwaltung (gemeinsame Buchhaltung und Computernetzwerke, leichtere Beschaffung qualifizierter Arbeits- und Führungskräfte) und dadurch höhere **Konkurrenzfähigkeit** im nationalen und globalen Wettbewerb. ● Teure **Forschungs- und Entwicklungsprojekte** können leichter finanziert werden oder sind überhaupt erst finanzierbar. Produktionsverfahren und Produkte können ständig weiterentwickelt und verbessert werden. Markt- und Haftungsrisiken bei der Einführung neuer Produktionsverfahren bzw. Produkte werden aufgrund der **Risikoverteilung** auf mehrere bzw. größere Unternehmen vermindert.

Positive Auswirkungen	• Durch Kooperation können kleine und mittelständische Unternehmen (KMU) auf der Nachfrageseite ihre **Verhandlungsposition** gegenüber Anbietern mit großer Angebotsmacht („Branchenriesen") **verbessern**. Den Herausforderungen auf globalen Märkten (hoher Ressourcen- und Finanzbedarf, hohe Anforderungen an die fachliche und unternehmerische Kompetenz) mit internationaler Konkurrenz sind kooperierende Unternehmen und große Konzerne besser gewachsen, da sie Know-how und **Ressourcen bündeln**, ihre Stärken verstärken bzw. Schwächen kompensieren können. Mit den richtigen Partnern können auch die KMU ihre **Schnelligkeit und Flexibilität ausspielen** und dem wachsenden Konkurrenz- und Kostendruck durch multinationale Großkonzerne im globalen Wettbewerb begegnen.
Negative Auswirkungen	• Kostenvorteile werden nicht an die Nachfrager weitergegeben (z.B. durch niedrigere Preise), da diese aufgrund der geringeren Zahl von Anbietern **weniger Ausweichmöglichkeiten** (Alternativen) haben. Zudem besteht für große Unternehmenseinheiten mangels Konkurrenz **kein Zwang zur Kostensenkung.** • Der Wettbewerbsvorsprung durch Entwicklung neuer Produktionsverfahren und Produkte wird zur Ausschaltung der Wettbewerber missbraucht. Neue Produkte werden mangels Konkurrenz zu **überhöhten Preisen** verkauft. Zudem besteht für große Unternehmenseinheiten mangels Konkurrenz kaum Veranlassung, sich um Innovationen zu bemühen. • Durch Kooperationen und Bildung von Konzernen entsteht eine starke **wirtschaftliche Machtstellung** der beteiligten Unternehmen. Die Gefahr einer missbräuchlichen Ausnutzung dieser Machtballung ist naheliegend. Der Wettbewerb kann sowohl auf der Angebotsseite als auch auf der Nachfrageseite beschränkt oder ganz ausgeschaltet werden. Noch vorhandene Konkurrenten werden, z.B. mittels Preiskrieg, Abwerbung qualifizierten Personals oder Übernahme, gezielt aus dem Markt gedrängt. Die Größenvorteile werden nicht mehr an die Verbraucher weitergegeben, überhöhte Preise erlauben es, auch **unwirtschaftlich arbeitende Betriebe aufrechtzuerhalten**. Hinzu kommt u.U. eine einseitige Begünstigung der Großunternehmen bei politischen und wirtschaftspolitischen Entscheidungen, da sie **Druck auf Politiker** ausüben können.

Zusammenfassung

■ Schließen sich Unternehmen auf *vertraglicher* Basis zusammen, dann liegt eine **Kooperation** vor (z.B. Kartell). Zusammenschlüsse aufgrund von *Kapitalbeteiligung* werden als **Konzentration** bezeichnet (z.B. Konzern, Trust).

Vergleich der Kooperations- und Konzentrationsformen

Art des Unternehmungs- zusammenschlusses	Selbstständigkeit der beteiligten Unternehmen	
	in wirtschaftlicher Hinsicht	in rechtlicher Hinsicht
Kartell	wenig eingeschränkt	erhalten (vertragliche Bindung)
Konzern (z.B. Metro AG)	aufgegeben	erhalten (kapitalmäßige Bindung)
Trust (z.B. Eon)	aufgegeben	aufgegeben (kapitalmäßige Bindung)

1 a) Zeigen Sie an Beispielen aus der Wirtschaftspresse, wie Unternehmen
- zusammenarbeiten bzw.
- sich zusammenschließen.

b) Beurteilen Sie die ermittelten Fälle unter dem Gesichtspunkt der betriebs- und volkswirtschaftlichen Vor- und Nachteile.

c) Welche politischen – vor allem wirtschafts- und sozialpolitischen – Probleme kann eine zu starke Machtzusammenballung von Unternehmen bringen?

2 Welche Kartellart bietet sich in folgenden Fällen an bzw. liegt jeweils vor? Begründen Sie jeweils Ihre Ansicht.

a) Die Porzellanhersteller der Bundesrepublik Deutschland wollen künftig ihre Erzeugnisse nur gegen 2 Prozent Skonto innerhalb 10 Tagen oder für 30 Tage Ziel absetzen.

b) Die Hersteller von Fahrrädern vereinbaren, für Herrenräder nur noch 28-Zoll-Räder, für Damenräder nur noch 26-Zoll-Räder zu verwenden.

c) Die Hersteller von Teppichböden beschließen, künftig die Preise gegenseitig anzupassen und jeweils nur in für jedes Unternehmen festgelegte Bundesländer zu liefern.

3 a) Worin liegen die wesentlichen Unterschiede zwischen einem Unterordnungs- und einem Gleichordnungskonzern?

b) Welche Absichten verfolgen Unternehmer, wenn sie sich zusammenschließen?

4 Unterscheiden Sie Kartell, Konzern und Trust.

5 Beispiele für Missbrauch der Nachfragemacht durch Großkonzerne im Einzelhandel

- **Eintrittsgelder:** Die Lieferanten müssen die Aufnahme ihrer Waren in das Sortiment bezahlen, mit der Gratislieferung der Erstausstattung und/oder mit Pauschalen.

- **Regalmieten:** Die Lieferanten müssen Mieten für die Auslage ihrer Produkte zahlen. Die Abnehmer verlangen etwa für 60 Flaschen 120 EUR plus Mehrwertsteuer oder für Regalkopfplätze 5000 EUR jährlich. Bei größeren Betrieben gibt es bereits feste Preislisten.

- **Werbekosten- und Investitionszuschüsse:** Der Lieferant hat in diesen Fällen seinen Abnehmern Zuschüsse für die Werbung zu leisten, für Kataloge, Anzeigen und sonstige Werbeträger bzw. für Neu- und Erweiterungsinvestitionen. Kostenbeteiligungen an der Geschäftseinrichtung der Abnehmer kommen ebenfalls vor. In diesem Zusammenhang werden auch Darlehen zu Mini-Zinsen gefordert – z.B. 5000 bis 25000 EUR zu 2 bis 3 Prozent Zinsen mit einer Laufzeit von zehn Jahren.

- **Sonderleistungen bei Neueröffnungen:** Die Abnehmer kassieren Umstellungsrabatte, längere Zahlungsziele, Sonderangebote, Werbekostenbeteiligung, Einführungsrabatte u.a. Sonderkonditionen.

- **Regalpflege:** Die Lieferanten haben hier die Regale nicht nur aufzubauen, sondern die Ware auch regelmäßig einzuräumen, alte Ware umzustapeln und auszuräumen sowie die Regale zu putzen.

- **Preisauszeichnung:** Die Abnehmer wälzen die Auszeichnung jedes einzelnen Artikels mit dem Preis in ihren Geschäftsräumen auf die Lieferanten ab. U.U. wird genau vorgeschrieben, dass nur das Auszeichnungsgerät X der Firma Y benutzt werden darf und was die Etiketten im Einzelnen zu enthalten haben.

- **Inventurhilfe:** Die Abnehmer beanspruchen unter Androhung von Nachteilen Arbeitskräfte für die Inventur. Sogar auf pünktliches Erscheinen wird z.T. Wert gelegt.

a) Erläutern Sie die Beispiele für den Missbrauch der Nachfragemacht.

b) Beurteilen Sie diese Vereinbarungen aus der Sicht des Wettbewerbs.

3.3.3 Staatliche Wettbewerbspolitik

Problem

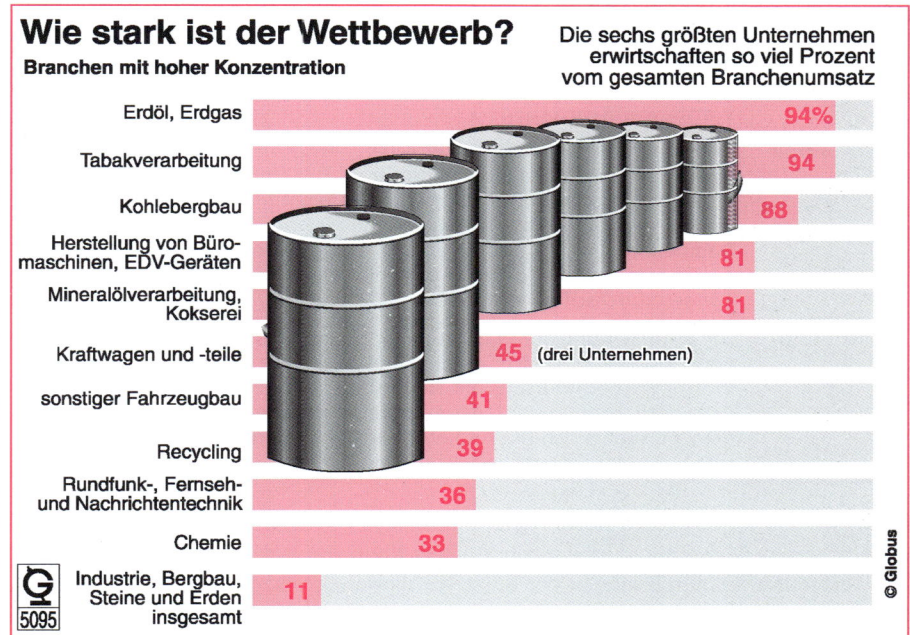

Wie stark ist der Wettbewerb?

Branchen mit hoher Konzentration

Die sechs größten Unternehmen
erwirtschaften so viel Prozent
vom gesamten Branchenumsatz

Branche	Prozent
Erdöl, Erdgas	94%
Tabakverarbeitung	94
Kohlebergbau	88
Herstellung von Büro-maschinen, EDV-Geräten	81
Mineralölverarbeitung, Kokserei	81
Kraftwagen und -teile	45 (drei Unternehmen)
sonstiger Fahrzeugbau	41
Recycling	39
Rundfunk-, Fernseh- und Nachrichtentechnik	36
Chemie	33
Industrie, Bergbau, Steine und Erden insgesamt	11

© Globus

Ⓖ 5095

Begründen Sie, weshalb staatliche Eingriffe in den Wettbewerb notwendig sind.

■ *Ziele staatlicher Wettbewerbspolitik*

Wirtschaftlicher **Wettbewerb** findet statt, wenn viele voneinander unabhängige Anbieter auf einem Markt versuchen, durch ein besseres Leistungsangebot das Interesse möglichst vieler Nachfrager auf sich zu lenken.

In der sozialen Marktwirtschaft nimmt der Wettbewerb bei der Steuerung und Koordination des Marktgeschehens eine zentrale Rolle ein. Nur der Wettbewerb stellt sicher, dass die Preisfunktionen (Signal-, Lenkungs-, Ausgleichs- und Erziehungsfunktion) zum Zuge kommen, also der Markt funktioniert.

Wichtige Funktionen des Wettbewerbs

Wohlstands-funktion	Der Wettbewerb sorgt für ein reichhaltiges Güterangebot auf allen Märkten.
Steuerungs-funktion	Der Wettbewerb zwingt die Unternehmen dazu, immer bessere Produkte und Produktionsverfahren zu entwickeln, die den Wünschen der Verbraucher möglichst nahekommen.
Fortschritts-funktion	Jene Unternehmen, die grundlegende Neuerungen bei ihren Produktionsverfahren oder Produkten zuerst einführen, erhalten Pioniergewinne durch ihren Wettbewerbsvorsprung. Dies veranlasst die Konkurrenten, ebenso in die Forschung und Entwicklung zu investieren, um selbst die Nase vorn zu haben oder zumindest gegen die Gefahr eines plötzlichen Wettbewerbsvorsprungs des Konkurrenten gewappnet zu sein.
Kostenkontroll-funktion	Der Wettbewerb zwingt im unternehmerischen Einzelinteresse zum sparsamen Einsatz knapper Ressourcen. Das Unternehmen, das billiger anbietet, ist am Markt erfolgreich. Gleichzeitig bleibt dem Konkurrenten keine andere Wahl, als auch seinen Betrieb zu rationalisieren. Dadurch kommt es insgesamt zu einer optimalen Kombination der Produktionsfaktoren und zu Kostensenkungen, die wiederum in Preissenkungen durchschlagen.
Entmachtungs-funktion	Die Entmachtungsfunktion des Wettbewerbs sorgt dafür, dass ein Wettbewerbsvorsprung nicht ewig andauert. Früher oder später werden die Wettbewerber ihrerseits mit Neuerungen nachziehen. Aufgrund der Gewinnchancen werden neue Anbieter auf diese lukrativen Märkte gelockt, sodass sich die Anbietermacht allmählich auflöst und die Nachfrager wieder Auswahlmöglichkeiten vorfinden.

Aufgabe des Staates ist es, den **freien Marktzutritt**, also den freien Wettbewerb, sicherzustellen, indem er den Missbrauch der wirtschaftlichen Freiheit auf der Angebots- und Nachfrageseite verhindert. Dadurch schützt der Staat Wettbewerber und Verbraucher und stellt die uneingeschränkte Güterversorgung der Bürger sicher.

Damit der Wettbewerb nicht ausartet, bedarf es der **Zügelung des Wettbewerbs** durch wettbewerbsrechtliche Vorschriften, die das „Fairplay". sicherstellen. Beschränkungen des Wettbewerbs beschneiden nicht nur die wirtschaftlichen Freiheitsrechte, sondern gefährden das Sozialstaatlichkeitsprinzip und die Marktwirtschaft als Ganzes. Deshalb ist der Staat aufgefordert, für Wettbewerbsregeln und deren Einhaltung zu sorgen. Direkte staatliche Markteingriffe sind in einer Marktwirtschaft grundsätzlich nur vorübergehend zur Behebung von Not- oder Missständen zulässig.

■ *Maßnahmen staatlicher Wettbewerbspolitik am Beispiel des GWB*

Nach Art. 74 (1) GG gehört es zu den Aufgaben des Staates, den Missbrauch wirtschaftlicher Machtstellung zu verhüten. Dazu verabschiedete der Bundestag 1957 das **Gesetz gegen Wettbewerbsbeschränkungen** (GWB). Als Wettbewerbshüter wurden die Kartellbehörden eingesetzt. Kartellbehörden sind das **Bundeskartellamt** mit Sitz in Bonn, das Bundesministerium für Wirtschaft und Arbeit und die nach Landesrecht zuständigen obersten Landesbehörden (GWB §48). Für die Mitwirkung an Verfahren der Kommission der Europäischen Gemeinschaft ist ausschließlich das Bundeskartellamt zuständig (GWB §50).

● *Verbot wettbewerbsbeschränkender Vereinbarungen*

Alle Vereinbarungen zwischen Unternehmen, Beschlüsse von Unternehmensvereinigungen und aufeinander abgestimmten Verhaltensweisen, die eine Verhinderung, Einschränkung oder Verfälschung des Wettbewerbs bezwecken oder bewirken, sind verboten. Dies gilt auch für Vereinbarungen, die den Wettbewerb innerhalb des Gemeinsamen Marktes einschränken (GWB §1, EGV Art. 81[1]).

Verboten und nichtig sind insbesondere folgende Verhaltensweisen:

- Einschränkung oder Kontrolle der Erzeugung, des Absatzes, der technischen Entwicklung oder der Investitionen;
- Aufteilung der Märkte oder Versorgungsquellen;
- Anwendung unterschiedlicher Bedingungen bei gleichwertigen Leistungen gegenüber Handelspartnern, wodurch diese im Wettbewerb benachteiligt werden;
- an den Abschluss von Verträgen geknüpfte Bedingung, dass die Vertragspartner zusätzliche Leistungen annehmen, die weder sachlich noch nach Handelsbrauch in Beziehung zum Vertragsgegenstand stehen;
- unmittelbare oder mittelbare Festsetzung der An- oder Verkaufspreise oder sonstiger Geschäftsbedingungen.

● *Grundsatz der Legalausnahme – Freistellung vom Verbot*

Wettbewerbsbeschränkende Vereinbarungen sind nach den **Freistellungsvoraussetzungen** nach GWB §2 und EGV Art. 81 (3) nicht verboten, wenn sie

- unter angemessener Beteiligung der Verbraucher an dem entstehenden Gewinn zur *Verbesserung der Warenerzeugung oder -verteilung* oder
- zur *Förderung des technischen oder wirtschaftlichen Fortschritts* beitragen.

Eine Anmeldung oder die vorherige Entscheidung einer Kartellbehörde ist für die Freistellung vom allgemeinen Verbot wettbewerbsbeschränkender Vereinbarungen nicht erforderlich **(Grundsatz der Legalausnahme)**. Wer sich auf die Legalausnahme und damit auf eine der *Freistellungsvoraussetzungen* beruft, der muss im Zweifelsfall beweisen, dass diese auf ihn zutrifft.

Die Freistellung gilt nur, wenn der Wettbewerb nicht wesentlich beeinträchtigt wird und die Zusammenarbeit dazu dient, die Wettbewerbsfähigkeit kleiner oder mittlerer Unternehmen zu verbessern (GWB §3, **Mittelstandskartelle**).

---

[1] EGV = Vertrag zur Gründung der Europäischen Gemeinschaft.

● Gruppenfreistellungsverordnungen (GVO) der EU

Das Preisbindungsverbot und das allgemeine Verbot wettbewerbsbeschränkender Vereinbarungen greifen nicht, wenn diese aufgrund einer *Gruppenfreistellungsverordnung (GVO)* der europäischen Kommission der EU erlaubt sind. Deutsche Kartellbehörden und Gerichte müssen hier das europäische Wettbewerbsrecht anwenden (**Vorrang des europäischen Wettbewerbsrechts,** EG-VO 1/2003 Art. 3). Deshalb sind vertikale Preisbindungen in der Landwirtschaft (GWB §28), der Kredit- und Versicherungswirtschaft (GWB §29) und bei Zeitungen und Zeitschriften (GWB §30) zulässig.

Für die Anwendbarkeit einer GVO kommt es darauf an, dass bestimmte Marktanteile auf den betroffenen Märkten nicht überschritten werden.

● Missbrauchsaufsicht über marktbeherrschende Unternehmen

Die missbräuchliche Ausnutzung einer marktbeherrschenden Stellung durch ein oder mehrere Unternehmen ist verboten (GWB §19, EGV Art. 82). Der räumlich relevante Markt im Sinne des GWB kann weiter sein als der inländische Markt oder auch nur lokale oder regionale Gebiete des Inlands umfassen.

Wenn ein Unternehmen als Anbieter oder Nachfrager einer bestimmten Art von Waren oder gewerblichen Leistungen keinen wesentlichen Wettbewerber hat oder gegenüber seinen Wettbewerbern eine überragende Marktstellung besitzt, dann liegt **Marktbeherrschung** vor. Bei einem Marktanteil von mindestens einem Drittel wird vermutet, dass Marktbeherrschung vorliegt (GWB §19 [2, 3]).

Eine Gesamtheit von Unternehmen gilt als marktbeherrschend, wenn sie aus höchstens drei Unternehmen besteht, die zusammen einen Marktanteil von 50 Prozent erreichen, oder aus höchstens fünf Unternehmen besteht, die zusammen einen Marktanteil von 66 2/3 Prozent erreichen.

Ein **Missbrauch der Marktbeherrschung** liegt vor, wenn ein marktbeherrschendes Unternehmen

- die Wettbewerbsmöglichkeiten anderer Unternehmen auf dem Markt in erheblicher Weise ohne sachlich gerechtfertigten Grund beeinträchtigt;
- Entgelte oder sonstige Geschäftsbedingungen fordert, die auf vergleichbaren Märkten mit wirksamem Wettbewerb nicht durchsetzbar wären oder die es auf anderen vergleichbaren Märkten nicht fordert;
- sich weigert, einem anderen Unternehmen gegen angemessenes Entgelt Zugang zu den eigenen Netzen oder anderen Infrastruktureinrichtungen zu gewähren, wenn es dem anderen Unternehmen sonst nicht möglich ist, als Wettbewerber des marktbeherrschenden Unternehmens tätig zu werden.

Verbotene Verhaltensweisen marktbeherrschender Unternehmen

Diskriminierungsverbot (GWB §20)	Unterschiedliche Behandlung von Wettbewerbern ohne sachlich gerechtfertigten Grund, insbesondere durch Gewährung von Vorzugsbedingungen.
Verbot unbilliger Behinderung (GWB §20)	Eine unbillige Behinderung liegt vor, wenn ein Unternehmen Waren oder gewerbliche Leistungen nicht nur gelegentlich unter Einstandspreis anbietet.
Boykottverbot (GWB §21)	Aufforderung anderer Unternehmen zu Liefersperren oder Bezugssperren, um bestimmte Unternehmen zu beeinträchtigen.

Die Kartellbehörden können gegen den Missbrauch der Marktmacht von marktbeherrschenden Unternehmen folgende **Maßnahmen** einleiten:

- *Abstellung von Zuwiderhandlungen* (GWB §32);
- *einstweilige Maßnahmen,* wenn die Gefahr eines ernsten, nicht wiedergutzumachenden Schadens für den Wettbewerb besteht (GWB §32a);
- *Entzug der Gruppenfreistellung,* wenn das abgestimmte Verhalten mit dem Wettbewerbsrecht unvereinbar ist (GWB §32d);
- *Untersuchung* eines bestimmten Wirtschaftszweigs oder einer bestimmten Art von Vereinbarungen (GWB §32e);
- *Unterlassung* des wettbewerbswidrigen Verhaltens verlangen (GWB §33);
- *Verpflichtung zum Schadensersatz* (GWB §33);
- ***Vorteilsabschöpfung.*** Die Kartellbehörden sowie Berufsverbände können die Herausgabe des wirtschaftlichen Vorteils an den Bundeshaushalt verlangen (GWB §§34, 34a).

● ***Zusammenschlusskontrolle***

Möglichkeiten von Zusammenschlüssen nach GWB §37:

Erwerb des Vermögens	eines anderen Unternehmens ganz oder zu einem wesentlichen Teil.
Erwerb der Kontrolle	über ein anderes Unternehmen. Die Kontrolle kann durch Rechte (z. B. Eigentums- oder Nutzungsrechte), Verträge oder andere Mittel begründet sein.
Erwerb von Anteilen	an einem anderen Unternehmen, wenn diese 50 % oder 25 % des Kapitals oder der Stimmrechte des anderen Unternehmens erreichen.
Verbindung von Unternehmen	durch die ein oder mehrere Unternehmen einen wettbewerblich erheblichen Einfluss auf ein anderes Unternehmen ausüben können.

Die Kartellbehörden kontrollieren Unternehmenszusammenschlüsse, wenn die beteiligten Unternehmen im letzten Geschäftsjahr vor dem Zusammenschluss folgende **Aufgreifkriterien** erfüllen (GWB §35):

- Insgesamt haben die beteiligten Unternehmen weltweit mehr als 500 Mio. EUR Umsatz.
- Mindestens ein beteiligtes Unternehmen im Inland hat mehr als 25 Mio. EUR Umsatz.

Zusammenschlüsse, die die Aufgreifkriterien nach GWB §§35 und 37 erfüllen, sind vor dem Vollzug beim Bundeskartellamt in Bonn anzumelden (GWB §39). Das Bundeskartellamt entscheidet innerhalb von vier Monaten, ob der Zusammenschluss untersagt oder freigegeben wird (GWB §40).

Ein vom Bundeskartellamt untersagter Zusammenschluss kann vom Bundesminister für Wirtschaft auf Antrag erlaubt werden (GWG §42, **Ministererlaubnis)**, wenn im Einzelfall die Wettbewerbsbeschränkung

- *von gesamtwirtschaftlichen Vorteilen* des Zusammenschlusses aufgewogen wird oder
- durch ein *überragendes Interesse der Allgemeinheit* gerechtfertigt ist.

Vor der Entscheidung ist eine Stellungnahme der Monopolkommission einzuholen.

Netto übernimmt Plus

Im Lebensmittelhandel werden die Karten neu gemischt: Das Kartellamt erlaubt Edekas Discounter Netto die Plus-Filialen von Tengelmann zu übernehmen. [...] Nur fünf Konzerne – Edeka, Rewe, Aldi, Lidl und Tengelmann – beherrschen 90 Prozent des Lebensmittelmarktes. [...]

(Quelle: AP: Heftige Konkurrenz für Aldi und Lidl, in: Südwestpresse, 02.07.2008, S. 7)

■ Fusionskontrolle innerhalb der Europäischen Union

Um einen wirksamen Wettbewerb auf dem Gebiet des Gemeinsamen Marktes zu wahren oder ihn wiederherzustellen, schuf die Kommission der Europäischen Union die Fusionskontrollverordnung **(E-FKVO)**[1]. Die **EU-Fusionskontrollverordnung** gilt für alle Zusammenschlüsse von gemeinschaftsweiter Bedeutung.

Eine **gemeinschaftsweite Bedeutung** liegt nach der E-FKVO Art. 1 vor, wenn folgende Umsätze erzielt werden:

- ein weltweiter Gesamtumsatz aller beteiligten Unternehmen zusammen von mehr als 5 Mrd. EUR und
- ein gemeinschaftsweiter Gesamtumsatz von mindestens zwei beteiligten Unternehmen von jeweils mehr als 250 Mio. EUR.

Keine gemeinschaftsweite Bedeutung liegt vor, wenn die beteiligten Unternehmen jeweils mehr als zwei Drittel ihres gemeinschaftsweiten Gesamtumsatzes in ein und demselben Mitgliedstaat erzielen.

Ein Zusammenschluss bewirkt eine dauerhafte Veränderung der Kontrolle über ein Unternehmen dadurch, dass

- zwei oder mehr bisher voneinander unabhängige Unternehmen oder Unternehmensteile fusionieren oder dass
- Personen, die bereits ein Unternehmen kontrollieren, durch den Erwerb von Anteilsrechten oder Vermögenswerten, durch Vertrag oder in sonstiger Weise die Kontrolle über ein anderes Unternehmen erwerben (E-FKVO Art. 3).

Zusammenschlüsse von gemeinschaftsweiter Bedeutung sind *nach Vertragsabschluss*, nach Veröffentlichung des Übernahmeangebots oder nach Erwerb der Beteiligung und *vor ihrem Vollzug* bei der Kommission anzumelden (E-FKVO Art. 4, **Anmeldepflicht**). Stellt die Kommission fest, dass ein Zusammenschluss unter die Fusionskontrollverordnung fällt, so veröffentlicht sie die Anmeldung.

Die Fusionskontrolle kann durch die Kartellbehörde eines Mitgliedslandes erfolgen, wenn eines der beteiligten Unternehmen dies beantragt oder die Kommission der Auffassung ist, dass Wettbewerbsfolgen nur für den Markt innerhalb eines Mitgliedstaats (gesonderter Markt) bestehen (E-FKVO Art. 4, **Verweisungsrecht**). Wenn der Zusammenschluss keine gemeinschaftsweite Bedeutung hat und nach dem Wettbewerbsrecht mindestens dreier Mitgliedstaaten geprüft werden müsste, können die Beteiligten beantragen, dass der Zusammenschluss von der Kommission geprüft werden sollte (**3plus-Regel**).

Die Kommission kann feststellen, dass der Zusammenschluss mit dem Gemeinsamen Markt vereinbar ist oder nicht (E-FKVO Art. 2). In beiden Fällen teilt sie ihre **Entscheidung** den beteiligten Unternehmen und den zuständigen Behörden der Mitgliedstaaten unverzüglich mit.

---

[1] Verordnung (EG) Nr. 139/2004 des Rates vom 20. Januar 2004 über die Kontrolle von Unternehmenszusammenschlüssen („EG-Fusionskontrollverordnung").

■ Maßnahmen staatlicher Wettbewerbspolitik am Beispiel des UWG

Das Gesetz gegen den unlauteren Wettbewerb (UWG) schützt Mitbewerber, Verbraucher und sonstige Marktteilnehmer (z. B. Nachfrager, Anbieter) vor unlauterem Wettbewerb. Ein unverfälschter Wettbewerb liegt im Interesse der Allgemeinheit (UWG § 1). **Unlauterer Wettbewerb** liegt vor, wenn der Wettbewerb zum Nachteil der Mitbewerber, der Verbraucher oder der sonstigen Marktteilnehmer nicht unerheblich verfälscht wird. Unlautere Wettbewerbshandlungen sind unzulässig (**Generalklausel**, UWG § 3).

■ Beispiele unlauteren Wettbewerbs

Nach § 4 UWG handelt unlauter, wer

- Wettbewerbshandlungen vornimmt, die geeignet sind, die Entscheidungsfreiheit der Verbraucher oder sonstiger Marktteilnehmer durch Ausübung von Druck oder durch sonstigen unangemessenen unsachlichen Einfluss zu beeinträchtigen;

- Wettbewerbshandlungen vornimmt, die geeignet sind, die geschäftliche Unerfahrenheit insbesondere von Kindern oder Jugendlichen, die Leichtgläubigkeit, die Angst oder die Zwangslage von Verbrauchern auszunutzen;

- den Werbecharakter von Wettbewerbshandlungen verschleiert;

- bei Verkaufsförderungsmaßnahmen wie Preisnachlässen, Zugaben oder Geschenken die Bedingungen für ihre Inanspruchnahme nicht klar und eindeutig angibt;

- bei Preisausschreiben oder Gewinnspielen mit Werbecharakter die Teilnahmebedingungen nicht klar und eindeutig angibt;

- die Teilnahme von Verbrauchern an einem Preisausschreiben oder Gewinnspiel von dem Erwerb einer Ware oder der Inanspruchnahme einer Dienstleistung abhängig macht, es sei denn, das Preisausschreiben oder Gewinnspiel ist naturgemäß mit der Ware oder der Dienstleistung verbunden;

- die Kennzeichen, Waren, Dienstleistungen, Tätigkeiten oder persönlichen oder geschäftlichen Verhältnisse eines Mitbewerbers herabsetzt oder verunglimpft;

- über die Waren, Dienstleistungen oder das Unternehmen eines Mitbewerbers oder über den Unternehmer oder ein Mitglied der Unternehmensleitung Tatsachen behauptet oder verbreitet, die geeignet sind, den Betrieb des Unternehmens oder den Kredit des Unternehmers zu schädigen, sofern die Tatsachen nicht nachweislich wahr sind; handelt es sich um vertrauliche Mitteilungen und hat der Mitteilende oder der Empfänger der Mitteilung an ihr ein berechtigtes Interesse, so ist die Handlung nur dann unlauter, wenn die Tatsachen der Wahrheit zuwiderbehauptet oder -verbreitet wurden;

- Waren oder Dienstleistungen anbietet, die eine Nachahmung der Waren oder Dienstleistungen eines Mitbewerbers sind, wenn er a) eine vermeidbare Täuschung der Abnehmer über die betriebliche Herkunft herbeiführt, b) die Wertschätzung der nachgeahmten Ware oder Dienstleistung unangemessen ausnutzt oder beeinträchtigt oder c) die für die Nachahmung erforderlichen Kenntnisse oder Unterlagen unredlich erlangt hat;

- Mitbewerber gezielt behindert;

- einer gesetzlichen Vorschrift zuwiderhandelt, die auch dazu bestimmt ist, im Interesse der Marktteilnehmer das Marktverhalten zu regeln.

■ Irreführende Werbung

Wer irreführend wirbt, handelt nach § 5 UWG unlauter. **Irreführende Werbung** liegt vor, wenn falsche Angaben gemacht werden über

- die Merkmale der Waren oder Dienstleistungen (z. B. Verfügbarkeit, Art, Zusammensetzung, Herstellung, Zwecktauglichkeit, Menge, Herkunft, Testergebnisse);

- den Anlass des Verkaufs, den Preis oder die Art der Preisberechnung, und die Lieferungs- und Geschäftsbedingungen;

- die geschäftlichen Verhältnisse (z. B. Identität des Werbenden, seine Eigentumsrechte, seine Befähigung oder seine Auszeichnungen oder Ehrungen).

Mit der *Herabsetzung eines Preises* zu werben, ist irreführend, wenn der Preis nur für eine unangemessen kurze Zeit gefordert worden ist. Es ist irreführend, für eine Ware bzw. Dienstleistung zu werben, die nicht in *angemessener Menge* bzw. Kapazität zur Befriedigung der zu erwartenden Nachfrage vorgehalten ist. Angemessen ist im Regelfall ein *Vorrat für zwei Tage.*

Bei der Beurteilung, ob das *Verschweigen einer Tatsache* irreführend ist, ist insbesondere deren Bedeutung für die Entscheidung zum Vertragsschluss zu berücksichtigen.

■ Vergleichende Werbung

Vergleichende Werbung liegt vor, wenn unmittelbar oder mittelbar ein Mitbewerber oder die von ihm angebotenen Waren oder Dienstleistungen erkennbar gemacht werden (UWG § 6).

Vergleichende Werbung ist unlauter, wenn der Vergleich

- sich nicht auf Waren oder Dienstleistungen für den gleichen Bedarf oder dieselbe Zweckbestimmung bezieht,

- nicht objektiv auf eine oder mehrere wesentliche, relevante, nachprüfbare und typische Eigenschaften oder den Preis dieser Waren oder Dienstleistungen bezogen ist,

- im geschäftlichen Verkehr zu Verwechslungen zwischen dem Werbenden und einem Mitbewerber oder zwischen den von diesen angebotenen Waren oder Dienstleistungen oder den von ihnen verwendeten Kennzeichen führt,

- die Wertschätzung des von einem Mitbewerber verwendeten Kennzeichens in unlauterer Weise ausnutzt oder beeinträchtigt,

- die Waren, Dienstleistungen, Tätigkeiten oder persönlichen oder geschäftlichen Verhältnisse eines Mitbewerbers herabsetzt oder verunglimpft,

- oder eine Ware oder Dienstleistung als Imitation oder Nachahmung einer unter einem geschützten Kennzeichen vertriebenen Ware oder Dienstleistung darstellt.

Bei *Sonderangeboten* sind der Zeitpunkt des Beginns und des Endes des Angebots eindeutig anzugeben. Gilt das Angebot nur so lange, wie die Waren oder Dienstleistungen verfügbar sind, so ist darauf hinzuweisen.

■ Unzumutbare Belästigungen

Wer einen Marktteilnehmer in unzumutbarer Weise belästigt, der handelt unlauter (UWG § 7). Eine **unzumutbare Belästigung** ist insbesondere anzunehmen

210

- wenn erkennbar ist, dass der Empfänger diese Werbung nicht wünscht;
- bei einer Werbung mit Telefonanrufen gegenüber Verbrauchern ohne deren Einwilligung oder gegenüber sonstigen Marktteilnehmern ohne deren zumindest mutmaßliche Einwilligung;
- bei einer Werbung unter Verwendung von automatischen Anrufmaschinen, Faxgeräten oder elektronischer Post (E-Mail), ohne dass eine Einwilligung der Adressaten vorliegt;
- bei einer Werbung mit elektronischen Nachrichten, bei der die Identität des Absenders, in dessen Auftrag die Nachricht übermittelt wird, verschleiert oder verheimlicht wird oder bei der keine gültige Adresse vorhanden ist, an die der Empfänger eine Aufforderung zur Einstellung solcher Nachrichten richten kann, ohne dass hierfür andere als die Übermittlungskosten nach den Basistarifen entstehen.

■ *Rechtsfolgen bei unlauteren Wettbewerbshandlungen*

Überblick über die Rechtsfolgen

Beseitigung und Unterlassung UWG § 8	Diese Ansprüche stehen jedem Mitbewerber, rechtsfähigen Verbänden zur Förderung des Wettbewerbs, Einrichtungen, die in die Liste qualifizierter Einrichtungen (z. B. Verbraucherorganisationen) eingetragen sind, und den Industrie- und Handelskammern oder den Handwerkskammern zu. Anspruch auf Unterlassung besteht bereits dann, wenn eine Zuwiderhandlung gegen das UWG droht.
Schadensersatz UWG § 9	Wer *vorsätzlich oder fahrlässig* gegen das UWG verstößt, ist den Mitbewerbern zum Ersatz des daraus entstehenden Schadens verpflichtet.
Gewinnabschöpfung UWG § 10	Wer *vorsätzlich* gegen das UWG verstößt und dadurch auf Kosten einer Vielzahl von Abnehmern einen Gewinn erzielt, kann auf Herausgabe dieses Gewinns beansprucht werden. Anspruchsberechtigt sind nur rechtsfähige Verbände, qualifizierte Einrichtungen und Industrie- und Handels- bzw. Handwerkskammern. Diese haben der zuständigen Bundesstelle Auskunft zu erteilen und auf Verlangen Rechenschaft abzulegen.

Die Anspruchsberechtigten sollen den Schuldner vor der Einleitung eines Gerichtsverfahrens **abmahnen** und ihm Gelegenheit geben, den Streit durch Abgabe einer **Unterlassungsverpflichtung** beizulegen. Hierzu dienen die Einigungsstellen bei den Industrie- und Handelskammern. Die Ansprüche **verjähren** in sechs Monaten, beginnend mit dem Zeitpunkt, in dem der Anspruchsberechtigte von der Zuwiderhandlung Kenntnis erlangt hat; unabhängig von der Kenntnis in drei Jahren.

■ *Strafvorschriften*

Verrat von Geschäftsgeheimnissen (hier ist bereits der Versuch strafbar, UWG § 17), **unbefugte Verwertung anvertrauter Vorlagen** (z. B. Zeichnungen, Modelle, Rezepte, UWG § 18) und das **Verleiten und Erbieten zum Verrat** (Bestechung, Bestechlichkeit, UWG § 19) werden *auf Antrag* verfolgt und mit Freiheits- und Geldstrafe bestraft.

Strafbare Werbung wird *von Amts wegen* verfolgt und mit Freiheitsstrafe bis zu zwei Jahren oder mit Geldstrafe bestraft. **Strafbare Werbung** betreibt nach § 16 UWG, wer

- in öffentlichen Bekanntmachungen oder in Mitteilungen für einen größeren Personenkreis durch unwahre Angaben irreführend wirbt, in der Absicht, den *Anschein eines besonders günstigen Angebots* hervorzurufen;

- Verbraucher zur Abnahme von Waren, Dienstleistungen oder Rechten veranlasst, indem er *besondere Vorteile verspricht*, wenn sie *andere zum Abschluss gleichartiger Geschäfte veranlassen*, die ihrerseits derartige Vorteile für eine entsprechende Werbung weiterer Abnehmer erlangen sollen (*Schneeballsystem*).

Zusammenfassung

- Um **Auswüchse** im Konkurrenzkampf zu unterbinden und um die **Funktionsfähigkeit** der Märkte aufrechtzuerhalten, hat der Gesetzgeber zum **Schutze** des sozial Schwächeren eine Reihe von Schutzgesetzen erlassen (z. B. GWB, UWG).

- Alle Vereinbarungen zwischen Unternehmen, Beschlüsse von Unternehmensvereinigungen und aufeinander abgestimmten Verhaltensweisen, die eine *Verhinderung, Einschränkung oder Verfälschung des Wettbewerbs* bezwecken oder bewirken, sind verboten; es sei denn, sie erfüllen die **Freistellungsvoraussetzungen** nach GWB § 2 und EGV Art. 81 (3). Eine Anmeldung oder die vorherige Entscheidung einer Kartellbehörde ist für die Freistellung vom allgemeinen Verbot wettbewerbsbeschränkender Vereinbarungen nicht erforderlich **(Grundsatz der Legalausnahme)**.

- Das allgemeine Verbot wettbewerbsbeschränkender Vereinbarungen greift nicht, wenn diese aufgrund einer *Gruppenfreistellungsverordnung (GVO)* der Europäischen Kommission der EU erlaubt sind. Deutsche Kartellbehörden und Gerichte müssen hier das europäische Wettbewerbsrecht anwenden **(Vorrang des europäischen Wettbewerbsrechts)**.

- Wenn ein Unternehmen als Anbieter oder Nachfrager einer bestimmten Art von Waren oder gewerblichen Leistungen keinen wesentlichen Wettbewerber hat oder gegenüber seinen Wettbewerbern eine überragende Marktstellung besitzt, dann liegt **Marktbeherrschung** vor.

- Die Kartellbehörden kontrollieren **Unternehmenszusammenschlüsse**, wenn die beteiligten Unternehmen im letzten Geschäftsjahr vor dem Zusammenschluss weltweit mehr als 500 Mio. EUR Umsatz erreicht haben und mindestens ein beteiligtes Unternehmen im Inland mehr als 25 Mio. EUR Umsatz gehabt hat. Ein vom Bundeskartellamt untersagter Zusammenschluss kann vom Bundesminister für Wirtschaft auf Antrag erlaubt werden **(Ministererlaubnis)**.

- Die **EU-Fusionskontrollverordnung** gilt für alle Zusammenschlüsse von *gemeinschaftsweiter Bedeutung*, d. h., wenn der weltweite Gesamtumsatz aller beteiligten Unternehmen zusammen mehr als 5 Mrd. EUR und der gemeinschaftsweite Gesamtumsatz von mindestens zwei beteiligten Unternehmen jeweils mehr als 250 Mio. EUR beträgt.

- **Unlauterer Wettbewerb** liegt vor, wenn der Wettbewerb zum Nachteil der Mitbewerber, der Verbraucher oder der sonstigen Marktteilnehmer nicht unerheblich verfälscht wird. Unlautere Wettbewerbshandlungen sind unzulässig **(Generalklausel)**.

- **Einzeltatbestände** unlauteren Wettbewerbs: Beispiele des § 4 UWG, Werbung mit falschen Angaben (irreführende Werbung), vergleichende Werbung, wenn sie gegen bestimmte Grundsätze verstößt, unzumutbare Belästigung eines Marktteilnehmers.

- Mögliche **Rechtsfolgen** des unlauteren Wettbewerbs sind Ansprüche auf Beseitigung und Unterlassung, Schadensersatz und Gewinnabschöpfung. Verrat von Geschäftsgeheimnissen, unbefugte Verwertung anvertrauter Vorlagen und das Verleiten und Erbieten zum Verrat werden *auf Antrag*, strafbare Werbung wird *von Amts wegen* verfolgt und mit Freiheits- oder Geldstrafe bestraft.

1 Welche Ziele verfolgt der Staat mit der Wettbewerbspolitik?

2 Wettbewerbsbeschränkende Vereinbarungen sind verboten.

a) Führen Sie Beispiele für wettbewerbsbeschränkendes Verhalten an.

b) Erläutern Sie die Freistellungsvoraussetzungen (Legalausnahmen) vom Verbot wettbewerbsbeschränkender Vereinbarungen.

c) Erklären Sie den Grundsatz der Legalausnahme. Unter welchen Bedingungen gilt dieser Grundsatz?

d) Unter welchen Voraussetzungen gilt die Legalausnahme für miteinander in Wettbewerb stehende Unternehmen und für Preisempfehlungen?

3 Die missbräuchliche Ausnutzung einer marktbeherrschenden Stellung ist verboten.

a) Unter welchen Voraussetzungen liegt eine marktbeherrschende Stellung vor?

b) Wann liegt ein Missbrauch der Marktbeherrschung vor?

c) Erklären Sie in diesem Zusammenhang die Tatbestände der Diskriminierung, der unbilligen Behinderung und des Boykotts.

d) Erläutern Sie Maßnahmen, mit denen die Kartellbehörden Wettbewerbsbeschränkungen entgegenwirken können.

4 Die Kartellbehörden kontrollieren Unternehmenszusammenschlüsse.

a) Erläutern Sie die Aufgreifkriterien für die Zusammenschlusskontrolle.

b) In welchen Fällen ist der Zusammenschluss zu untersagen (Eingreifkriterien)?

c) Erklären Sie in diesem Zusammenhang das Instrument der Ministererlaubnis.

d) Wann ist die Fusionskontrollverordnung der EU-Kommission anzuwenden?

5 Kartellverfahren finden auf nationaler oder europäischer Ebene statt.

a) Skizzieren Sie den Ablauf des Kartellverfahrens.

b) Skizzieren Sie den Ablauf des EU-Fusionskontrollverfahrens.

6 Auszug aus der Kfz-Gruppenfreistellungsverordnung:

> **Artikel 2 Geltungsbereich.**
> Artikel 81 (1) EGV wird gemäß Artikel 81 (3) EGV für nicht anwendbar erklärt auf vertikale Vereinbarungen, welche die Bedingungen betreffen, zu denen die Parteien neue Kraftfahrzeuge, Kraftfahrzeugersatzteile oder Wartungs- und Instandsetzungsdienstleistungen für Kraftfahrzeuge beziehen, verkaufen oder weiterverkaufen können.
> **Artikel 6 Entzug des Vorteils der Verordnung.**
> Die Kommission kann den mit dieser Verordnung verbundenen Rechtsvorteil […] entziehen, […] wenn der Zugang zum relevanten Markt oder der Wettbewerb auf diesem, […] in erheblichem Maß beschränkt wird, […] sich Preise oder Lieferbedingungen für Vertragswaren […] erheblich voneinander unterscheiden oder […] innerhalb eines räumlichen Marktes ohne sachliche Rechtfertigung unterschiedliche Preise oder Verkaufsbedingungen angewandt werden.

Informieren Sie sich mithilfe des Internets über wesentliche Inhalte der Gruppenfreistellungsverordnung im Kraftfahrzeugsektor (EG-Verordnung Nr. 1400/2002 vom 31. Juli 2002, Internetadresse: http://europa.eu.int/scadplus/leg/de/lvb/l26098.htm. Inwiefern kann diese Gruppenfreistellungsverordnung (GVO) wettbewerbsfördernd wirken?

7 a) Beschreiben Sie den Zweck des UWG.

b) Erklären Sie den Begriff unlauterer Wettbewerb. Geben Sie Beispiele an.

c) Unterscheiden Sie zwischen irreführender und strafbarer Werbung.

d) Unter welchen Voraussetzungen ist die vergleichende Werbung erlaubt?

e) Wann liegt eine unzumutbare Belästigung vor? Geben Sie einige Beispiele.

f) Welche Rechtsfolgen können unlautere Wettbewerbshandlungen haben?

g) Welche Wettbewerbshandlungen sind auf Antrag, welche von Amts wegen strafbar?

8 Beurteilen Sie die folgenden Fälle anhand des UWG und begründen Sie jeweils Ihre Entscheidung, ob unlauterer Wettbewerb vorliegt (mit Angabe des entsprechenden Paragrafen):

a) Auf dem Briefbogen der Mechanikerwerkstatt Maier KG ist ein großer Fabrikkomplex abgebildet.

b) Großhändler Munding erzählt dem Fabrikanten Scholz, die Metallwarenfabrik Groß KG sei pleite. Er habe heute seine Forderungen beim Insolvenzverwalter angemeldet.

c) Handelsvertreter Huber schenkt der Chefsekretärin Lohnse der Lackfabrik AG eine Krokodillederhandtasche und bittet sie, ein gutes Wort für ihn einzulegen.

d) Kaufmann Rommel sagt seinem Auszubildenden Hartmann, er solle doch über seinen Klassenkameraden Färber in der Berufsschule versuchen, die Lieferanten und die Einkaufspreise von dessen Ausbildungsbetrieb zu erfahren.

e) Ein Hersteller lässt in Italien Geräte herstellen, auf welche er „Made in Germany" aufkleben lässt.

f) Ziegelei Motzer KG inseriert: „Größter Dachziegelhersteller Süddeutschlands".

g) Autozubehörhandlung Gruber KG schreibt: „Wechseln Sie jetzt das Motoröl! Fragen Sie nach Gruber-Super-Öl; es gibt kein besseres!"

h) Herr Braun erzählt seiner Stammtischrunde, sein neuer Pkw sei wegen verschiedener Fabrikationsmängel in den ersten 14 Tagen fünfmal zur Reparatur gewesen.

i) Großhandlung Meyer GmbH wirbt in der Eisenwarenfachzeitschrift: „Unsere Waren sind billiger und schöner als die Waren unserer Konkurrenzfirma Schuber KG."

j) Anzeige in einer Tageszeitung: „Wir haben die schönsten Biergläser! Vergleichen Sie!"

k) Aus einem Werbebrief: „Wir haben 20 Mio. EUR Umsatz im Jahr! Diese Tatsache zeigt, dass unsere Kunden Vertrauen zu unseren Waren haben." Der tatsächliche Umsatz beträgt jedoch nur 2 Mio. EUR.

9
BGH kritisiert Preisgestaltung von Praktiker

Karlsruhe. Der Bundesgerichtshof (BGH) hat der Baumarktkette Praktiker eine unzulässige Preisgestaltung im Zusammenhang mit einer Rabattaktion untersagt. Danach darf das Unternehmen nicht mehr mit dem Slogan „20 Prozent auf alles, ausgenommen Tiernahrung" werben, soweit für Artikel des Sortiments in der letzten Woche vor dem Beginn der Aktion ein niedrigerer Verkaufspreis als derjenige verlangt wurde, auf den es mit dem Aktionsbeginn 20 Prozent Rabatt gab. Die Richter [...] verurteilten das Unternehmen zur Unterlassung. Es sei von einer Irreführung der Verbraucher auszugehen, wenn mit der Herabsetzung eines Preises geworben werde, der nur für eine unangemessen kurze Zeit gefordert worden sei. Die Zentrale zur Bekämpfung unlauteren Wettbewerbs habe bei Testkäufen festgestellt, dass die Preise für vier Artikel aus dem Sortiment zum Aktionsbeginn erhöht worden waren und gegen Praktiker geklagt (Az: I ZR 122/06).

(Quelle: ddp: BGH kritisiert Preisgestaltung von Praktiker, in: Südwestpresse, 22.11.2008, S. 11)

Diskutieren Sie über das Gerichtsurteil unter dem Gesichtspunkt „Verbraucherschutz geht vor Geschäftsinteresse".

3.4 Messgrößen der volkswirtschaftlichen Gesamtrechnung

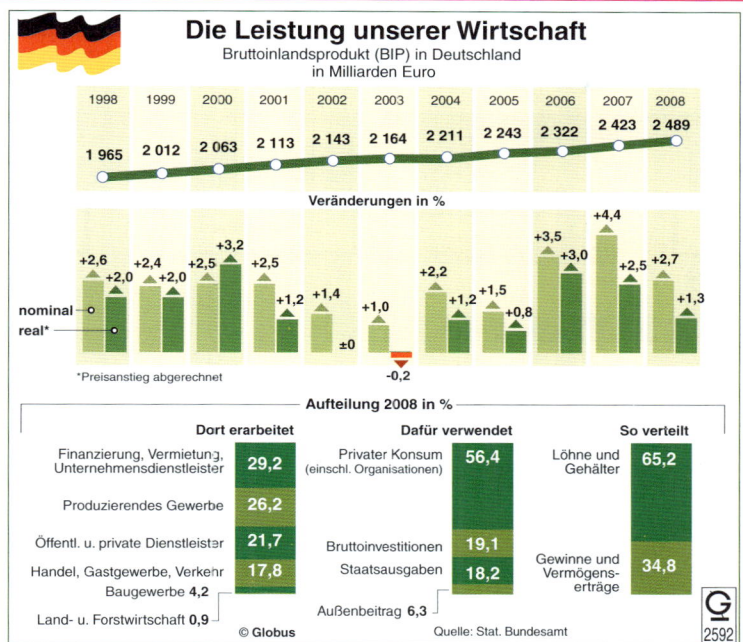

Die Leistung unserer Wirtschaft
Bruttoinlandsprodukt (BIP) in Deutschland
in Milliarden Euro

1998	1999	2000	2001	2002	2003	2004	2005	2006	2007	2008
1 965	2 012	2 063	2 113	2 143	2 164	2 211	2 243	2 322	2 423	2 489

Veränderungen in %

nominal – o
real* –

*Preisanstieg abgerechnet

Aufteilung 2008 in %

Dort erarbeitet		Dafür verwendet		So verteilt	
Finanzierung, Vermietung, Unternehmensdienstleister	29,2	Privater Konsum (einschl. Organisationen)	56,4	Löhne und Gehälter	65,2
Produzierendes Gewerbe	26,2				
Öffentl. u. private Dienstleister	21,7	Bruttoinvestitionen	19,1		
Handel, Gastgewerbe, Verkehr	17,8	Staatsausgaben	18,2	Gewinne und Vermögenserträge	34,8
Baugewerbe 4,2					
Land- u. Forstwirtschaft 0,9		Außenbeitrag 6,3			

© Globus   Quelle: Stat. Bundesamt   2592

Schattenwirtschaft

Individuelle Aktivitäten	Heimwerken, Nachbarschaftshilfe, ehrenamtliche Tätigkeiten, Hausarbeit, Schwarzarbeit, Schmuggel
Organisierte Aktivitäten	Flohmärkte, Tauschbörsen, Vereinsarbeit, Organisiertes Verbrechen (z. B. Waffen-, Drogenhandel, Schutzgelderpressung)

1. Interpretieren Sie die obige Grafik.
2. Wo wurde das Bruttoinlandsprodukt erarbeitet, wie wurde es verwendet und verteilt?
3. Weshalb geht die Leistung der Schattenwirtschaft nicht in das Bruttoinlandsprodukt ein?
4. Inwiefern ist die Aussagekraft des Bruttoinlandsprodukts als Maßstab für den Wohlstand beschränkt?

Die statistische Erfassung aller wesentlichen Geldströme einer Volkswirtschaft bezogen auf eine bestimmte Periode bezeichnet man als **Volkswirtschaftliche Gesamtrechnung** (VGR). Die VGR wird im Zuge der EU-Harmonisierung nach dem **Europäischen System Volkswirtschaftlicher Gesamtrechnungen (ESVG)** dargestellt.

3.4.1 Erweiterter Wirtschaftskreislauf mit Staat und Ausland

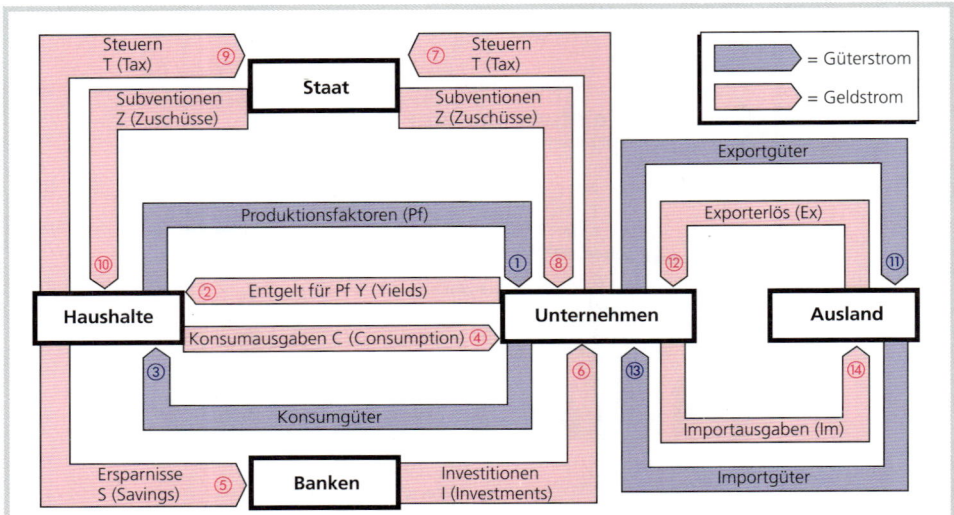

① und ② **Die privaten Haushalte** stellen den Unternehmen Produktionsfaktoren zur Verfügung und erhalten dafür ein Entgelt.

Beispiel: Den Haushalten fließen 20 Geldeinheiten zu (Y = 20).

③ und ④ Die **Unternehmen** erstellen mithilfe der Produktionsfaktoren Konsumgüter und erhalten dafür Verkaufserlöse.

Beispiel: Den Unternehmen fließen 20 Geldeinheiten zu (C = 20).

⑤ Die privaten Haushalte geben ihr Einkommen nicht vollständig für Konsumgüter aus, sondern sparen einen Teil.

Beispiel: Den Haushalten fließen 20 Geldeinheiten zu (Y = 20). Sie geben nur 15 Geldeinheiten aus (C = 15) und sparen 5 Geldeinheiten (S = 5).

⑥ Das **Bankensystem** gibt die Ersparnisse den Unternehmen als Kredite weiter. Diese beschaffen dafür neue Maschinen, d. h., sie investieren.

Beispiel: Die Unternehmen investieren 5 Geldeinheiten (I = 5).

⑦ bzw. ⑨ Haushalte und Unternehmen müssen einen Teil ihrer Einnahmen an den **Staat** abführen und
⑧ bzw. ⑩ erhalten dafür staatliche Subventionen (Zuschüsse).

Beispiel: Die Abgaben der Haushalte und Unternehmen betragen 4 Geldeinheiten (T = 4); sie erhalten dafür staatliche Zuschüsse in gleicher Höhe (Z = 4); Abgaben vermindern den Konsum, Zuschüsse erhöhen die Konsumausgaben

Beispiel: Von ihrem Einkommen (20 GE) führen die Haushalte Steuern in Höhe von 4 Geldeinheiten ab ($T_H = 4$). Sie erhalten staatliche Zuschüsse (z. B. Kindergeld) in Höhe von 3 Geldeinheiten ($Z_H = 3$) und bringen 4 Geldeinheiten als Ersparnisse zur Bank (S = 4). Den Rest verwenden die Haushalte für Konsumausgaben (C = 15).

Für die Unternehmen stellen die Konsumausgaben der Haushalte Verkaufserlöse dar. Die Verkaufserlöse enthalten die indirekten Steuern (z. B. Umsatzsteuer). Diese müssen die Unternehmen an den Staat abführen ($T_U = 5$). Sie erhalten staatliche Zuschüsse in Höhe von 4 Geldeinheiten ($Z_U = 4$).

Aus diesen Geldströmen lassen sich das **Einkommenskonto** der Haushalte und das **Produktionskonto** der Unternehmen[1] aufstellen. Der Kreislauf ist geschlossen, wenn die Einnahmenseite und Ausgabenseite dieser Konten ausgeglichen sind. Dabei muss beachtet werden, dass derselbe Betrag, der für die Haushalte Einkommen darstellt, bei den Unternehmen zu Ausgaben (Entgelt für Produktionsfaktoren) führt und dass den Unternehmen nur so viel Geldmittel für Investitionen zufließen können wie Ersparnisse der Haushalte gebildet werden.

Ausgaben		**Private Haushalte (Einkommenskonto)**	Einnahmen
Konsumausgaben C	15 GE	Einkommen Y	20 GE
Sparen S	4 GE	Staatliche Zuschüsse Z_H	3 GE
Steuern T_H	4 GE	___	___
	23 GE		23 GE

Aus dem *Einkommenskonto der Haushalte* ergibt sich die **Einkommensverwendungsgleichung**:

$$\text{Ausgaben} = \text{Einnahmen}$$
$$\text{Konsumausgaben} + \text{Sparen} + \text{Steuern} = \text{Einkommen} + \text{Zuschüsse}$$
$$C + S + T_H = Y + Z_H$$
$$\text{Einkommensverwendungsgleichung } Y = C + S + T_H - Z_H$$
$$20 = 15 + 4 + 4 - 3$$

Ausgaben		**Unternehmen (Produktionskonto)**	Einnahmen
Entgelt für Pf. Y	20 GE	Verkaufserlöse C	15 GE
Steuern T_U	5 GE	Investitionen I	4 GE
Importausgaben Im	4 GE	Staatliche Zuschüsse Z_U	4 GE
___	___	Exporteinnahmen Ex	6 GE
	29 GE		29 GE

Aus dem *Produktionskonto der Unternehmen* ergibt sich die **Einkommensentstehungsgleichung**:

$$\text{Ausgaben} = \text{Einnahmen}$$
$$\text{Entg. f. Prod.faktoren} + \text{Steuern} + \text{Importe} = \text{Verkaufserl.} + \text{Invest.} + \text{Zuschüsse} + \text{Exporte}$$
$$Y + T_U + Im = C + I + Z_U + Ex$$
$$\text{Einkommensentstehungsgleichung } Y = C + I + Z_U - T_U + Ex - Im$$
$$20 = 15 + 4 + 4 - 5 + 6 - 4$$

[1] Aus Vereinfachungsgründen werden die Konten des Staates und des Auslands weggelassen.

3.4.2 Entstehung, Verwendung und Verteilung des Inlandsprodukts

Das **Inlandsprodukt** (Sozialprodukt) gibt die **wirtschaftliche Gesamtleistung** einer Nation an. In Deutschland fasst das Statistische Bundesamt den Wert aller **innerhalb eines Kalenderjahres** produzierten Waren und geleisteten Dienste (abzüglich fremdbezogene Vorleistungen) zusammen.

Beispiel: Gesamtleistung einer Volkswirtschaft

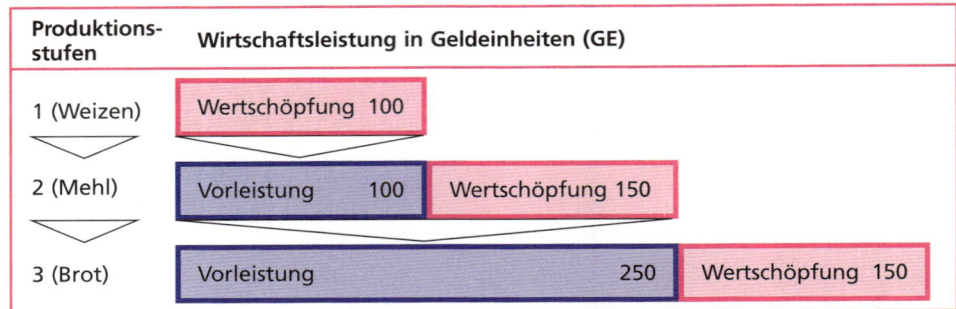

Produktions-stufen	Wirtschaftsleistung in Geldeinheiten (GE)		
1 (Weizen)	Wertschöpfung 100		
2 (Mehl)	Vorleistung 100	Wertschöpfung 150	
3 (Brot)	Vorleistung 250		Wertschöpfung 150

Bruttoproduktionswert = 100 (Stufe 1) + 250 (Stufe 2) + 400 (Stufe 3)	= 750 GE	
− Vorleistungen 0 (Stufe 1) + 100 (Stufe 2) + 250 (Stufe 3)	= 350 GE	
Inlandsprodukt = Summe der Wertschöpfungen (Stufe 1–3)	= 400 GE	

Rechnet man den Preisanstieg heraus, dann ergibt sich das *reale Inlandsprodukt.*

■ Entstehung des Inlandsprodukts

Nach dem *Europäischen System Volkswirtschaftlicher Gesamtrechnungen* (ESVG 1995) entsteht das Inlandsprodukt in *sechs Wirtschaftszweigen.* In den Werten sind die Kosten für die Produktionsfaktoren (Arbeitnehmerentgelte sowie Unternehmens- und Vermögenseinkommen), die Kostensteuern (z. B. Gewerbesteuer verrechnet mit den Kostensubventionen, z. B. Lohnsubventionen) und die Abschreibungen enthalten.

Entstehungsrechnung (in jeweiligen Preisen, Angaben in Mrd. EUR)

Wirtschaftsbereich Jahr	2005	2006	2007	2008
Land- und Forstwirtschaft	17,3	17,9	20,7	20,3
Produzierendes Gewerbe	510,5	545,8	568,4	572,7
Baugewerbe	80,2	82,1	88,3	95,2
Handel, Gastgewerbe, Verkehr	357,9	368,1	379,6	397,4
Finanzierung, Vermietung, Unternehmensdienstleister	596,1	613,3	639,4	659,2
Öffentliche und private Dienstleister	463,0	470,0	480,2	494,4
Bruttowertschöpfung (BWS)	2 024,9	2 097,2	2 176,6	2 239,2
+ Gütersteuern – Gütersubventionen	218,3	227,9	251,6	256,6
Bruttoinlandsprodukt (nominal)	**2 243,2**	**2 325,1**	**2 428,2**	**2 495,8**
Prozentuale Veränderung	1,4	3,7	4,4	2,8

Quelle: Statistisches Bundesamt: Rubrik Volkswirtschaftliche Gesamtrechnungen / Inlandsprodukt / Tabellen, Zugriff am 25.08.2009 unter: http://www.destatis.de

■ Verwendung des Inlandsprodukts

Die *Verwendungsrechnung* zeigt für welche Zwecke das Sozialprodukt erarbeitet wurde. Das ESVG unterscheidet sieben Verwendungsmöglichkeiten.

Verwendungsrechnung (in jeweiligen Preisen, Angaben in Mrd. EUR):

Verwendungszwecke Jahr	2005	2006	2007	2008
Konsumausgaben	**1 744,6**	**1 782,6**	**1 811,0**	**1 861,5**
• davon: Private Konsumausgaben	1 324,7	1 356,3	1 375,4	1 409,7
• davon: Staat	420,0	426,3	435,6	451,8
Bruttoinvestitionen	**379,0**	**410,2**	**445,5**	**478,6**
Inländische Verwendung von Gütern	2 123,7	2 192,8	2 256,5	2 340,1
Außenbeitrag (Exporte – Importe)	**119,6**	**132,3**	**171,7**	**155,7**
• davon: Exporte	921,4	1 054,8	1 139,5	1 179,4
• davon: Importe	801,9	922,5	967,8	1 023,7
Bruttoinlandsprodukt (nominal)	**2 243,2**	**2 325,1**	**2 428,2**	**2 495,8**
Prozentuale Veränderung	1,4	3,7	4,4	2,8

Quelle: Statistisches Bundesamt: Rubrik Volkswirtschaftliche Gesamtrechnungen / Inlandsprodukt / Tabellen, Zugriff am 25.08.2009 unter: http://www.destatis.de

Die **privaten Konsumausgaben** enthalten den Wert aller Güter und Dienstleistungen, die von den Sektoren Private Haushalte und Private Organisationen ohne Erwerbszweck *für private Zwecke* gekauft bzw. beansprucht werden. Die **staatlichen Konsumausgaben (Staatsverbrauch)** beinhalten alle Aufwendungen des Staates, die nicht Investitionszwecken dienen wie Sozialausgaben, Entgeltzahlungen an Beamte und sonstige Beschäftigte, Mietzahlungen, Energie-, Erhaltungsaufwendungen usw.

Der Begriff **Investitionen** umfasst alle Ausgaben, die in das Anlage- und Umlaufvermögen der Unternehmen und des Staates fließen. Dazu gehören die Anlageinvestitionen, die der Erweiterung, dem Ersatz und der Rationalisierung von *Ausrüstungen* (z. B. Maschinen, Vorrichtungen, Fuhrpark), *Bauten* und *sonstigen Anlagen* (z. B. immaterielle Vermögensgegenstände wie Software, Urheberrechte) dienen, und die *Vorratsveränderungen* (z. B. Erhöhung und Verringerung von Vorräten bei Roh-, Hilfs- und Betriebsstoffen, unfertigen und Fertigerzeugnissen).

Investitionen (in jeweiligen Preisen, Angaben in Mrd. EUR)

Zusammensetzung Jahr	2005	2006	2007	2008
Anlageinvestitionen	390,9	422,9	455,5	474,7
+ Vorratsveränderungen	–11,9	–12,7	–10,0	3,9
Bruttoinvestitionen	**379,0**	**410,2**	**445,5**	**478,6**
– Abschreibungen (Ersatzinvestitionen)	335,9	343,4	359,6	367,6
Nettoinvestitionen	**43,2**	**66,8**	**85,9**	**111,0**

Quelle: Statistisches Bundesamt: Rubrik Volkswirtschaftliche Gesamtrechnungen / Inlandsprodukt / Tabellen, Zugriff am 26.05.2009 unter: http://www.destatis.de

■ Verteilung des Inlandsprodukts

Die *Verteilungsrechnung* zeigt, welchen sozialen Gruppen das Sozialprodukt (hier gemessen am Volkseinkommen) zugeflossen ist. Das ESVG unterscheidet zwischen Arbeitnehmerentgelt und Unternehmens-/Vermögenseinkommen. Das *Arbeitnehmerentgelt* enthält die Bruttoverdienste einschließlich Sonderzahlungen und gesetzlicher Arbeitgeberbeiträge zur Sozialversicherung.

Verteilungsrechnung (in jeweiligen Preisen, Angaben in Mrd. EUR)

Empfängergruppen Jahr	2005	2006	2007	2008
Arbeitnehmerentgelte	1 130,1	1 149,0	1 180,9	1 225,1
Unternehmens- und Vermögenseinkommen	566,7	629,1	659,4	661,0
Volkseinkommen	**1 696,7**	**1 778,1**	**1 840,3**	**1 886,1**
Lohnquote in %	**66,6**	**64,6**	**64,2**	**65,0**
Gewinnquote in %	**33,4**	**35,4**	**35,8**	**35,0**

Quelle: Statistisches Bundesamt: Rubrik Volkswirtschaftliche Gesamtrechnungen / Inlandspro-
dukt / Tabellen, Zugriff am 26.05.2009 unter: http://www.destatis.de

Bei der Interpretation der Begriffe **Lohnquote** und **Gewinnquote** ist Vorsicht geboten. Beide
Einkommensquellen sagen nichts über die Personen aus, die diese Einkommen erzielen. Denn
auch Arbeitnehmerhaushalte beziehen beträchtliche Vermögenseinkommen wie Mieten, Dividenden und Zinsen. So zählen Zinseinkünfte eines Rentners genauso zum Unternehmens- und
Vermögenseinkommen wie die Dividenden der immer zahlreicher werdenden Aktionäre oder
die Mieteinnahmen einer Rentnerin. Über die Hälfte aller Arbeitnehmerhaushalte besitzen
heute Immobilien, deren Erträge den Unternehmen zugerechnet werden. Steigt die Zahl der
Unternehmensgründungen, dann steigt automatisch die Gewinnquote, sinkt jedoch aufgrund
der Arbeitslosigkeit die Zahl der Beschäftigten, dann sinkt die Lohnquote.

3.4.3 Messgrößen des Inlandsprodukts

Beim **Inlandskonzept** (Inlandsprodukt) wird die Gesamtleistung gemessen, die innerhalb der
Grenzen eines Landes erwirtschaftet wurde (gleichgültig, ob Inländer oder Ausländer zur
Leistung beigetragen haben). Beim **Inländerkonzept** (Inländerprodukt) wird die Leistung
gemessen, die von Inländern geschaffen wurde (hierzu zählen auch Einkommen, die Inländern aus dem Ausland zufließen).

Grober Zusammenhang zwischen Inlands- und Inländerprodukt

Bruttoinlandsprodukt (im Inland von Inländern oder Ausländern erwirtschaftete Einkommen)	vom Ausland zugeflossene Einkommen
ins Ausland abgeflossene Einkommen	**Bruttosozialprodukt** (nur von Inländern im Inland und im Ausland erwirtschaftete Einkommen = Inländerprodukt)

Volkswirtschaftliche Gesamtrechnung nach dem Inländerkonzept

Inländerkonzept (in Mrd. EUR)	2006	2007	2008
Bruttoinlandsprodukt (nominal)	**2 325,1**	**2 428,2**	**2 495,8**
+ Saldo der Primäreinkommen aus der übrigen Welt	49,3	49,5	41,2
= Bruttonationaleinkommen = Bruttosozialprodukt	**2 374,4**	**2 477,7**	**2 537,0**
– Abschreibungen	343,4	359,6	367,6
= Nettonationaleinkommen = Primäreinkommen	**2 031,0**	**2 118,1**	**2 169,4**
+ von übriger Welt empfangene Leistungen	11,4	13,2	13,7
– an übrige Welt geleistete Transfers	–38,9	–42,3	–44,8
= Verfügbares Einkommen	**2 003,5**	**2 089,9**	**2 138,3**

Quelle: Statistisches Bundesamt: Rubrik Volkswirtschaftliche Gesamtrechnungen / Inlandspro-
dukt / Tabellen, Zugriff am 26.05.2009 unter: http://www.destatis.de

Volkswirtschaftliche Gesamtrechnung nach dem Inlandskonzept

Inlandskonzept in Mrd. EUR)	2006	2007	2008
Arbeitnehmerentgelte	1 149,0	1 180,9	1 225,1
+ Unternehmens- und Vermögenseinkommen	629,1	659,4	661,0
= Nettoinlandsprodukt zu Faktorkosten (Volkseinkommen)	1 778,1	1 840,3	1 886,1
+ Produktions- und Importabgaben – Subventionen	252,9	277,8	283,3
= Nettoinlandsprodukt zu Marktpreisen	2 031,0	2 118,1	2 169,4
+ Abschreibungen	343,4	359,6	367,6
= Bruttoinlandsprodukt = Bruttosozialprodukt	2 374,4	2 477,7	2 537,0
– Saldo der Primäreinkommen aus der übrigen Welt	49,3	49,5	41,2
= Bruttoinlandsprodukt zu Marktpreisen	2 325,1	2 428,2	2 495,8

Quelle: Statistisches Bundesamt: Rubrik Volkswirtschaftliche Gesamtrechnungen / Inlandsprodukt / Tabellen, Zugriff am 25.08.2009 unter: http://www.destatis.de

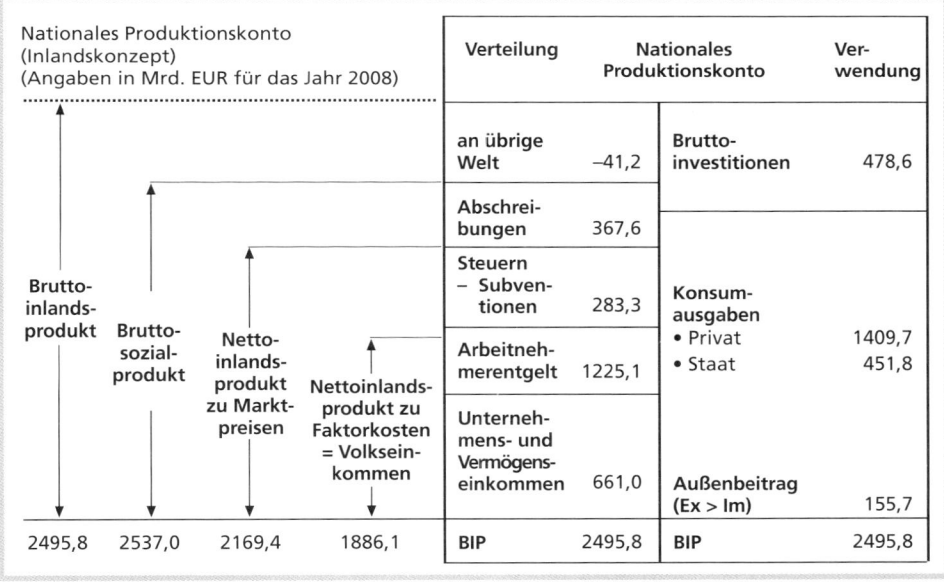

3.4.4 Aussagegehalt des Sozialprodukts

Kritiker der Sozialproduktsberechnung weisen auf die eingeschränkte Aussagefähigkeit des Sozialprodukts hin. Sie führen folgende Mängel auf:

- Die **Eigenleistungen** der privaten Haushalte, vor allem der gesamte Do-it-yourself-Bereich und die Leistungen der Hausfrauen, werden nicht mit einbezogen, weil sie keine marktmäßig bewerteten Dienstleistungen sind. Sie mehren aber das Sozialprodukt und damit den Wohlstand. Längerfristige und internationale Wohlstandsvergleiche mithilfe der ESVG sind deshalb nicht unproblematisch.

- **„Externe Kosten"**, die durch den Gebrauch von Gütern und durch deren Produktion entstehen, nicht aber dem Verursacher (Produzent oder Konsument) in Rechnung gestellt, sondern Dritten oder der Gesellschaft angelastet werden, bleiben unberücksichtigt. Dazu gehören die gesamten Umweltschäden, die Verschmutzung des Wassers oder der Luft. Andererseits lassen sich aber auch viele **„externe Erträge"**, wie etwa die Vorteile der Mobilität durch den Besitz eines Autos, nicht quantifizieren, sodass sie aus der Sozialproduktberechnung herausfallen. Zumindest ist umstritten, ob sich diese Vorteile vollständig in den Marktpreisen beispielsweise für die Autonutzung niederschlagen.

- Unberücksichtigt in der Sozialproduktberechnung bleibt auch die verbesserte Aufteilung der dem Einzelnen zur Verfügung stehenden Zeit in Arbeitszeit und Freizeit. Es steht außer Frage, dass mehr **Freizeit** als Wohlstandsgewinn zu werten ist, der sich im traditionellen Sozialprodukt nicht niederschlägt.

- Weil Wohlstand sich nicht nur in der Summe der Einkommen und Güter, sondern auch in der Verteilung dieser Größen auf die einzelnen Wirtschaftssubjekte widerspiegelt, ist jede ungleiche **Einkommensverteilung** wohlstandspolitisch negativ zu werten, ohne dass dies in die Berechnung des Sozialprodukts einbezogen werden könnte.

- **Schattenwirtschaftliche Aktivitäten** (z. B. Nachbarschaftshilfe, Schwarzarbeit) sind im Sozialprodukt nicht enthalten, sodass es regelmäßig zu niedrig ausgewiesen wird.

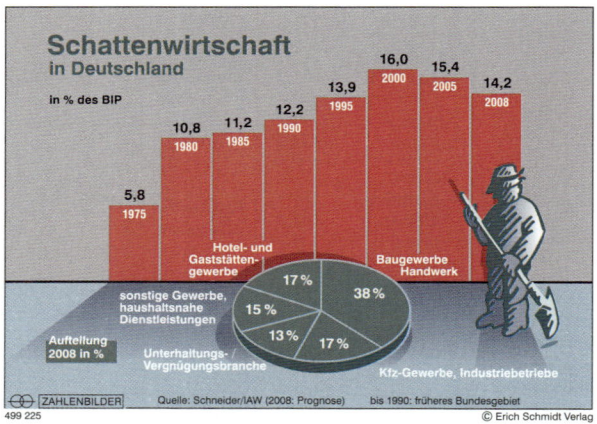

- Auch die **staatlichen Leistungen** fließen unter Wohlstandsgesichtspunkten nur unzulänglich in die Sozialproduktsberechnung mit ein. Da staatliche Dienstleisungen den Bürgern in der Regel ohne unmittelbare Gegenleistung zur Verfügung stehen, werden sie mit ihren Herstellungskosten bewertet und in der Sozialproduktberechnung aufgenommen. Diese Bewertung ist aber unzulänglich. So würde zum Beispiel eine Aufbesserung der Löhne in der städtischen Müllabfuhr gleichgesetzt mit einer Verbesserung der Abfallentsorgung, was nicht unbedingt zutrifft.

- Besonders wichtig sind schließlich die Aufwendungen zur **Beseitigung von Umweltschäden**, die nach der Systematik der Sozialproduktberechnung einen positiven Beitrag zum Sozialprodukt leisten. Bezieht man aber das „natürliche Kapital" in die Betrachtung mit ein und erweitert damit den Kapitalbegriff, so handelt es sich um Aufwendungen zur Erhaltung der natürlichen Lebensgrundlagen, die als Ersatzinvestitionen bei der Sozialproduktberechnung abgezogen werden müssten. Dies geschieht aber nicht.

- Die Sozialproduktberechnung erfasst nicht den Substanzverlust des Naturvermögens und damit die **Verminderung der Lebensqualität** künftiger Generationen.

3.4.5   *Umweltökonomische Gesamtrechnung – Ökosozialprodukt*

Es ist heute unstrittig, dass zur Lösung der großen umweltpolitischen Aufgaben die statistischen Informationen verbessert werden müssen. So bietet das Statistische Bundesamt seit einiger Zeit neben der VGR auch eine **„Umweltökonomische Gesamtrechnung"** (UGR) an. Ziel dieser Statistik ist es, die Wechselwirkungen zwischen Wirtschaft und Umwelt zu erfassen und in einem Gesamtsystem übersichtlich darzustellen. Dieses neue Berichtssystem soll Auskunft darüber geben, welche Umweltbelastungen durch menschliche Aktivitäten entstehen, wie sich der Zustand der Umwelt verändert und welche Maßnahmen zum Schutz der Umwelt ergriffen werden.

Grundidee ist dabei, genauso wie auf produzierte Vermögensgegenstände, auch auf das „Naturvermögen" Abschreibungen (Kapitalverzehr, Naturverbrauch) zu kalkulieren. Dieses Vorhaben ist allerdings mit vielfältigen theoretischen (unscharf definierte Begriffe) und methodischen Problemen (es fehlt ein einheitlicher Maßstab) verbunden.

Das Bundesumweltministerium erfasst folgende umweltbezogenen **Nachhaltigkeitsindikatoren:** Rohstoff- und Energieproduktivität, Treibhausgasemissionen, Anteil der erneuerbaren Energie am gesamten Energieverbrauch (2006: 1,3 Prozent), Anstieg der Siedlungs- und Verkehrsfläche, Entwicklung des Bestandes bestimmter Tierarten, Transportintensität und Anteil der Bahn am Transportaufkommen, Anteil des Biolandbaus und Stickstoffüberschuss, Luftschadstoffe.

Einsatz von Einsatz von Umweltressourcen für wirtschaftliche Zwecke

Umweltindikatoren	1995	2000	2003	2006
Primärenergieverbrauch (Petajoule)	14 269	14 401	14 460	14 598
Rohstoffentnahme und Import[1] (Mio. t)	1 455	1 410	1 342	1 371
Wasserentnahme[2] (Mio.m^3)	48 831	44 929	40 537[3]	–
Siedlungs- und Verkehrsfläche in k^2	42 052[4]	43 939	45 141	46 438
Treibhausgase (Mio. t CO_2-Äquivalent)	1 096	1 020	1 031	1 001[5]
• davon.: **Kohlendioxid** (CO_2) in Mio. t	921	883	901	878
Abschreibungen (Mrd. EUR)	270	308	323	339
Arbeitsstunden (Mrd. Std.)	58	58	56	56
Bruttoinlandsprodukt (in Mrd. EUR)	1 848	2 063	2 146	2 322

(Quelle: Statistisches Bundesamt (www.destatis.de), Wiesbaden, Auszug aus dem Datenreport 2008, S. 333)

[1] Nur verwertete Entnahme.
[2] Einschließlich Fremd- und Regenwasser.
[3] 2004
[4] 1996
[5] 2005

- In der **volkswirtschaftlichen Gesamtrechnung** werden alle wesentlichen Geldströme einer Volkswirtschaft bezogen auf eine bestimmte Periode erfasst.
- Der **erweiterte Wirtschaftskreislauf** berücksichtigt alle Güter- und Geldströme zwischen den Wirtschaftssubjekten (Haushalte, Unternehmen, Banken, Staat, Ausland).
- Der Wirtschaftskreislauf ist geschlossen, wenn sich Einnahmen und Ausgaben sowohl bei den Haushalten als auch bei den Unternehmen ausgleichen. Aus den Einnahmen- und Ausgabenströmen lassen sich folgende Gleichungen ableiten:

> **Einkommensverwendungsgleichung:** $Y = C + S + T_H - Z_H$
> **Einkommensentstehungsgleichung:** $Y = C + I + Z_U - T_U + Ex - Im$

- **Ermittlung des Volkseinkommens:**

Bruttoproduktionswert – Vorleistungen	Umsatzerlöse über alle Produktionsstufen hinweg fremdbezogene Materialien und Leistungen
Bruttoinlandsprodukt – Abschreibungen	Bruttoinvestitionen + Konsum + Außenbeitrag Ersatzinvestitionen
Nettoinlandsprodukt zu Marktpreisen – Produktions- und Gütersteuern + Subventionen	Gewerbesteuer, Umsatzsteuer, Verbrauchsteuern Staatszuschüsse (z. B. Finanzhilfen, Steuervergünstigung)
Nettoinlandsprodukt zu Faktorkosten	Volkseinkommen (Y)

- **Ermittlung des BIP**

Bruttosozialprodukt   – Einkommen von Inländern aus Erwerbstätigkeit und Vermögen im Ausland   + Einkommen von Ausländern aus Erwerbstätigkeit und Vermögen im Inland
Bruttoinlandsprodukt

- **Entstehung, Verwendung des Inlandsprodukts und Verteilung des Volkseinkommens**

Entstehungsrechnung	Verwendungsrechnung	Verteilungsrechnung
Von welchen Wirtschaftsbereichen wurde das Inlandsprodukt erwirtschaftet?	Für welche Zwecke wurde das Inlandsprodukt verwendet?	Welchen sozialen Gruppen ist das Inlandsprodukt zugeflossen?

- Ziel der **umweltökonomischen Gesamtrechnung (UGR)** ist es, die Wechselwirkungen zwischen Wirtschaft und Umwelt zu erfassen und übersichtlich darzustellen.

1 a) Zeichnen Sie einen Wirtschaftskreislauf mit allen Wirtschaftssubjekten, und verwenden Sie dabei folgende Angaben (ermitteln Sie die fehlende Größe).

Einkommen der Haushalte (Wertschöpfung):	? Geldeinheiten
Verkaufserlöse der Unternehmen:	1 500 Geldeinheiten
Ersparnisse der Haushalte bzw. Investitionen der Unternehmen:	300 Geldeinheiten
Abgaben der Haushalte an den Staat:	300 Geldeinheiten
Abgaben der Unternehmen an den Staat:	100 Geldeinheiten
Subventionen der Haushalte vom Staat:	100 Geldeinheiten
Staatliche Zuschüsse an die Unternehmen:	100 Geldeinheiten
Exporterlöse der Unternehmen:	300 Geldeinheiten
Importausgaben der Unternehmen:	100 Geldeinheiten

b) Prüfen Sie anhand der Einkommensgleichungen, ob der Kreislauf geschlossen ist.

c) Begründen Sie, warum auch der erweiterte Wirtschaftskreislauf immer noch eine starke Vereinfachung des Wirtschaftsgeschehens darstellt.

d) Erstellen Sie das Nationale Produktionskonto aus den Zahlen des Wirtschaftskreislaufs und berechnen Sie das Brutto-, Nettoinlandsprodukt und das Volkseinkommen.

e) Erläutern Sie die Größen, die im Nationalen Produktionskonto erfasst werden.

2 In einer Volkswirtschaft entstanden folgende Zahlungsströme:

	1. Produktionsstufe (Forstwirtschaft)	2. Produktionsstufe (Möbelfabriken)	3. Produktionsstufe (Möbelhandel)
Vorleistungen	0	110	300
Bruttoinvestitionen	10	40	20
Abschreibungen	5	20	10
T_U-Z_U	10	50	20
Gewinn	20	50	20
Löhne, Gehälter	85	130	40
Umsatzerlöse	110	300	?
Außenbeitrag	0	20	30

a) Ergänzen Sie die Tabelle.

b) Berechnen Sie folgende Größen für diese Volkswirtschaft:

1. Bruttoproduktionswert
2. Bruttoinlandsprodukt
3. Nettoinlandsprodukt zu Marktpreisen
4. Volkseinkommen (Wertschöfpfung)
5. Nettoinvestitionen

c) Wie werden die Vorleistungen bei der Berechnung des Sozialprodukts behandelt? Begründen Sie Ihre Feststellung.

d) Erstellen Sie das Nationale Produktionskonto für diese Volkswirtschaft.

3 Es liegt folgendes Nationales Produktionskonto vor:

Soll		Nationales Produktionskonto	Haben
Vorleistungen	2000 GE	Verkaufserlöse	
Abschreibungen (Ab)	1000 GE	(einschließlich Vorleistungen)	3000 GE
T_U-Z_U	600 GE	Bruttoinvestitionen (I_{brutto})	1400 GE
Faktorkosten (Löhne [...])	1400 GE	Exporte − Importe (Ex-Im)	600 GE

a) Berechnen Sie:
   - den Bruttoproduktionswert
   - das Bruttoinlandsprodukt zu Marktpreisen
   - das Nettoinlandsprodukt zu Marktpreisen
   - das Volkseinkommen (Wertschöpfung)
   - die Nettoinvestitionen

b) Erklären Sie den Begriff Außenbeitrag.

c) Unterscheiden Sie zwischen Inländer- und Inlandsprodukt.

4 a) Erläutern Sie kurz die Entstehungsrechnung, Verwendungsrechnung, Verteilungsrechnung des Sozialprodukts.

b) Vergleichen Sie anhand der Statistik auf Seite 220 die Entwicklung der Arbeitnehmerentgelte und der Unternehmens-/Vermögenseinkommen.

c) Gehen Sie auf die Zusammensetzung dieser Größen ein.

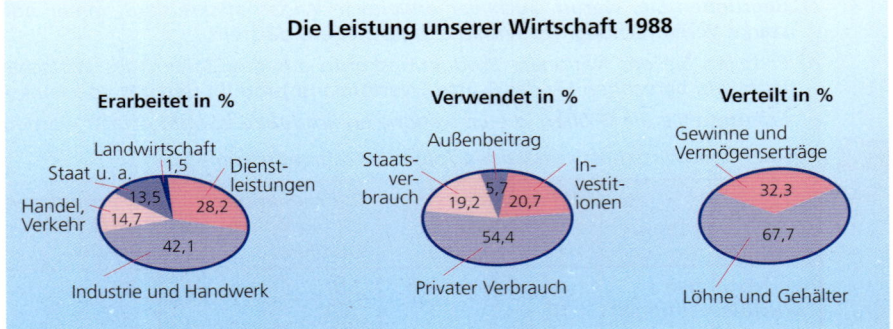

Die Leistung unserer Wirtschaft 1988

Erarbeitet in %

Landwirtschaft 1,5
Staat u. a. 13,5
Dienst-leistungen 28,2
Handel, Verkehr 14,7
Industrie und Handwerk 42,1

Verwendet in %

Außenbeitrag
Staats-ver-brauch 19,2
5,7
In-vesti-tionen 20,7
Privater Verbrauch 54,4

Verteilt in %

Gewinne und Vermögenserträge 32,3
Löhne und Gehälter 67,7

a) Vergleichen Sie die Anteile mit der Statistik auf Seite 215.

b) Welche Schlussfolgerungen ziehen Sie?

6

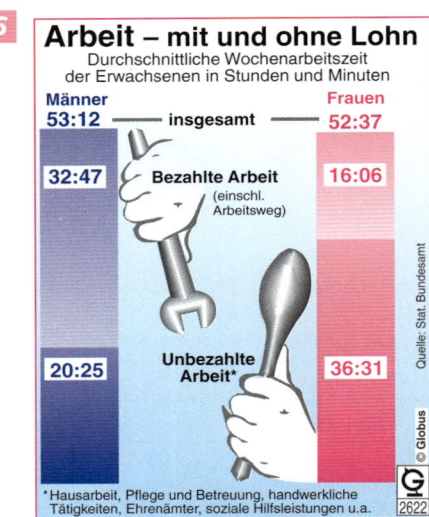

Arbeit – mit und ohne Lohn

Durchschnittliche Wochenarbeitszeit der Erwachsenen in Stunden und Minuten

Männer 53:12 — insgesamt — Frauen 52:37

Bezahlte Arbeit (einschl. Arbeitsweg)
Männer 32:47 Frauen 16:06

Unbezahlte Arbeit*
Männer 20:25 Frauen 36:31

*Hausarbeit, Pflege und Betreuung, handwerkliche Tätigkeiten, Ehrenämter, soziale Hilfsleistungen u.a.

Quelle: Stat. Bundesamt

© Globus 2622

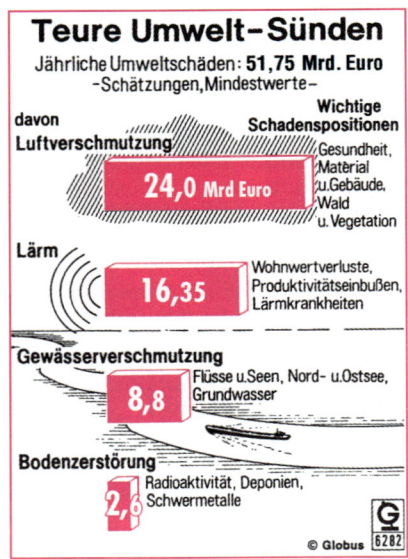

Teure Umwelt-Sünden

Jährliche Umweltschäden: 51,75 Mrd. Euro
– Schätzungen, Mindestwerte –

davon
Luftverschmutzung   24,0 Mrd Euro
Wichtige Schadenspositionen: Gesundheit, Material u.Gebäude, Wald u. Vegetation

Lärm   16,35
Wohnwertverluste, Produktivitätseinbußen, Lärmkrankheiten

Gewässerverschmutzung   8,8
Flüsse u.Seen, Nord- u.Ostsee, Grundwasser

Bodenzerstörung   2,6
Radioaktivität, Deponien, Schwermetalle

© Globus 6282

a) Wie gehen die Größen der Graphiken ins Sozialprodukt ein?

b) Nennen und erläutern Sie mindestens drei Kritikpunkte der Sozialproduktberechnung.

c) Nehmen Sie an, dass die Hausarbeit mit 20 EUR pro Stunde bewertet würde. Berechnen Sie den Wert dieser unbezahlten Arbeit bezogen auf ein Jahr. (Gehen Sie von 35 Mill. Erwachsenen aus.)

d) Mit Tabak und Tabakutensilien wird in Deutschland ein Umsatz von rund 18 Mrd. EUR erzielt. Die Gesundheitsrisiken, die allein durch das Rauchen entstehen, belaufen sich auf rund 45 Mrd. EUR.
Wie gehen diese Werte in die Sozialproduktberechnung ein?

e) Weshalb lassen sich Umweltschäden nur sehr schwierig wertmäßig erfassen? Diskutieren Sie in diesem Zusammenhang die Bemühungen des Statistischen Bundesamtes, ein Öko-Sozialprodukt (Umweltökonomische Gesamtrechnung) zu ermitteln, in dem die Gesundheits- und Umweltschäden erfasst werden.

Grundzüge der Wirtschaftspolitik

4.1 Ziele und Probleme der Wirtschaftspolitik

Problem

Erinnerungen von Zeitgenossen der Weimarer Republik:

„… Ich will nicht verschweigen, dass wir zunächst Nutznießer der fürchterlichen Geldvernichtung waren. Meine Eltern hatten sich 1922 kurzfristig entschlossen, ein fast fertiggestelltes Haus in der Melberger Kronprinzenstraße, auf der Westseite von Bad Oeynhausen, zu kaufen. Kostenpunkt: 800000 Mark. Als wir am 1. April 1923 einzogen, war das ein Betrag, der selbst sensible Gemüter nicht mehr zu beunruhigen vermochte. Ein Griff in die Westentasche genügte, um alle Verbindlichkeiten aus der Welt zu schaffen. Leider war das Haus erst halb fertig. Inzwischen arbeiteten die Handwerker nur noch gegen Naturalien. Damit konnten wir natürlich nicht dienen, und das Geld, das Vater ausbezahlt bekam, zuletzt zweimal täglich, reichte gerade für das nackte Leben.

Was die Ablösung der kaputten Reichsmark durch die Rentenmark im November 1923 bedeutete, lässt sich heute nicht mehr ermessen. Es war, als wenn ein Ertrinkender, in einer Springflut von Papiergeld fast schon versunken, plötzlich Boden unter den Füßen verspürte …"

1. Welche Folgen hatte die Geldvernichtung im Jahr 1923 für die Menschen? Wer waren die Gewinner, wer waren die Verlierer?
2. Interpretieren Sie die obige Karikatur.
3. Weshalb kann dem Staat die wirtschaftliche Entwicklung nicht gleichgültig sein?

4.1.1 Ziele der staatlichen Wirtschaftspolitik

Das **Oberziel** der staatlichen Wirtschaftspolitik ist im § 1 Stabilitäts- und Wachstumsgesetz[1] formuliert. Dort heißt es: „Bund und Länder haben bei ihren wirtschafts- und finanzpolitischen
Maßnahmen die Erfordernisse des gesamtwirtschaftlichen Gleichgewichts zu beachten."

Gesamtwirtschaftliches Gleichgewicht liegt vor, wenn alle verfügbaren Produktionsfaktoren
eingesetzt sind und die Märkte (z. B. Arbeits-, Kredit-, Gütermärkte) weder einen Nach-
frage- noch einen Angebotsüberhang aufweisen, also ausgeglichen sind.

Aus dem Oberziel leitet das Stabilitätsgesetz **vier Unterziele** ab:

- **Stabilität des Preisniveaus,**
- **hoher Beschäftigungsstand,**
- **außenwirtschaftliches Gleichgewicht,**
- **stetiges und angemessenes Wirtschaftswachstum.**

Bund und Länder haben ihre Maßnahmen so zu treffen, dass sie im Rahmen der marktwirtschaftlichen Ordnung zur gleichzeitigen Erreichung o. g. Ziele beitragen.

Die vier Hauptziele sind stark *quantitativ* ausgerichtet, weil sie sich als Zahl ausdrücken
lassen. Da sie manche Sachverhalte nur ungenügend berücksichtigen, wurden sie in letzter
Zeit durch zusätzliche **qualitative Ziele** erweitert. Dies sind z. B.

- **gerechte Einkommens- und Vermögensverteilung,**
- **Erhaltung einer lebenswerten Umwelt,**
- **gesunde regionale und sektorale Entwicklung der Wirtschaft.**

Der Marktmechanismus kann die Erreichung dieser Hauptziele der Wirtschaftspolitik nicht
gewährleisten. Es bedarf vielmehr einer gesamtwirtschaftlichen Steuerung des Gesamtangebots bzw. der Gesamtnachfrage. Da diese Steuerung nicht in die marktwirtschaftliche Ordnung (also in die Entscheidungen der einzelnen Unternehmen und Haushalte) eingreifen
darf, sondern nur die globalen Rahmenbedingungen der Wirtschaft beeinflussen soll, wird
sie **„Globalsteuerung"** genannt.

4.1.2 Stabilität des Preisniveaus

■ Maßstab – knapp unter 2 Prozent

Unter Preisniveau ist der Durchschnitt aller Preise für Güter und Dienstleistungen zu verstehen. *Absolute Stabilität des Preisniveaus* liegt vor, wenn sich die Durchschnittspreise aller
Güter nicht verändern. Dabei können sich die Preise einzelner Güter durchaus verändern,
wenn sich im Durchschnitt die Preiserhöhungen einzelner Güter durch Preissenkungen
anderer Güter ausgleichen.

Da eine absolute Preisstabilität kaum erreichbar ist, wird heute nur noch eine *relative Stabilität des Preisniveaus* gefordert. Dabei gelten Preissteigerungsraten von knapp unter 2 Prozent als wirtschaftspolitischer Erfolg.

---

[1] Gesetz zur Förderung der Stabilität und des Wachstums der Wirtschaft (StabG)

Wenn die Zunahme des allgemeinen Preisniveaus gegenüber den jeweiligen Vorjahresmonaten die Grenze von 2 Prozent über mehrere Monate hinweg übersteigt, dann spricht man von einer **Inflation** (lat. inflatio = sich aufblähen). Umgekehrt bezeichnet man einen anhaltenden Rückgang des allgemeinen Preisniveaus als **Deflation**.

◼ *Messung der Veränderungen des Preisniveaus*

Preisveränderungen werden mithilfe des **Verbraucherpreisindex (VPI)** vom Statistischen Bundesamt in Wiesbaden und seinen Landesämtern monatlich gemessen.

Vorgehensweise bei der Messung der Inflationsrate

Indexhaushalt	Dem Preisindex liegt ein **durchschnittlicher Haushalt** zugrunde.
Gewichteter Warenkorb (= Wägungsschema)	Das Statistische Bundesamt (Wiesbaden) stellt das von den Indexhaushalten gekaufte **typische Gütersortiment** (700 Produkte) zu einem Warenkorb zusammen. In diesem Warenkorb sind alle Waren entsprechend ihrem Verbrauchsanteil enthalten (Wägungsschema).
Basisjahr	Der Gesamtwert des Warenkorbs des **Basisjahrs** (zurzeit 2005) **wird gleich 100 gesetzt.** Alle 5 Jahre wird der Warenkorb neu zusammengestellt, sodass Änderungen der Verbrauchsgewohnheiten berücksichtigt werden können. Dazu zeichnen 60000 Indexhaushalte ihre Ausgaben für einige Monate freiwillig auf.
Messung der Preisveränderungen	Der Gesamtpreis für den Warenkorb wird monatlich gemessen. Dazu erfragen Preiserheber in 188 Berichtsgemeinden jeweils in denselben Geschäften die Preise für die Produkte des Warenkorbs. Preissteigerungen verteuern den Warenkorb und führen zu einem höheren Preisindex. Die Inflationsrate errechnet sich als prozentualer Unterschied des Preisindex des Berichtsmonats zum Preisindex des gleichen Monats des Vorjahres.

Wägungsschema für den Verbraucherpreisindex aller privaten Haushalte

Waren und Dienstleistungen im Warenkorb	Gewichtung in Prozent		
	1995	2000	2005
01 Nahrungsmittel und alkoholfreie Getränke	13,1	10,3	10,4
02 Alkoholische Getränke, Tabakwaren	4,2	3,7	3,9
03 Bekleidung und Schuhe	6,9	5,5	4,9
04 Wohnung, Wasser, Strom, Gas und andere Brennstoffe	27,5	30,2	30,8
05 Einrichtungsgegenstände, Geräte für den Haushalt	7,1	6,9	5,6
06 Gesundheitspflege	3,4	3,5	4,0
07 Verkehr	13,9	13,9	13,2
08 Nachrichtenübermittlung	2,3	2,5	3,1
09 Freizeit, Unterhaltung und Kultur	10,4	11,1	11,6
10 Bildungswesen	0,7	0,7	0,7
11 Beherbergungs- und Gaststättendienstleistungen	4,6	4,7	4,4
12 Andere Waren und Dienstleistungen	6,1	7,0	7,4

Die **Inflationsrate** ergibt sich, indem die prozentuale Veränderung eines Indexwertes gegenüber dem Indexwert des Vorjahres bzw. Vorjahresmonats errechnet wird.

Beispiel: Entwicklung des VPI und der Inflationsrate in Deutschland

Jahr (Basisjahr: 2005)	2004	2005	2006	2007	2008
Verbraucherpreisindex (VPI)	98,5	100	101,6	103,9	106,6
Inflationsrate (in %)	1,6	1,5	1,6	2,3	2,6

(Quelle: Deutsche Bundesbank, Monatsbericht Dezember 2009, S. 66)

Mit der Zeit veralten durch die Veränderung der Verbrauchsgewohnheiten Warenkorb und Wägungsschema. Deswegen werden Warenkorb und Wägungsschema im Fünf-Jahres-Turnus überarbeitet und der VPI zeitgleich umbasiert.

Die Europäische Zentralbank (siehe Seiten 261 ff.) verwendet den Verbraucherpreisindex für die Europäische Währungsunion (VPI-EWU) als Maßstab für die Preisstabilität des Euro. Der VPI-EWU wird aus den nationalen **harmonisierten Verbraucherpreisindizes (HVPI)** der Mitglieder der Euro-Zone berechnet. Für diese Zwecke berechnet das *Statistische Bundesamt* zusätzlich zum Verbraucherpreisindex für Deutschland (VPI) auch den HVPI für Deutschland. So sind z. B. im Warenkorb des deutschen VPI unterstellte Mieten für Wohneigentum enthalten, im deutschen HVPI jedoch nicht.

Erforderlich ist die Berechnung des HVPI, weil sich die nationalen Verbraucherpreisindizes in vielfältiger Weise unterscheiden, zum Teil historisch bedingt, zum Teil aufgrund unterschiedlicher gesellschaftlicher Rahmenbedingungen oder abweichender Strukturen des statistischen Systems. Daher wurden gemeinsame Methoden, Konzepte und Verfahren für den HVPI verbindlich festgelegt. Das Statistische Amt der Europäischen Union (**Eurostat**) überwacht die Einhaltung dieser Regeln und berechnet anhand der nationalen HVPI Verbraucherpreisindizes für die Europäische Union, für die Europäische Währungsunion und für den Europäischen Wirtschaftsraum.

■ *Ursachen und Folgen von Veränderungen des Preisniveaus*

Wenn Gütermenge (Angebot) und Geldmenge (Nachfrage) in einer Volkswirtschaft über längere Zeit hinweg aus dem Gleichgewicht geraten, entstehen Inflation oder Deflation.

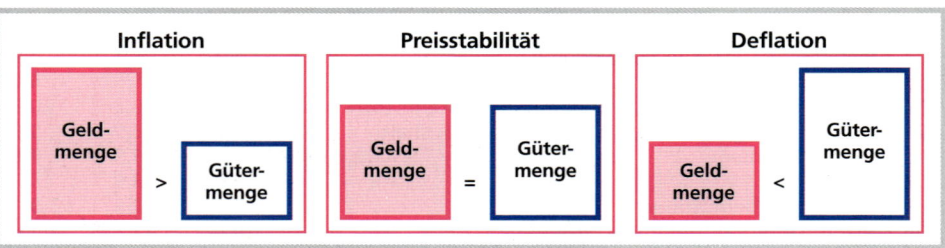

Ursache	Inflation	Deflation
Inlandsnach-frage	Überhöhte Nachfrage (Nachfrage-überhang) aufgrund positiver Einschätzung der Wirtschaftsentwicklung	Rückläufige Nachfrage (Nachfragelücke) wegen pessimistischer Einschätzung der Wirtschaftsentwicklung

230

Ursache	Inflation	Deflation
Auslands-nachfrage	Überhöhte Auslandsnachfrage (Exporte) durch relative Wettbe-werbsvorteile, wenn das Preis-niveau im Ausland stärker steigt als im Inland	Überhöhte Güterimporte durch relative Wettbewerbsnachteile, wenn das Preisniveau im Ausland weniger steigt als im Inland
Angebot	Sinkendes Angebot (Angebots-lücke) aufgrund erwarteter Steuererhöhungen und Kosten-steigerungen (z. B. Rohstoffpreise, Löhne) und pessimistischer Ein-schätzung der Wirtschaftsentwick-lung	Überhöhtes Angebot (Angebots-überhang) aufgrund erwarteter Steuer- und Kostensenkungen und positiver Einschätzung der Wirtschaftsentwicklung
Marktmacht	Marktbeherrschende Unterneh-men[1] auf der Angebotsseite stei-gern ihre Gewinne, indem sie Preissteigerungen durchsetzen	Marktbeherrschende Unterneh-men auf der Nachfrageseite stei-gern ihre Gewinne, indem sie Preissenkungen bei ihren Lieferan-ten durchsetzen, zunehmende Globalisierung der Märkte stärkt die Nachfrageseite

Inflation und Deflation haben für die Wirtschaftssubjekte jeweils unterschiedliche Auswir-kungen. Die Verlierer bei einer Inflation (Verbraucher, Sparer, Gläubiger) sind die Gewinner bei einer Deflation. Umgekehrt sind die Gewinner bei einer Inflation (Schuldner) die Verlie-rer bei einer Deflation.

Wirtschaftliche Folgen von Inflation und Deflation:

Auswirkungen	einer Inflation	einer Deflation
auf die Gesamt-wirtschaft	Anhaltende Preissteigerungen bedeuten zunächst steigende Gewinne, wenn die Kosten nicht in gleicher Höhe steigen. Dies führt im ungünstigsten Fall zu überhöhten Lohnnachschlägen (Lohn-Preis-Spirale), die auf globa-len Märkten nicht voll auf die Preise übergewälzt werden kön-nen. Die Wettbewerbsnachteile führen zu sinkenden Absätzen und steigender Arbeitslosigkeit.	Anhaltende Preisrückgänge füh-ren zu sinkenden Gewinnen, wenn die Kosten nicht entspre-chend gesenkt werden können. Dies führt zu Unternehmensplei-ten, rückläufiger Investitionsbe-reitschaft und damit zu steigen-der Arbeitslosigkeit.
auf Verbrau-cher und Arbeitnehmer	Die Kaufkraft des Geldes und der Löhne bzw. der Wohlstand sinkt, wenn die Inflationsrate höher ist als die prozentuale Steigerung der Löhne und Gehälter (sinkende Reallöhne); im ungünstigsten Fall kommt es zu „Hamsterkäufen" aus Furcht vor weiteren Preisstei-gerungen (galoppierende Infla-tion).	Die Kaufkraft des Geldes und der Löhne bzw. der Wohlstand steigt, wenn die Preissenkungen höher sind als die Lohnkürzungen (stei-gende Reallöhne); im ungünstigs-ten Fall kommt es zu Nachfrage-verzögerungen in Erwartung weiterer Preissenkungen.

[1] Siehe hierzu auf Seiten 206 f.

Auswirkungen	einer Inflation	einer Deflation
auf Sparer und Gläubiger	Der Wert der Ersparnisse sinkt, wenn die Inflationsrate höher ist als die effektiven Zinssätze für Kapitalanlagen; im ungünstigsten Fall kommt es zu einer **Flucht in Sachwerte** (z.B. Gold, Immobilien), da deren Wert parallel zur Preisentwicklung steigt, was die Inflation jedoch weiter anheizt. Die Gläubiger geben heute Geld mit hoher Kaufkraft („gutes Geld") und erhalten später Geld mit niedrigerer Kaufkraft („schlechtes Geld") zurück.	Der Wert der Ersparnisse steigt, wenn die Preissenkungen bei den Sachwerten höher sind als die Zinssenkungen bei Kapitalanlagen; im ungünstigsten Fall kommt es zu einer Flucht in Finanzanlagen (z.B. Wertpapiere), was die Deflation weiter verschärft. Die Gläubiger geben heute Geld mit niedriger Kaufkraft („schlechtes Geld") und erhalten später Geld mit höherer Kaufkraft („gutes Geld") zurück.
auf Schuldner	Der Wert der Schulden (und damit der Rückzahlungen) sinkt. Die Schuldner erhalten heute Geld mit hoher Kaufkraft („gutes Geld") und zahlen später Geld mit niedrigerer Kaufkraft („schlechtes Geld") zurück.	Der Wert der Schulden (und damit der Rückzahlungen) steigt. Die Schuldner erhalten heute Geld mit niedriger Kaufkraft („schlechtes Geld") und zahlen später Geld mit höherer Kaufkraft („gutes Geld") zurück.
auf den Staat	Die Steuereinnahmen des Staates steigen mit steigenden Gewinnen, Löhnen und Preisen. Auf der anderen Seite führen die Preissteigerungen auch zu steigenden Staatsausgaben gegenüber. Als Schuldner steht der Staat jedoch auf der Gewinnerseite.	Die Steuereinnahmen des Staates sinken mit sinkenden Gewinnen, Löhnen und Preisen. Auf der anderen Seite führen die Preissenkungen auch zu sinkenden Staatsausgaben gegenüber. Als Schuldner steht der Staat jedoch auf der Verliererseite.

Weit schwerwiegender als die wirtschaftlichen Folgen einer Inflation bzw. Deflation können die **sozialen Folgen** sein. Durch die radikale Umverteilung des Vermögens während Inflations- bzw. Deflationszeiten zwischen Gläubigern und Schuldnern entstehen zwangsläufig **soziale Spannungen** zwischen Gewinnern und Verlierern. Insbesondere neigen die Verlierer dazu, für ihre Wohlstandseinbußen den Staat verantwortlich zu machen. Sie suchen Sündenböcke und laufen den links- und rechtsradikalen Parteien zu, die meist schnelle Besserung versprechen. Nicht zuletzt ist die Weimarer Republik (1919 bis 1933) an den sozialen Spannungen in den Zeiten der galoppierenden Inflation 1923 und der Deflation 1929 bis 1933 gescheitert.

4.1.3 Hoher Beschäftigungsstand

Unter **Beschäftigung** ist der Ausnutzungsgrad der Produktionsfaktoren zu verstehen. Wird die Kapazität der verfügbaren Arbeitskräfte und Produktionsmittel voll genutzt, dann liegt **Vollbeschäftigung** vor.

■ *Maßstab – nicht mehr als 4 Prozent Arbeitslose*

Die Beschäftigungslage wird an der *Arbeitslosenquote* und den *offenen Stellen* gemessen. Ein hoher Beschäftigungsgrad (**Vollbeschäftigung**) liegt dann vor, wenn die Arbeitslosenquote nicht mehr als 4 Prozent beträgt. *Unterbeschäftigung* ist dann gegeben, wenn die Arbeitslosenquote über 4 Prozent liegt und die Zahl der Arbeitslosen die Zahl der offenen Stellen übersteigt. Von *Überbeschäftigung* spricht man, wenn die Zahl der offenen Stellen die Arbeitslosenzahl übersteigt.

$$\text{Arbeitslosenquote} = \frac{\text{Registrierte Arbeitslose} \cdot 100}{\text{Zivile Erwerbspersonen}}$$

Begriffliche Abgrenzung (Zahlenangaben in Mio. Personen)

Gesamtbevölkerung 82			
Erwerbspersonen 42			Nichterwerbspersonen 40
Arbeitnehmer 38		Selbstständige 4	
Arbeitslose[1] 4	Beschäftigte 34		
	Erwerbstätige 38		

Beispiel: Entwicklung der Arbeitslosenzahl und -quote in Deutschland

Jahr	2004	2005	2006	2007	2008
Arbeitslosenzahl in Mio.	4,4	4,9	4,5	3,8	3,3
Zivile Erwerbspersonen in Mio.	41,8	41,9	41,7	42,2	42,3
Arbeitslosenquote in %	10,5	11,7	10,8	9,0	7,8

(Quelle: Deutsche Bundesbank, Monatsbericht Dezember 2009, S. 65

■ *Folgen von Ungleichgewichten am Arbeitsmarkt*

Sowohl Über- als auch Unterbeschäftigung bringen Nachteile für die Wirtschaft und den Einzelnen.

- Bei **Überbeschäftigung** werben sich die Unternehmen gegenseitig die Arbeitskräfte ab. Die Lohnkosten steigen, die Konkurrenzfähigkeit gegenüber dem Ausland sinkt. Ebenso sinkt die Arbeitsmoral (hohe Fehlzeiten).

- **Unterbeschäftigung** bedeutet Arbeitslosigkeit. Dies hat für die Betroffenen gesellschaftliche und ökonomische Nachteile (weniger Ansehen, „Sinn durch Arbeit" entfällt, weniger Einkommen). Arbeitslose leisten keinen Beitrag zum Sozialprodukt, verursachen Staatsausgaben (durch Arbeitslosengeld, Arbeitsförderungsmaßnahmen) und vermindern die Staatseinnahmen (durch Steuerausfälle).

■ *Erscheinungsformen und Ursachen der Arbeitslosigkeit*

Man unterscheidet:

- **Friktionelle Arbeitslosigkeit.** Sie entsteht durch den ständig sich vollziehenden Arbeitsplatzwechsel. Sie ist immer kurzfristig und zu einem geringen Prozentsatz stets vorhanden.

- **Saisonale Arbeitslosigkeit.** Dies ist die jahreszeitlich bedingte Arbeitslosigkeit infolge Entlassung von Arbeitskräften, z. B. nach der Ernte oder im Baugewerbe im Winter.

[1] **Arbeitslosigkeit** liegt nach SGB III §119 vor, wenn ein Arbeitnehmer **beschäftigungslos** ist (d. h. seine Arbeitszeit insgesamt weniger als 15 Stunden wöchentlich umfasst), **sich bemüht**, seine Beschäftigungslosigkeit zu beenden, und den **Vermittlungsbemühungen der Agentur für Arbeit** zur Verfügung steht (d. h. eine mindestens 15 Stunden wöchentlich umfassende zumutbare Beschäftigung ausüben kann).

- **Konjunkturelle Arbeitslosigkeit.** Konjunkturen sind Schwankungen des Wirtschaftsablaufs. Durch Rückgang der Produktion wird vielen Arbeitnehmern gekündigt. Es entsteht Arbeitslosigkeit. In Deutschland sind rund 20 Prozent der Arbeitslosigkeit konjunkturell bedingt.

- **Strukturelle Arbeitslosigkeit.** Sie umfasst die
  - *regionalspezifische Arbeitslosigkeit* aufgrund des ungleichmäßigen Wachstums in den einzelnen Wirtschaftsregionen,
  - *branchenspezifische Arbeitslosigkeit* aufgrund des ungleichmäßigen Wachstums in den einzelnen Wirtschaftsbranchen,
  - *berufs- bzw. qualifikationsspezifische Arbeitslosigkeit* aufgrund von Missverhältnissen *bei den nachgefragten und angebotenen Qualifikationen,*
  - *geschlechts- und altersspezifische Arbeitslosigkeit,* z. B. erhöhte Frauen- und Jugendarbeitslosigkeit und Arbeitslosigkeit älterer Menschen.

  In Deutschland sind rund 80 Prozent der Arbeitslosigkeit strukturell bedingt.

Strukturelle Arbeitslosigkeit entsteht, wenn sich Arbeitslosigkeit als Folge des wirtschaftlichen Wachstums oder Umbruchs ergibt; denn damit ist in der Regel ein Wandel des Güterbedarfs, der Produktionsweisen, der Arbeitsanforderungen, der Bevölkerungsentwicklung, der Einkommensverteilung und Einkommensverwendung verbunden. Strukturelle Arbeitslosigkeit ist eine Folge des **Strukturwandels in der Wirtschaft**[1]. Sie umfasst Beschäftigte von Branchen,
- die an wirtschaftlicher Bedeutung verlieren, z. B. Schiffbau, Bekleidung und Textil,
- die neue, arbeitssparende Technologien einführen, z. B. Werkzeugbau, Fahrzeugbau,
- die unter langfristigen Anpassungsschwierigkeiten leiden, z. B. Kohlebergbau,
- die unter der weltweiten Konkurrenz im Zuge der Globalisierung der Märkte leiden, z. B. Kohlebergbau, Stahlindustrie, Elektroindustrie.

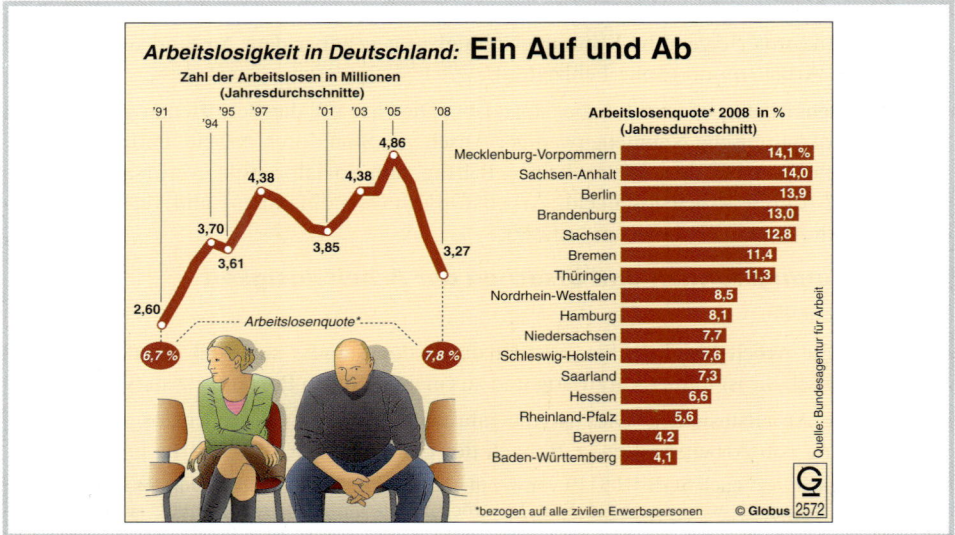

Arbeitslosigkeit in Deutschland: Ein Auf und Ab

Zahl der Arbeitslosen in Millionen (Jahresdurchschnitte)

'91 '94 '95 '97 '01 '03 '05 '08

2,60 — 3,70 — 3,61 — 4,38 — 3,85 — 4,38 — 4,86 — 3,27

Arbeitslosenquote* 6,7 % 7,8 %

Arbeitslosenquote* 2008 in % (Jahresdurchschnitt)

Mecklenburg-Vorpommern	14,1 %
Sachsen-Anhalt	14,0
Berlin	13,9
Brandenburg	13,0
Sachsen	12,8
Bremen	11,4
Thüringen	11,3
Nordrhein-Westfalen	8,5
Hamburg	8,1
Niedersachsen	7,7
Schleswig-Holstein	7,6
Saarland	7,3
Hessen	6,6
Rheinland-Pfalz	5,6
Bayern	4,2
Baden-Württemberg	4,1

Quelle: Bundesagentur für Arbeit

*bezogen auf alle zivilen Erwerbspersonen © Globus 2572

[1] Siehe auf Seite 253 ff.

4.1.4 Außenwirtschaftliches Gleichgewicht

■ Maßstab – nicht mehr als 1,5 Prozent Außenbeitragsquote

Unter **Außenwirtschaft** versteht man die Gesamtheit der wirtschaftlichen Beziehungen zwischen verschiedenen Staaten. Dazu zählen vor allem der Warenverkehr (Außenhandel), der Dienstleistungsverkehr (z. B. Reise- und Transportverkehr) und der Kapitalverkehr (Kredite, Wertpapierhandel).

Außenwirtschaftliches Gleichgewicht liegt dann vor, wenn der Zufluss an Zahlungsmitteln aus dem Ausland dem Abfluss ins Ausland entspricht. Vereinfacht ausgedrückt ist der **Außenbeitrag** im außenwirtschaftlichen Gleichgewicht gleich null; die Importe von Gütern und Dienstleistungen entsprechen in ihrer Höhe genau den Exporten. Das Statistische Bundesamt setzt den Außenbeitrag ins Verhältnis zum Bruttoinlandsprodukt und vergleicht diese Prozentzahl (**Außenbeitragsquote**).

$$\text{Außenbeitrag} = \text{Ausfuhren} - \text{Einfuhren}$$

$$\text{Außenbeitragsquote} = \frac{\text{Außenbeitrag} \cdot 100}{\text{Bruttoinlandsprodukt}}$$

Da die deutsche Wirtschaft sehr exportorientiert ist, gilt das Ziel bereits als erreicht, wenn die Außenbeitragsquote *nicht mehr als 1,5 Prozent* beträgt. Ein solcher Anteil ist notwendig, damit die Bundesrepublik ihre Ausgaben im Ausland durch Rohstoffkäufe oder Auslandsreisen ausgleichen kann.

Entwicklung der Maßstäbe zur Messung des außenwirtschaftliches Gleichgewichts:

Entwicklung des Außenbeitrags und der Außenbeitragsquote

Jahr	2004	2005	2006	2007	2008
Exporte in Mrd. EUR	842,8	921,4	1 054,8	1 139,5	1 179,4
− Importe in Mrd. EUR	733,4	801,9	922,5	967,8	1 023,7
= **Außenbeitrag** in Mrd. EUR	109,4	119,6	132,3	171,7	155,7
Bruttoinlandsprodukt (BIP) in Mrd. EUR	2 215,6	2 243,2	2 325,1	2 428,2	2 495,8
Außenbeitragsquote in %	4,9	5,3	5,7	7,1	6,2
Exportquote in %	38,0	41,1	45,4	46,9	47,3
Importquote in %	33,1	35,7	39,7	39,9	41,0

(Quelle: Deutsche Bundesbank, Monatsbericht Dezember 2009, S. 61)

■ Folgen von außenwirtschaftlichen Ungleichgewichten

Export- bzw. Importüberschüsse sind nachteilig für die Wirtschaft und letztendlich auch für den Einzelnen:

- **Exportüberschüsse** führen zu Überschüssen an ausländischen Zahlungsmitteln, die die Exporteure bei den Banken in inländisches Geld umtauschen. Dadurch steigt die inländische Geldmenge. Bei gleichem Güterangebot steigt das Preisniveau im Inland (*„importierte Inflation"*).

- **Importüberschüsse** haben die gegenteilige Wirkung. Die Importeure zahlen die Importe entweder in inländischer oder in ausländischer Währung. Wird in inländischer Währung gezahlt, tauschen die ausländischen Exporteure ihre Erlöse in ihre eigene Währung um. Wird in ausländischer Währung gezahlt, müssen die Importeure die benötigten ausländischen Zahlungsmittel im Inland kaufen. In beiden Fällen nimmt die inländische Geldmenge ab. Die abnehmende Geldmenge bremst zwar den Preisauftrieb, gefährdet aber die Arbeitsplätze.

Außenhandelsüberschüsse von einem Teil der Handelspartner bedeuten Defizite des anderen Teils. Auf die Dauer werden sich also die Defizitländer wehren müssen, indem sie ihre Währungen abwerten oder Importbeschränkungen einführen. Im Interesse eines störungsfreien Außenhandels ist es notwendig, außenwirtschaftliches Gleichgewicht herbeizuführen.

4.1.5 Stetiges und angemessenes Wirtschaftswachstum

■ Maßstab – nicht weniger als 3 %

Unter Wirtschaftswachstum ist das fortwährende Ansteigen des realen Bruttoinlandsprodukts zu verstehen. Das **reale Bruttoinlandsprodukt (BIP)** ist um die Preissteigerungsrate niedriger als das Inlandsprodukt zu jeweiligen Preisen (*nominelles Inlandsprodukt*). In der Wachstumsrate des *realen Inlandsprodukts* kommt das *echte Mengenwachstum* zum Ausdruck, Verzerrungen durch Preissteigerungen sind herausgerechnet.

Das Wachstumsziel ist erreicht, wenn das reale BIP um mindestens 3 % gegenüber dem Vorjahr zunimmt.

Nach traditioneller Auffassung bedeutet Wachstum (Steigerung des realen BIP) zugleich *Wohlstandsmehrung*. Dies wird zunehmend kritisch gesehen, da die gesellschaftlichen Nachteile, wie Umweltbelastungen und abnehmende Lebensqualität, immer deutlicher werden. Wachstum ist andererseits Voraussetzung, um Umweltschutzmaßnahmen, steigende Sozialleistungen und Forschungs- und Entwicklungsausgaben finanzieren zu können.

Entwicklung des Wirtschaftswachstums gemessen am Bruttoinlandsprodukt (BIP)

Jahr (Basisjahr: 2000)	2004	2005	2006	2007	2008
Bruttoinlandsprodukt in Mrd. EUR	2 215,6	2 243,2	2 325,1	2 428,2	2 495,8
Nominelles Wachstum in %	2,4	1,2	3,7	4,4	2,8
BIP preisbereinigt (2000 = 100 %)	102,8	103,0	106,3	108,9	110,3
Reales Wirtschaftswachstum in %	1,7	0,7	3,2	2,4	1,3

(Quelle: Deutsche Bundesbank, Monatsbericht Dezember 2009, S. 61)

● Bestimmungsgrößen des Wachstums

Produktions-potenzial und Produktivität	Die Ausstattung einer Volkswirtschaft mit den *Produktionsfaktoren* Natur (vor allem Boden), Arbeit (z. B. Know-how) und Kapital (Sach- und Finanzanlagen) wird als Produktionspotenzial bezeichnet. Wegen der steigenden Kosten sind die Unternehmen bemüht, die Qualifikation der Arbeitskräfte und den Ausnutzungsgrad der Arbeitskräfte (z. B. Arbeitszeitflexibilisierung) und der Sach- und Finanzanlagen ständig zu erhöhen und so eine größere Ausbringungsmenge je Beschäftigten bzw. je eingesetzte Geldeinheit zu erreichen, d. h. die *Produktivität* zu erhöhen.
Gewinnerwartungen und Investitionen	Die längerfristigen Gewinnerwartungen sind maßgebliche Entscheidungsgrundlage für Investitionen der Unternehmen. Wachstumsträger sind vor allem *Erweiterungsinvestitionen* (z. B. eine neue Fabrikhalle, neue Maschine). Rationalisierungsinvestitionen (z. B. Ersatz einer technisch veralteten durch eine moderne Produktionsanlage) erhöhen die Produktivität und damit das Produktionspotenzial.

Zinsniveau und Kapitalbildung	Niedrige Zinssätze fördern die Aufnahme von Krediten, um damit Investitionen oder Konsumgüter zu finanzieren. Ein niedriges Zinsniveau ist deshalb wachstumsfördernd. Voraussetzung für die Vergabe von Krediten sind jedoch private Ersparnisse (Kapitalbildung).
Privater Konsum	Die Bereitschaft der Verbraucher, mehr Konsumgüter nachzufragen, hängt vor allem von zu erwartenden Einkommenssteigerungen ab.
Rahmendaten	Wichtige Voraussetzungen für das Wachstum sind verlässliche politische Rahmendaten (z. B. Bildungswesen, Wirtschafts-, Sozial-, Umweltrecht, „sozialer Friede"), eine funktionierende öffentliche Verwaltung, funktionierende Kapitalmärkte und eine geeignete Infrastruktur.

■ Grenzen des Wachstums

Großes Aufsehen erregte ein Bericht des „Club of Rome" zur Lage der Menschheit im Jahre 1972[1]. Zum ersten Male wurde Politikern und Wirtschaftswissenschaftlern klar, dass das Wachstum nicht unbegrenzt weitergehen kann, sondern in absehbarer Zeit an Grenzen stößt. Im Mittelpunkt der Prognose des „Club of Rome" stand die Entwicklung von fünf Zeitreihen:

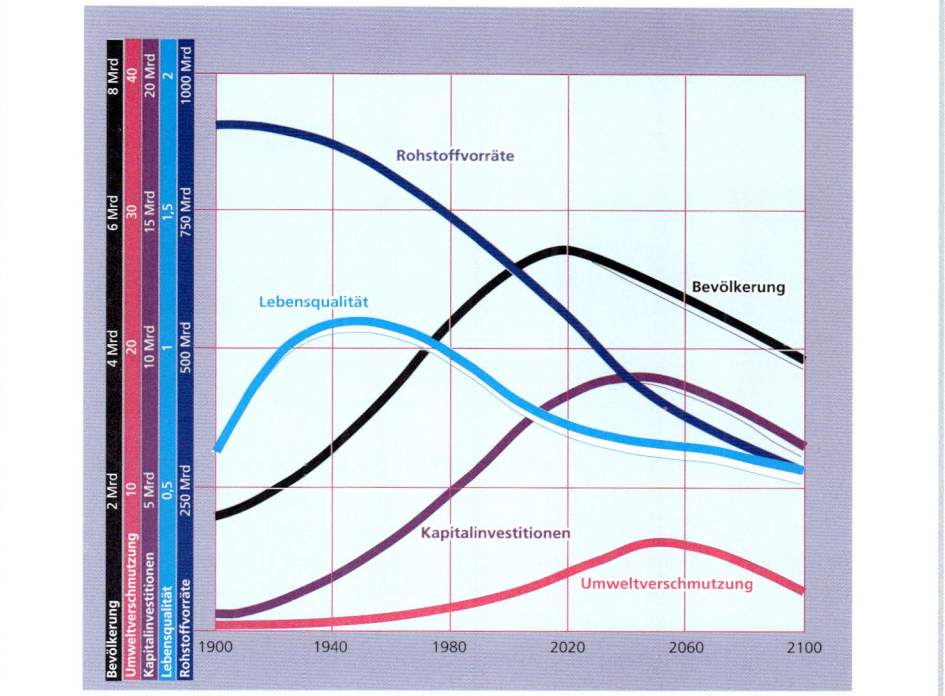

Die Lebensqualität hatte 1960 ihren Höchststand erreicht – und würde um das Jahr 2060 mit der Erschöpfung der Rohstoffreserven auf das Niveau von 1900 abfallen. Das Schaubild zeigt: Zunehmende Bevölkerungszahl und Kapitalinvestitionen führen zu raschem Rohstoffabbau und wachsender Umweltverschmutzung. (Berechnung des Club of Rome)

[1] Meadows, Dennis; Die Grenzen des Wachstums. Bericht des Club of Rome zur Lage der Menschheit, dva, 1972.

■ Qualitatives Wachstum

Wäre es nach den Modellrechnungen des „Club of Rome" gegangen, dann hätten wir heute keine Rohstoffe mehr, die Weltbevölkerung wäre durch die Umweltbelastung und die Hungerkrisen stark dezimiert und die Energieträger Öl und Gas wären längst erschöpft. Die Realität sieht anders aus: Es werden immer neue Rohstoffreserven erschlossen und die Weltbevölkerung ist bei allem Elend nicht durch Hungersnöte und Umweltgifte dahingerafft worden.

Das lässt sich leicht erklären: Der „Club of Rome" hatte die Faktoren technischer Fortschritt, Informations- und Kommunikationstechniken, Anpassungsfähigkeit der Gesellschaft und Flexibilität der Märkte zu wenig berücksichtigt. An die Stelle des rein quantitativen Wachstums ist ein **qualitatives Wachstum** getreten. Es ist dadurch gekennzeichnet, dass das reale Bruttoinlandsprodukt weiter ansteigt, obwohl der Rohstoff- und Energieverbrauch – z. B. durch sparsameren Einsatz – sowie die Umweltbelastungen abnehmen. Die Belange der Ökologie werden auf dieselbe Stufe gestellt werden wie die ökonomischen und sozialen Belange. Wachstum und Umweltverbrauch werden dabei zunehmend entkoppelt.

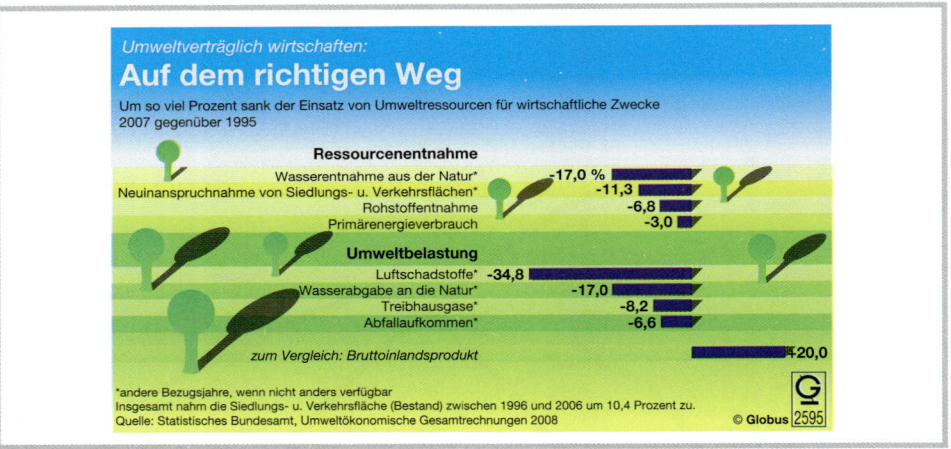

Umweltpolitiker haben im Sinne der **nachhaltigen Entwicklung** („sustainable development") drei Verhaltensregeln entwickelt:

- Erneuerbare Rohstoffe dürfen nicht stärker abgebaut werden, als sie sich erholen (regenerieren) können. In der Forstwirtschaft wird nur so viel Holz geschlagen, wie auch nachwächst. Man spricht von *nachwachsenden Rohstoffen* (z. B. Holz, Flachs, Raps, Sonnenblumen).

- Stoffabfälle und Emissionen (z. B. Abgase, Abwässer) dürfen die Belastbarkeit der **Ökosysteme**[1] nicht überschreiten. Eine Umweltpolitik, die dem Vorsorgeprinzip folgt, versucht diese Regel umzusetzen.

- Nicht erneuerbare Rohstoffe dürfen nur dann abgebaut werden, wenn spätere Generationen durch den Abbau nicht schlechter gestellt werden.

[1] **Ökosystem** = Gemeinsamer Lebensraum und die Lebensgemeinschaft von Pflanzen und Tieren. Die Menschen beeinflussen dieses natürliche Zusammenspiel.

4.1.6 Gerechte Einkommens- und Vermögensverteilung

Die **Einkommensverteilung** beinhaltet die Verteilung des Gesamteinkommens, das in einer Periode in einer Volkswirtschaft erwirtschaftet wird, auf die verschiedenen Bevölkerungsgruppen (z. B. Selbstständige, Angestellte, Nichterwerbstätige).

Die **Vermögensverteilung** ist die anteilige Zurechnung des Vermögens einer Volkswirtschaft auf die Bevölkerungsgruppen. Dazu zählen das Geldvermögen, das Gebrauchsvermögen der privaten Haushalte und das Vermögen der Unternehmen.

Die Vermögensverteilung ist eng mit der Einkommensverteilung verknüpft, denn einerseits stellt angelegtes Vermögen eine Einkommensquelle dar, und andererseits wird durch gespartes Einkommen Vermögen gebildet.

■ Maßstäbe für die gerechte Einkommensverteilung

Bei der gerechten Einkommens- und Vermögensverteilung geht es darum, das Volkseinkommen und das Vermögen möglichst entsprechend den Anteilen an der Gesamtzahl der Einkommensbezieher bzw. Vermögensbesitzer zu verteilen. So sollten z. B. *50 Prozent des Volkseinkommens auf 50 Prozent der Einkommensbezieher* entfallen.

Dadurch wird eine zu starke soziale Polarisierung der Bevölkerungsgruppen in Arme und Reiche verhindert und der soziale Frieden gesichert.

Üblicherweise wird die gerechte Einkommensverteilung an der Entwicklung der **Lohn- und Gewinnquote** gemessen.

Entwicklung der Lohn- und Gewinnquote

Jahr	2003	2004	2005	2006	2007	2008
Lohnquote in %	70,9	68,2	66,6	64,6	64,2	65,0
Gewinnquote in %	29,1	31,8	33,4	35,4	35,8	35,0

In den letzten Jahren ist die Lohnquote stetig zurückgegangen, die Gewinnquote entsprechend angestiegen. Bei Schlussfolgerungen muss jedoch beachtet werden, wie sich die Lohn- bzw. Gewinnquote zusammensetzen. Siehe hierzu auf Seite 220, Verteilung des Inlandsprodukts.

Durch die Lohn- und Gewinnquote werden weder die **funktionelle Einkommensverteilung** (Aufteilung der Einkommen auf die Produktionsfaktoren Arbeit und Kapital) noch die **personelle Einkommensverteilung** (Aufteilung nach Selbstständigen, Arbeitern, Angestellten usw.) richtig beschrieben. Daher lässt sich aus dem Rückgang der Lohnquote auch kein eindeutiger Rückschluss auf den Wohlstand der Arbeitnehmer ziehen.

Die **Entwicklung der Netto- und Realeinkommen** (preisbereinigte Nettoeinkommen) und die **Verteilung der Nettoeinkommen** sind als Maßstäbe für die Verteilungsgerechtigkeit schon eher geeignet. Beide Größen weisen eine Schieflage auf. So sind die Zuwächse bei den Realeinkommen in letzter Zeit sehr bescheiden.

Von einer gleichmäßigen Verteilung des Volkseinkommens auf die Haushalte kann keine Rede sein. Während das ärmste Fünftel der Haushalte nur 9 Prozent des Einkommens besitzt, bekommt das reichste Fünftel fast 36 Prozent des Volkseinkommens.

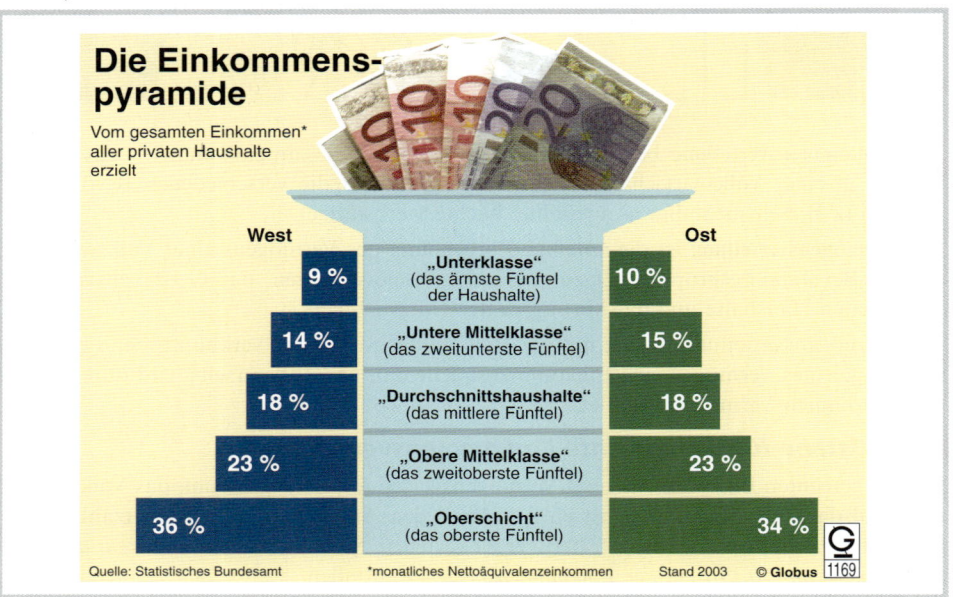

Umverteilung der Einkommen durch den Staat

Der Staat versucht, die *leistungsgerechte Verteilung* des Volkseinkommens durch den Markt – **primäre Einkommensverteilung** – nachträglich nach sozialen Gesichtspunkten zu korrigieren. Durch Sozialleistungen entsteht eine **sekundäre Einkommensverteilung** – die sogenannte **Umverteilung**. Weniger Leistungsfähige, die nach dem Leistungsprinzip kein bedarfsgerechtes Einkommen beziehen, erhalten vom Staat Transferzahlungen (z. B. steuerliche Freistellung des Existenzminimums, Sozialhilfe, Kinder-, Wohngeld, Renten, Ausbildungsförderung). Finanziert wird diese Umverteilung durch höhere Steuern der Besserverdienenden und Beiträge an die Sozialversicherungsträger.

Eine gerechte Verteilung des Volkseinkommens ist objektiv nicht möglich. Aus Gründen der Motivation und der sozialen Gerechtigkeit muss es unterschiedliche Einkommen geben.

In der Öffentlichkeit werden unterschiedliche Verteilungsprinzipien diskutiert.

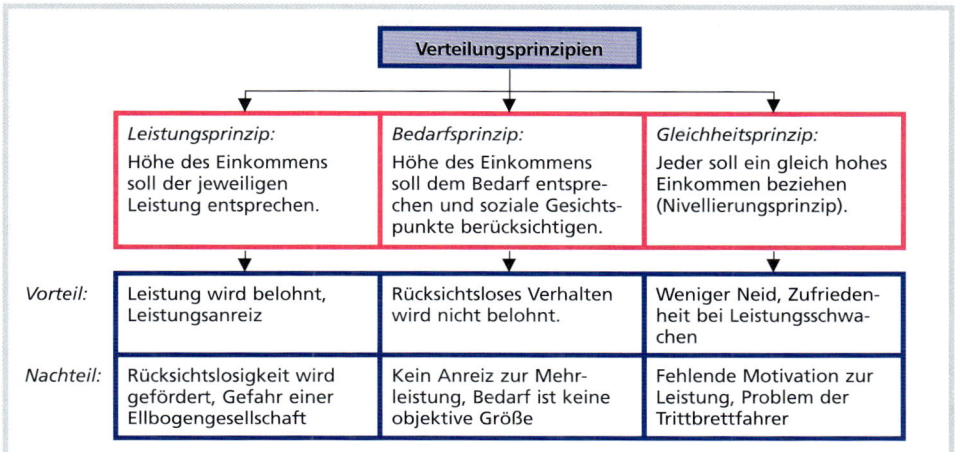

Da alle Verteilungsgrundsätze Vor- und Nachteile haben, versucht der Staat, bei seiner Verteilungspolitik eine Mischung aus Leistungs-, Bedarfs- und Gleichheitsprinzip zu erreichen.

■ *Vermögenspolitik des Staates*

Die Vermögenspolitik des Staates zielt darauf, die Vermögensbildung der Arbeitnehmer zu fördern, um damit eine gleichmäßigere Verteilung des gesellschaftlichen Vermögens zu erreichen. Zugleich soll die Investitionskraft der Unternehmen gestärkt werden.

Nach dem **Fünften Vermögensbildungsgesetz** erhalten Arbeitnehmer vom Staat eine Arbeitnehmer-Sparzulage für vermögenswirksame Leistungen, die die Arbeitgeber für sie in bestimmten geförderten Beteiligungsformen anlegen.

Staatliche Förderung der Vermögensbildung

	5. VermBG (Vermögensbildungsgesetz)	WoPG (Wohnungsbau-Prämiengesetz)
Geförderter Personenkreis	Arbeitnehmer	ESt-pflichtige Personen (über 16 Jahre alt)
Einkommensgrenze (zu versteuerndes Einkommen)	Ledige: 20000,00 EUR Verheiratete: 40000,00 EUR	Ledige: 25600,00 EUR Verheiratete: 51200,00 EUR
Höhe der Förderung, geförderte Anlageformen, geförderter jährlicher Höchst-Anlagebetrag	Arbeitnehmer-Sparzulage: ● 20 % von höchstens 400 EUR bei einer Anlage in Unternehmensbeteiligungen (z. B. Aktien, Investmentfonds, Stammeinlagen, Schuldverschreibungen, Genussscheine usw.) ● 9 % von höchstens 470 EUR bei einer Anlage gemäß Wohnungsbau-Prämiengesetz oder in Kapitallebensversicherungs- oder Sparverträgen.	Wohnungsbau-Prämie: ● 8,8 % von höchstens 512 EUR bei einer Anlage in Bausparverträgen (wenn die Bausparsumme zum Bau, Kauf oder Modernisierung einer eigenen Immobilie dient) oder in Anteilen an Wohnungsbaugenossenschaften oder in Sparverträgen mit einer Laufzeit von 3 bis 6 Jahren (wenn diese dem Erwerb von Wohneigentum dienen) Die Aufwendungen dürfen nicht vermögenswirksame Leistungen mit Anspruch auf Arbeitnehmer-Sparzulage darstellen

4.1.7 Erhaltung einer lebenswerten Umwelt

Dieses Ziel beruht auf dem Artikel 20a GG:

> „Der Staat schützt auch in Verantwortung für die künftigen Generationen die natürlichen Lebensgrundlagen im Rahmen der verfassungsmäßigen Ordnung durch die Gesetzgebung und nach Maßgabe von Gesetz und Recht durch die vollziehende Gewalt und die Rechtsprechung."

Der Staat soll durch umweltpolitische Maßnahmen Unternehmen und Haushalte zu *„umweltverträglichem" Verhalten* bewegen[1]. Umweltverträglich sind solche Unternehmen, die ihre Arbeitsmethoden ständig verbessern, problematische Materialien ersetzen, saubere Technologien („clean technologies") einsetzen, umweltverträgliche Produkte auf den Markt bringen und sich um eine effiziente Verwendung und Wiederverwendung von Ressourcen bemühen.

Alle Staaten sind aufgerufen, angesichts der ökologischen Gegenwartsprobleme mit ihren z. T. dramatischen Folgen für das ökologische Gleichgewicht (z. B. Wald-, Artensterben, Klimaveränderungen) eine möglichst ökologisch unbedenkliche Wirtschaftsentwicklung anzustreben.

■ Prinzipien und Instrumente des Umweltschutzes

Die Erhaltung einer lebenswerten Umwelt verlangt

- **das Denken in Stoffkreisläufen** (Kreislaufwirtschaft) und
- die strikte **Anwendung des Vorsorge, Verursachungs- und Kooperationsprinzips** zum Wohl der Allgemeinheit.

[1] Siehe hierzu auf Seiten 291 ff.

242

Das **Vorsorgeprinzip** beschreibt das Ziel, Umweltgefahren möglichst von vornherein zu vermeiden und nicht erst nachträglich zu versuchen, eingetretene Schäden zu reparieren. Nach dem Vorsorgeprinzip kann eine Verhaltensweise, die möglicherweise die Umwelt belastet, schon dann unterbunden werden, wenn ihre Umweltschädlichkeit nicht erwiesen, sondern bloß denkbar ist. Das Vorsorgeprinzip leitet sich damit aus dem *allgemeinen Vorsichtsprinzip* ab und soll Emissionen möglichst gering halten und die Umwelt vor möglichen belastenden Verhaltensweisen schützen.

Nach dem **Verursacherprinzip** werden die Kosten für die Vermeidung, Verringerung und Kontrolle der Umweltverschmutzung dem Verursacher belastet.

Die wichtigsten Instrumente zur Durchsetzung des Verursacherprinzips

Umweltauflagen	Umweltabgaben	Haftungsvorschriften
Verbote zur unmittelbaren Gefahrenabwehr (siehe Vorsorgeprinzip), *Gebote und Auflagen* für das Ausmaß einer zeitlich begrenzten zulässigen Umweltbelastung (z. B. in Form von Emissionsgrenzwerten)	Führen als Lenkungs- und Anreizinstrument zu einer veränderten Nutzung der Umwelt und dienen zur Finanzierung von Umweltausgaben (z. B. Abwasserabgabe, „echte" Ökosteuer)	Die Verursacher von Umweltschäden und -risiken werden für die Folgen ihrer Handlungsweise haftbar gemacht (z. B. Umwelthaftungsgesetz)

Nur in Fällen, wo die Verursacher nicht ermittelt und haftbar gemacht werde können (z. B. bei Altlasten), soll das **Gemeinlastprinzip** zur Anwendung kommen, das die Kosten über den Staatshaushalt der Gemeinschaft auferlegt.

Ein anderer Ansatz ist das **Kooperationsprinzip**, das auf eine möglichst weitgehende Beteiligung aller gesellschaftlichen Gruppen bei der Planung und Durchsetzung umweltpolitischer Maßnahmen zielt.

Wichtige Kooperationsinstrumente sind:

- Das *Emissionsglockenkonzept*, bei dem den Anlagenbetreibern freigestellt wird, bei welcher Anlage sie mit welchem Aufwand die schädlichen Emissionen einschränken, solange nur der Gesamtausstoß aller erfassten Anlagen innerhalb der vereinbarten Höchstmenge („Glocke") bleibt.
- Die Ausgabe von *handelbaren Emissionszertifikaten* (Anteilsscheine), mit deren Gesamtzahl eine Höchstmenge an Schadstoffausstoß festgelegt ist. Umweltbelastende Unternehmen können solche Zertifikate gegen Zahlung eines Preises erwerben und erhalten damit das Recht, eine bestimmte Schadstoffmenge auszustoßen. Unterschreitet das Unternehmen – etwa durch Umweltschutzmaßnahmen – seine Gesamtschadstoffmenge, dann kann es seine „übrigen" Zertifikate auf besonderen Umweltbörsen meistbietend verkaufen.

■ *Messung der erreichten Umweltziele*

Ein bisher nicht gelöstes **Problem ist die Messung** der umweltpolitischen Ziele. Sowohl die Umweltschutzausgaben als auch die Märkte für Umweltschutzgüter sind nicht eindeutig gegenüber anderen Ausgaben (z. B. Sozialausgaben, Rationalisierungsinvestitionen) oder Gütern (welche Industriezweige gehören zur Umweltwirtschaft?) abgrenzbar. Die amtliche Statistik weist lediglich die Umweltschutzinvestitionen für das verarbeitende Gewerbe aus. Die Angaben über die Umweltschutzausgaben und -investitionen der anderen Wirtschaftsbereiche bzw. des Staates können nur vage geschätzt werden[1].

[1] Siehe hierzu auf Seite 223.

4.1.8 Zielkonflikte der Wirtschaftspolitik – Lösung nicht in Sicht

Die Wirtschaftspolitik soll **kurzfristig** für Vollbeschäftigung, Preisstabilität und außenwirtschaftliches Gleichgewicht sorgen und **langfristig** ein stetiges und nachhaltiges Wachstum bei Schonung der Umwelt und gerechter Einkommens- und Vermögensverteilung anstreben. Für diese vier bzw. sechs wirtschaftspolitischen Hauptziele hat sich in der Öffentlichkeit die Bezeichnung *„magisches" Viereck bzw. Sechseck* durchgesetzt. Magisch deshalb, weil wirtschaftspolitische Zauberei (Magie) notwendig wäre, um diese Ziele tatsächlich immer gleichzeitig zu erreichen.

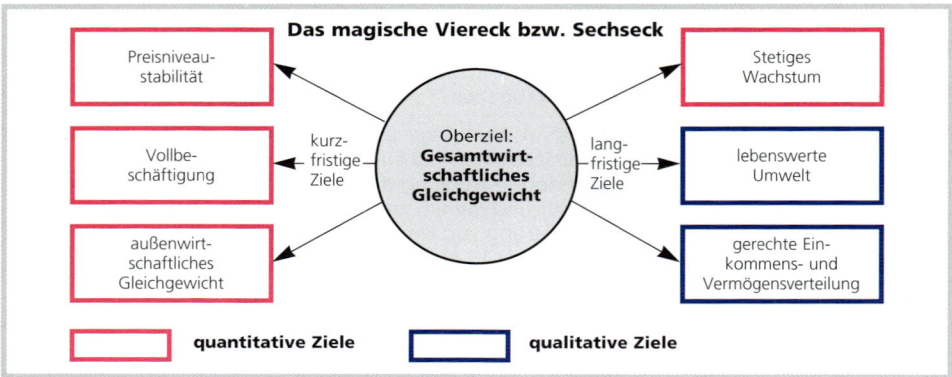

Nach Ansicht des Sachverständigenrats[1] sind die wirtschaftspolitischen Hauptziele grundsätzlich gleichrangig. Es soll aber immer jenen Zielen die größte Aufmerksamkeit gewidmet werden, die in der jeweiligen wirtschaftlichen Lage am wenigsten verwirklicht sind. Das Ziel, das am stärksten gefährdet ist, soll also Vorrang haben.

Grundsätzlich kann die Verwirklichung eines wirtschaftspolitischen Ziels (z.B. stetiges Wachstum) die Erreichung eines anderen Ziels fördern (z.B. hoher Beschäftigungsstand) oder gefährden (z.B. Preisstabilität). Zwischen den Zielen bestehen also **Zielharmonien** und **Zielkonflikte**.

Bei erneuerbaren Energien brummt der Jobmotor

Berlin (dpa) Die Produzenten von Sonnen-, Bio- und Windenergie sehen sich als Hoffnungsträger für den deutschen Arbeitsmarkt. So geht die Branche der erneuerbaren Energien von einem weiteren Anstieg von jetzt 130000 auf rund 200000 Stellen im Jahr 2010 aus. Der Geschäftsführer des Bundesverbandes Erneuerbare Energie (BEE), Milan Nitzschke, sagte am Montag in Berlin, bis 2020 werde die Beschäftigtenzahl sogar auf 500000 zunehmen, während in der konventionellen Stromwirtschaft Arbeitsplätze verloren gingen. Die Aussagen stützen sich eine Befragung von 318 Firmen der Branche durch das Bielefelder Soko-Institut für Sozialforschung und Kommunikation. Danach will fast jedes zweite Unternehmen die Zahl seiner Mitarbeiter um 30 bis 100 Prozent erhöhen.

(Quelle: dpa: Bei erneuerbaren Energien brummt der Jobmotor, in: Südwestpresse, 5. 7. 2005, S. 5)

[1] Es handelt sich hierbei um die **„Fünf Weisen"**. Diese werden vom Bundespräsidenten auf Vorschlag der Bundesregierung für fünf Jahre ernannt und dürfen weder Bundes- oder Landesregierungen noch Arbeitgeber- oder Arbeitnehmerorganisationen angehören. Sie erstellen jährlich das sogenannte **Sachverständigengutachten**, das sie bis zum 15. November der Bundesregierung vorlegen, in dem sie darstellen, inwieweit die vier wirtschaftspolitischen Ziele erreicht sind. In ihrem **Jahreswirtschaftsbericht** muss die Bundesregierung zu diesem Gutachten Stellung nehmen.

■ *Wachstum und lebenswerte Umwelt – auch Harmonie möglich*

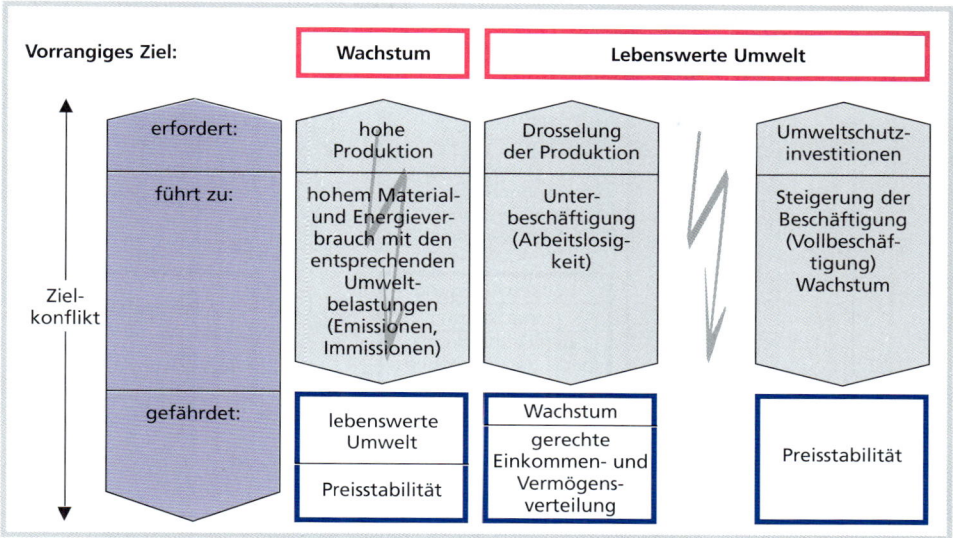

■ *Vollbeschäftigung und Preisstabilität – ständiger Konflikt*

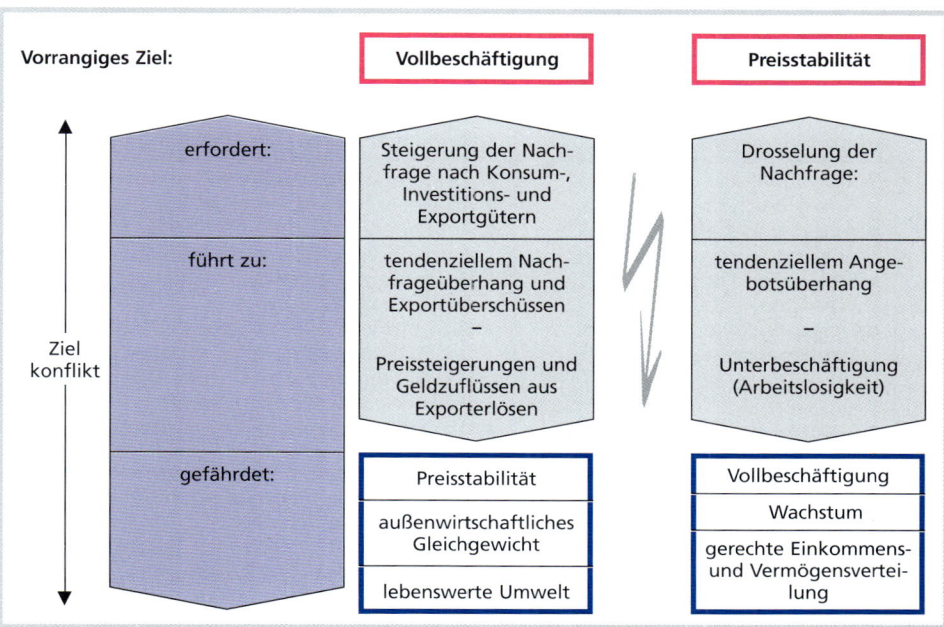

■ Außenwirtschaftliches Gleichgewicht und übrige Ziele

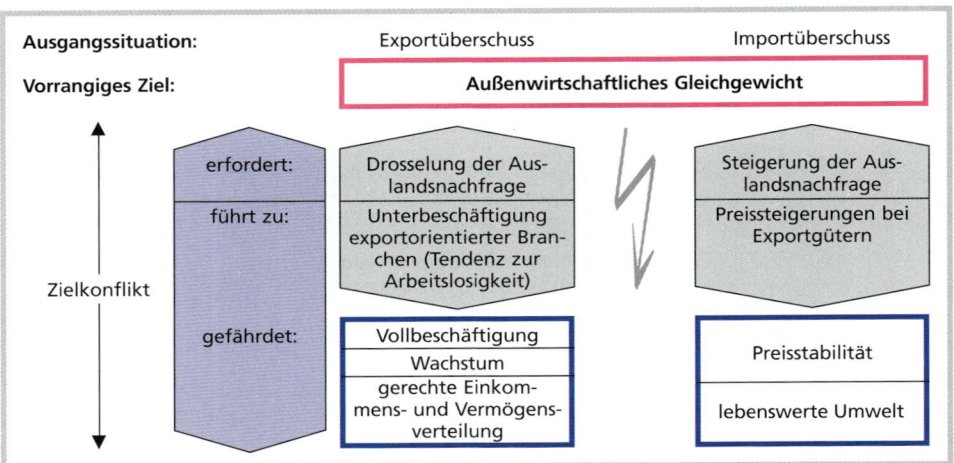

Zusammenfassung

- ■ „Bund und Länder haben bei ihren wirtschafts- und finanzpolitischen Maßnahmen die Erfordernisse des **gesamtwirtschaftlichen Gleichgewichts** zu beachten." (StabG § 1).

- ■ Die staatliche Wirtschaftspolitik soll **kurzfristig** für *Vollbeschäftigung, Preisstabilität* und *außenwirtschaftliches Gleichgewicht* sorgen und **langfristig** ein stetiges und nachhaltiges *Wachstum* bei *Schonung der Umwelt* und *gerechter Einkommens- und Vermögensverteilung* anstreben.

- ■ Unter **Globalsteuerung** versteht man die Steuerung der Gesamtnachfrage und des Gesamtangebots durch den Staat zur Erreichung der wirtschaftspolitischen Hauptziele, ohne die marktwirtschaftliche Ordnung zu stören.

Hauptziele der Wirtschaftspolitik	Bedingungen für die Zielerreichung
● Preisstabilität	● Steigerungsrate des Preisniveaus unter 2,0 %
● Hoher Beschäftigungsstand	● Arbeitslosenquote unter 4 %
● Außenwirtschaftliches Gleichgewicht	● Außenbeitragsquote unter 1,5 % Ausgeglichene Leistungsbilanz
● Stetiges und angemessenes Wachstum	● Steigerungsrate des realen Inlandsprodukts mindestens 3 %
● Gerechte Einkommens- und Vermögensverteilung	● 50 % des Volkseinkommens sollen auf 50 % der Einkommensbezieher entfallen. Das Ziel gilt bereits dann als erreicht, wenn die Lohnquote leicht zunimmt.
● Lebenswerte Umwelt	● Ökologisch unbedenkliche Wirtschaftsentwicklung

- ■ Da alle vier bzw. sechs wirtschaftspolitischen Hauptziele nicht gleichzeitig erreicht werden können, spricht man vom **„magischen" Viereck** bzw. Sechseck.

- ■ **Zielkonflikte** bestehen vor allem zwischen den Zielen
  - ● Wachstum und lebenswerte Umwelt
  - ● Vollbeschäftigung und Preisstabilität.

■ Einzelheiten zu den wirtschaftspolitischen Zielen:

- Die anhaltende Zunahme des allgemeinen Preisniveaus (mit Raten über 2 Prozent) wird als Inflation bezeichnet. Einen anhaltenden Rückgang des allgemeinen Preisniveaus nennt man **Deflation**. Inflation und Deflation entstehen, wenn Gütermenge (Angebot) und Geldmenge (Nachfrage) in einer Volkswirtschaft über längere Zeit hinweg aus dem Gleichgewicht geraten (Inflation: Gütermenge < Geldmenge). Die *Verlierer bei einer Inflation* (Verbraucher, Sparer, Gläubiger) sind die Gewinner bei einer Deflation. Umgekehrt sind die *Gewinner bei einer Inflation* (Schuldner) die Verlierer bei einer Deflation.

- Preisveränderungen werden mithilfe des **Verbraucherpreisindex (VPI)** gemessen.

- $$\text{Arbeitslosenquote} = \frac{\text{Registrierte Arbeitslose} \cdot 100}{\text{Zivile Erwerbspersonen}}$$

  Nach ihren Ursachen werden folgende **Erscheinungsformen der Arbeitslosigkeit** unterschieden: friktionelle, saisonelle, konjunkturelle und strukturelle Arbeitslosigkeit.

- An die Stelle des rein **quantitativen Wachstums** ist ein **qualitatives Wachstum** getreten. Es ist dadurch gekennzeichnet, dass das reale Bruttoinlandsprodukt weiter ansteigt, obwohl der Rohstoff- und Energieverbrauch sowie die Umweltbelastungen abnehmen.

- Die **Lohnquote** (Anteil des Einkommens aus unselbstständiger Arbeit am Volkseinkommen) beschreibt weder die *funktionelle Einkommensverteilung* (Aufteilung der Einkommen auf die Produktionsfaktoren Arbeit und Kapital) noch die *personelle Einkommensverteilung* (Aufteilung nach Selbstständigen, Arbeitern, Angestellten usw.) richtig. Die **Entwicklung der Nettoeinkommen und der Realeinkommen** (preisbereinigte Nettoeinkommen) sowie die **Verteilung der Nettoeinkommen** sind als Maßstäbe für die Verteilungsgerechtigkeit schon eher geeignet.

- Da alle **Verteilungsgrundsätze** Vor- und Nachteile haben, strebt der Staat bei seiner Verteilungspolitik eine Mischung aus Leistungs-, Bedarfs- und Gleichheitsprinzip an.

- Die Erhaltung einer lebenswerten Umwelt verlangt das **Denken in Stoffkreisläufen** und die **Anwendung des Vorsorgeprinzips** (z. B. Nachhaltigkeit), des **Verursachungsprinzips** durch *Umweltauflagen, Umweltabgaben und Haftungsvorschriften* und des **Kooperationsprinzips** mit Instrumenten wie *Emissionsglockenkonzept, handelbare Emissionszertifikate*.

Aufgaben

1 Bilden Sie drei **Expertengruppen** A, B und C mit je sechs Mitgliedern. Die Gruppe A befasst sich mit den Fragen a) bis g), die Gruppe B mit h) bis n), die Gruppe C mit o) bis u). Tauschen Sie anschließend Ihre Informationen in sechs **Puzzlegruppen** aus. Die Puzzlegruppen bestehen aus je einem Mitglied jeder Expertengruppe A, B und C; dieses berichtet jeweils über die Ergebnisse seiner Expertengruppe. Anschließend beantworten zwei Puzzlegruppen im Wechsel die Fragen vor der Klasse und stellen sich der Kritik.

Fragen:

a) Erläutern Sie die Ziele der Wirtschaftspolitik nach § 1 StabG.

b) Begründen Sie die Ziele der Wirtschaftspolitik nach § 1 StabG.

c) Erklären Sie den Begriff Globalsteuerung.

d) Was versteht man unter dem gesamtwirtschaftlichen Gleichgewicht?

e) Erklären Sie den Begriff „magisches Viereck".

f) Wie wird der Preisindex für die Lebenshaltung ermittelt?

g) Was versteht man unter dem „Harmonisierten Verbraucherindex" (HVPI)?

h) Erläutern Sie vier Ursachen der Inflation.

i) Welche Auswirkungen hat die Inflation auf die Gesamtwirtschaft?

j) Welche Bevölkerungsgruppen gehören zu den Verlierern der Inflation? Begründung!

k) Welche Bevölkerungsgruppen gehören zu den Gewinnern der Inflation? Begründung!

l) Erläutern Sie einige Ursachen (Erscheinungsformen) der Arbeitslosigkeit.

m) Welche Hauptursachen hat die strukturelle Arbeitslosigkeit?

n) Nennen Sie einige Maßnahmen zur Bekämpfung der Arbeitslosigkeit.

o) Erläutern Sie die Bestimmungsgrößen des Wachstums?

p) Was versteht man unter qualitativem Wachstum?

q) Welche drei Verhaltensweisen kennzeichnen die nachhaltige Entwicklung?

r) Erläutern Sie drei Instrumente der Umweltpolitik.

s) Beschreiben Sie die Rangfolge der Pflichten nach dem KrW-/AbfG.

t) Unterscheiden Sie die Begriffe primäre und sekundäre Einkommensverteilung.

u) Beschreiben Sie die drei Verteilungsprinzipien bei der staatlichen Umverteilung.

2 „Die Ziele der Wirtschaftspolitik gleichzeitig zu verwirklichen gleicht dem Bemühen, einem vierbeinigen Tisch auf unebenem Boden das Wackeln abzugewöhnen. Als die Wirtschaft in der Vergangenheit expandierte und Vollbeschäftigung erreichte, stimmte es meist mit den Preisen nicht. Wenn eine Dämpfung des Preisanstiegs gelang, gab es oft zu viele Arbeitslose, oder das Wachstum war nur gering. Was das außenwirtschaftliche Gleichgewicht betrifft, so war dieses nur deshalb lange Zeit keine dramatische Frage, weil permanente Überschüsse in der Zahlungsbilanz eher ein Problem für unsere Handelspartner waren als für uns."

a) Welche Zielkonflikte sind in diesem Text angesprochen?

b) Beschreiben Sie die Zielkonflikte zwischen
   1. Wachstum und lebenswerter Umwelt,
   2. Vollbeschäftigung und Preisstabilität,
   3. Außenwirtschaftliches Gleichgewicht und Preisstabilität.

c) Sind Ihrer Meinung nach die qualitativen Ziele lebenswerte Umwelt und gerechte Einkommens- und Vermögensverteilung erreicht?
   • Schlagen Sie Maßstäbe zur Messung dieser Ziele vor und diskutieren Sie darüber.

3 Betrachten Sie die Tabelle auf Seite 229.

a) Begründen Sie wesentliche Veränderungen der Zusammensetzung des Warenkorbs.

b) Berechnen Sie die Veränderungen des Preisniveaus (von Jahr zu Jahr und insgesamt).

	Jahr 01	Jahr 02	Jahr 03	August Jahr 03	August Jahr 04
Preisindex	107,7	110,6	112,5	112,9	114,5

4 Die Problematik der Arbeitslosigkeit wird von den betroffenen Bevölkerungsgruppen unterschiedlich diskutiert. Zeigen Sie in einem Rollenspiel (z. B. als Podiumsgespräch) die unterschiedlichen Sichtweisen eines Arbeitslosen, einer Unternehmerin, eines Gewerkschafters und einer Wissenschaftlerin auf.

Bilden Sie hierzu für jede Rolle eine Gruppe und erarbeiten Sie die gängigen Positionen, Argumente und Lösungsvorschläge. Wählen Sie jeweils einen Rollenspieler, der die jeweilige Bevölkerungsgruppe vertritt.

Tipp: Regeln zum Rollenspiel siehe auf Seite 313. Interpretieren Sie die folgende Netzstruktur.

Wirkungszusammenhang der Arbeitslosigkeit

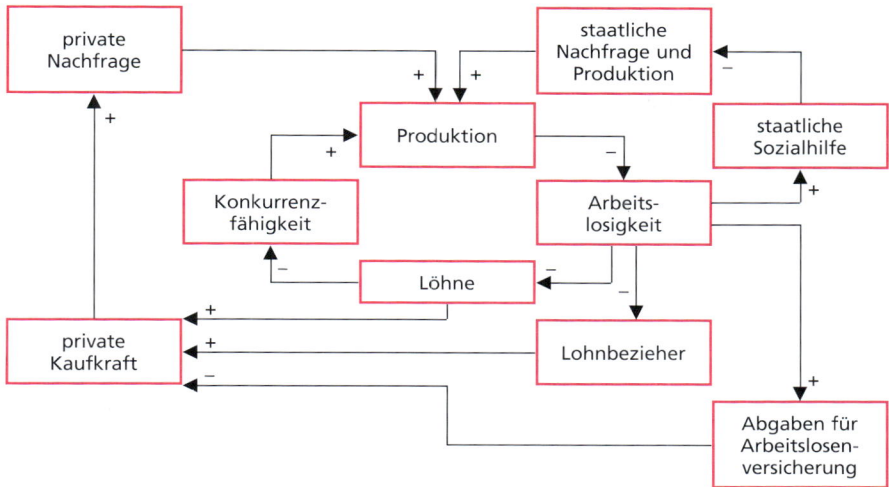

+ = **gleichgerichtete Beziehung:** *je größer ... desto größer; je kleiner ... desto kleiner;*
− = **entgegengesetzte Beziehung:** *je größer ... desto kleiner; je mehr ... desto weniger*

5

a) *Welches Problem der Einkommens- und Vermögensverteilung ist in obigen Karikaturen ausgedrückt?*

b) *Nehmen Sie zu dem Lösungsvorschlag des Karikaturisten Stellung.*

c) *Welches Dilemma des Wachstums wird im letzten Bild gezeigt?*

249

4.2 Konjunkturelle Schwankungen

Problem

Wirtschaftswunderland auf Talfahrt

Mit der Währungsreform im Jahr 1948 und der Geburt der Bundesrepublik Deutschland im Jahr 1949 begann die Geschichte der deutschen Konjunktur – und das deutsche Wirtschaftswunder mit einem enormen Wirtschaftswachstum und Vollbeschäftigung. Dieser Konjunkturglanz ist über die Jahre längst verblasst, die fetten Wachstumsjahre scheinen endgültig der Vergangenheit anzugehören. Mitte der 90er-Jahre, also kurz nach der deutschen Vereinigung, dümpelte die Konjunktur nur noch vor sich hin. Die derzeitige globale Wirtschaftskrise trifft Deutschland als eine der führenden Exportnationen besonders hart. Nach Meinung der EU-Kommission wird diese Krise Deutschland den schärfsten Einbruch der Wirtschaftsleistung seit dem Zweiten Weltkrieg bescheren. Das Bruttoinlandsprodukt (BIP) werde 2009 im Vergleich zum Vorjahr um 2,3 Prozent schrumpfen. Das ehemalige Wirtschaftswunderland steht kurz davor – wie andere Industrienationen allerdings auch – in eine tiefe Rezession zu rutschen.

Globus

Quelle: dpa-infografik GmbH, 20.02.2009

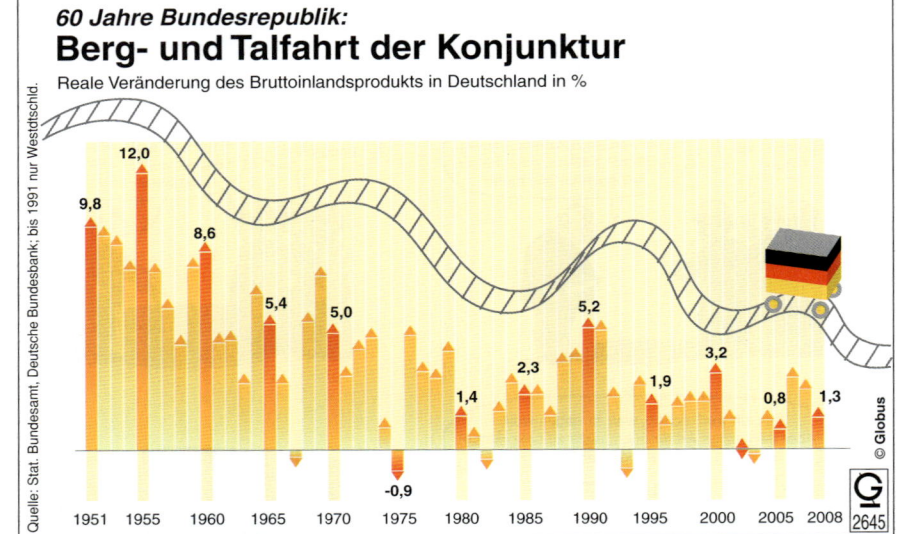

60 Jahre Bundesrepublik:
Berg- und Talfahrt der Konjunktur

Beschreiben Sie die wirtschaftliche Entwicklung in den vergangenen Jahren.
Worin sehen Sie die Ursachen für die ständigen Schwankungen der Wirtschaftsleistung?

Sachdarstellung

4.2.1 Konjunkturphasen – mal auf, mal ab

■ Wesen der Konjunktur

Konjunkturen sind *Wirtschaftsschwankungen*, die verschiedene Ursachen haben können.

In Zeiten ansteigenden Wirtschaftswachstums spricht man von „guter Konjunktur", umgekehrt von „schlechter Konjunktur". Wirtschaftswissenschaftlich werden unterschieden:

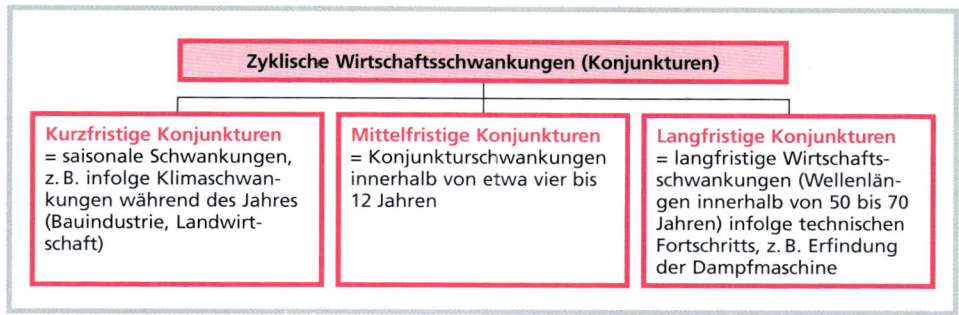

Zyklische Wirtschaftsschwankungen (Konjunkturen)

Kurzfristige Konjunkturen	Mittelfristige Konjunkturen	Langfristige Konjunkturen
= saisonale Schwankungen, z. B. infolge Klimaschwankungen während des Jahres (Bauindustrie, Landwirtschaft)	= Konjunkturschwankungen innerhalb von etwa vier bis 12 Jahren	= langfristige Wirtschaftsschwankungen (Wellenlängen innerhalb von 50 bis 70 Jahren) infolge technischen Fortschritts, z. B. Erfindung der Dampfmaschine

◼ *Konjunkturverlauf*

In der Regel zeigen Konjunkturschwankungen folgende Verlaufsabschnitte (Phasen): *Tiefstand, Aufschwung, Hochkonjunktur (Boom), Abschwung.*

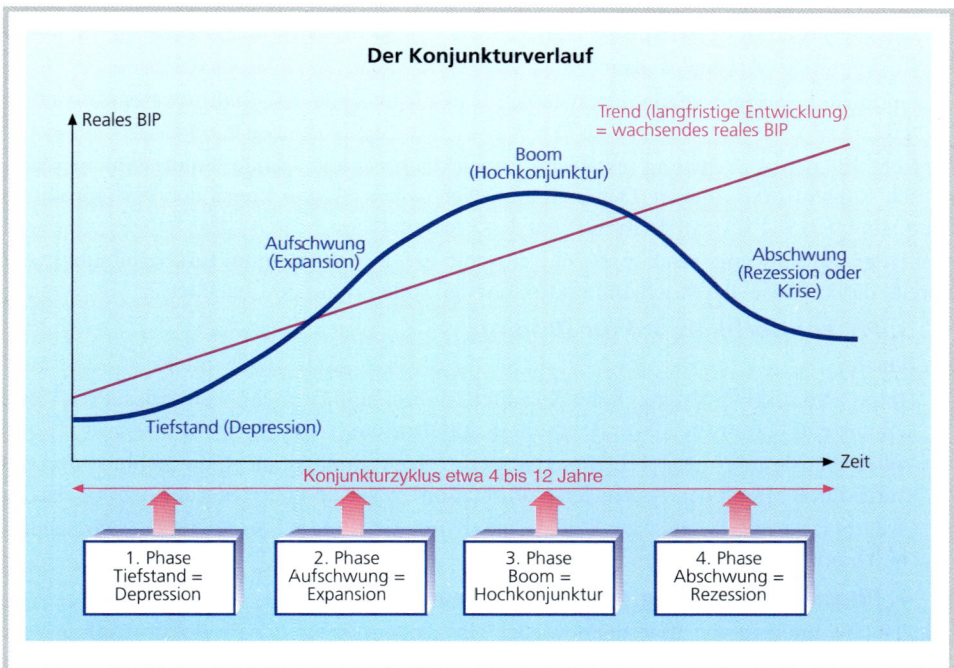

251

● 1. Phase: Tiefstand (Depression)

Merkmale:

- Tiefstand der Produktion, des Umsatzes und der Güterpreise

  Der geringere Bedarf an den Produktionsfaktoren Arbeit und Kapital hat *Arbeitslosigkeit* und *hohe Fixkosten* der Unternehmungen durch unausgenützte Kapazitäten zur Folge. Die wirtschaftlich schwächsten Unternehmungen (Grenzunternehmen) scheiden aus (Konkurse).

  Niedrige Güterpreise verursachen niedrige Gewinne, was sich wiederum auf das Lohn- und Zinsniveau auswirkt.

- Depressive (= niedergedrückte) wirtschaftliche Stimmung der Produzenten und Konsumenten

  Infolge ihrer Existenzsorgen bzw. geringer Rentabilitätserwartungen sind die Unternehmer nicht investitionsfreudig. Diese geringe Investitionsneigung wird durch die zögernde Kaufhaltung der Konsumenten noch verstärkt, weil sie weitere Preissenkungen erwarten.

Starke Arbeitslosigkeit kann die Arbeitnehmer für politischen Radikalismus anfällig machen (z. B. starkes Anwachsen der Anhänger Adolf Hitlers durch die Wirtschaftskrise des Deutschen Reiches in den Jahren 1929 bis 1933).

● 2. Phase: Aufschwung

Merkmale:

- Anstieg der Produktion, des Umsatzes und (langsam) der Güterpreise
- Zunahme der Investition
- Ansteigen der Wertpapierkurse, insbesondere der Aktienkurse
- Rückgang der Arbeitslosigkeit
- Optimistische Unternehmererwartungen und ansteigende Kaufhaltung der Konsumenten

Ursache für den Aufschwung (**expansive Entwicklung**) sind steigende Unternehmergewinne, da die Rohstoffpreise in der Depression stärker sinken als die Preise der Fertigprodukte. Dies stimuliert die Investitionsfreude der Unternehmer.

Geht der Aufschwung rasch vor sich, entsteht ein Boom (Konjunkturüberhitzung), der bereits die 3. Phase, die Hochkonjunktur, darstellt oder zumindest einleitet.

● 3. Phase: Hochkonjunktur (Boom)

Merkmale:

- Hohes Produktionsniveau, hohe Umsätze, hohes, immer mehr steigendes Preis- und Lohnniveau (Lohn-Preis-Spirale), hohe Kapitalzinsen.
- Vollbeschäftigung, meist Überbeschäftigung. Sie veranlasst die Unternehmer, Arbeitskräfte durch Maschinen zu ersetzen (Automation), was Kapitalerweiterungen nötig macht.
- Gedämpfte Erwartungen der Unternehmer. Inflationsangst beeinflusst das wirtschaftliche Handeln der Menschen.

● 4. Phase: Abschwung (Krise oder Rezession)

Die Hochkonjunktur beginnt dann wieder abzusinken, wenn die Produktion infolge der hohen Güterpreise nicht mehr voll nachgefragt wird. Dies führt zu einer **Rezession**, wenn die Industrieproduktion zurückgeht oder das Bruttoinlandsprodukt sinkt. Die Rezession mündet in der Depression.

Merkmale:

- Rückgang der Produktion, des Umsatzes und der Güterpreise
- Beginnende, steigende Arbeitslosigkeit
- Fallen der Wertpapierkurse
- Sinkendes Zinsniveau
- Rückläufige Lohnentwicklung
- Pessimistische Stimmung der Produzenten und Konsumenten

4.2.2   Konjunkturindikatoren

Ein Indikator ist ein „Anzeiger", auf die Konjunktur bezogen, ein Messwert der konjunkturellen Situation. Mit seiner Hilfe ist es der Deutschen Bundesbank, der Bundesregierung sowie den wissenschaftlichen Forschungsinstituten möglich, sowohl eine Konjunkturdiagnose als auch eine Konjunkturprognose zu stellen.

Eine **Konjunkturdiagnose** ist die Beschreibung des gegenwärtigen Konjunkturzustandes, eine **Konjunkturprognose** macht Aussagen über die zukünftige wirtschaftliche Entwicklung.

Frühindikatoren kündigen den zukünftigen Verlauf der wirtschaftlichen Entwicklung an, ähnlich wie Wind- und Luftdruckverhältnisse das kommende Wetter. **Gegenwartsindikatoren** laufen zur Wirtschaftsentwicklung parallel und verdeutlichen damit die von den Frühindikatoren angezeigte Bewegungsrichtung. **Spätindikatoren** zeigen Veränderungen am Ende einer abgelaufenen Wirtschaftsperiode an.

Früh- indikatoren	• Geschäftsklimaindex; Erwartungen der Unternehmer • Auftragseingang im verarbeitenden Gewerbe und Bauhauptgewerbe • Investitionsplanung der Unternehmen • Erwartete Zinssätze und Differenz zwischen kurz- und langfristigen Zinsen • Wachstumsschätzungen der Forschungsinstitute
Gegenwarts- indikatoren	• Kapazitätsauslastung in den verschiedenen Wirtschaftszweigen • Entwicklung der Lagerbestände • Entwicklung der Produktion und der Umsätze • Einfuhr- und Ausfuhrmengen • Investitions- und Konsumgüternachfrage • Entgeltentwicklung
Spät- indikatoren	• Preisveränderungen (z. B. Erzeuger-, Großhandels-, Importpreise) • Arbeitslosenquote, Zahl der Erwerbstätigen und offene Stellen • Veränderungen des Bruttoinlandsprodukts • Veränderung der Staatseinnahmen und -ausgaben

4.2.3   Strukturkrisen

Eine ständige Aufgabe moderner Industriegesellschaften ist die Bewältigung von Strukturkrisen. Diese entstehen durch den Strukturwandel infolge neuer Techniken und zunehmender internationaler Verflechtungen.

Betroffen sind alle Beschäftigten in Branchen, die sich im Umbruch befinden aufgrund

- zunehmender **Mechanisierung und Automatisierung,** z. B. Landwirtschaft,
- zunehmender **Marktsättigung,** z. B. Maschinen-, Fahrzeugbau, Elektrotechnik,
- der **Globalisierung der Märkte** und dem damit verbundenen starken internationalen Wettbewerbsdruck, z. B. Schiffbau, Kohlebergbau, Textil- und Stahlindustrie.

Beispiel: Anteil der Erwerbstätigen (in Prozent) nach Wirtschaftsbereichen

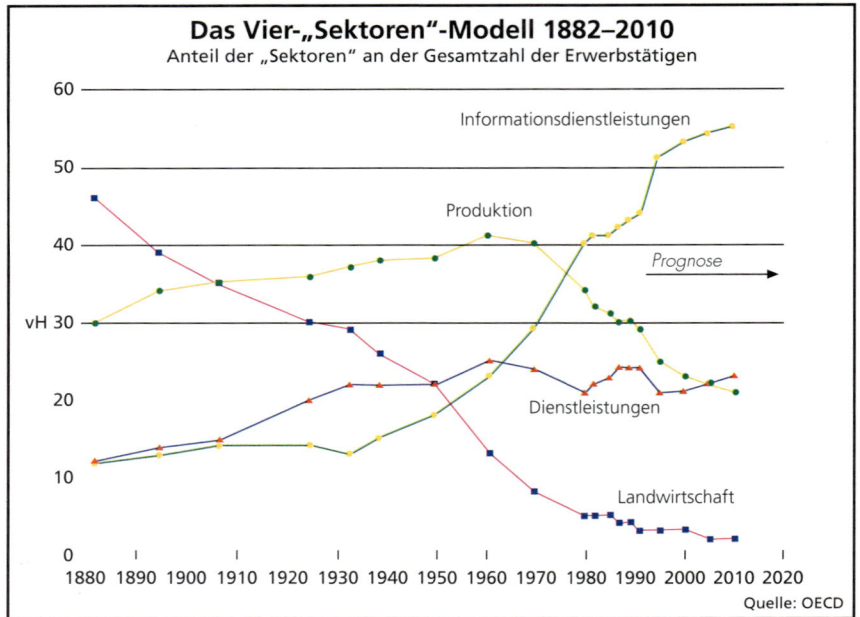

(Quelle: Bundesministerium für Bildung und Forschung (BMBF), Qualifikationsstrukturbericht 2000, S. 27, unter: www.bmbf.de/pub/qualifikationsstrukturbericht_2000.pdf)

Beispiel: Niedergang des Steinkohlenbergbaus

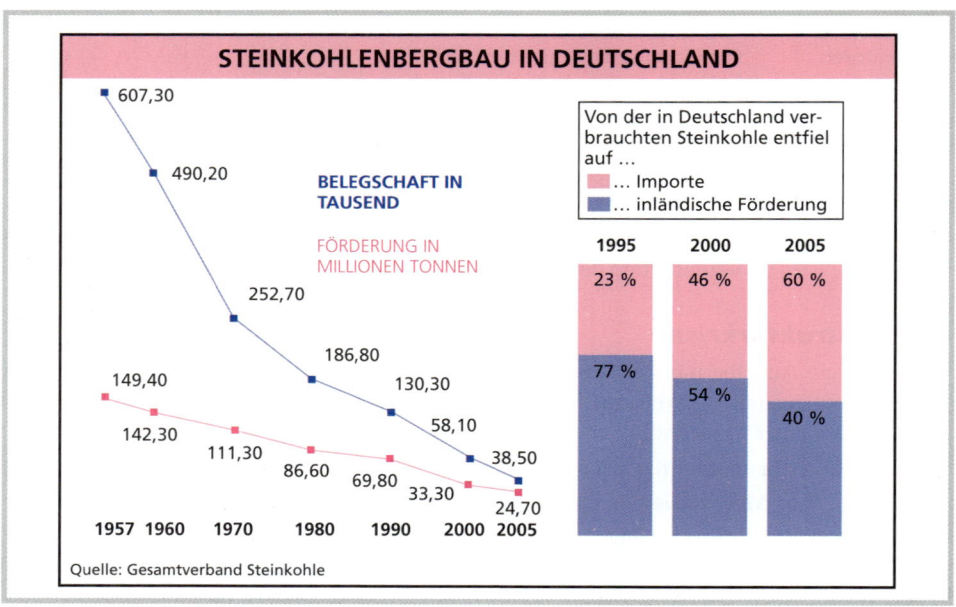

Beispiel: Zunehmender internationaler Wettbewerbsdruck bei der Steinkohle

Kenndaten des Steinkohlenbergbaus

	1960	1970	1980	1990	1995	2000	2005	2008
Beschäftigte (1000)	490,2	252,7	186,8	130,3	92,6	58,1	36,0	30,4
Förderung (Mill. t)	142,3	111,3	86,6	69,8	53,1	33,3	24,7	17,1
Arbeitsproduktivität in t/Beschäftigter	290,3	440,4	463,6	535,7	573,4	573,1	686,1	475,0
Ab-Zeche-Preis inländischer Kohle (EUR/t)	–	38	95	135	148	150	190	160
Importkohlepreis frei Grenze (EUR/t)	–	–	54	49	39	42	65	140

(Quellen: Gesamtverband des deutschen Steinkohlenbergbaus, Bundeswirtschaftsministerium, Verein Deutscher Kohlenimporteure)

Nicht nur die Bundesrepublik Deutschland, alle Industrienationen befinden sich aufgrund der **Globalisierung der Märkte** in einem erbitterten Wettbewerb der Tarif-, Sozial-, Steuer-, Subventions- und Wechselkurssysteme. Europäische Werften müssen schließen, weil sie wegen südkoreanischer und japanischer Subventionen selbst bei vollen Auftragsbüchern ihre Kosten nicht mehr decken können. Immer mehr Unternehmen verlagern ihre Produktion in Länder, wo die Tarif- und Sozialsysteme unterentwickelt und deshalb Lohn- und Lohnzusatzkosten niedrig sind. Die Internationalisierung der Märkte greift zunehmend auch auf den Arbeitsmarkt über. Der Wettbewerb wird hier bestimmt von Wechselkursen, die es süd- und osteuropäischen Bauarbeitern erlauben, in ihren Heimatländern von ihren geringen EUR-Verdiensten gut zu leben.

Ein Markt ist dann **global**, wenn er aus anderen Ländern erreicht werden kann, ohne dass wesentliche Schranken überwunden werden müssen. Die Globalisierung wurde möglich durch die Liberalisierung der Märkte für Güter, Dienstleistungen und Kapital. Deutschland hat einen großen Teil seines heutigen Wohlstands der ältesten Form der Globalisierung – dem internationalen Handel – zu verdanken.

Vorangetrieben wird die Globalisierung durch **globale Unternehmen** (Global Players, transnationale Unternehmen), die sich nicht mit dem Export ihrer im Inland produzierten Produkte zufriedengeben, sondern darüber hinaus ein weltweit verzweigtes Netz von Niederlassungen und Beteiligungen unterhalten. In einem solchen „globalen Netzwerk" sind Waren und Dienstleistungen das Ergebnis internationaler Zusammenarbeit. Der rasante Fortschritt in der Informations- und Kommunikationstechnologie (z. B. Internet) beschleunigt die Globalisierung, da er zu dramatischen Kosteneinsparungen beim Transport von Gütern, Personen und Informationen führt. Mit elektronischer Hilfe können die weltweiten Verflechtungen der Unternehmenstätigkeiten (Einkauf, Produktion, Vertrieb, Finanzierung, Forschung) koordiniert werden.

Als unmittelbare Folge der Globalisierung hat sich der weltweite Wettbewerb erheblich intensiviert. Dabei treten aber nicht mehr allein die Waren und Dienstleistungen zueinander in Wettbewerb, sondern zunehmend auch die standortgebundenen Produktionfaktoren – vor allem Arbeit – und die gesamtwirtschaftlichen Rahmenbedingungen (z. B. Sozialstandards). In den Industrieländern wächst daher die Befürchtung, dass Investitionen zunehmend insogenannten *Billiglohnländern* getätigt werden, wodurch Löhne und Lebensstandard in den Industrieländern unter Druck geraten. Die Billiglohnländer befürchten ihrerseits, dass die Kapitalzuflüsse nur so lange anhalten, wie die Löhne niedrig sind, jedoch eine Umkehr droht, sobald die Löhne steigen.

Die Aufspaltung der **Wertschöpfungskette** – Einkauf-Produktion-Vertrieb – eines Unternehmens auf verschiedene Regionen der Erde bewirkt, dass bei Investitionsentscheidungen die Verfügbarkeit von Arbeit und Kapital in einem einzelnen Land immer unwichtiger wird. Sobald Arbeitnehmer mit vergleichbaren Fähigkeiten global zur Verfügung stehen, entscheidet das nationale Kostenniveau über die Beschäftigungschancen. Das führt zu einer Verschiebung der Kostenvorteile. Kapitalintensive Produkte werden nicht mehr ausschließlich in Industrieländern hergestellt.

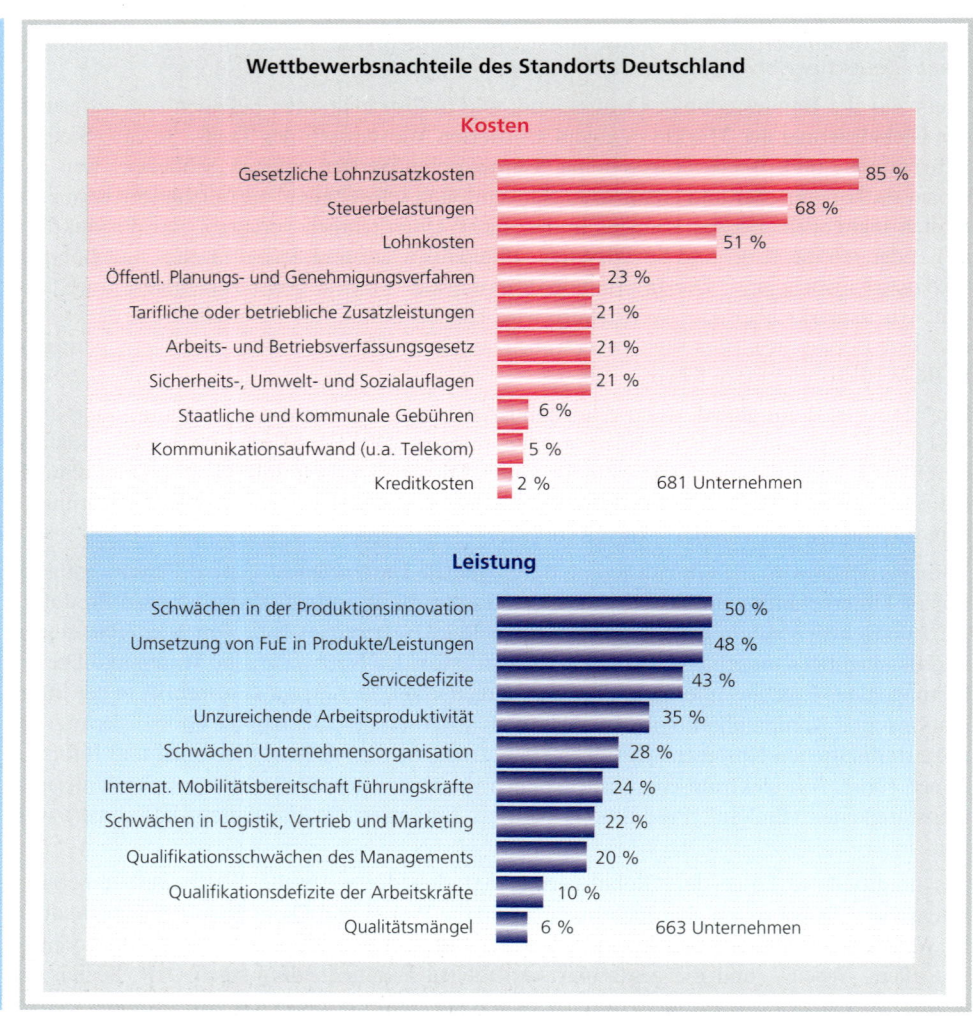

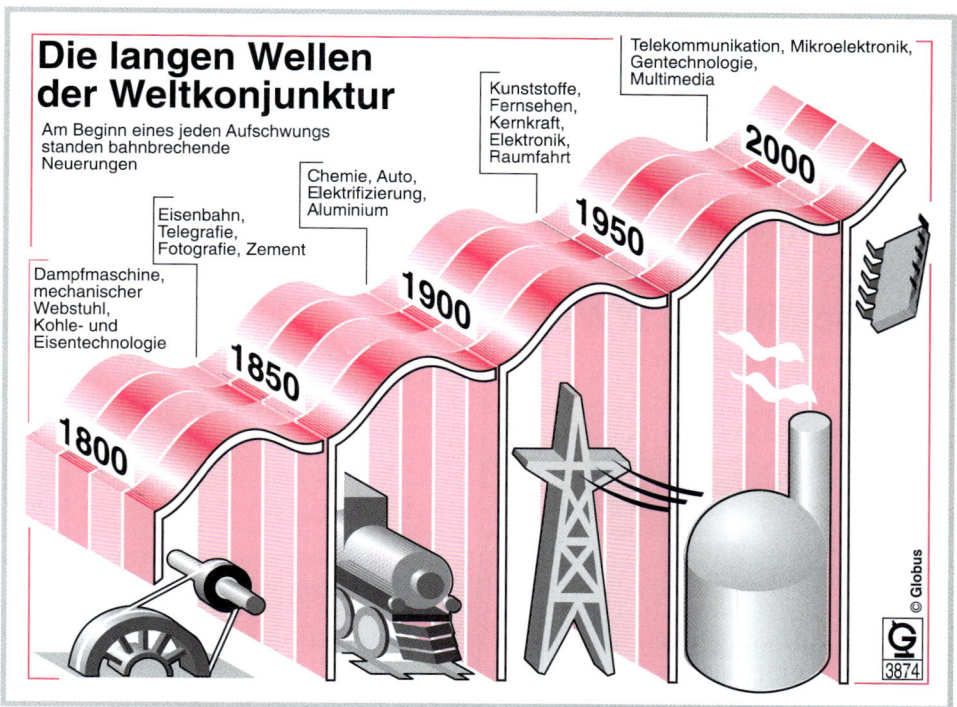

Die langen Wellen der Weltkonjunktur

Am Beginn eines jeden Aufschwungs standen bahnbrechende Neuerungen

Dampfmaschine, mechanischer Webstuhl, Kohle- und Eisentechnologie

Eisenbahn, Telegrafie, Fotografie, Zement

Chemie, Auto, Elektrifizierung, Aluminium

Kunststoffe, Fernsehen, Kernkraft, Elektronik, Raumfahrt

Telekommunikation, Mikroelektronik, Gentechnologie, Multimedia

1800 · 1850 · 1900 · 1950 · 2000

© Globus

3874

Wie die langen Wellen der Weltkonjunktur zeigen, bedeutet der Niedergang einer Technologie zugleich den Aufstieg einer neuen Technologie.

Die Welt befindet sich im Übergang von der Industrie- zur **Informationsgesellschaft**. Begriffe wie Informations- und Kommunikationstechniken, Multimedia[1] oder Telekommunikation prägen die Märkte. Immer mehr setzt sich die Auffassung von vernetzten Systemen durch, deren Steuerung nur mithilfe moderner Informations- und Kommunikationstechniken gelingt.

Dies zeigt sich an folgenden **Entwicklungen**:

- Immer mehr Beschäftigte arbeiten im Wirtschaftsbereich „Information" („quartärer Wirtschaftssektor"),
- moderne Informations- und Kommunikationstechniken sind weit verbreitet,
- die Produktion von Gütern ist volkswirtschaftlich nicht mehr dominant,
- die Informations- und Wissensmenge steigt stark an.

---

[1] **Multimedia** ist der Oberbegriff für kombinierte Informations- und Kommunikationsdienste, die es erlauben, Text, Grafik, Film, Musik und Bild unter einer gemeinsamen Oberfläche zusammenzuführen. Die Grenzen zwischen Telefon, Computer und Fernsehen verschwinden.

Für den Wandel zur Informationsgesellschaft sind folgende Bausteine maßgebend:

- *Informationsnetze*, die alle Multimedia-Anwendungen zulassen,
- *Grunddienste*, die elektronische Post (E-Mail), interaktive Multimediasysteme und Datenbankabfragen ermöglichen,
- *verschiedene Anwendungen* wie Telearbeit[1], Telelernen, Forschungsnetzwerke mit Zugang zu Datenbanken und Bibliotheken, Telematikdienste (z. B. Notdienst- und Verkehrsmanagement), Datenautobahnen für öffentliche und private Haushalte.

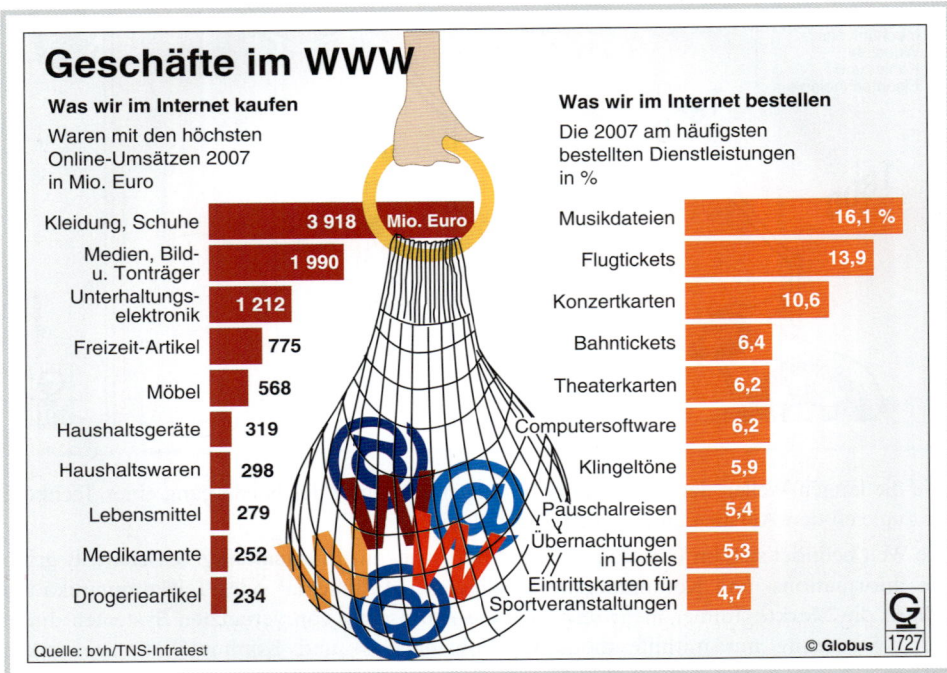

Geschäfte im WWW

Was wir im Internet kaufen

Waren mit den höchsten Online-Umsätzen 2007 in Mio. Euro

	Mio. Euro
Kleidung, Schuhe	3 918
Medien, Bild- u. Tonträger	1 990
Unterhaltungs-elektronik	1 212
Freizeit-Artikel	775
Möbel	568
Haushaltsgeräte	319
Haushaltswaren	298
Lebensmittel	279
Medikamente	252
Drogerieartikel	234

Was wir im Internet bestellen

Die 2007 am häufigsten bestellten Dienstleistungen in %

	%
Musikdateien	16,1 %
Flugtickets	13,9
Konzertkarten	10,6
Bahntickets	6,4
Theaterkarten	6,2
Computersoftware	6,2
Klingeltöne	5,9
Pauschalreisen	5,4
Übernachtungen in Hotels	5,3
Eintrittskarten für Sportveranstaltungen	4,7

Quelle: bvh/TNS-Infratest

© Globus 1727

Die Industrieländer versprechen sich von der Informationsgesellschaft die Lösung vieler Probleme, die durch die industriell-technische Entwicklung entstanden sind. Hierzu zählen die Bewältigung der Informationsflut, die Verringerung des Verbrauchs natürlicher Ressourcen und Rohstoffe, die Verbesserung der Umweltqualität sowie die Beherrschung immer komplizierterer Aufgaben und Systeme in Wirtschaft und Wissenschaft.

Das Wirtschaftswachstum der Zukunft, und damit der Wohlstand, ist nicht mehr allein abhängig von den Produktionsfaktoren Arbeit, Natur und Kapital. Neues Wachstum hängt in erster Linie vom Wissen und der Information und von der Fähigkeit ab, dieses Wissen in neue Güter und Dienstleistungen umzuwandeln.

Die meisten Arbeitsplätze der Zukunft werden im Informationsbereich zu finden sein. Der Strukturwandel zur Informationsgesellschaft wird von einer Globalisierung der Märkte und einer Beschleunigung des technologischen Wandels begleitet sein. Industrien und Arbeits-

---

[1] Siehe hierzu auf Seiten 91 f.

plätze werden verlagert und Wirtschaftsstandorte neu verteilt. Auf den künftigen Märkten wird nur der überleben, der sich durch Innovationen schnellstmöglich anpasst und richtige Informationen auf schnellstem Wege findet und austauscht (**Informationslogistik**) und das weltweit vorhandene Wissen für sich nutzt. Ständige Marktveränderungen machen für alle Beschäftigten **lebenslanges Lernen** notwendig.

Zusammenfassung

- **Konjunkturen** sind kurzfristige, mittelfristige und langfristige Wirtschaftsschwankungen.
- Der **Konjunkturverlauf** zeigt vier Phasen: 1. Tiefstand = Depression, 2. Aufschwung, 3. Hochkonjunktur = Boom, 4. Abschwung = Rezession oder Krise
- **Konjunkturindikatoren** zeigen den Stand der wirtschaftlichen Entwicklung an (= *Konjunkturdiagnose*) und ermöglichen es, die zukünftige Entwicklung aufzuzeigen (= *Konjunkturprognose*). Man unterscheidet Früh-, Gegenwarts- und Spätindikatoren.
- Eine ständige Aufgabe moderner Industriegesellschaften ist die Bewältigung von Strukturkrisen. Diese entstehen durch den **Strukturwandel** infolge neuer Techniken und zunehmender internationaler Verflechtungen.
- Alle Industrienationen befinden sich aufgrund der **Globalisierung der Märkte** in einem erbitterten Wettbewerb der Tarif-, Sozial-, Steuer-, Subventions- und Wechselkurssysteme. Besonders betroffen sind Schiffbau, Kohlebergbau, Textil- und Stahlindustrie.
- Die Welt befindet sich im Übergang von der Industrie- zur **Informationsgesellschaft**. Begriffe wie Informations- und Kommunikationstechniken, Multimedia oder Telekommunikation prägen die Märkte. Die Industrieländer versprechen sich von der Informationsgesellschaft die Lösung vieler Probleme, die durch die industriell-technische Entwicklung entstanden sind.

Aufgaben

1 a) Suchen Sie Beispiele für kurzfristige Wirtschaftsschwankungen.

   b) Suchen Sie nach Beispielen für umwälzende technische Neuerungen, die eine langfristige Konjunkturwelle verursacht haben.

2 Betrachten Sie die Bildstatistik auf Seite 250. Beantworten Sie folgende Fragen:

   a) Weshalb ergibt sich zwangsläufig die „Berg- und Talfahrt" der Konjunktur (volkswirtschaftliche Gesetzmäßigkeiten)?

   b) In welcher Konjunkturphase befindet sich die Bundesrepublik Deutschland gegenwärtig? Nennen Sie die Merkmale und mögliche Ursachen.

3 „Die Depression birgt bereits die Ursachen für die Gesundung der Wirtschaft." Versuchen Sie, diesen Satz volkswirtschaftlich zu begründen.

4 a) Weshalb fallen in der Krise die Aktienkurse?

   b) Weshalb sinken in der Krise die Zinsen?

5 Theoretisch müssen in einer Krise die Löhne sinken. Wer wird sich dagegen wehren? Welche volkswirtschaftlichen Folgen ergeben sich aus dieser Situation?

6 Angenommen, die Indikatoren der Verbrauchskonjunktur zeigen folgendes Bild:

- Einzelhandelsumsätze sind stark rückläufig.
- Der Preisindex für die Lebenshaltung ist erheblich gestiegen.
- Der Auftragseingang der inländischen Verbrauchsgüterindustrie ist rückläufig.

a) Welche Prognose für die Konjunktur im Bereich Verbrauch können Sie stellen?

b) Welche gesamtwirtschaftlichen Auswirkungen sind zu erwarten:

1. für die Beschäftigung,
2. für das Wirtschaftswachstum,
3. für die Preisstabilität,
4. für den Außenbeitrag?

c) Unterscheiden Sie Früh-, Gegenwarts- und Spätindikatoren.

7 Kennzeichen konjktureller Schwankungen ist (sind):

a) Unterschiedliche Entwicklungstendenzen einzelner Wirtschaftsgebiete

b) Langfristige Beschäftigungsschwankungen

c) Kurzfristige Beschäftigungsschwankungen

d) Mittelfristige, wiederkehrende Wechsellagen der Gesamtwirtschaft

e) Langfristige Entwicklungstendenzen im Wirtschaftsablauf

8 Ordnen Sie die Konjunkturphase den entsprechenden Beispielen zu:

a) Konjunkturaufschwung   b) Konjunkturabschwung

1. Zunehmende Vollbeschäftigung   7. Rückgang der Unternehmerinitiative
2. Rege Kreditnachfrage   8. Überhöhte Lohnforderungen
3. Lohn-Preis-Spirale   9. Steigerung der Nachfrage nach Luxusgü-
4. Sinkendes Steueraufkommen   tern
5. Güterangebot > Güternachfrage   10. Zunahme des politischen Radikalismus
6. Güternachfrage > Güterangebot   11. Nachlassen der allgemeinen Bautätigkeit

9 a) Beschreiben Sie anhand der Grafiken auf den Seiten 254 und 257 den Strukturwandel der Wirtschaft.

b) Suchen Sie Beispiele für diesen Strukturwandel in Ihrer Region.

c) Betrachten Sie die Statistiken auf den Seiten 254f.

Beschreiben Sie die Entwicklung des Steinkohlebergbaus? Überlegen Sie mögliche Ursachen.

d) Zählen Sie einige (1) Krisenbranchen, (2) Zukunftsbranchen auf.

10 a) Erörtern Sie mögliche Folgen der Globalisierung der Märkte für den Standort Deutschland.

b) Diskutieren Sie über Vor- und Nachteile des Standorts Deutschland.

11 Wir befinden uns im Übergang von der Industrie- zur Informationsgesellschaft.

a) Nennen Sie Merkmale der Informationsgesellschaft.

b) Inwiefern könnte die Informationsgesellschaft viele Probleme der Industriegesellschaft lösen?

c) Begründen Sie, dass für das Überleben in der Informationsgesellschaft lebenslanges Lernen notwendig ist.

4.3 Geldpolitik der Europäischen Zentralbank

Elf Staaten gründeten am 1. Januar 1999 (seit 2009 sind es 16 Staaten) das Euro-Währungs-gebiet – einen Wirtschaftsraum, der inzwischen rund 300 Millionen Einwohnern fast **ein Fünftel der Weltproduktion und des Welthandels** auf sich vereinigt und damit, ökono-misch gesehen, etwa die Größe der Vereinigten Staaten erreicht. Mit der Währungsunion vollzieht sich der Schritt zu einem echten Binnenmarkt: In ihr entfallen die bisherigen Wechselkursrisiken für die teilnehmenden Staaten; es verringern sich die Transaktionskos-ten bei grenzüberschreitenden Bankgeschäften, es entsteht ein größerer und effizienter Finanzmarkt und es gibt mehr Preistransparenz und Wettbewerb – Gesichtspunkte, die vor allem für die exportorientierte Wirtschaft, aber auch für die einzelnen Bürger von Bedeutung sind.

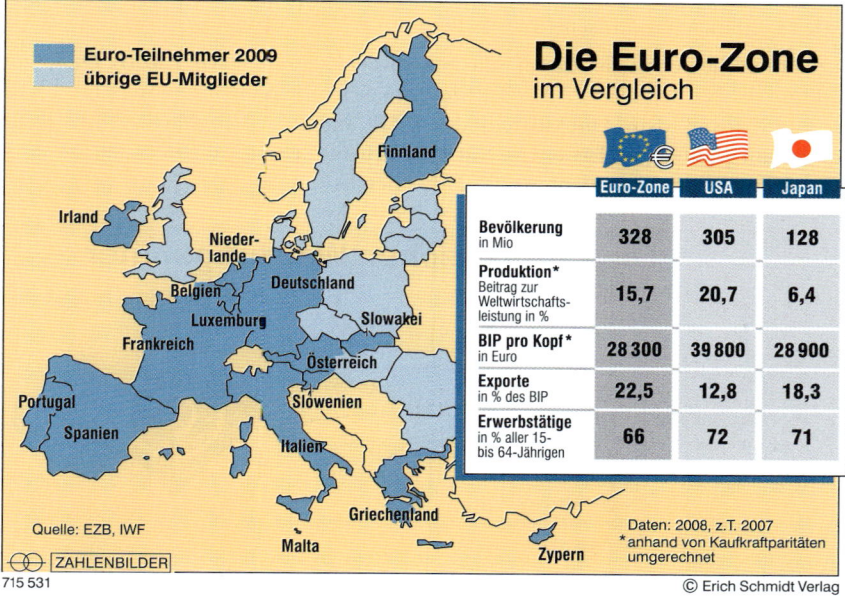

Die Euro-Zone im Vergleich

	Euro-Zone	USA	Japan
Bevölkerung in Mio	328	305	128
Produktion* Beitrag zur Weltwirtschafts-leistung in %	15,7	20,7	6,4
BIP pro Kopf* in Euro	28 300	39 800	28 900
Exporte in % des BIP	22,5	12,8	18,3
Erwerbstätige in % aller 15- bis 64-Jährigen	66	72	71

Quelle: EZB, IWF

ZAHLENBILDER

715 531

Daten: 2008, z.T. 2007
*anhand von Kaufkraftparitäten umgerechnet

© Erich Schmidt Verlag

Über die **Stabilität** des Euro wacht die unabhängige Europäische Zentralbank (EZB).

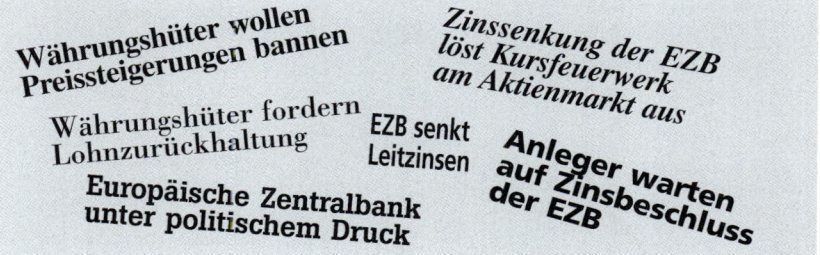

Währungshüter wollen Preissteigerungen bannen

Zinssenkung der EZB löst Kursfeuerwerk am Aktienmarkt aus

Währungshüter fordern Lohnzurückhaltung

EZB senkt Leitzinsen

Anleger warten auf Zinsbeschluss der EZB

Europäische Zentralbank unter politischem Druck

Welche Länder bilden die Eurozone? Welche Vorteile versprechen sich diese Mitgliedslän-der von der gemeinsamen Währung? Welchen Einfluss übt die Europäische Zentralbank auf das Wirtschaftsgeschehen im Euroraum aus?

4.3.1 Aufbau, Ziele und Aufgaben der Europäischen Zentralbank

■ **Aufbau der Europäischen Zentralbank**

Die Europäische Zentralbank (EZB, Sitz: Frankfurt am Main) und die 16 rechtlich selbstständigen nationalen Zentralbanken (NZBen) der Teilnehmerstaaten der Europäischen Währungsunion (EWU) bilden zusammen das Eurosystem. Oberstes Leitungs- und Entscheidungsorgan des Eurosystems ist der EZB-Rat. Ihm gehören die sechs Mitglieder des Direktoriums[1] der EZB und die 16 Präsidenten der nationalen Zentralbanken der Mitgliedstaaten an. Der EZB-Rat legt insbesondere die Geldpolitik innerhalb der Eurozone fest und erlässt hierfür die notwendigen Leitlinien und Entscheidungen. Das Direktorium ist ermächtigt, die Geldpolitik gemäß den Leitlinien und Entscheidungen des EZB-Rates auszuführen.

Davon zu unterscheiden ist das Europäische System der Zentralbanken (ESZB). Dieses umfasst die EZB und die NZBen *aller 27 Mitgliedstaaten* der Europäischen Union (EU). Das ESZB wird vom EZB-Rat, dem Direktorium der EZB und dem Erweiterten Rat als drittem Beschlussorgan geleitet. Der Erweiterte Rat setzt sich aus dem Präsidenten, dem Vizepräsidenten und den Zentralbankpräsidenten aller 27 NZBen zusammen.

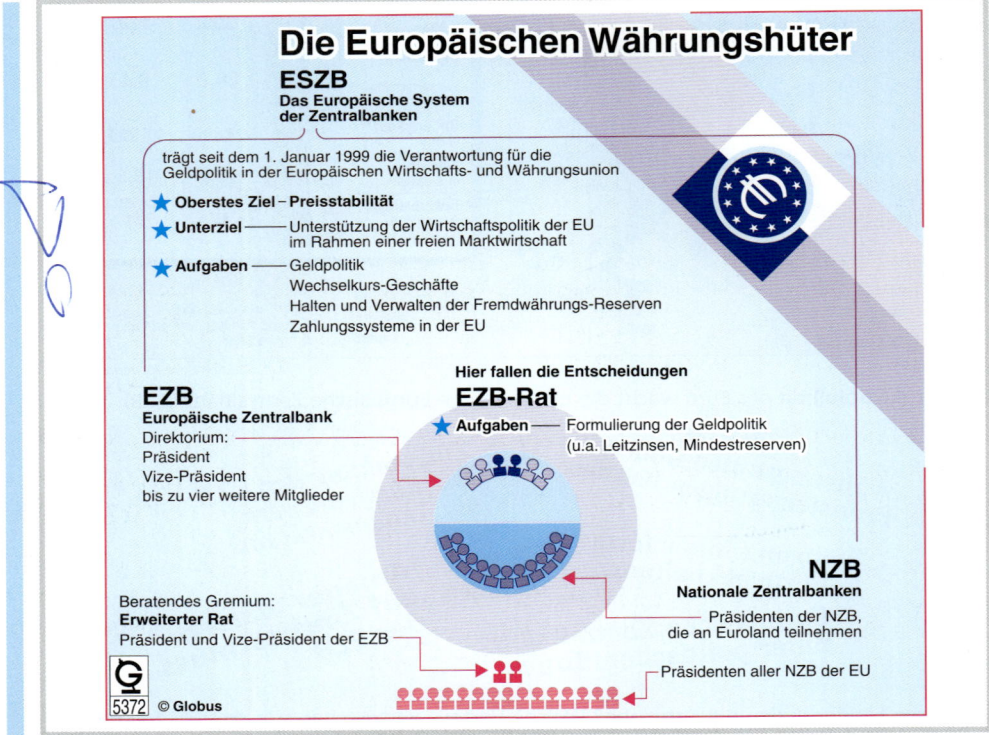

Die Europäischen Währungshüter

ESZB
Das Europäische System der Zentralbanken

trägt seit dem 1. Januar 1999 die Verantwortung für die Geldpolitik in der Europäischen Wirtschafts- und Währungsunion

★ **Oberstes Ziel – Preisstabilität**

★ **Unterziel** —— Unterstützung der Wirtschaftspolitik der EU im Rahmen einer freien Marktwirtschaft

★ **Aufgaben** —— Geldpolitik
Wechselkurs-Geschäfte
Halten und Verwalten der Fremdwährungs-Reserven
Zahlungssysteme in der EU

Hier fallen die Entscheidungen

EZB
Europäische Zentralbank
Direktorium:
Präsident
Vize-Präsident
bis zu vier weitere Mitglieder

EZB-Rat
★ **Aufgaben** —— Formulierung der Geldpolitik
(u. a. Leitzinsen, Mindestreserven)

NZB
Nationale Zentralbanken
Präsidenten der NZB, die an Euroland teilnehmen

Beratendes Gremium:
Erweiterter Rat
Präsident und Vize-Präsident der EZB

Präsidenten aller NZB der EU

G 5372 © Globus

---

[1] Das **Direktorium** besteht aus dem EZB-Präsidenten, dem Vizepräsidenten und vier weiteren von den Staats- und Regierungschefs der Mitgliedstaaten ernannten Mitgliedern.

Eurosystem und ESZB nehmen ihre Tätigkeit nach Maßgabe des Vertrages zur Gründung der Europäischen Gemeinschaft (EGV) und der Satzung des Europäischen Systems der Zentralbanken und der Europäischen Zentralbank (ESZB/EZB-Satzung) wahr.

■ Ziele, Aufgaben und Stellung der Europäischen Zentralbank

Oberstes Ziel der EZB ist die Sicherung der **Stabilität des Preisniveaus** im Euroraum. Dabei soll die EZB die **allgemeine Wirtschaftspolitik der Mitgliedstaaten unterstützen**, soweit dies möglich ist, ohne die Preisstabilität zu beeinträchtigen (Art. 105 EGV).

Zu den *Aufgaben der EZB* gehören vor allem die Festlegung und das Ausführen der gemeinsamen Geldpolitik, die Durchführung von Devisengeschäften[1], das Halten und Verwalten der Währungsreserven der Mitgliedstaaten und das Fördern des reibungslosen Funktionierens der Zahlungssysteme.

Bei der Wahrnehmung der Aufgaben dürfen die EZB, die NZBen oder Mitglieder ihrer Beschlussorgane **keine Weisungen** von Organen oder Einrichtungen der Europäischen Union, von Regierungen der Mitgliedstaaten oder anderen Stellen einholen oder entgegennehmen (Art. 107 EGV). Die EZB bzw. NZBen dürfen für Organe oder Einrichtungen der Europäischen Union oder für Regierungen der Mitgliedstaaten **keine Mittel zur Haushaltsfinanzierung** bereitstellen oder von diesen Schuldpapiere erwerben (Art. 104 EGV). Die EU-Finanzminister verpflichten sich, die **Stabilitätserklärung** (vom 1. Mai 1998) einzuhalten. Dabei soll die wirtschaftliche Konvergenz[2] weiterhin in allen Mitgliedstaaten die Basis für ein beständiges, nicht inflationäres Wachstum sein. Mitglieder mit besonders hoher Staatsverschuldung müssen verstärkte Anstrengungen unternehmen.

Die Einhaltung der sogenannten Konvergenzkriterien war Voraussetzung für die Aufnahme in die Währungsunion. **Konvergenzkriterien** im Einzelnen:

Stabiles Preisniveau	Gesunde Staatsfinanzen	Stabile Wechselkurse	Wirtschaftliche Konvergenz
Inflationsrate liegt höchstens 1,5 Prozentpunkte über dem Durchschnitt der drei „stabilsten" EU-Mitgliedstaaten	Das jährliche Defizit beträgt höchstens 3 %, die gesamte Staatsschuld höchstens 60 % des Bruttoinlandsprodukts	Teilnahme am EWS-Wechselkursverbund seit mindestens zwei Jahren ohne große Kursschwankungen	Langfristige Zinsen liegen höchstens 2 Prozentpunkte über dem Durchschnitt der drei „stabilsten" EU-Mitgliedstaaten

Die 16 nationalen Zentralbanken der Euro-Zone beschränken ihre Tätigkeit weitgehend darauf, die Beschlüsse des EZB-Rates in ihren Ländern durchzuführen. Da sich die Verantwortung des EZB-Rates auf den gesamten Währungsraum konzentriert, dürfen die nationalen Notenbankpräsidenten im EZB-Rat auch keine Anwälte nationaler Interessen sein.

Anzumerken ist, dass die nationalen Zentralbanken der EU-Mitgliedstaaten, die den Euro nicht eingeführt haben (sogenannte **„Pre-ins"**), ihre währungspolitischen Befugnisse nach innerstaatlichen Recht behalten und damit in die gemeinsame Geldpolitik nicht einbezogen sind.

---

[1] **Devisen** sind bargeldlose Zahlungsmittel (z. B. Verrechnungsschecks), die auf ausländische Währung lauten und im Ausland fällig sind, und täglich fällige Guthaben bei ausländischen Kreditinstituten.
[2] **Konvergenz** (lat.) = Annäherung, Übereinstimmung

4.3.2 Geldpolitische Instrumente der Europäischen Zentralbank

▪ Orientierungsgrößen der Geldpolitik

Die geldpolitische Strategie der EZB besteht aus folgenden Elementen:

- **Quantitative Festlegung des Preisstabilitätsziels.** Danach ist Preisstabilität definiert als Anstieg des Harmonisierten Verbraucherpreisindex (HVPI)[1] für das Euro-Währungsgebiet von knapp unter 2 Prozent gegenüber dem Vorjahr.
- **Stabilitätsbewusste Geldmengenorientierung.** Die EZB verkündet jährlich ein quantitatives Geldmengenziel, zz. 4,5 Prozent, das die Ausweitung der Geldmenge im Rahmen hält, das Preisstabilitätsziel absichert und zugleich am erwarteten Wachstum der Wirtschaft ausgerichtet ist. Das Geldmengenziel ist für die EZB eine Kontrollmöglichkeit für den Erfolg ihrer Geldpolitik und dient den Wirtschaftssubjekten als Orientierungshilfe. Messgröße ist die Geldmenge M3 im Euro-Währungsgebiet.

Zusammensetzung der Geldmenge M3 (Angaben in Mrd. EUR)   Stand Dezember 2008

Bargeldumlauf der Nichtbanken (Münzen und Banknoten)	710
+ Täglich fällige Einlagen der Nichtbanken (Buchgeld auf Girokonten)	3 268
= Geldmenge M1 („eng gefasste Geldmenge")	**3 978**
+ Einlagen mit vereinbarter Laufzeit bis zu zwei Jahren	2 471
+ Einlagen mit vereinbarter Kündigungsfrist bis zu drei Monaten	1 557
= Geldmenge M2 („mittlere Geldmenge")	**8 006**
+ Erhaltene Beträge aus Repogeschäften[2]	356
+ Geldmarktfondsanteile	753
+ Schuldverschreibungen mit einer Laufzeit von bis zu zwei Jahren	271
= Geldmenge M3 („weit abgegrenzte Geldmenge")	**9 386**

Im Bargeldumlauf sind die Kassenbestände der monetären Finanzinstitute (**MFIs**, Geldinstitute, z. B. Banken) nicht enthalten.

- **Beurteilung der künftigen Preisentwicklung** auf der Grundlage möglichst vieler wirtschaftlicher und finanzieller Größen und Indikatoren. Neue Entwicklungen oder Störungen in der Wirtschaft können auf diese Weise angemessen berücksichtigt werden. Außerdem wird vermieden, dass die Geldpolitik „mechanistisch" auf die Änderung einer einzigen wirtschaftlichen Größe reagiert. Die EZB wird sich auch an Inflationszielen orientieren, diese aber nicht veröffentlichen, um keine Signale zu setzen.

▪ Grundbegriffe der Geldpolitik

- **Kreditmarkt.** Er gliedert sich in Geldmarkt und Kapitalmarkt

Geld-markt	Markt für *kurzfristige* Kredite und Geldanlagen • Handel mit Tages- und ein- bis dreimonatlichen Termingeldern (Zentralbankguthaben) • Handel mit Geldmarktpapieren (zentralbankfähige Wertpapiere mit kurzer Laufzeit)
Kapital-markt	Markt für *langfristige* Kredite und Geldanlagen • Effektenmarkt: Handel mit festverzinslichen Wertpapieren (Rentenmarkt) und Aktien • Hypothekenmarkt: Markt für langfristige, durch Grundpfandrechte gesicherte Kredite

---

[1] Siehe hierzu auf Seite 230.

[2] **Repos** von engl. repurchasing options: Verkauf von Wertpapieren mit gleichzeitiger Rückkaufvereinbarung zwischen Banken bzw. Banken und Nichtbanken.

- **Geschäftspartner.** Zum Kreis der Geschäftspartner der EZB gehören alle mindestreserve-pflichtigen Institute. Daraus folgt, dass alle Geschäftspartner ihren Sitz im Euro-Währungsraum haben müssen. Für die Teilnahme an Feinsteuerungsgeschäften kann die EZB eine begrenzte Anzahl von Geschäftspartnern auswählen. Die NZBen (Nationale Zentralbanken) stellen bei der Auswahl ihrer Partner auf besondere Geldmarktaktivitäten ab.

- **Refinanzierungsfähige Sicherheiten.** Wenn die Geschäftspartner Geld benötigen, dann wenden sie sich an die EZB, d. h., sie **refinanzieren** sich, um wiederum ihren eigenen Kunden Kredite geben zu können. Auf diese Weise kann die EZB die Liquidität und die Zinssätze auf dem Geldmarkt beeinflussen. Die Geschäftspartner müssen für alle Kreditgeschäfte mit der EZB ausreichende Sicherheiten stellen.

Merkmale der refinanzierungsfähigen Sicherheiten im Überblick

Kriterien	Sicherheiten der Kategorie 1	Sicherheiten der Kategorie 2
Art der Sicherheit	Schuldverschreibungen und sonstige **marktfähige** Schuldtitel des ESZB, der öffentlichen Hand, des privaten Sektors und internationaler Institutionen mit erstklassiger Einstufung (Rating AAA)	**Marktfähige** Schuldtitel (z. B. Schuldverschreibungen mit niedrigerer Einstufung) und **nicht marktfähige** Schuldtitel (z. B. Handelswechsel, Kreditforderungen) der öffentlichen Hand oder des privaten Sektors und an einem geregelten Markt gehandelte Aktien

■ Offenmarktpolitik der Europäischen Zentralbank

Offenmarktgeschäfte spielen die wichtigste Rolle in der Geldpolitik der EZB. Bei Offenmarktgeschäften geht die Initiative immer von der EZB aus. Diese entscheidet auch über das einzusetzende Instrument und die Bedingungen für die Durchführung der Geschäfte.

● Instrumente der Offenmarktpolitik

Die wichtigsten Instrumente zur Durchführung von Offenmarktgeschäften

Befristete Transaktionen (Transaktion = größeres finanzielles Geschäft)	● **Hauptrefinanzierungsgeschäfte** (Wertpapierpensionsgeschäfte): Kauf bzw. Verkauf refinanzierungsfähiger Sicherheiten im Rahmen von Rückkaufsvereinbarungen. Dabei kauft die EZB (dies geschieht über die NZBen) Wertpapiere von den Kreditinstituten mit der Maßgabe, dass diese die Wertpapiere nach Ablauf einer bestimmten Frist (in der Regel *eine Woche*) wieder zurückkaufen. Die Wertpapiere werden bei der EZB sozusagen in Pension gegeben. Pensionsgeschäfte werden im **Tenderverfahren** abgewickelt (Tender = Ausschreibungsverfahren, bei dem EZB-Geld versteigert wird, siehe Seite 266). Der Zinssatz für die Pensionsgeschäfte (Mindestbietungs-, Pensions-, Refi-, Reposatz) ist der entscheidende **Leitzins** der EWU. ● **Längerfristige Refinanzierungsgeschäfte** (Pfandkredite): Kreditgeschäfte gegen Verpfändung refinanzierungsfähiger Sicherheiten. Dabei erhält die EZB das Pfandrecht an den als Sicherheit hinterlegten Wertpapieren. Die Kreditinstitute lösen die verpfändeten Wertpapiere in der Regel nach *drei Monaten* wieder ein.
Definitive Käufe bzw. Verkäufe	Definitive Käufe bzw. Verkäufe von marktfähigen Sicherheiten durch die EZB (bzw. die NZBen) am Markt. Das Eigentum geht dabei endgültig auf die Geschäftspartner über. Diese Maßnahme dient zur Feinsteuerung der Liquiditätsabschöpfung bzw. -bereitstellung.
Ausgabe von Schuldverschreibungen	Die EZB gibt Schuldverschreibungen aus, um dem Geldmarkt Liquidität zu entziehen. Bei der späteren Tilgung der Schuldverschreibungen wird dem Geldmarkt wieder Liquidität zugeführt.

● Abwicklung von Pensionsgeschäften im Tenderverfahren

Wertpapierpensionsgeschäfte (Hauptrefinanzierungsgeschäfte) der EZB werden von den NZBen im Tenderverfahren als Mengentender oder Zinstender durchgeführt. Bei beiden Verfahren kann die EZB Bietungshöchstbeträge als betragsmäßige Obergrenze für Gebote von einzelnen Geschäftspartnern festsetzen. Der Hauptrefinanzierungssatz (**Pensionssatz**), zu dem zugeteilt wird, ist der entscheidende **Leitzinssatz** der EZB.

Beim **Mengentender** (Festsatz-Tender) gibt die EZB den Zinssatz vor. Die Geschäftspartner geben Gebote über den Betrag ab, den sie zu diesem vorgegebenen Zinssatz kaufen oder verkaufen wollen. Die Zuteilung erfolgt mit einer einheitlichen Zuteilungsquote zum vorgegebenen Einheitszinssatz.

Beispiel 1: Liquiditätszuführende befristete Transaktion über Mengentender

Annahme: Die EZB will 105 Mio. EUR zuteilen

Gebote der Geschäftspartner		Zuteilungsergebnis	
Geschäftspartner	Gebot (Mio. EUR)	Zuteilungsquote	Zuteilung (Mio. EUR)
Bank A	30	75 %	22,5
Bank B	40	75 %	30,0
Bank C	70	75 %	52,5
Insgesamt	140	75 %	105,0

Zuteilungsquote: $105 \cdot 100 / 140 = 75\,\%$

Beim **Zinstender** (Tender mit variablem Zinssatz) geben die Geschäftspartner Gebote über die Beträge und die Zinssätze ab. Beim *holländischen Verfahren* werden alle Gebote einheitlich zum marginalen Zinssatz zugeteilt. Beim *amerikanischen Verfahren* werden die Gebote zu den individuellen Bietungssätzen zugeteilt. Bei beiden Verfahren werden nur die Gebote quotiert, die mit dem marginalen Zinssatz übereinstimmen, alle anderen Gebote werden voll zugeteilt.

Beispiel 2: Liquiditätszuführende befristete Transaktion mittels Zinstender (Angaben in Mio. EUR)

Annahme: Die EZB will 100 Mio. EUR zuteilen

Zinssatz	Bank A	Bank B	Bank C	Insgesamt	Kumuliert
3,25 %	–	10	10	20	20
3,20 %	10	20	15	45	65
3,15 %	20	30	20	70	135
3,10 %	30	40	35	105	240
Gebote	60	100	80	240	–
Zuteilungs-ergebnis	20	45	35	100	–

Zuteilung nach dem holländischen Verfahren: Alle Gebote mit einem Zinssatz über 3,15 % werden voll zugeteilt; d. h. 65 Mio. EUR werden voll zugeteilt. Beim marginalen Zinssatz von 3,15 % ergibt sich folgende prozentuale Zuteilungsquote: $(100 - 65) \cdot 100 / 70 = 50\,\%$; damit erhält Bank A: $10 + 20 \cdot 50\,\% = 20$ Mio. EUR, Bank B: $10 + 20 + 30 \cdot 50\,\% = 45$ Mio. EUR, Bank C: $10 + 15 + 20 \cdot 50\,\% = 35$ Mio. EUR.

Nach dem holländischen Zuteilungsverfahren beträgt der Zinssatz für alle den Geschäftspartnern zugeteilten Beträge einheitlich 3,15 %.

Nach dem **amerikanischen Zuteilungsverfahren** wird kein einheitlicher Zinssatz angewandt: Bank B erhielte z. B. 10 Mio. EUR zu 3,25 %, 20 Mio. EUR zu 3,20 % und 15 Mio. EUR zu 3,15 %.

● Wirkungsweise der Offenmarktpolitik

Mithilfe der Offenmarktpolitik kann die allgemeine Wirtschaftslage (Konjunktur) zur Erreichung der wirtschaftspolitischen Ziele beeinflusst werden.

Rezession	⇐Konjunkturlage⇒	Boom/Inflation
Expansive Geldpolitik „Politik des billigen Geldes"	Geldpolitisches Instrument	Restriktive Geldpolitik „Politik des knappen Geldes"
EZB erhöht die betragsmäßige Obergrenze für befristete Trans-aktionen und senkt den Refi-Satz. EZB erhöht definitive Käufe von Wertpapieren	Offenmarktpolitik	EZB senkt die beitragsmäßige Obergrenze für befristete Trans-aktionen und erhöht den Refi-Satz. EZB erhöht definitive Ver-käufe von Wertpapieren
⇓	⇓	⇓
Liquidität der Banken steigt Allgemeines Zinsniveau sinkt ⇓ Kreditnachfrage steigt	Wirkung am Geldmarkt	Liquidität der Banken sinkt Allgemeines Zinsniveau steigt ⇓ Kreditnachfrage sinkt
⇓	⇓	⇓
Investitionsnachfrage steigt Konsumnachfrage steigt Auslandsnachfrage steigt	Wirkung am Gütermarkt	Investitionsnachfrage sinkt Konsumnachfrage sinkt Auslandsnachfrage sinkt
⇓	⇓	⇓
Wachstum Hoher Beschäftigungsstand	Ergebnis	Preisniveau sinkt „Abkühlung" des Booms

■ Geldpolitisches Instrument der ständigen Fazilitäten

Die ständigen Fazilitäten dienen dazu, über Nacht Geld anzulegen oder Geld zu besorgen.
Sie setzen Signale bezüglich des allgemeinen Kurses der Geldpolitik und stecken Ober- und
Untergrenze der Geldmarktsätze für Tagesgelder ab.

Die **Einlagefazilität** wird von den Geschäftspartnern genutzt, um bei den nationalen Zentralbanken Guthaben bis zum nächsten Geschäftstag anzulegen.

Die **Spitzenrefinanzierungsfazilität** wird von den Geschäftspartnern genutzt, um einen vorü-
bergehenden Liquiditätsbedarf (Spitzenbedarf) zu decken. Die nationalen Zentralbanken stellen die Übernachtliquidität (Laufzeit von einem Geschäftstag) zu einem vorgegebenen Zinssatz zur Verfügung. In der Regel gibt es keine Kredithöchstgrenzen.

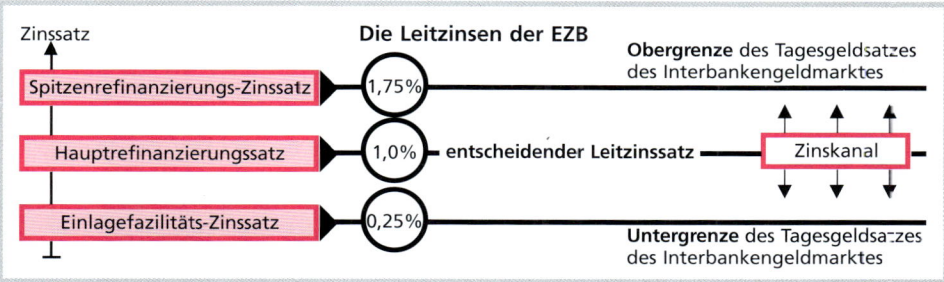

■ Mindestreservepolitik der Europäischen Zentralbank

Die EZB verlangt, dass die in den Mitgliedstaaten niedergelassenen Kreditinstitute *Mindestre-serven* auf Konten der nationalen Zentralbanken unterhalten (Artikel 19.1 ESZB/EZB-Satzung). Den Instituten wird ein pauschaler Freibetrag von 100 000 EUR eingeräumt.

Der **Mindestreservesatz** der EZB beträgt *2 Prozent der reservepflichtigen Verbindlichkeiten*. Darunter fallen täglich fällige Einlagen, Einlagen mit einer vereinbarten Kündigungsfrist von bis zu zwei Jahren, Schuldverschreibungen mit einer Laufzeit von bis zu zwei Jahren und Geld-marktpapiere. Die *EZB verzinst die Mindestreserveguthaben* mit dem ESZB-Satz für ihre Hauptrefinanzierungsinstrumente.

● Wirkungsweise der Mindestreservepolitik

Rezession	⇐ Konjunkturlage ⇒	Boom/Inflation
Expansive Geldpolitik „Politik des billigen Geldes"	**Geldpolitisches Instrument**	Restriktive Geldpolitik „Politik des knappen Geldes"
Mindestreservesatz senken	**Mindestreservepolitik**	**Mindestreservesatz erhöhen**
⇓	⇓	⇓
Liquidität der Banken steigt Allgemeines Zinsniveau sinkt ⇓ Kreditnachfrage steigt	**Wirkung am Geldmarkt**	Liquidität der Banken sinkt Allgemeines Zinsniveau steigt ⇓ Kreditnachfrage sinkt
⇓	⇓	⇓
Investitionsnachfrage steigt Konsumnachfrage steigt Auslandsnachfrage steigt	**Wirkung am Gütermarkt**	Investitionsnachfrage sinkt Konsumnachfrage sinkt Auslandsnachfrage sinkt
⇓	⇓	⇓
Wachstum Hoher Beschäftigungsstand	**Ergebnis**	**Preisniveau sinkt „Abkühlung" des Booms**

4.3.3 Die Deutsche Bundesbank im Rahmen des Eurosystems

■ Aufbau und Stellung der Deutschen Bundesbank

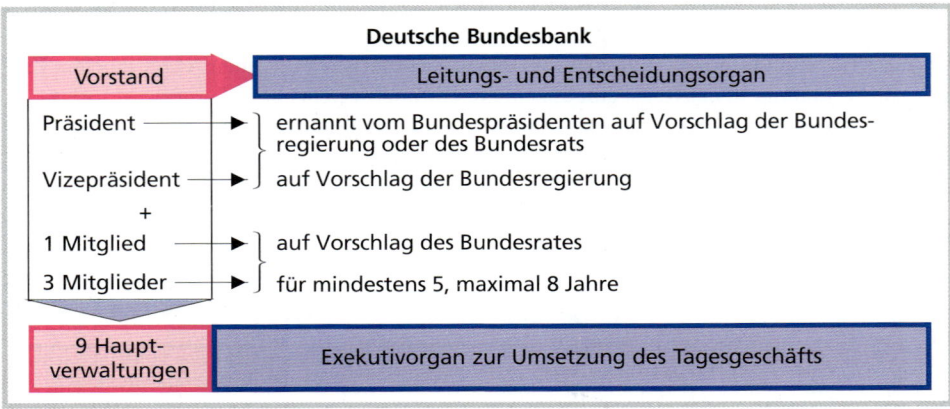

Die Deutsche Bundesbank ist als Zentralbank der Bundesrepublik Deutschland integraler Bestandteil des Europäischen Systems der Zentralbanken (BBankG § 3). Bei der Erfüllung der Aufgaben des ESZB handelt der Vorstand der Deutschen Bundesbank im Rahmen der Leitlinien und Weisungen der Europäischen Zentralbank (BBankG § 6).

Der **Vorstand der Deutschen Bundesbank** (er besteht aus z. Z. sechs Mitgliedern) kann seinen Präsidenten zwar beraten, für seine Stimmabgabe im EZB-Rat darf er jedoch keine bindenden Vorgaben machen, denn die Unabhängigkeit der Mitglieder des EZB-Rates gilt auch gegenüber den Gremien ihrer eigenen Zentralbanken.

■ Aufgaben der Deutschen Bundesbank

Die EZB nimmt die nationalen Zentralbanken zur Durchführung von Geschäften, die zu den Aufgaben des ESZB gehören, in Anspruch, soweit dies möglich und sachgerecht erscheint. Die 16 nationalen Zentralbanken beschränken ihre Tätigkeit weitgehend darauf, die Beschlüsse des EZB-Rates in ihren Ländern durchzuführen. Dies geschieht in allen Mitgliedstaaten zu einheitlichen Bedingungen. Somit besteht die *Hauptaufgabe* der Deutschen Bundesbank in der **Umsetzung der Geldpolitik der EZB**.

Da die währungspolitischen Entscheidungen des EZB-Rates möglichst dezentral durch die nationalen Zentralbanken umgesetzt werden sollen, erfolgt die **Refinanzierung der Kreditinstitute** in Deutschland durch die Hauptverwaltungen der Bundesbank. Obgleich die Instrumente und ihr Einsatz grundsätzlich vom EZB-Rat für alle nationalen Zentralbanken verbindlich entschieden werden, hat die Bundesbank einen begrenzten Ermessensspielraum, um bei der Übernahme der Vorgaben des EZB-Rates vorhandene nationale Regelungen und Besonderheiten berücksichtigen zu können. Allerdings darf hierdurch nicht die Einheitlichkeit der Geldpolitik beeinträchtigt werden.

Weitere Aufgaben der Bundesbank sind gemäß BBankG die bankmäßige **Abwicklung des Zahlungsverkehrs** im Inland und mit dem Ausland, die Sicherung der Stabilität der Zahlungs- und Verrechnungssysteme, die **Versorgung der Wirtschaft mit Bargeld** und die **Verwaltung der nationalen Währungsreserven**, die nicht an die EZB übertragen wurden.

Soweit es mit den Zielen und Aufgaben im ESZB vereinbar ist, können die nationalen Zentralbanken auch andere als in der ESZB-Satzung bezeichnete Aufgaben wahrnehmen. Entsprechend ist die Bundesbank in den Bereichen der **Bankenaufsicht** (KWG § 7) *und der Außenwirtschaft* tätig, *wirkt bei der Kreditaufnahme des Bundes und der Länder am Finanzmarkt mit* und tritt für die meisten der vom Bund begebenen Schuldtitel als Vermittler (**"fiscal agent"**) auf.

Zusammenfassung

- **Organisation der EZB** (Europäische Zentralbank): Die EZB und die 16 NZBen der EWU-Teilnehmerstaaten bilden das **Eurosystem**. Oberstes Leitungs- und Entscheidungsorgan des Eurosystems ist der **EZB-Rat**. Davon zu unterscheiden ist das **Europäische System der Zentralbanken** (ESZB). Dieses umfasst die EZB und die NZBen *aller 27 Mitgliedstaaten* der Europäischen Union (EU). Das ESZB wird vom EZB-Rat, dem Direktorium der EZB und dem **Erweiterten Rat** als drittem Beschlussorgan geleitet.
- **Ziele der EZB:** Sicherung der Preisstabilität im Euroraum und Unterstützung der allgemeinen Wirtschaftspolitik der Mitgliedstaaten.
- **Aufgaben der EZB:** Gemeinsame Geldpolitik festlegen und ausführen, Devisengeschäfte durchführen, Währungsreserven der NZBen halten und verwalten, reibungsloses Funktionieren der Zahlungssysteme sicherstellen.

- **Grundsätze des Eurosystems:** Unabhängigkeit der EZB und der NZB (Art. 107 EGV), Verbot der Haushaltsfinanzierung über Notenbanken (Art. 104 EGV), Einhaltung der Stabilitätserklärung der EU-Finanzminister.
- **Orientierungsgrößen der Geldpolitik der EZB:**
  - Preisstabilitätsziel von knapp unter 2 Prozent, gemessen am Harmonisierten Verbraucherpreisindex;
  - Geldmengenziel, gemessen am Geldmengenaggregat M3 (Bargeldumlauf, Sicht-, Termin- und gesetzliche Spareinlagen der Nichtbanken);
  - Beurteilung der Preisentwicklung anhand vieler wirtschaftlicher Größen.
- **Wirkungsweise der geldpolitischen Instrumente der EZB:**

Rezession	⇐Konjunkturlage⇒	Boom/Inflation
Expansive Geldpolitik „Politik des billigen Geldes"	**Geldpolitisches Instrument**	Restriktive Geldpolitik „Politik des knappen Geldes"
EZB erhöht die beitragsmäßige Obergrenze für befristete Transaktionen und senkt den Refi-Satz. EZB erhöht definitive Käufe von Wertpapieren	**Offenmarktpolitik**	EZB senkt die betragsmäßige Obergrenze für befristete Transaktionen und erhöht den Refi-Satz. EZB erhöht definitive Verkäufe von Wertpapieren
EZB **senkt** die Zinssätze für ständige Fazilitäten	**Ständige Fazilitäten**	EZB **erhöht** die Zinssätze für ständige Fazilitäten
EZB **senkt** Mindestreservesatz	**Mindestreservepolitik**	EZB **erhöht** Mindestreservesatz
⇓	⇓	⇓
Liquidität der Banken steigt Allgemeines Zinsniveau sinkt ⇓ Kreditnachfrage steigt	**Wirkung am Geldmarkt**	Liquidität der Banken sinkt Allgemeines Zinsniveau steigt ⇓ Kreditnachfrage sinkt
⇓	⇓	⇓
Investitionsnachfrage steigt Konsumnachfrage steigt Auslandsnachfrage steigt	**Wirkung am Gütermarkt**	Investitionsnachfrage sinkt Konsumnachfrage sinkt Auslandsnachfrage sinkt
⇓	⇓	⇓
Wachstum Hoher Beschäftigungsstand	**Ergebnis**	**Preisniveau sinkt „Abkühlung" des Booms**

- **Tenderverfahren:**
  - **Beim Mengentender** gibt die EZB den Zinssatz vor. Die Geschäftspartner geben Gebote über den Betrag ab, den sie zu diesem vorgegebenen Zinssatz kaufen oder verkaufen wollen. Die Zuteilung erfolgt mit einer einheitlichen Zuteilungsquote zum vorgegebenen einheitlichen Mindestbietungssatz.
  - Beim **Zinstender** (Tender mit variablem Zinssatz) geben die Geschäftspartner Gebote über die Beträge und die Zinssätze ab. Beim *holländischen Verfahren* werden alle Gebote einheitlich zum marginalen Zinssatz zugeteilt. Beim *amerikanischen Verfahren* werden die Gebote zu den individuellen Bietungssätzen zugeteilt.
- Die **Deutsche Bundesbank** ist als Zentralbank Deutschlands integraler Bestandteil des ESZB. Ihre *Hauptaufgabe* besteht in der Umsetzung der Geldpolitik der EZB.

1 **Gruppenturnier** *(siehe hierzu auf Seite 72): Bilden Sie mehrere Arbeitsgruppen und erläutern Sie folgende Begriffe:*

a) Eurosystem, b) ESZB, c) EZB-Rat, d) „Pre-ins", e) Unabhängigkeit der EZB, f) Geldmenge M3, g) Geldmarkt, h) Geschäftspartner des ESZB, i) Refinanzierung, j) Mindestreserve, k) Fazilität, l) Pensionsgeschäft, m) Tenderverfahren, n) Vorstand der Deutschen Bundesbank

2 **Gruppenpuzzle** *(siehe hierzu auf Seiten 16, 313): Beantworten Sie in den Experten- bzw. Puzzlegruppen folgende Fragen:*

a) *Worin unterscheiden sich Eurosystem und ESZB?*
b) *Nennen Sie die Ziele des EZB.*
c) *Beschreiben Sie einige Aufgaben der EZB.*
d) *Wie wird die Unabhängigkeit der EZB sichergestellt?*
e) *Beschreiben Sie die Orientierungsgrößen für die Geldpolitik der EZB.*
f) *Unterscheiden Sie zwischen Kategorie-1- und Kategorie-2-Sicherheiten.*
g) *Nennen Sie die geldpolitischen Instrumente der EZB.*
h) *Zählen Sie die Instrumente der Offenmarktpolitik auf.*
i) *Unterscheiden Sie befristete Transaktionen und definitive Käufe/Verkäufe.*
j) *Unterscheiden Sie zwischen Mengentender und Zinstender.*
k) *Skizzieren Sie die Wirkungsweise der Offenmarktpolitik.*
l) *Erläutern Sie die Wirkungsweise der Mindestreservepolitik.*
m) *Unterscheiden Sie zwischen Einlagefazilität und Spitzenrefinanzierungsfazilität.*
n) *Beschreiben Sie den Begriff Leitzinsen des Eurosystems.*
o) *Erläutern Sie die Aufgaben der Deutschen Bundesbank.*

3 Stellen Sie die Wirkungsweise der geldpolitischen Instrumente dar.

Rezession	⇐Konjunkturlage⇒	Boom / Inflation
?	**Geldpolitisches Instrument**	?

4 a) *Wie wird mithilfe der Offenmarktpolitik eine Expansion der Geldmenge bewirkt?*

b) *Warum ist mithilfe der Offenmarktpolitik eine Vergrößerung der Geldmenge leichter zu erreichen als eine Verringerung der Geldmenge?*

5 Die EZB beabsichtigt, den Wirtschaftssubjekten im Euroraum über einen Mengentender Liquidität in Höhe von 150 Mio. EUR zuzuführen. Nehmen Sie die Zuteilung vor, wenn von den Geschäftspartnern folgende Gebote vorliegen:

Gebote der Geschäftspartner		Zuteilungsergebnis	
Geschäftspartnern	Gebot (in Mio. EUR)	Zuteilungsquote	Zuteilung (in Mio. EUR)
Bank A	70	?	?
Bank B	80	?	?
Bank C	**50**	?	?
Insgesamt	?	?	?

6 Die EZB beabsichtigt, den Wirtschaftssubjekten im Euroraum über einen Zinstender Liquidität in Höhe von 180 Mio. EUR zuzuführen. Nehmen Sie die Zuteilung vor, wenn von den Geschäftspartnern folgende Gebote vorliegen (Angaben in Mio. EUR):

Zinssatz	Bank A	Bank B	Bank C	Insgesamt	Kumuliert
3,15%	–	20	10	?	?
3,10%	20	30	20	?	?
3,05%	30	40	30	?	?
3,00%	40	50	40	?	?
Gebote	?	?	?	?	–
Zuteilung	?	?	?	?	–

7 Pressemitteilung:

Der Zentralbankrat der Europäischen Zentralbank senkte gestern die Euro-Leitzinsen. Die Währungshüter nahmen alle drei Leitzinsen unerwartet kräftig zurück. Der zentrale Leitzins für Hauptrefinanzierungsgeschäfte wurde von 3,0 aus 2,5 Prozent gesenkt, der Spitzenrefinanzierungs-Zinssatz von 4,5 auf 3,5 und der Einlagefazilitätszinssatz mit sofortiger Wirkung von 2,0 auf 1,5 Prozent.

a) Welche Gründe könnten den EZB-Rat bewogen haben, die Leitzinsen zu senken?

b) Erläutern Sie die genannten drei Leitzinssätze.

8 Auszug aus einem Vortrag des Vizepräsidenten der Deutschen Bundesbank:

„[...] Die in jüngster Zeit geäußerte Forderung, die Geldpolitik solle ihre ‚Zügel lockern', um die Beschäftigung zu fördern, ist ebenso wie der Ruf nach einer expansiveren Finanzpolitik weder hilfreich noch angemessen. Diese Vorschläge gehen schlicht an den Ursachen des Problems vorbei. Vor der Therapie steht immer noch die Diagnose.
Lassen Sie mich hierzu auf den jüngsten Bericht des Internationalen Währungsfonds IWF zu Deutschland hinweisen. Der IWF führt die Arbeitsplatzvernichtung zum großen Teil auf den erheblichen Anstieg der Arbeitskosten in Gesamtdeutschland seit der Vereinigung zurück. Er stellt fest, dass von dem Beschäftigungsrückgang vor allem die geringer bezahlten und weniger gut ausgebildeten Arbeitnehmer betroffen waren. Er fordert neben einer Politik der Senkung der Lohnzusatzkosten insbesondere umfassende Reformen des Arbeitsmarktes.
Um die strukturell bedingt hohe Arbeitslosenquote dauerhaft zu verringern, sind Strukturanpassungsmaßnahmen unabdingbar. Nicht die Geldpolitik, sondern die Tarifpolitik sowie die Struktur-, Sozial- und Finanzpolitik sind gefordert. Strukturelle Verkrustungen lassen sich nicht durch monetäre Mittel beseitigen.
Der Euro kann die notwendigen internen Reformen im Bereich der öffentlichen Haushalte, in den Sozialversicherungssystemen, im Steuersystem und am Arbeitsmarkt nicht ersparen. Im Gegenteil: Strukturelle Defizite werden durch den Euro deutlicher und zwingen eher noch zu rascherem Handeln. Die Geldpolitik kann nicht das geradebiegen, was in der nationalen Finanz-, Sozial- und Arbeitsmarktpolitik verbogen wurde [...]"

Nach Ansicht des Redners ist die Lockerung der Geldpolitik (= **expansive Geldpolitik**) kein geeignetes Mittel zur Bekämpfung der Arbeitslosigkeit.

a) Was versteht man unter einer expansiven Geldpolitik?
b) Wie begründet der Redner seine Meinung?
c) Weshalb fordern Politiker eine Lockerung der Geldpolitik?

Tipp: Themengleiche Gruppenarbeit (Regeln siehe auf Seite 310).

4.4 Außenwirtschaftspolitik des Staates

Welche Probleme des Außenhandels macht der Karikaturist deutlich?

4.4.1 Wesen der Außenwirtschaft

Unter **Außenwirtschaft** versteht man die Gesamtheit der wirtschaftlichen Beziehungen zwischen verschiedenen Staaten. Dazu zählen Warenverkehr (Außenhandel), Dienstleistungsverkehr (z. B. Reise-, Güterverkehr), Kapitalverkehr (Kredite, Wertpapierhandel), Devisenverkehr (Zahlungen in Fremdwährung) und Übertragungsverkehr (z. B. Überweisungen der Gastarbeiter in ihre Heimatländer, Zahlungen an internationale Organisationen). Innerhalb des EU-Binnenmarktes spricht man von der **europäischen Binnenwirtschaft**.

4.4.2 Ziele der Außenwirtschaftspolitik

Unter der **Außenwirtschaftspolitik** versteht man alle staatlichen Maßnahmen zur Beeinflussung der außenwirtschaftlichen Beziehungen eines Landes und zur Abwehr außenwirtschaftlicher Störungen (StabG § 4).

Die **gesamtwirtschaftliche Zielsetzung** der Außenwirtschaftspolitik ergibt sich aus den wirtschaftlichen Hauptzielen der Wirtschaftspolitik des Staates, wonach der Staat unter anderem ein *außenwirtschaftliches Gleichgewicht* sicherstellen soll.

Zusätzlich verfolgt der Staat

- **wettbewerbspolitische Ziele**, z. B. Schutz der einheimischen Wirtschaft vor ausländischer Billigkonkurrenz, Förderung der eigenen Exportindustrie;
- **sozial- und gesundheitspolitische Ziele**, z. B. Einfuhrverbote für bestimmte Drogen, nicht zugelassene Arzneimittel, gentechnisch veränderte Produkte, hormonbehandeltes Fleisch, BSE-verseuchtes Rindfleisch usw.;
- **umweltpolitische Ziele**, z. B. strenge Umweltgrenzwerte (z. B. Abgaswerte für Automobile), Einhaltung von Mehrwegquoten auch für ausländische Anbieter;
- **außenpolitische Ziele**, z. B. die Erzwingung der Demokratisierung in bestimmten Ländern (z. B. Weißrussland) durch wirtschaftliche Sanktionen;
- **sicherheitspolitische Ziele**, z. B. kann auf der Grundlage des Außenwirtschaftsgesetzes (AWG § 2) festgelegt werden, welche Rechtsgeschäfte einer Genehmigung bedürfen oder verboten sind. So bestehen z. B Ausfuhrverbote für Waffen und „Dual-Use-Güter" (Güter, die sowohl gewerblich als auch militärisch genutzt werden können) in Spannungsgebiete.

4.4.3 Maßnahmen der Außenwirtschaftspolitik

Zur Durchsetzung außenwirtschaftlicher Ziele sind folgende Maßnahmen denkbar:

Mengen-politische Maßnahmen	Beschränkung der Einfuhr- bzw. Ausfuhrmengen, z. B.: • **Ausfuhrverbote** (Embargo), z. B. für Kriegswaffen und Dual-Use-Güter in Spannungsgebiete • **Einfuhrverbote**, z. B. aus Gründen des Gesundheits-, Umwelt- oder Tierschutzes • Vereinbarung von **Einfuhr- bzw. Ausfuhrkontingenten** zwischen zwei oder mehreren Staaten (z. B. Einfuhrbegrenzung für japanische Pkw)

Preispolitische Maßnahmen	Erhöhung oder Senkung der Preise der gehandelten Güter, z. B.: ● Verteuerung der eingeführten Waren durch **Einfuhrzölle** zum Schutz der einheimischen Wirtschaft vor ausländischer Billigkonkurrenz. ● **Strafzölle** bei Billigprodukten, die zu Dumpingpreisen ins Inland fließen. **Dumping** liegt vor, wenn die ausländischen Anbieter ihre Waren unter ihren eigenen Herstellungskosten verkaufen. ● Verbilligung der ausgeführten Waren durch **direkte Subventionen,** z. B. steuerliche Vergünstigungen (Befreiung von der Umsatzsteuer), **Preisstützungsmaßnahmen** (z. B. Preisgarantien der EU bei vielen landwirtschaftlichen Produkten) und **indirekte Exportförderung** durch Finanzierungshilfen (z. B. staatliche Ausfallbürgschaften oder Kreditgarantien, falls der ausländische Schuldner nicht zahlt).
Währungs-politische Maßnahmen	● Im Regelfall erhalten die Exporteure ausländische Währung und müssen die Importeure in ausländischer Währung bezahlen. Beim Umtausch in Euro sind die Wechselkurse bedeutsam. Der *Wechselkurs* ändert sich täglich und drückt aus, wie viel ausländische Währungseinheiten ein Euro wert ist. Sinkt dieser Wechselkurs, dann erhält z. B. der Exporteur für einen US-Dollar mehr Euro als vorher (Abwertung des EUR = Aufwertung des US-Dollar), der Importeur muss dagegen für einen US-Dollar mehr Euro bezahlen. Eine **Abwertung** des Euro verbilligt also den Export und verteuert den Import. Umgekehrt verteuert eine **Aufwertung** den Export und verbilligt den Import von Gütern und Dienstleistungen. ● Bei der **Devisenbewirtschaftung** wird zunächst die Kapitalausfuhr beschränkt, um die Flucht in harte Währungen zu verhindern. Im Warenverkehr müssen Exporteure ihre harte Auslandswährung sofort in die weiche Inlandswährung umtauschen. Importeure erhalten die harte Auslandswährung nur in begrenzten Mengen. Durch diese Maßnahmen kann der Staat ein Defizit in der Devisenbilanz[1] ausgleichen. Währungspolitische Maßnahmen kann der Staat nur in Abstimmung mit den Notenbanken (Hüterin der Währung) ergreifen.

Beispiel: Beispiel für preispolitische Maßnahmen der Außenwirtschaftspolitik:

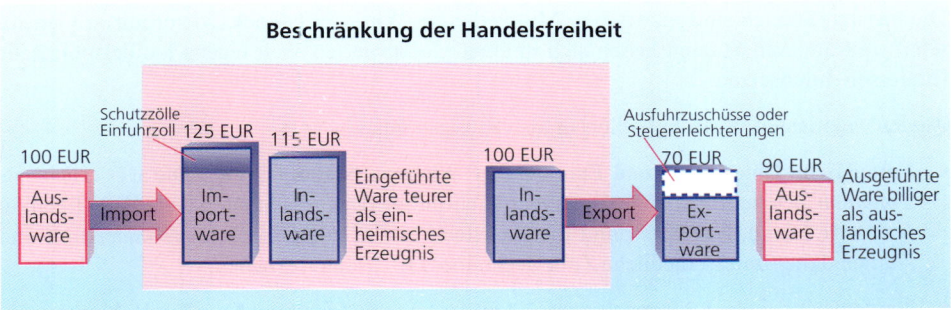

Beschränkung der Handelsfreiheit

---

[1] Siehe hierzu auf Seite 279.

Rezession	Konjunkturlage	Boom/Inflation
Expansive Außenwirt-schaftspolitik Erhöhung der Nachfrage	Außenwirtschafts-politisches Instrument	Restriktive Außenwirt-schaftspolitik Dämpfung der Nachfrage
Exportverbote / Export-kontingente aufheben Importverbote / Import-kontingente einführen	Mengenpolitische Maßnahmen	Exportverbote / Export-kontingente einführen Importverbote / Import-kontingente aufheben
Exportzölle senken Exportsubventionen und Finanzierungshilfen verbessern	Preispolitische Maßnahmen	Exportzölle anheben Exportsubventionen und Finanzierungshilfen aussetzen
Abwertung der Inlands-währung zulassen (z. B. durch Verkauf der Inlandswährung)	Währungspolitische Maßnahmen (in Abstimmung mit EZB und Bundesbank)	Aufwertung der Inlandswäh-rung fördern (z. B. durch Kauf der Inlandswährung)
⇓	⇓	⇓
Exportnachfrage steigt Investitionen steigen	Wirkung am Gütermarkt	Exportnachfrage sinkt Investitionen sinken
⇓	⇓	⇓
Wachstum Hoher Beschäftigungsstand	**Ergebnis**	**Preisstabilität Abkühlung des Booms**

4.4.4 Entwicklungstendenzen in der Außenwirtschaftspolitik

Bildung von Wirtschaftsblöcken

Außenwirtschaftliche Maßnahmen einzelner Staaten sind angesichts der zunehmenden wirt-schaftlichen Verflechtung zwischen den Staaten in einer immer enger zusammenwachsenden Weltwirtschaft (Globalisierung) eher die Ausnahme.

Die meisten Staaten sind inzwischen Mitglied eines Wirtschaftsblocks, denn nur in Gemein-schaft mit anderen Staaten lassen sich in einer globalisierten Welt eigene handelspolitische Interessen durchsetzen.

Zu den wichtigsten Wirtschaftsblöcken der Welt gehören:

- **Europäische Union (EU) und Europäischer Wirtschaftsraum (EWR).** Die EU erhebt als *Zollunion* gleiche Außenzölle gegenüber Nichtmitgliedern; die Staaten des EWR (EU-Län-der sowie Island, Norwegen und Liechtenstein) bilden lediglich eine *Freihandelszone* und können daher unterschiedliche Zölle gegenüber Drittstaaten erheben.

- **Nordamerikanische Freihandelszone (NAFTA** = North American Free Trade Association) mit den USA, Kanada und Mexiko. Ziel der NAFTA ist die schrittweise Abschaffung der Zölle und Kontingente zwischen den Mitgliedstaaten für gewerbliche Waren, Dienstleis-tungen und für den Kapitalverkehr.

- **Asiatisch-pazifische Wirtschaftszusammenarbeit** (**APEC** = Asiatic Pacific Economic Cooperation) mit 21 Mitgliedstaaten (darunter die USA, Kanada, Russland, China, Australien) die zusammen über die Hälfte der Weltproduktion auf sich vereinigen. Hauptmotiv des Bündnisses ist das gemeinsame Interesse an der Sicherung des raschen Wirtschaftswachstums in der Pazifikregion durch Liberalisierung und gezielte Förderung von Handel und Investitionen.

Auch in Afrika und Südamerika gibt es Initiativen benachbarter Länder, in handelspolitischen Fragen zusammenzuarbeiten. Fünfzehn Länder des südlichen Afrika bilden die Staaten der Entwicklungsgemeinschaft südliches Afrika **SADC** (Southern Africa Development Community) mit dem Ziel, aktiv auf eine wirtschaftliche Integration der Region hinzuarbeiten. Mit der Gründung der Freihandelszone Markt des Südens **Mercosur** (Mercado Común del Sur) streben auch die südamerikanischen Staaten eine engere wirtschaftliche Zusammenarbeit an.

Angesichts dieser Entwicklungen stellt sich die Frage, ob die handelspolitische Blockbildung den freien Welthandel eher fördert oder behindert und inwieweit blockfreie Drittländer möglicherweise auf der Strecke bleiben. Allein EWR und NAFTA vereinigen bereits zwei Drittel des Welthandels auf sich. Weiter fällt auf, dass der Warenaustausch zwischen den Wirtschaftsblöcken wesentlich stärker wächst als der Welthandel insgesamt. Die Mitgliedsländer der EU wickeln z. B. rund 60 Prozent ihres grenzüberschreitenden Warenverkehrs untereinander ab, im Jahr 1960 waren es noch keine 40 Prozent. Handelsblöcke werden zunehmend handelspolitisch autark, begünstigen binnenwirtschaftliche Produkte und Absatzwege und schotten sich durch gemeinsame Handelsschranken gegenüber Nichtmitgliedern ab. Andererseits kann die Blockbildung den Welthandel stabilisieren, denn Vereinbarungen zwischen den Blöcken sind leichter zu erreichen, da nicht mehr mit zahlreichen Einzelstaaten verhandelt werden muss.

◼ *Vertragliche Absicherung des Freihandels*

Fast alle Staaten, die internationalen Handel betreiben, haben sich der **Welthandelsorganisation WTO** (World Trade Organization mit Sitz in Genf) angeschlossen und verpflichten sich damit, die folgenden **Freihandelsgrundsätze** zu beachten.

Meist-begünstigung	Ein WTO-Mitglied muss Handelsvorteile, die es einem Land gewährt, bedingungslos auch allen anderen WTO-Staaten zugestehen.
Inländer-behandlung	Anbieter aus dem Ausland dürfen nicht schlechter gestellt werden als inländische Anbieter (Sondersteuern sind verboten).
Wechselseitigkeit (Reziprozität)	Führt ein Land besondere Handelserleichterungen ein (z. B. Senkung von Einfuhrzöllen), dann müssen ihm die anderen WTO-Staaten gleichwertige Vergünstigungen gewähren. Wer Handelsvorteile erhält, soll selbst Handelsvorteile gewähren.
Liberalisierung	Die WTO-Staaten verzichten auf das Heraufsetzen bestehender und die Einführung neuer Zölle und streben den Abbau von *tarifären* (Zölle und Mengenkontingente) und *nicht tarifären Handelshemmnissen* (z. B. Normen, Zulassungsvorschriften) an.

Als Rechtspersönlichkeit kann die WTO die Einhaltung des Handelsabkommens durchsetzen und als Schlichter bei Streitigkeiten angerufen werden.

Innerhalb der WTO ist das bisherige GATT nur eines von drei Abkommen.

- Das Allgemeine Zoll- und Handelsabkommen **GATT** (General Agreement on Tariffs and Trade) regelt als *Rat für den Handel mit Waren* Abkommen über Subventionen, Einfuhrlizenzen, grenzüberschreitende Investitionen und Gesundheitsmaßnahmen, Dumping u. Ä.
- Das **GATS** (General Agreement on Trade in Services) kümmert sich als *Rat für den Handel mit Dienstleistungen* um Abkommen zur Liberalisierung des Güter- und Personenverkehrs, der Telekommunikation und der Finanzdienstleistungen.
- Das **TRIPS** (Trade-related Aspects of Intellectual Property Rights) schließt als *Rat für handelsbezogene Aspekte der Rechte am geistigen Eigentum* Abkommen zum Schutz von Patenten, Hersteller- und Handelsmarken, Geschäftsgeheimnissen und Nachahmungen im Bereich Kunst und Literatur.

Die WTO unterstützt die Entwicklungsländer technisch und administrativ bei der Einführung und Umsetzung der Abkommen. Mehr als 90 Prozent der Warenströme fallen in den Zuständigkeitsbereich der WTO.

Der **Internationale Währungsfonds IWF** (International Monetary Fund – IMF mit Sitz in Washington) wurde 1944 als Sonderorganisation der Vereinten Nationen in Bretton Woods (US-Bundesstaat New Hampshire) gegründet. Es gibt nur noch drei Staaten (Kuba, Nordkorea, Westsahara), die dem IWF nicht angehören.

Der IWF hat folgende Aufgaben:

- Förderung der internationalen Zusammenarbeit auf dem Gebiet der Währungspolitik
- Überwachung der Wechselkurspolitik der Mitgliedstaaten und die Sicherung der Stabilität der Währungen (Verhinderung unfairer Wechselkursmanipulationen)
- Bereitstellung von Krediten für Länder mit kurzfristigen Zahlungsschwierigkeiten
- Erhaltung der Stabilität der Weltwirtschaft
- Beratung, Informations- und Gesprächsforum der Mitglieder in wirtschafts- und währungspolitischen Fragen

Bei der Bewältigung der Schuldenkrise der Entwicklungsländer kommt es immer mehr zu einer Überschneidung der Aufgabengebiete von IWF und Weltbank. Die **Weltbank** ist wie der IWF eine Sonderorganisation der UN und wurde ebenso 1944 in Bretton Woods gegründet. Die Mitgliedsländer der Weltbank müssen gleichzeitig dem IWF angehören. Hauptaufgabe der Weltbank ist die Entwicklungspolitik. Sie gibt den ärmsten Entwicklungsländern (Heavily Indebted Poor Countries – HIPC) zinslose langfristige Kredite, Investitionsgarantien für Investoren und bietet praktische Investitionshilfen für private Projekte an. Gefördert werden Reformbemühungen und Programme zur Verbesserung der Gesundheit, Ausbildung, Familienplanung, des Umweltschutzes und der Produktivität der Unternehmen (siehe auch Seiten 301 ff.).

Die Aufgaben der **Organisation für wirtschaftliche Zusammenarbeit und Entwicklung OECD** (Organization für Economic Cooperation and Development mit Sitz in Paris) mit 30 vorwiegend europäischen Mitgliedstaaten lauten:

- Förderung des Wachstums der Wirtschaft, der Beschäftigung und des Lebensstandards in den Mitgliedstaaten bei gleichzeitiger
- Wahrung der finanziellen Stabilität,
- Ausweitung des freien Welthandels sowie
- Förderung des Wirtschaftswachstums in den Entwicklungsländern.

4.4.5 Exkurs: Zahlungsbilanz

Außenwirtschaftliche Ungleichgewichte entstehen, wenn

- Teilbilanzen der Zahlungsbilanz passiv oder aktiv sind, wenn sich also Geldzuflüsse und Geldabflüsse vom bzw. aus dem Ausland nicht entsprechen.

- der Außenwert der inländischen Währung zunimmt (Aufwertung) oder abnimmt (Abwertung).

Teilbilanzen der Zahlungsbilanz (Wertangaben in Mrd. EUR)

Teilbilanzen	Aufgliederung der Teilbilanzen	2008
Leistungsbilanz	• **Handelsbilanz** (Warenimporte und -exporte)	+ 166,2
	• **Dienstleistungsbilanz** (z. B. grenzüberschreitender Reise- und Transportverkehr, Forschung und Entwicklung, Patente, Lizenzen)	− 12,7
	• **Bilanz der Erwerbs- und Vermögenseinkommen** (Zu- bzw. Abfluss von Kapitalerträgen und Lohneinkommen)	+ 44,8
	• **Bilanz der laufenden Übertragungen** (Geld- und Sachleistungen ohne direkte Gegenleistung, z. B. Überweisungen ausländischer Arbeitnehmer in ihre Heimatländer, EU- und UNO-Beiträge)	− 33,1
	Saldo der Leistungsbilanz	+ 165,2
Bilanz der Vermögensübertragungen	Einmalige Übertragungen, z. B. Schuldenerlasse, Erbschaften, Schenkungen, Zahlungen der EU, Vermögensmitnahmen von Auswanderern bzw. Einwanderern	− 0,1
Kapitalbilanz	• **Direktinvestitionen**, z. B. grenzüberschreitende Beteiligungen, langfristige Darlehen, Immobiliengeschäfte	− 92,3
	• **Wertpapieranlagen** in Form von Zahlungen im Zusammenhang mit Lebensversicherungen, Sparkonten und sonstigen Finanzanlagen (nicht Kapitalerträge → siehe Leistungsbilanz)	+ 18,3
	• **Kreditverkehr:** Kurz- und mittelfristige Finanzbeziehungen mit dem Ausland	− 129,4
	Saldo der Kapitalbilanz	− 203,3
Nicht aufgliederbare Transaktionen	Beträge, die durch statistische Erhebungsfehler und nicht erfassbare Geschäfte (z. B. organisierte Kriminalität, „Koffergeschäfte", Schmuggel) entstehen	+ 40,2
Devisenbilanz	Veränderung der Währungsreserven (+) = Zunahme (−) = Abnahme	+ 2,0

(Quelle: Deutsche Bundesbank, Monatsbericht Dezember 2009, S. 69 ff.)

Die Devisen- bzw. Zahlungsbilanz ergibt sich aus der Summe aller Salden der Teilbilanzen.

Die Begriffe aktive bzw. passive Zahlungsbilanz beziehen sich auf den Saldo der Devisenbilanz. Eine **passive Zahlungsbilanz** ergibt sich, wenn der Saldo der Devisenbilanz negativ ist, d. h., wenn die Zahlungseingänge aus dem Ausland (= Devisenzuflüsse) kleiner waren als die Zahlungsausgänge (= Devisenabflüsse). Bei einer **aktiven Zahlungsbilanz** ist der Saldo der Devisenbilanz positiv (Zahlungseingänge > Zahlungsausgänge).

4.4.6 Exkurs: Währungspolitik

Das Ausmaß von Devisenzuflüssen und Devisenabflüssen wird stark von Schwankungen des Außenwerts des inländischen Geldes bestimmt. Ein sinkender Kurs des Euro (EUR) gegenüber dem US-Dollar (USD) bedeutet, dass der EUR gegenüber dem USD **abgewertet** wird. Ein steigender Kurs des EUR bedeutet umgekehrt eine **Aufwertung** des EUR.

Beispiel: Kurs des EUR (USD): 1,50 (d. h., ein EUR entspricht 1,50 USD). Sinkt der Kurs des EUR nun auf 1,30, dann ist der EUR gegenüber dem USD weniger wert, da man für einen EUR nur noch 1,30 USD bekommt. Umgekehrt wird der EUR dadurch für den Besitzer von USD billiger; d. h., er erhält für seine USD mehr EUR und kann nun mehr Waren im EUR-Währungsgebiet kaufen als vor der Abwertung des EUR (bzw. der Aufwertung des USD).

Die Abwertung des EUR führt also zu steigenden Exporten, weil die Waren im EUR-Gebiet für die Ausländer billiger geworden sind. Umgekehrt werden die Importe für die Länder des EUR-Währungsgebiets teurer, wenn sie in ausländischer Währung fakturiert (abgerechnet) werden. In einem System freier Wechselkurse (z. B. EUR/USD) werden außenwirtschaftliche Ungleichgewichte (z. B. Exportüberschüsse) automatisch wieder ausgeglichen (sogenannter **Wechselkursautomatismus**).

Beispiel: Ausgangssituation: Sinkender Kurs des EUR gegenüber dem USD

Die Abwertung des EUR
Ausgangssituation → Wirkungen
Gütermarkt: Exportgüter werden billiger → Exporte steigen
Devisenmarkt: USD-Angebot steigt → Aufwertung des EUR

Quelle: dpa-infografik GmbH

- Unter **Außenwirtschaft** versteht man die Gesamtheit der wirtschaftlichen Beziehungen zwischen verschiedenen Staaten. Dazu zählen Warenverkehr, Dienstleistungsverkehr, Kapitalverkehr, Devisenverkehr und Übertragungsverkehr.

- Unter der **Außenwirtschaftspolitik** versteht man alle staatlichen Maßnahmen zur Beeinflussung der außenwirtschaftlichen Beziehungen eines Landes und zur Abwehr außenwirtschaftlicher Störungen (StabG § 4).

- Die **volkswirtschaftliche Zielsetzung** der Außenwirtschaftspolitik ergibt sich aus § 1 StabG, wonach der Staat ein *außenwirtschaftliches Gleichgewicht* sicherstellen soll.

- Zur Konjunkturbelebung bzw. -drosselung werden **preispolitische** (z.B. Export-, Importzölle), **mengenpolitische** (z.B. Export-, Importquoten) und **währungspolitische Maßnahmen** (z.B. Aufkauf oder Verkauf von Devisen durch die *Notenbank*) eingesetzt. Die stärksten Waffen der Außenwirtschaftspolitik sind *Ein- und Ausfuhrverbote* und die *Devisenbewirtschaftung*.

- **Probleme** des internationalen Handels ergeben sich aus dem Streben nach wirtschaftlicher Integration (voneinander abgeschottete Wirtschaftsblöcke) und tarifären und nicht tarifären *Handelshemmnissen*.

- Bi- und multilaterale **Handelsverträge** und das **Welthandelsabkommen** (WTO) helfen, den Außenhandel abzusichern.

Aufgaben

1 Bilden Sie drei **Expertengruppen** A, B und C mit je sechs Mitgliedern. Die Gruppe A befasst sich mit den Fragen a) bis e), die Gruppe B mit f) bis j), die Gruppe C mit k) bis o). Tauschen Sie anschließend Ihre Informationen in sechs **Puzzlegruppen** aus. Die Puzzlegruppen bestehen aus je einem Mitglied jeder Expertengruppe A, B und C; dieses berichtet jeweils über die Ergebnisse seiner Expertengruppe. Anschließend beantworten zwei Puzzlegruppen im Wechsel die Fragen vor der Klasse und stellen sich der Kritik.

a) Erklären Sie die Begriffe Außenwirtschaft und Außenwirtschaftspolitik.

b) Erläutern Sie die Ziele der Außenwirtschaftspolitik.

c) Beschreiben Sie einige Maßnahmen der Außenwirtschaftspolitik.

d) Wie können die Maßnahmen (siehe c) zur Konjunkturbelebung eingesetzt werden?

e) Wann ist eine Einfuhrkontingentierung volkswirtschaftlich gerechtfertigt?

f) Welche Nachteile bringt die Devisenbewirtschaftung mit sich?

g) Welche Probleme können entstehen, wenn Einfuhrzölle wieder aufgehoben werden?

h) Wodurch kann der Export gefördert werden?

i) Unterscheiden Sie die Begriffe Sanktion, Dumping und Embargo.

j) Wie beurteilen Sie die wirtschaftliche Wirkung von Ein- und Ausfuhrverboten?

k) Welche Gefahren bringt die Bildung von Wirtschaftsblöcken (z.B. EU) für den Freihandel?

l) Nennen Sie einige Formen von Handelshemmnissen.

m) Welche Ursachen hat der Aufbau von Handelshemmnissen?

n) Welche Ziele und Grundsätze verfolgt die WTO?

o) Nennen Sie Beispiele für multilaterale Abkommen der WTO-Mitglieder.

2

USA attackieren Verbote von Gen-Pflanzen in EU
Washington beantragt Strafzölle bei der WTO

BRÜSSEL. Die USA wollen die Europäische Union mit Strafzöllen zur Aufgabe der Importhürden für gentechnisch veränderte Agrarprodukte zwingen. Einen entsprechenden Antrag hat die US-Regierung bei der Welthandelsorganisation (WTO) in Genf gestellt. Die EU hatte vor zehn Tagen eine Frist der WTO tatenlos verstreichen lassen, bis zu der sie die bestehenden Einfuhrverbote für genveränderte Saaten und Pflanzen hätte aufheben müssen.

Die US-Handelsbeauftragte Susan Schwab kritisierte bei einem Besuch in Brüssel die Anbau- und Importverbote mehrerer EU-Staaten für gentechnisch veränderte Pflanzen. „Die wissenschaftlichen EU-Zulassungsbehörden haben klar gemacht, dass genetisch veränderte Lebensmittel vollkommen sicher sind", sagte Schwab unter Verweis auf Gutachten der EU-Lebensmittelbehörde EFSA. Die Behörde hat in der Vergangenheit häufig genveränderte Agrarprodukte als unbedenklich für Umwelt und Verbraucher eingestuft. Österreich und andere Mitgliedsstaaten hatten den Anbau trotzdem verboten. Auch EU-Umweltkommissar Stavros Dimas blockiert zurzeit die Genehmigung mehrerer Sorten genveränderten Saatguts. Kritiker werfen der EFSA vor, sie berücksichtige zu wenig die Risiken dieser Produkte.

Als besonders unverständlich bezeichnete die US-Handelsbeauftragte das kürzlich in Frankreich verfügte Anbauverbot für die Genmais-Sorte MON810. Diese Maissorte der US-Firma Monsanto werde in Europa schon seit Jahren angebaut, betonte Schwab. Die USA hätten eine Klage gegen die EU vor der WTO eindeutig gewonnen. Solche Verbote seien rechtswidrig.

EU-Handelskommissar Peter Mandelson verteidigte das europäische Zulassungssystem für genveränderte Agrarprodukte. Er warnte aber zugleich vor Verzögerungen bei der Zulassung, die nicht wissenschaftlich begründet seien.

Mandelson hofft, die drohenden Strafzölle der USA gegen die EU noch abwenden zu können. Bisher hat die US-Regierung der WTO nicht mitgeteilt, gegen welche Produkte und in welcher Höhe sie Zölle verhängen will. Die WTO erlaubt Strafzölle, wenn ein Land einen Schuldspruch nicht befolgt. Sie können sich auch gegen Produkte richten, die mit dem Streitfall nichts zu tun haben.

(Quelle: huh: USA attackierten Verbote von Gen-Pflanzen in EU, in: Handelsblatt, 22.01.2008, S. 7)

a) *Beschreiben Sie den Konflikt zwischen Freihandel und Umwelt- bzw. Gesundheitsschutz anhand des Zeitungsberichts.*
b) *Weshalb sind die USA immer Gewinner gegenüber der EU, gleichgültig, wie die WTO entscheidet?*

Tipp: *Regeln zur Textanalyse siehe Seite 310.*

4.5 Infrastrukturpolitik des Staates

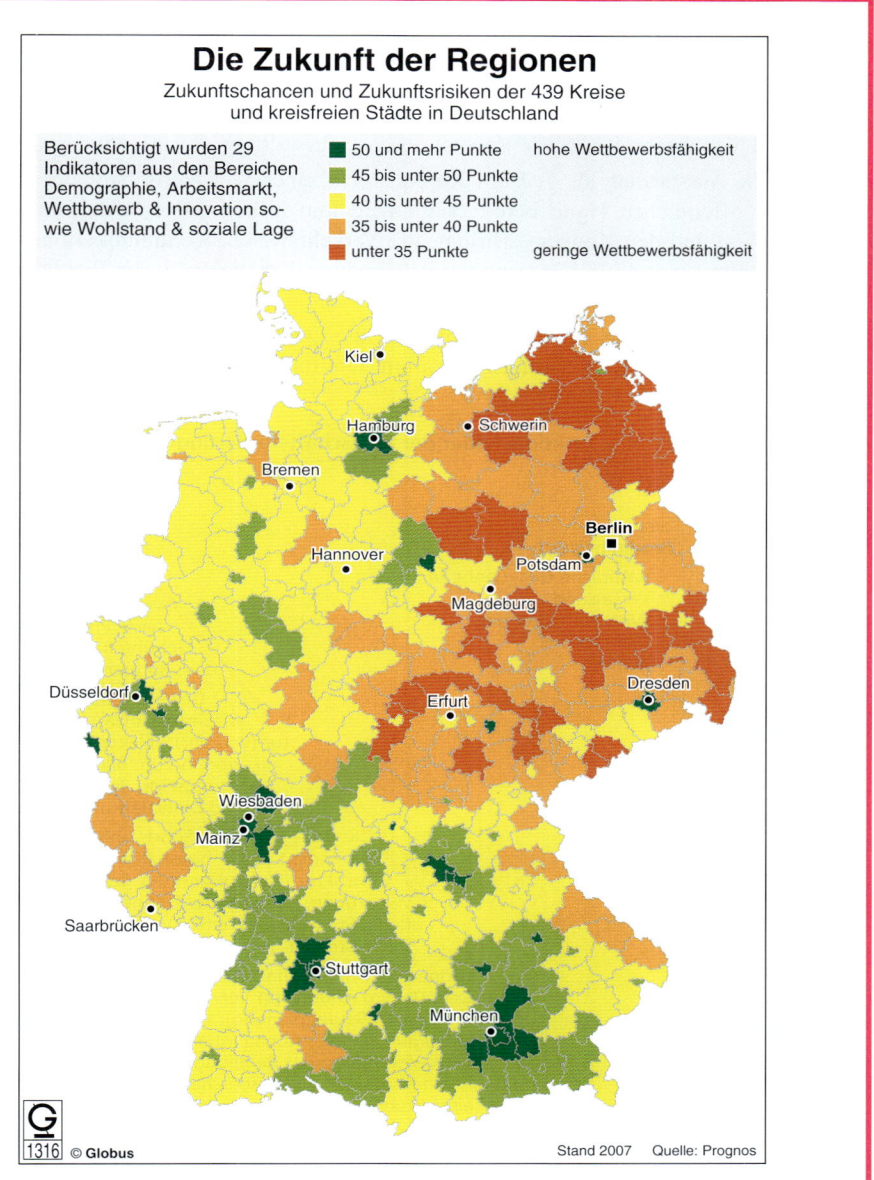

Die Zukunft der Regionen

Zukunftschancen und Zukunftsrisiken der 439 Kreise
und kreisfreien Städte in Deutschland

Berücksichtigt wurden 29
Indikatoren aus den Bereichen
Demographie, Arbeitsmarkt,
Wettbewerb & Innovation so-
wie Wohlstand & soziale Lage

- 50 und mehr Punkte — hohe Wettbewerbsfähigkeit
- 45 bis unter 50 Punkte
- 40 bis unter 45 Punkte
- 35 bis unter 40 Punkte
- unter 35 Punkte — geringe Wettbewerbsfähigkeit

© Globus 1316

Stand 2007   Quelle: Prognos

Begründen Sie, weshalb der Staat unterschiedliche regionale Einkommens- und Arbeits-
marktverhältnisse ausgleichen sollte.

4.5.1 Bedeutung der Infrastruktur

Wesentliche Vorbedingung für die Investitionstätigkeit privater Unternehmen ist die **Infrastruktur**, auch *Sozialkapital* genannt, die in der Regel vom Staat bereitgestellt werden muss.

Sehr weit gefasst, beinhaltet der Begriff Infrastruktur die

- **institutionelle Ausstattung**, d. h. die Summe aller gesellschaftlichen Normen, Einrichtungen und Verfahrensweisen wie Rechtsordnung, Verwaltung, Berufsordnung usw.;
- **materielle Ausstattung** als Teil des Kapitalstocks einer Volkswirtschaft, der weitgehend von der öffentlichen Hand bereitgestellt wird und insbesondere Vorleistungen für die Produktion und den Konsum erbringt, wie Verkehrswesen, Kommunikationswege, Energie-, Wasserversorgung, Förderung selbstständiger Existenzen durch Eigenkapitalhilfen und staatliche Bürgschaften;
- **personelle Ausstattung**, die im Wesentlichen die Qualifikation der Menschen beinhaltet, wie Ausbildungsstand, Leistungsmotivation, Gesundheit.

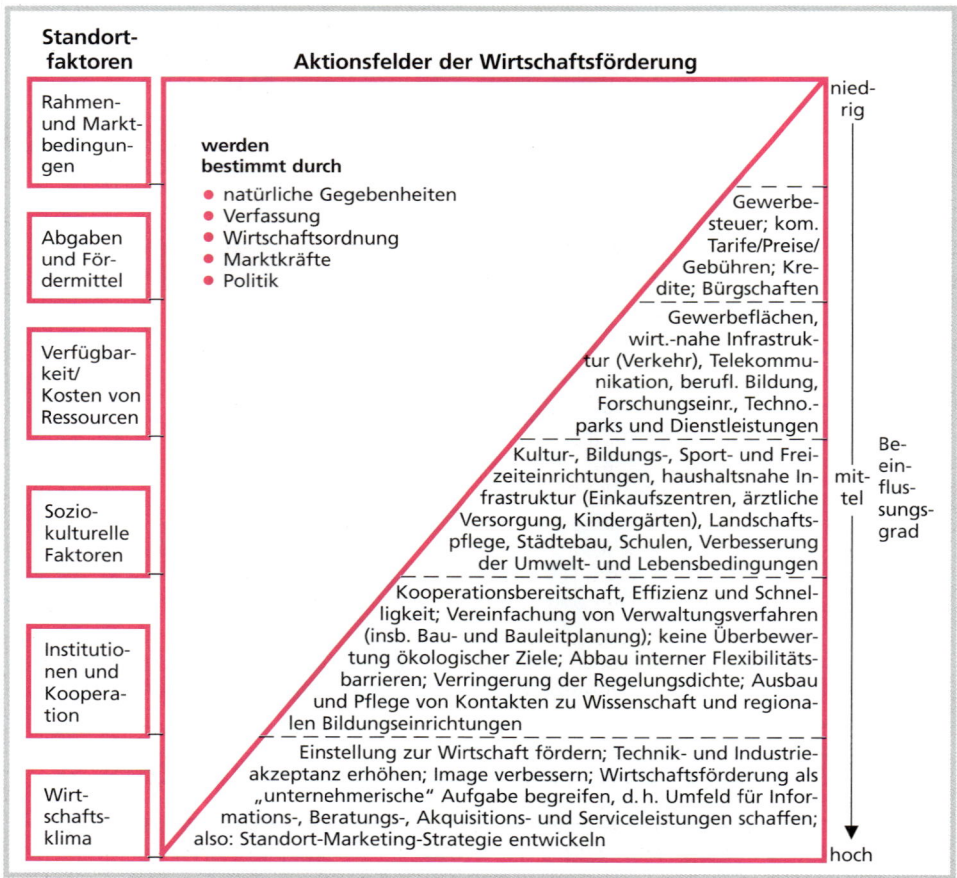

Die Infrastruktur macht einen wesentlichen Teil der **Standortqualität** einer Region aus. Infrastrukturinvestitionen sind für das Überleben und das Wachstum einer Region von grundlegender Bedeutung und verhindern die Abwanderung (Binnen- und Auswanderung) ganzer Bevölkerungsgruppen (z. B. die Ost-West-Wanderung) und die Entstehung von unterentwickelten, verarmten Gebieten.

4.5.2   Regionale und sektorale Strukturpolitik

Die Wirtschaftsstruktur der Bundesrepublik ist nicht einheitlich. In einigen Regionen ist eine gesunde Mischung von Industrie, Handwerk, Handel und Landwirtschaft zu beobachten, in anderen Regionen herrschen *Monostrukturen* vor, die von einem historisch gewachsenen Wirtschaftszweig geprägt sind (z. B. Landwirtschaft in weiten Teilen Niedersachsens, Montanindustrie im Ruhrgebiet, Werftindustrie in den Küstenländern und Bremen). Wirtschaftliche Monostrukturen sind sehr krisenanfällig und in strukturschwachen Gebieten gibt es nicht genügend Arbeitsplätze, um die dort wohnhafte Bevölkerung zu beschäftigen.

Die Verbesserung der regionalen Wirtschaftsstruktur und der Agrarstruktur ist eine Gemeinschaftsaufgabe des Bundes und der Länder, die nach Art. 91 a GG gemeinsam zur **Verbesserung der Lebensverhältnisse beitragen** sollen. Ebenso ist sicherzustellen, dass die unterschiedliche Finanzkraft (Steuereinnahmen) der Länder angemessen ausgeglichen wird, wobei auch die Finanzkraft und der Finanzbedarf der Gemeinden zu berücksichtigen sind (GG Art. 107, **Finanzausgleich**). Der Bund soll darüber hinaus aus seinen Mitteln leistungsschwachen Ländern Zuweisungen zur Deckung ihres Finanzbedarfs gewähren (Ergänzungszuweisungen).

Im Rahmen der Infrastrukturpolitik versucht der Staat, ungleiche wirtschaftliche Verhältnisse auszugleichen, indem er durch gezielte Subventionen und Investitionen strukturschwache Gebiete fördert (**regionale Strukturpolitik**), schwache, aber aus politischer Sicht notwendige Branchen erhält und den Strukturwandel in bestimmten Branchen unterstützt (**sektorale Strukturpolitik**).

Regionale und sektorale Strukturpolitik sind eng miteinander verwoben. Denn zur nachhaltigen Behebung einer regionalen Strukturschwäche (zu wenig Arbeitsplätze) ist die Ansiedlung zukunftsfähiger Branchen notwendig.

In einer freiheitlichen Rechtsordnung kann der Staat kein Unternehmen zwingen, sich in einem bestimmten Gebiet anzusiedeln. Er kann nur durch **marktkonforme** Maßnahmen, Anreize und Standortvorteile schaffen, um Investoren dorthin zu locken.

Ansatzpunkte und Ziele der staatlichen Strukturpolitik

Ansatzpunkte	Ziele und Bereiche
● **Wirtschafts-sektoren**	**Industriepolitik** durch Förderung von Investitionen, Forschung und Entwicklung, aussichtsreichen Technologien und Einzelbranchen **Mittelstandspolitik** durch Hilfen für kleine und mittlere Unternehmen (KMU), z. B. Hilfen bei Eigenkapitalbeschaffung und Existenzgründungen
● **Regionen**	**Regionalförderung** der Randzonen, strukturschwachen, monostrukturierten Gebiete durch Hilfen bei der Unternehmensansiedlung; durch Infrastruktur-, Wohnungsbau- und Umweltschutzmaßnahmen
● **Ordnungs-rahmen**	Verbesserung der Rahmendaten durch **Sicherung der Ressourcen** (Investitionsförderung, Stärkung der Wettbewerbsfähigkeit und der Kapitalmärkte; Aufbau einer effizienten öffentlichen Verwaltung, Schaffung von Rechts- und Investitionssicherheit) **Sozialpolitik:** Arbeitsmarkt-, Bildungsmaßnahmen, Verbesserung des Sozialsystems, der Einkommensverteilung und Eigentumsbildung.

Einnahmen-politik	Begünstigungen bei den Steuern, Abgaben Stundung, Streckung der Darlehensrückzahlung und Zinszahlung Erleichterungen bei den Abschreibungen
Ausgaben-politik	Gewährung von Finanzhilfen (Subventionen) Vergabe bzw. Aufstockung öffentlicher Aufträge
Minderung des staatlichen Einflusses	**Privatisierung** staatlicher Beteiligungen und Unternehmen (z. B. Lufthansa, Telekom) Vereinfachung und Verbesserung der Rahmendaten im rechtlichen, sozialen, politischen und wirtschaftlichen Bereich (**Deregulierung**) Steigerung der Effizienz staatlicher Organe

4.5.3 Strukturpolitik der EU

Zwischen den Regionen der Europäischen Union besteht ein erhebliches Entwicklungs- und Wohlstandsgefälle. So ist das Pro-Kopf-Einkommen in den reichsten Gebieten etwa sechsmal so hoch wie in den wirtschaftlich schwächsten Regionen, und auch die Beschäftigungschancen sind sehr ungleich verteilt. Diese Unterschiede abzubauen und den **wirtschaftlichen und sozialen Zusammenhalt** zu stärken ist eine der vordringlichsten Aufgaben der Europäischen Union.

Die **Strukturfonds** der EU wirken auf verschiedenen Aufgabenfeldern an der Überwindung der regionalen und strukturellen Ungleichgewichte mit. So stellt der *Europäische Fonds für regionale Entwicklung* hauptsächlich Mittel für die Verbesserung der Infrastruktur zur Verfügung, also z. B. für den Ausbau des Straßennetzes oder der Wasser- und Energieversorgung. Der *Europäische Sozialfonds* unterstützt Maßnahmen zur beruflichen Bildung, zur Umschulung von Arbeitnehmern, zur Wiedereingliederung von Behinderten oder zur Erstbeschäftigung von Jugendlichen. Der **Kohäsionsfonds** der EU fördert Umweltprojekte und Maßnahmen zur Verbesserung der transeuropäischen Verkehrsnetze.

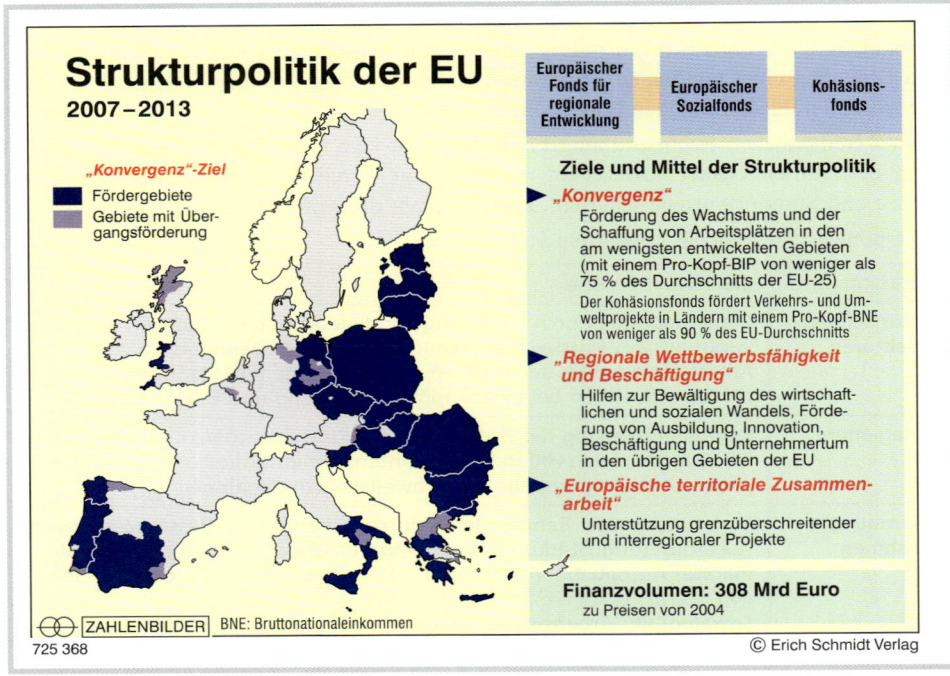

725 368

BNE: Bruttonationaleinkommen

© Erich Schmidt Verlag

4.5.4 Staatliche Subventionen – Fass ohne Boden

Staatliche Subventionen[1] korrigieren die Ergebnisse des Marktes. Gegner der Strukturpolitik argumentieren, dass durch Subventionen der Marktmechanismus außer Kraft gesetzt werde. Man solle Standort- und Strukturfragen dem freien Spiel der Marktkräfte überlassen.

Nach den **Subventionsgrundsätzen** von Bund und Ländern sollen Subventionen zeitlich befristet, degressiv gestaltet und subsidiär (als „Hilfe zur Selbsthilfe") gewährt werden.

Anpassungssubventionen sind mit einer *Anschubfinanzierung* vergleichbar, da sie den Empfängern helfen, strukturelle Probleme aus eigener Kraft zu überwinden. Indem sie die Umstellung auf zukunftsfähige Produktionsverfahren und Produkte fördern, federn sie wirtschaftliche und soziale Folgen des Strukturwandels ab. Strukturanpassungshilfen sind vor allem dann gefordert, wenn sich die internationalen Rahmenbedingungen abrupt ändern (z. B. wettbewerbsverzerrende Subventionierungen im Ausland, Energieverteuerung) und daraus soziale Härten entstehen würden.

Völlig anders liegt der Sachverhalt bei den **Erhaltungssubventionen.** Sie sind weder an Strukturveränderungen gekoppelt, noch ist ihre Gewährung zeitlich befristet. Sie werden aus verteilungspolitischen und versorgungssichernden Gründen an strukturschwache, d. h. nicht mehr wettbewerbsfähige Branchen (z. B. Landwirtschaft, Kohlebergbau) vergeben. Sie tragen zur Konservierung veralteter Produktionsweisen bei und verhindern deren Anpassung an veränderte Bedingungen.

Auch die umgekehrte Zielsetzung staatlicher Strukturpolitik, die Beschleunigung des technischen Fortschritts durch **aktive Industriepolitik**, ist äußerst zweifelhaft. Sie setzt einen Staat voraus, der alles besser weiß als die Unternehmer, die für Fehlentscheidungen mit ihrem eigenen Kapital einstehen müssen.

Argumente der Gegner staatlicher Subventionen

Subventionen verzerren den Leistungswettbewerb	• Die Auslesefunktion des Marktes wird verhindert • Subventionierte Unternehmen mindern die Wettbewerbschancen der noch rentabel arbeitenden Unternehmen
Subventionen bremsen das Wirtschaftswachstum	• Die Ressourcen zur Lebensverlängerung maroder Unternehmen fehlen für den Aufbau neuer, zukunftsträchtiger Industrien
Subventionen fördern Mitnahmeeffekte	• Die staatliche Förderung von „Zukunftsindustrien" kommt auch jenen zugute, die in diesen Bereichen auch ohne öffentliche Hilfen investiert hätten • Ganze Branchen gewöhnen sich an staatliche Hilfen und werden zu permanenten „Kostgängern" des Staates
Subventionen hemmen den Anpassungs- und Innovationsdruck	• Unrentable Unternehmen können im Krisenfall mit staatlicher Hilfe rechnen und sind dadurch nicht mehr gezwungen, sich aus eigener Kraft den Herausforderungen des Wettbewerbs zu stellen (die Krise wird dadurch konserviert, aber nicht beseitigt)
Subventionen verlagern das unternehmerische Risiko auf die Allgemeinheit	• In Schönwetterzeiten streichen die Unternehmen die Gewinne alleine ein, in Verlustzeiten erwarten sie staatliche Hilfen („Privatisierung der Gewinne, Sozialisierung der Verluste")

[1] **Subventionen** = Finanzhilfen und Steuervergünstigungen an Unternehmen, die von der öffentlichen Hand ohne wirtschaftliche Gegenleistung gewährt werden, um beim Empfänger bestimmte Verhaltensweisen zu bewirken (StabG § 12).

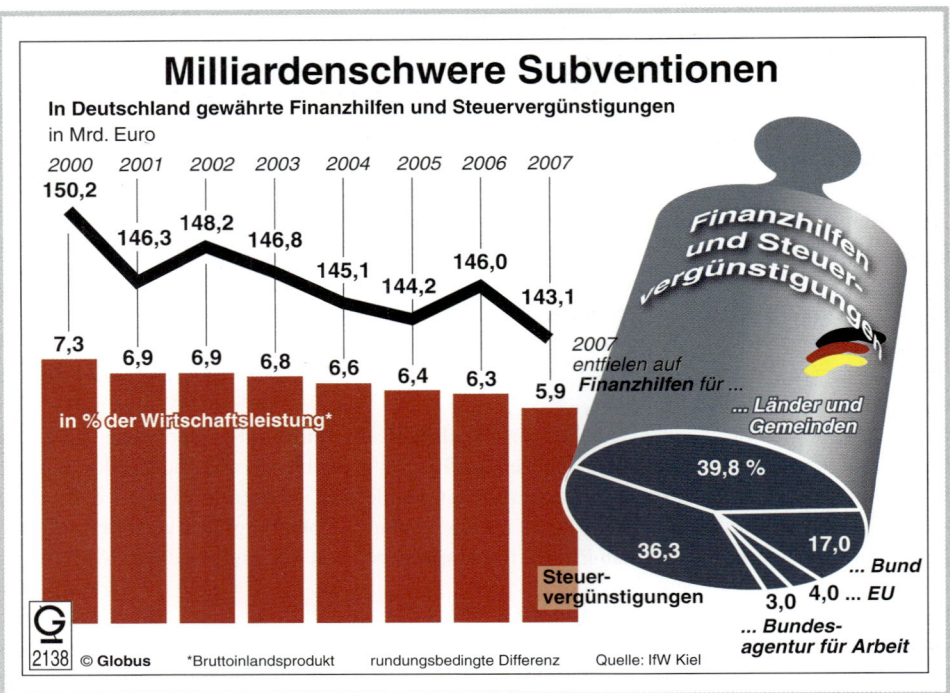

Milliardenschwere Subventionen

In Deutschland gewährte Finanzhilfen und Steuervergünstigungen
in Mrd. Euro

2000	2001	2002	2003	2004	2005	2006	2007
150,2	146,3	148,2	146,8	145,1	144,2	146,0	143,1

in % der Wirtschaftsleistung*

| 7,3 | 6,9 | 6,9 | 6,8 | 6,6 | 6,4 | 6,3 | 5,9 |

2007 entfielen auf Finanzhilfen für ...

Finanzhilfen und Steuervergünstigungen

... Länder und Gemeinden 39,8 %

36,3 | 17,0 ... Bund

Steuervergünstigungen

3,0 ... Bundesagentur für Arbeit | 4,0 ... EU

© Globus   *Bruttoinlandsprodukt   rundungsbedingte Differenz   Quelle: IfW Kiel

2138

Zusammenfassung

- Wesentliche Vorbedingung für die Investitionstätigkeit privater Unternehmen ist die **Infrastruktur**, auch *Sozialkapital* genannt. Der Begriff Infrastruktur umfasst die *institutionelle, materielle* und *personelle* Ausstattung einer Volkswirtschaft.

- Die **Verbesserung der Lebensverhältnisse**, insbesondere der regionalen Wirtschafts- und Agrarstruktur ist eine Gemeinschaftsaufgabe des Bundes und der Länder (GG Art. 91 a).

- Im Rahmen der **Infrastrukturpolitik** versucht der Staat, ungleiche wirtschaftliche Verhältnisse auszugleichen, indem er durch gezielte Subventionen und Investitionen strukturschwache Gebiete fördert (**regionale Strukturpolitik**), schwache, aber aus politischer Sicht notwendige Branchen erhält und den Strukturwandel in bestimmten Branchen unterstützt (**sektorale Strukturpolitik**).

- In einer freiheitlichen Rechtsordnung kann der Staat nur durch **marktkonforme Maßnahmen** (z. B. Schaffung von Standortvorteilen) erreichen, dass sich Unternehmen in strukturschwachen Gebieten ansiedeln. **Instrumente staatlicher Strukturpolitik** sind die Einnahmen-, Ausgabenpolitik und die Minderung des staatlichen Einflusses.

- Die **Strukturpolitik der EU** zielt auf die Überwindung des erheblichen Entwicklungs- und Wohlstandsgefälles zwischen den Regionen innerhalb der EU.

- In einer sozialen Marktwirtschaft sollen **Subventionen** sowohl wachstumsfördernde als auch sozialpolitische Akzente setzen. Sie dürfen nur in besonderen Ausnahmefällen zum Ausgleich nicht akzeptabler Nachteile gesellschaftlicher oder gesamtwirtschaftlicher Art oder von Störungen des internationalen Wettbewerbs *zeitlich befristet, degressiv gestaltet* und *subsidiär* (als „Hilfe zur Selbsthilfe") gewährt werden.

- Kurzfristige **Anpassungssubventionen** (vergleichbar mit einer Anschubfinanzierung) sind dauerhaften Erhaltungssubventionen vorzuziehen.
- **Erhaltungssubventionen** verzerren den Leistungswettbewerb, bremsen das Wirtschaftswachstum, bestrafen die produktiven Bereiche und schaffen Arbeitslosigkeit, fördern Mitnahmeeffekte, hemmen den Anpassungs- und Innovationsdruck, verlagern das unternehmerische Risiko auf die Allgemeinheit.

Aufgaben

1 Erläutern Sie die Elemente des Begriffs Infrastruktur.

2 Welche Bedeutung hat die Infrastruktur für eine Region?

3 Nennen Sie einige Infrastrukturmaßnahmen bzw. Standorthilfen des Staates.

4 Unterscheiden Sie

a) regionale und sektorale Strukturpolitik,

b) Anpassungs- und Erhaltungssubventionen.

5 Die Fünf Weisen stellen Subventionen kein gutes Zeugnis aus:

„Subventionen sind meist Kinder der Not. Aber oft bestehen sie fort, wenn die Not vorbei ist. Ja, sie werden nicht selten zu einem Besitzstand. Sie führen zu Desorientierung im Unternehmerverhalten und zu Wettbewerbsverzerrungen, hemmen Strukturwandel und Wachstum und sind in wirtschaftlicher, fiskalpolitischer und sozialer Sicht nur noch Ballast."

Nehmen Sie zu dieser Sichtweise Stellung.

6

Je nach Wetterlage

Auf welches Problem macht die Karikatur aufmerksam?

7

Der Kobra-Effekt

Indien zu Zeiten der englischen Kolonialzeit: Das Land leidet unter einer Kobra-Plage. Um diesem Übel Herr zu werden, setzt der Gouverneur eine Prämie für jeden abgelieferten Kobra-Kopf aus. Statt jedoch möglichst viele Kobras zu fangen und abzuliefern, züchteten die Inder massenhaft neue Kobras, um deren Köpfe abzuliefern und die Prämie zu kassieren.

a) *Erläutern Sie den Kobra-Effekt und äußern Sie Ihre Meinung dazu.*
b) *Übertragen Sie Ihre Erkenntnisse auf die heutige Wirtschaftspolitik, die Anreize gibt, und ihre gesteckten Ziele oft trotzdem nicht erreicht.*
c) *Begründen Sie folgende Aussagen:*
   (1) „Subventionierte Arbeitsplätze sind keine sicheren Arbeitsplätze."
   (2) „Subventionen erhöhen auf Dauer die Arbeitslosigkeit."
   (3) „Subventionen sind ein süßes Gift für die Wirtschaft."
   (4) „Subventionen sind Gift für den Freihandel."

8

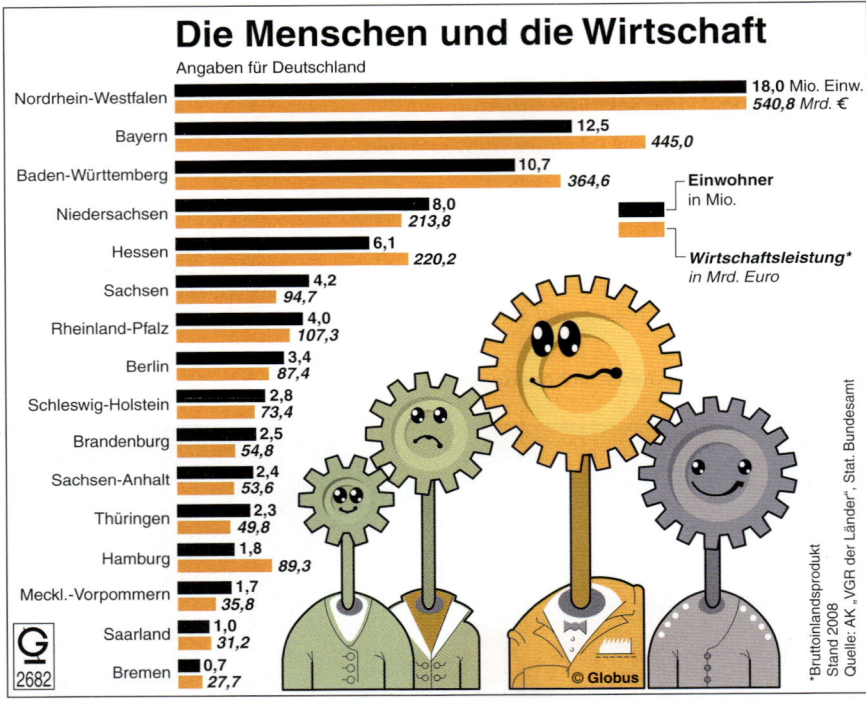

Begründen Sie anhand der Grafik die Notwendigkeit der staatlichen Strukturpolitik.

4.6   Umweltschutzpolitik des Staates

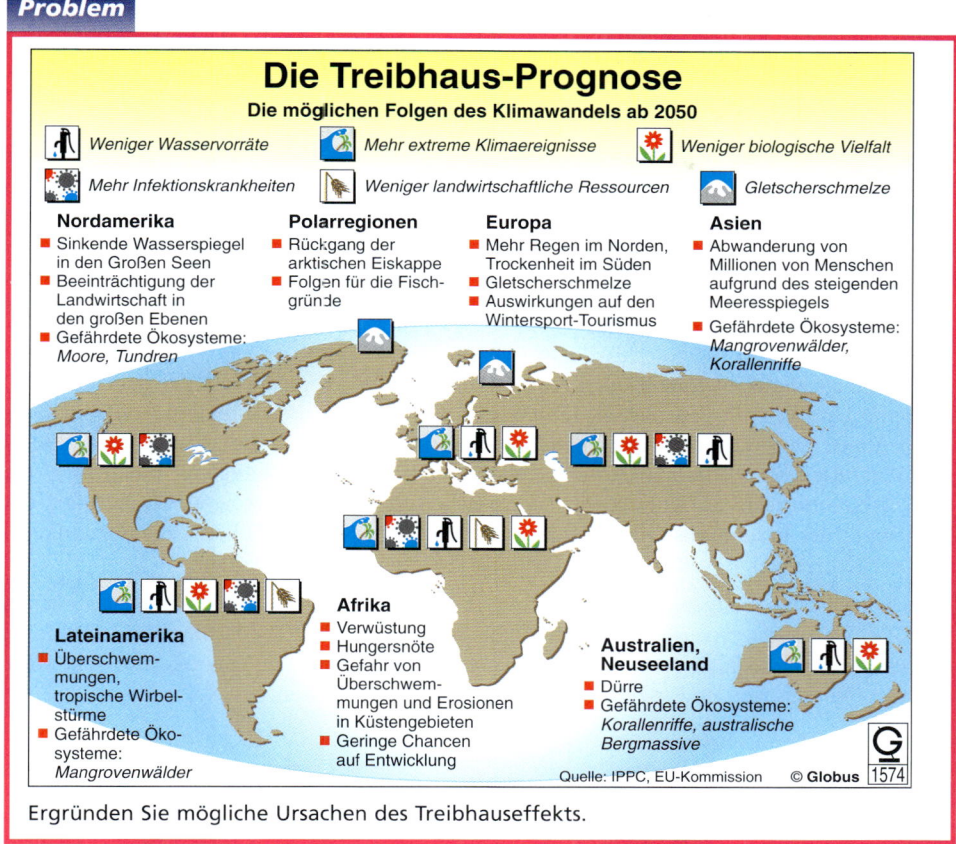

Die Treibhaus-Prognose
Die möglichen Folgen des Klimawandels ab 2050

Weniger Wasservorräte   Mehr extreme Klimaereignisse   Weniger biologische Vielfalt

Mehr Infektionskrankheiten   Weniger landwirtschaftliche Ressourcen   Gletscherschmelze

Nordamerika
- Sinkende Wasserspiegel in den Großen Seen
- Beeinträchtigung der Landwirtschaft in den großen Ebenen
- Gefährdete Ökosysteme: Moore, Tundren

Polarregionen
- Rückgang der arktischen Eiskappe
- Folgen für die Fischgründe

Europa
- Mehr Regen im Norden, Trockenheit im Süden
- Gletscherschmelze
- Auswirkungen auf den Wintersport-Tourismus

Asien
- Abwanderung von Millionen von Menschen aufgrund des steigenden Meeresspiegels
- Gefährdete Ökosysteme: Mangrovenwälder, Korallenriffe

Afrika
- Verwüstung
- Hungersnöte
- Gefahr von Überschwemmungen und Erosionen in Küstengebieten
- Geringe Chancen auf Entwicklung

Lateinamerika
- Überschwemmungen, tropische Wirbelstürme
- Gefährdete Ökosysteme: Mangrovenwälder

Australien, Neuseeland
- Dürre
- Gefährdete Ökosysteme: Korallenriffe, australische Bergmassive

Quelle: IPPC, EU-Kommission   © **Globus** 1574

Ergründen Sie mögliche Ursachen des Treibhauseffekts.

4.6.1   Ursachen des Umweltproblems

Die Ursachen des Umweltproblems gehen zurück auf:

- das rasche **Ansteigen der Weltbevölkerung**,

- die zunehmende **Geschwindigkeit der technischen Entwicklung**, die einhergeht mit starkem, quantitativem Wachstum, und

- das weit verbreitete **umweltfeindliche menschliche Verhalten** sowie den damit verbundenen unverantwortlichen Gebrauch von Wissenschaft und Technik, der jahrhundertelang mehr von dem Gedanken der Ausbeutung als von der Erhaltung der natürlichen Umwelt geprägt war.

Die überforderte Aufnahmefähigkeit der Umwelt macht heute und in Zukunft Maßnahmen zur Erhaltung und zu ihrem Schutz erforderlich. Dieses Grundproblem moderner Industriegesellschaften ist von internationaler Bedeutung und hat Gewicht auch für die Entwicklungsländer (Umweltschutz als globales Problem).

4.6.2 Ziele der Umweltschutzpolitik

Das Umweltschutzziel ist im Grundgesetz festgeschrieben (GG Art. 20a [siehe Seite 242 f.]). Danach ist der Staat für den **Schutz der natürlichen Lebensgrundlagen** (Boden, Pflanzen, Tiere, Wasser, Luft) auch für die künftigen Generationen verantwortlich.

Begründet ist dieses Ziel aus der Erkenntnis heraus, dass der Mensch zunehmend an die Grenzen seines Lebensraumes stößt – sei es durch seine Lebensweise in den Industrieländern oder sei es durch den Bevölkerungsdruck in den Entwicklungsländern. Wachsender Verbrauch begrenzt vorhandener Rohstoffe und zunehmende Umweltbelastungen durch wachsende Volkswirtschaften zwingen im Zeitalter der Globalisierung zu international abgestimmtem Handeln. Die internationale Konferenz für Umwelt und Entwicklung hat daher im Jahr 1992 in Rio de Janeiro eine *Agenda 21* formuliert, in der sich 178 Staaten auf die konkrete Umsetzung des zukunftsweisenden Leitbilds einer nachhaltigen Entwicklung verständigten.

Ziel einer **nachhaltigen Entwicklung** (engl. sustainable development) ist der sparsame und effiziente Umgang mit Ressourcen. Das Wirtschaften soll die Befriedigung der Bedürfnisse der heutigen Generation auf der ganzen Erde ermöglichen, ohne die Möglichkeiten künftiger Generationen zu gefährden. Eine nachhaltige Entwicklung soll auch dazu beitragen, die großen Unterschiede zwischen armen und reichen Staaten zu verringern. Dabei darf der Wohlstand der industrialisierten Länder nicht zulasten der natürlichen Lebensgrundlagen und auf Kosten der Bevölkerung der Dritten Welt erwirtschaftet werden.

Eine dauerhaft umweltgerechte Entwicklung verlangt, dass *soziale, ökonomische und ökologische Ziele gleichrangig* verfolgt werden. Ökologisch begründete Forderungen müssen deren ökonomische und soziale Auswirkungen beachten. Ebenso müssen sich ökonomische Ziele an ihrer ökologischen und sozialen Verträglichkeit messen lassen.

Zieldreieck einer nachhaltigen Entwicklung

Umwelt
- geringe Abfallmengen
- niedrige Umweltverschmutzung
- Erhaltung der Ökosysteme und Artenvielfalt
- geringe Entnahme von nicht erneuerbaren Ressourcen
- Verbesserung des Umweltschutzes

Wirtschaft
- angemessener privater Verbrauch
- gleichmäßige Verteilung der Arbeit
- hoher regionaler Selbstversorgungsgrad
- ausgeglichene Wirtschaftsstruktur
- solide öffentliche Haushalte
- stabiles Preisniveau

Gesellschaft / Soziales
- gleichmäßige Einkommens- und Vermögensverteilung
- hohes Bildungsniveau
- ausgewogene Bevölkerungs- und Siedlungsstruktur
- sozial- und umweltverträgliche Mobilität
- hohes soziales Sicherheitsniveau
- hohes Gesundheitsniveau

4.6.3 Strategien der Umweltschutzpolitik

Zu den **Elementen einer nachhaltigen Entwicklung** gehören:

- Die Nutzung einer erneuerbaren Ressource darf nicht größer sein als ihre Regenerationsrate. Beispielsweise darf ein Forstwirt nicht mehr Holz schlagen als seit dem letzten Mal nachgewachsen ist. In der Sprache der Wirtschaft heißt das: Lebe von den Zinsen, ohne das Kapital anzugreifen.
- Die Nutzung einer nicht erneuerbaren Ressource muss minimiert werden. Ihre Nutzung soll nur in dem Maße erfolgen, in dem ein gleichwertiger Ersatz in Form erneuerbarer Ressourcen geschaffen wird. Zum Beispiel sollten die fossilen Energieträger wie Kohle und Erdöl langfristig durch Wasser-, Windkraft-, Sonnenenergie oder Biomasse ersetzt werden.
- Die Freisetzung von Stoffen darf nicht größer sein als die Aufnahmefähigkeit der Umwelt. Schadstoffeinträge in die Umwelt (Boden-, Luft-, Wasserverschmutzung) sollten die natürliche Reinigungskraft nicht überschreiten.

Der Staat versucht mit drei Strategien, diese Elemente einer nachhaltigen Entwicklung zu verwirklichen.

Strategien einer nachhaltigen Entwicklung

Effizienzstrategie	„Mehr für weniger" ist die Devise. Ernst Ulrich von Weizsäcker drückte es wie folgt aus: „Beim **Faktor 4** geht es um eine Vervierfachung der Ressourceneffizienz. Aus einem Fass Öl oder einer Tonne Erdreich wollen wir viermal so viel Wohlstand herausholen als bisher. Dann können wir den Wohlstand verdoppeln und gleichzeitig den Ressourcenverbrauch halbieren." Auch **Langlebigkeit** der Produkte durch reparier- und demontierbare Bestandteile und austauschbare Module statt „Ex und hopp" erhöht die effiziente Ressourcennutzung.
Konsistenzstrategie	Die Nutzung der Umwelt soll ohne nachhaltige Beeinträchtigung der Ökosysteme geschehen. Natürliche Ressourcen sollen regenerationsfähig und verfügbar bleiben.
Suffizienzstrategie	Sie zielt auf das individuelle Verhalten und setzt auf Genügsamkeit und Bescheidenheit. Die Menschen sollen ihre nicht gerade umweltförderlichen Lebensstile überdenken. Das heißt nicht weniger Lebensqualität, sondern: „Lebe von deinen Zinsen, ohne das Kapital anzugreifen." Dadurch bleibt die Erde auch für nachfolgende Generationen bewohnbar und nutzbar.

Nachhaltiges Wirtschaften darf nicht als Verzichtprogramm und als Aufruf zum Zurückschrauben unseres Lebensstandards und unserer Bedürfnisse („Vorwärts zur globalen Armut") missverstanden werden. Nachhaltiges Wirtschaften ist nicht technikfeindlich.

Es setzt vielmehr auf die **Innovationsbereitschaft** unserer Gesellschaft und der Wirtschaft, auf Wettbewerb, auf Unternehmertum. Nachhaltige Entwicklung bedeutet ständiges Überprüfen unserer Bedürfnisse. Was heißt z. B. Mobilität und wie lässt sie sich optimal befriedigen, auch ohne Auto? Wie muss moderne Stadtplanung aussehen, die weite Wege überflüssig macht? Wie können Luxusbedürfnisse befriedigt werden, ohne dass der Umweltverbrauch zunimmt? *Technologische Innovationen* (z. B. geschlossene Produkt-, und Verfahrenskreisläufe ohne Abfall), *institutionelle Innovationen* (z. B. bessere gesetzliche Rahmenbedingungen) und *gesellschaftliche Innovationen* (z. B. neue Lebensstile, Verhaltensänderungen wie Car-Sharing) sind gefragt.

4.6.4   Instrumente der Umweltschutzpolitik

Eine ökologisch ausgerichtete soziale Marktwirtschaft verlangt nicht, dass der Staat immer und überall aus Umweltschutzgründen in das Wirtschaftsgeschehen eingreifen darf und muss. Der Staat soll lediglich Zielwerte und Rahmenbedingungen unter Einbeziehung der Betroffenen vorgeben, die dann marktwirtschaftliche Kräfte zur Verbesserung der Umweltsituation freisetzen. Er soll einen Wettbewerb um fortschrittliche und preiswerte Umweltschutzlösungen nach dem Prinzip der *Eigen- und Mitverantwortung* aller gesellschaftlichen Gruppen in Gang setzen.

Die Instrumente der staatlichen Umweltschutzpolitik lassen sich in Planungs-, Überwachungs- und Kooperationsinstrumente einteilen. Hinzu kommen Umweltschutzförderung und -sicherung, Informationsrechte der Öffentlichkeit und die allgemeine Umwelterziehung und -aufklärung.

Instrumente der staatlichen Umweltschutzpolitik im Überblick

Instrument	Vorteile	Nachteile
Umweltplanung (z. B. Aufstellung von Bebauungsplänen, Anlagengenehmigung, Abfallwirtschaftsplanung)	Umweltschutz im Vorfeld von Entscheidungen, Planungssicherheit für Unternehmen und Haushalte, umweltverträgliche Investitionen, Minimierung des Umweltrestrisikos	Einflussnahme wirtschaftlicher Interessengruppen auf Planungsinhalte (Ausnahmeregelungen), staatliche Lenkung
Umweltüberwachung (Gebote, Verbote, Umwelterklärung gemäß ÖkoAuditVO, Umweltschutzbeauftragte)	Schutz von Leben und Gesundheit (Gefahrenabwehr und -vorsorge), Anwendung des Verursacherprinzips	Keine Anreize, z. B. die Grenzwerte zu unterschreiten und nach besseren Lösungsmöglichkeiten zu suchen, nur reaktives Umweltverhalten
Kooperation (z. B. Emissionsglockenkonzept, Emissionszertifikate, Umweltabgaben, Gefährdungshaftung, Selbstbeschränkungsabkommen)	Umweltschäden werden mit marktwirtschaftlichen Mechanismen durch den Nutznießer korrigiert (Ausgleichs-, Nutznießerprinzip), z. B. Wasserpfennig, „Grüner Punkt"; staatliche Einnahmen	Umweltschutz über den Geldbeutel schafft kein Umweltbewusstsein, sondern Widerstände, Umweltverschmutzung wird innerhalb der Grenzwerte legalisiert
Förderungs- und Sicherungsmaßnahmen (z. B. Finanzhilfen, Steuervergünstigungen, Rohstoffvorratspolitik)	Wirtschaftlicher Anreiz für Umweltschutzinvestitionen und Umweltforschung (z. B. Energiespeicher-, Biomasse-Recyclingtechnologie)	Mitnahmeeffekte, Hemmung des Leistungswettbewerbs durch Subventionen
Öffentliche Auftragsvergabe unter Berücksichtigung des Umweltaspekts	Umweltfreundliche Verfahren und Produkte werden bevorzugt (umweltfreundliche Beschaffungspolitik)	Hemmung des Leistungswettbewerbs
Informationsrechte der Öffentlichkeit (Umweltinformationsgesetz)	Anspruch auf freien Zugang zu behördlichen Umweltinformationen	Ggf. Verletzung der Privatsphäre durch Weitergabe vertraulicher Informationen
Umwelterziehung durch Aufklärung und Appelle an die Eigenverantwortung	Umweltbewusstsein der Wirtschaftssubjekte wird geweckt und gestärkt, Anreize zum „Mitmachen"	Es besteht keine Verpflichtung für umweltbewusstes Verhalten, langwieriges Umlernen

Die Bevölkerung zu umweltbewusstem Verhalten zu motivieren ist schwierig in einer Zeit, in der der Verbraucher mit Umweltthemen übersättigt wird. Umweltpolitiker sollten auf Umweltprobleme nicht mit noch mehr bürokratischen Regulierungen antworten. Umwelterziehung über den Geldbeutel (z. B. durch Ökosteuer und Zwangspfand) schafft kein **Umweltbewusstsein**, eher neue Widerstände. Der Staat sollte auf mehr Bürgernähe und Engagement des Einzelnen setzen. Das allgegenwärtige **Littering** (achtloses Wegwerfen von Abfällen) zeigt, was Verbote und Vorhaltungen in den Köpfen der Bürger bewirken – sie laufen ins Leere.

Aufgaben

 1

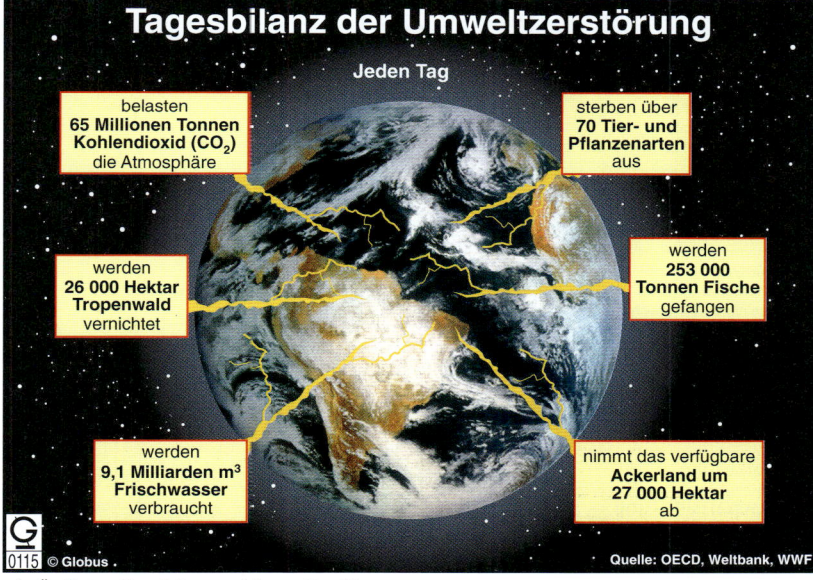

Tagesbilanz der Umweltzerstörung

Jeden Tag

belasten
65 Millionen Tonnen Kohlendioxid (CO$_2$) die Atmosphäre

sterben über
70 Tier- und Pflanzenarten aus

werden
26 000 Hektar Tropenwald vernichtet

werden
253 000 Tonnen Fische gefangen

werden
9,1 Milliarden m^3 Frischwasser verbraucht

nimmt das verfügbare
Ackerland um 27 000 Hektar ab

0115 © Globus

Quelle: OECD, Weltbank, WWF

a) *Äußern Sie sich zu obiger Grafik.*
b) *Erläutern Sie mögliche Ursachen der Umweltprobleme.*
c) *Beschreiben Sie Ziele, Strategien und Instrumente der Umweltschutzpolitik.*

2 *Diskutieren Sie über*
a) *das Zwangspfand auf Einwegverpackungen*
b) *aktuelle Umweltschutzmaßnahmen des Staates.*

4.7 Entwicklungspolitik – Reich hilft Arm

Die 225 reichsten Menschen der Welt verfügen über ein Vermögen von mehr als einer Billion USD, das entspricht dem jährlichen Einkommen der ärmsten 47 Prozent der Menschheit.

Rang	Land	BIP pro Kopf US-Dollar	Rang	Land	BIP pro Kopf US-Dollar
1	Luxemburg	113044	161	Osttimor	469
2	Norwegen	95062	162	Mosambik	465
3	Katar	93204	163	Ruanda	465
4	Schweiz	67385	164	Myanmar	462
5	Dänemark	62626	165	Nepal	459
6	Irland	61810	166	Zentralafrikanische Republik	459
7	Island	55462	167	Madagaskar	458
8	Vereinigte Arabische Emirate	54607	168	Uganda	453
9	Schweden	52790	169	Guinea	442
10	Niederlande	52019	170	Togo	436
11	Finnland	51989	171	Afghanistan	429
12	Österreich	50098	172	Niger	391
13	Australien	47400	173	Sierra Leone	332
14	Belgien	47108	174	Äthiopien	324
15	Vereinigte Staaten	46859	175	Malawi	313
16	Frankreich[b]	46016	176	Eritrea	295
17	Kuwait	45920	177	Guinea-Bissau	264
18	Kanada	45428	178	Liberia	212
19	Deutschland	44660	179	Demokratische Republik Kongo	184
20	Vereinigtes Königreich	43785	180	Burundi	138

Die dreigeteilte Welt

Anteile an der	31 Industrieländer	141 Schwellen- und Entwicklungsländer
Weltbevölkerung	15,2%	84,8%
Weltwirtschaftsleistung	56,3%	43,7%
Weltexporte	66,2%	33,8%

Quelle: IWF 2008

- Beschreiben Sie typische Merkmale eines Entwicklungslandes.
- Worin sehen Sie die Ursachen?
- Welche Probleme ergeben sich durch die ungleiche Verteilung des Wohlstands? Machen Sie Lösungsvorschläge.

4.7.1 Motive der Entwicklungspolitik

Unter **Entwicklungspolitik** versteht man alle Maßnahmen, mit denen die Zusammenarbeit mit sogenannten unterentwickelten Ländern und Regionen gefördert wird. Entwicklungspolitik ist *langfristig* angelegte Sozial- und Friedenspolitik.

In der Praxis der entwicklungspolitischen Zusammenarbeit ergeben sich eine ganze Reihe von **Motiven** (z. B. Außenpolitik, Außenhandel, Arbeitsplatzsicherung, Wiedergutmachung der kolonialen Ausbeutung, Solidarität, Sicherung der Rohstoffversorgung). Dabei besteht die latente Gefahr, dass die Ziele der Entwicklungspolitik von außen- und wirtschaftspolitischen Eigeninteressen des Geberlandes überlagert und beeinträchtigt werden.

4.7.2 Merkmale eines Entwicklungslands

Es gibt keine einheitliche Liste der **Entwicklungsländer (LDC)**[1]. Die Vereinten Nationen verwenden als Maßstab das Pro-Kopf-Einkommen der Bevölkerung und bezeichnen ein Land dann als Entwicklungsland, wenn das jährliche Einkommen der Bevölkerung nicht mehr als 25 Prozent des Einkommens der hoch entwickelten Länder beträgt. Die entscheidende Grenze liegt zurzeit bei 410 US-Dollar.

Die meisten Entwicklungsländer weisen folgende **Merkmale** auf:

Ökonomische Merkmale
• Geringes durchschnittliches Pro-Kopf-Einkommen • Extrem ungleiche Verteilung der Einkommen • Niedrige Spar- und Investitionstätigkeit, Kapitalmangel • Unzureichende Infrastruktur • Hohe Analphabetenquote und Ausbildungsmängel • Geringe Produktivität der Arbeit wegen Kapitalmangels • Überragende Bedeutung des Primären Sektors (v. a. Landwirtschaft) • Hohe Arbeitslosigkeit auch in versteckter Form (z. B. Straßenhandel) • Unzureichende Ernährung, mangelhafte gesundheitliche Versorgung und dadurch eine relativ niedrige Lebenserwartung • Zu starke Ausrichtung der Wirtschaft auf die Bedürfnisse der Industrieländer (v. a. Rohstofflieferanten) • Abhängigkeit von wenigen Exportprodukten • Ständige Verschlechterung der Austauschverhältnisse („**Terms of Trade**"); Importgüterpreise steigen schneller als Exportgüterpreise • Starke Auslandsverschuldung (zu geringe Kapitalbildung im Inland)

Ökologische Merkmale
• Unzureichende Umweltschutzgesetzgebung • Überlastung des Bodens durch Bevölkerungsdruck • Abholzung der Wälder zur Energieversorgung und für den Export • Fortschreitender Verwüstungsprozess (z. B. Amazonas, Sahelzone)

Demografische Merkmale
• Bevölkerungsexplosion (z. B. religiöse, soziale, hygienische Gründe) • Schnelle Verstädterung (Landflucht und Slumbildung)

---

[1] Im Unterschied zu LLDC (Least Developed Countries) beinhaltet der Begriff LDC (Less Developed Countries) die Gesamtheit aller Entwicklungsländer. Das jährliche Pro-Kopf-Einkommen der LLDCs liegt unter 250 USD.

Viele der genannten Merkmale beeinflussen sich gegenseitig. Sie führen im ungünstigsten Fall zu einem **Teufelskreis der Armut**, in dem sich die ungünstigen Merkmale gegenseitig negativ verstärken.

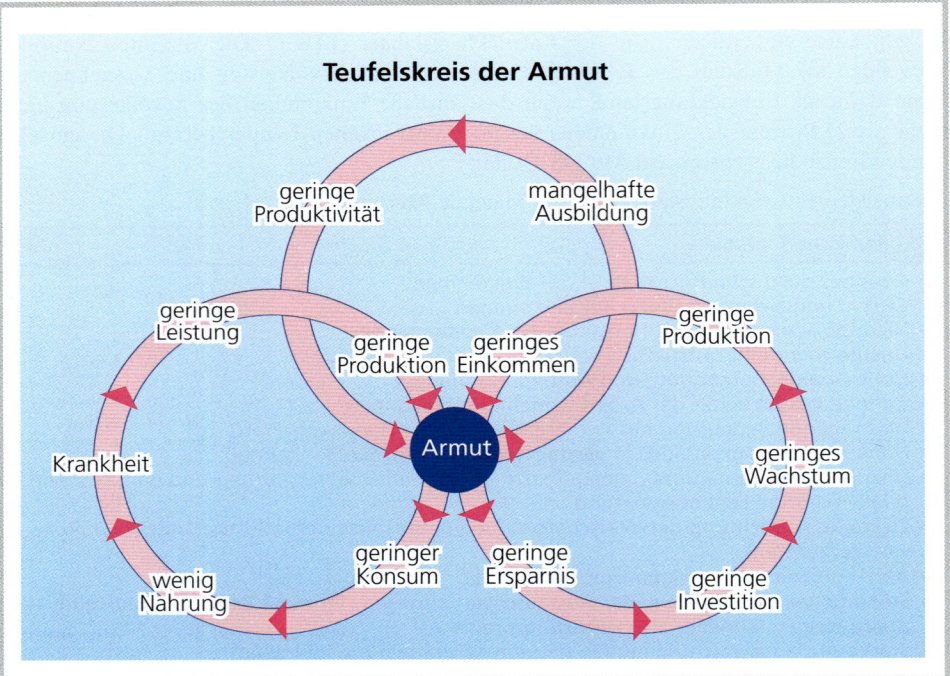

Teufelskreise lassen sich logisch auch umdrehen zu **positiven Verstärkerkreisen**, wenn es gelingt, einen der im Teufelskreis enthaltenen Wirkungsfaktoren positiv zu verändern. Genau hier liegt die Chance der Entwicklungspolitik.

4.7.3 Träger der Entwicklungzusammenarbeit

Mit der praktischen Durchführung der Entwicklungsprojekte befassen sich neben den staatlichen Einrichtungen (unter Federführung des Bundesministeriums für wirtschaftliche Zusammenarbeit und Entwicklung – **BMZ**) noch eine Reihe halbstaatlicher und privater Einrichtungen.

298

Rechtliche Trägerschaft	Institutionen	Herkunft der Mittel
BMZ und andere Ministerien	Kreditanstalt für Wiederaufbau (KfW), Deutsche Gesellschaft für Technische Zusammenarbeit (GTZ), Deutscher Entwicklungsdienst (DED) usw.	Steuermittel
Kirchliche Organisationen	Diakonisches Werk / Brot für die Welt, Misereor / Zentralstelle für Entwicklungshilfe, Deutscher Caritasverband usw.	Steuermittel, Spenden
Stiftungen der Parteien	Friedrich-Ebert-Stiftung (SPD), Konrad-Adenauer-Stiftung (CDU), Hanns-Seidel-Stiftung (CSU), Friedrich-Naumann-Stiftung (FDP), Heinrich-Böll-Stiftung (Die Grünen), Rosa-Luxemburg-Stiftung (DIE LINKE)	Steuermittel
Mitgliedsorganisationen	Kolpingwerk, Kindernothilfe, Deutsche Welthungerhilfe (DWHH), Terre des Hommes usw.	Spenden, Steuermittel

4.7.4 Maßnahmen der staatlichen Entwicklungspolitik

Die Maßnahmen staatlicher (öffentlicher) Entwicklungspolitik lassen sich in drei Hauptbereiche gliedern:

Hauptbereiche	Merkmale
Finanzielle Zusammenarbeit (FZ)	Für Entwicklungsprojekte werden Geldmittel zur Verfügung gestellt.
Technische Zusammenarbeit (TZ)	Zur Erhöhung der Produktivität der Wirtschaft werden unentgeltliche technische Hilfen (z. B. Maschinen) geliefert.
Personelle Zusammenarbeit	Zur Vermittlung des notwendigen Fachwissens (Know-how) werden Fachkräfte, Ausbilder und Berater entsandt.

Die Vergabe von staatlicher Entwicklungshilfe ist an folgende **Kriterien** gebunden:

- *Beachtung der Menschenrechte:* unter anderem Gewährung von Religionsfreiheit und Minderheitenschutz; Verzicht auf Folter.

- *Beteiligung der Bevölkerung an politischen Entscheidungen:* unter anderem demokratische Wahlen, Vereinigungsfreiheit, Recht auf freie Meinungsäußerung, Presse- und Informationsfreiheit.

- *Rechtsstaatlichkeit und Gewährleistung von Rechtssicherheit:* unter anderem Unabhängigkeit der Justiz, Grundsatz „gleiches Recht für alle", Berechenbarkeit und Transparenz des staatlichen Handelns.

- *Marktwirtschaftlich und sozial orientierte Wirtschaftsordnung:* unter anderem Schutz des Eigentums, Wettbewerbsprinzip, Preisbildung über den Markt, Gewerbe- und Niederlassungsfreiheit; als Sozialindikatoren: Säuglingssterblichkeit, Einschulung an Grundschulen.

- *Entwicklungsorientierung staatlichen Handelns:* Die Regierungspolitik soll sich unter anderem darauf konzentrieren, die soziale Lage der Armen zu verbessern, die natürlichen Lebensgrundlagen zu erhalten, das Bevölkerungswachstum einzudämmen und die Rüstungsausgaben zu beschränken.

Dieser Katalog zeigt, dass die Eigenleistungen und -anstrengungen der Entwicklungsländer neuerdings als Vergabekriterium stärker gewichtet werden als die reine Hilfsbedürftigkeit.

Alle Maßnahmen staatlicher Entwicklungspolitik zielen auf die **Hilfe zur Selbsthilfe**. Häufig werden Projekte nach dem **BOT-Modell**[1] durchgeführt. Das bedeutet, dass der Investor eine Anlage (z. B. Kraftwerk, Autobahn) zuerst baut, diese dann so lange betreibt, bis er seine Investitionen hereingeholt hat und daran verdient, und am Ende nach 10 oder 20 Jahren an den Staat zurückgibt.

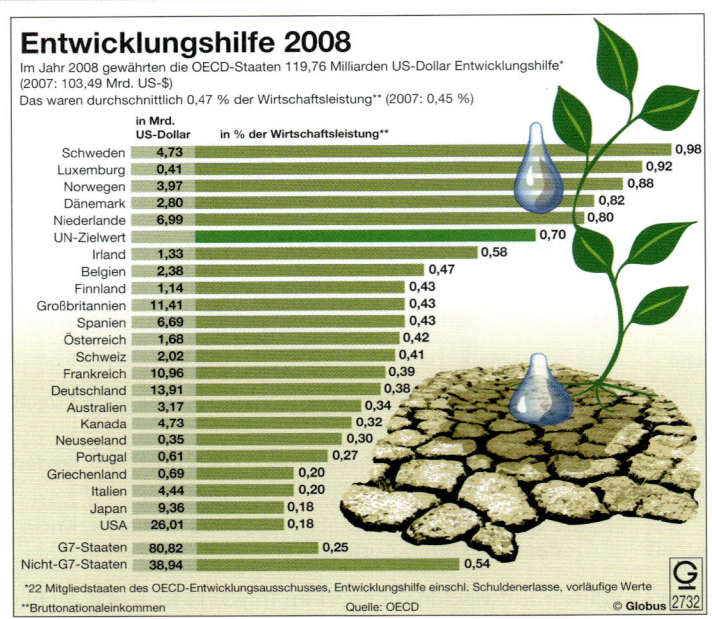

Entwicklungshilfe 2008

Im Jahr 2008 gewährten die OECD-Staaten 119,76 Milliarden US-Dollar Entwicklungshilfe*
(2007: 103,49 Mrd. US-$)
Das waren durchschnittlich 0,47 % der Wirtschaftsleistung** (2007: 0,45 %)

	in Mrd. US-Dollar	in % der Wirtschaftsleistung**
Schweden	4,73	0,98
Luxemburg	0,41	0,92
Norwegen	3,97	0,88
Dänemark	2,80	0,82
Niederlande	6,99	0,80
UN-Zielwert		0,70
Irland	1,33	0,58
Belgien	2,38	0,47
Finnland	1,14	0,43
Großbritannien	11,41	0,43
Spanien	6,69	0,43
Österreich	1,68	0,42
Schweiz	2,02	0,41
Frankreich	10,96	0,39
Deutschland	13,91	0,38
Australien	3,17	0,34
Kanada	4,73	0,32
Neuseeland	0,35	0,30
Portugal	0,61	0,27
Griechenland	0,69	0,20
Italien	4,44	0,20
Japan	9,36	0,18
USA	26,01	0,18
G7-Staaten	80,82	0,25
Nicht-G7-Staaten	38,94	0,54

*22 Mitgliedstaaten des OECD-Entwicklungsausschusses, Entwicklungshilfe einschl. Schuldenerlasse, vorläufige Werte
**Bruttonationaleinkommen   Quelle: OECD   © Globus 2732

Antizyklisch reagieren
Wie immer treffen Krisen die armen Länder besonders hart, so auch die weltweite Wirtschafts- und Finanzkrise. Unter anderem sinken die Preise für Rohstoffe, auf deren Export die Entwicklungsländer angewiesen sind; die Überweisungen der Arbeitsmigranten werden ebenfalls sinken. Umso wichtiger ist es, dass die Industrieländer in diesen Zeiten nicht an Entwicklungshilfe sparen. Das Ziel der Vereinten Nationen heißt 0,7 Prozent der Wirtschaftsleistung. Fünf Länder übertreffen diese Marke: Schweden, Luxemburg, Norwegen, Dänemark und die Niederlande (zwischen 0,98 und 0,80 Prozent). Deutschland liegt mit 0,38 Prozent weit darunter und auch noch ein Stück weit entfernt von dem bis 2010 im Rahmen der EU vereinbarten Ziel in Höhe von 0,51 Prozent der Wirtschaftsleistung. Weltweit brachten die Industrieländer im letzten Jahr mit 119,8 Milliarden US-Dollar so viel Entwicklungshilfe wie nie zuvor auf. Darin enthalten sind 8,7 Milliarden Dollar für Entschuldung.   *Quelle: dpa-infografik GmbH, 03.04.2009*

Der Entwicklungsprozess muss anfangs **staatlich gelenkt** werden. Der Staat muss

- die Infrastruktur schaffen,
- die Ersparnisbildung erzwingen,
- die Investitionstätigkeit fördern und lenken,
- das Bevölkerungsproblem lösen.

[1] **BOT** = Build, Operate, Transfer, d. h., baue es auf, betreibe es und übergebe es dem Staat.

4.7.5 Weltbank – Institution der Entwicklungspolitik

Das **Hauptaufgabengebiet der Weltbank**[1] ist die Förderung der wirtschaftlichen Entwicklung in den Mitgliedstaaten, insbesondere der Entwicklungsländer und seit den 1990er-Jahren auch der Länder Osteuropas. Die Mitgliedsländer der Weltbank müssen gleichzeitig Mitglied des Internationalen Währungsfonds (IWF) sein. Beides sind Sonderorganisationen der Vereinten Nationen (UNO).

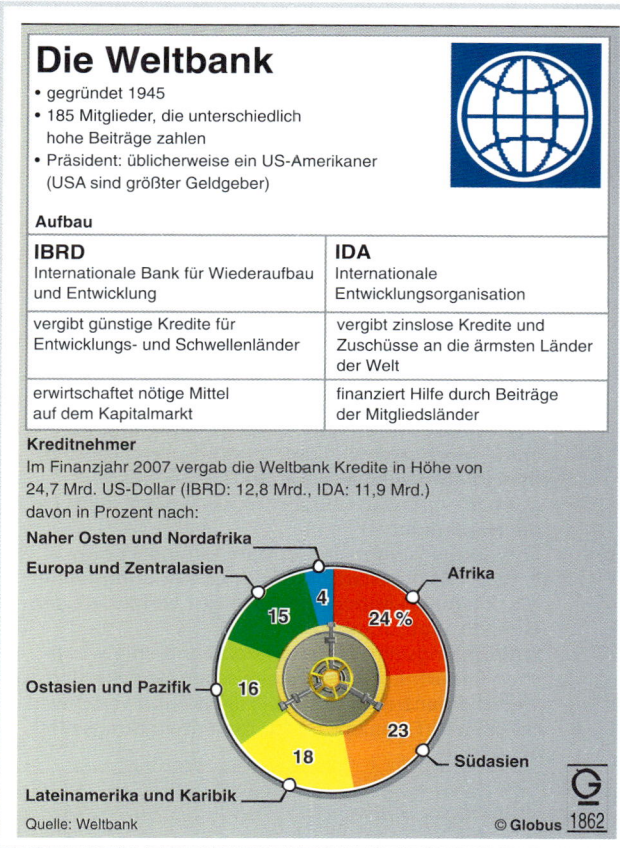

Die Weltbank

- gegründet 1945
- 185 Mitglieder, die unterschiedlich hohe Beiträge zahlen
- Präsident: üblicherweise ein US-Amerikaner (USA sind größter Geldgeber)

Aufbau

IBRD	IDA
Internationale Bank für Wiederaufbau und Entwicklung	Internationale Entwicklungsorganisation
vergibt günstige Kredite für Entwicklungs- und Schwellenländer	vergibt zinslose Kredite und Zuschüsse an die ärmsten Länder der Welt
erwirtschaftet nötige Mittel auf dem Kapitalmarkt	finanziert Hilfe durch Beiträge der Mitgliedsländer

Kreditnehmer

Im Finanzjahr 2007 vergab die Weltbank Kredite in Höhe von 24,7 Mrd. US-Dollar (IBRD: 12,8 Mrd., IDA: 11,9 Mrd.) davon in Prozent nach:

Naher Osten und Nordafrika

Europa und Zentralasien — 15 — 4 — 24 % — Afrika

Ostasien und Pazifik — 16

— 23

18 — Südasien

Lateinamerika und Karibik

Quelle: Weltbank

© Globus 1862

Die Weltbank ist nicht unumstritten: Für die einen ist sie der größte und effektivste Finanzier von Entwicklungshilfe, die anderen sehen in ihr auch eine Möglichkeit der reichen Länder, sich in die inneren Angelegenheiten der Entwicklungsländer einzumischen. Seit ihrer Gründung 1945 vergibt die Weltbank über ihre beiden Unterorganisationen IRBD und IDA Kredite an Schwellen- und Entwicklungsländer. Das Geld soll in der Regel der Armuts- und Korruptionsbekämpfung, der Verbesserung der Infrastruktur und der Gesundheitsvorsorge dienen. Allein im Finanzjahr 2007 wurden 24,7 Milliarden US-Dollar (rund 16,6 Milliarden Euro) verliehen, knapp ein Viertel davon an andere Länder in Afrika. Kritisiert wird die Organisation immer wieder dafür, dass sie den Schuldnern strenge Auflagen wie zum Beispiel eine strikte Sparpolitik auferlegt.

Die Weltbank ist kein reines Kreditinstitut, sondern hilft auch bei der *Planung und Umsetzung praktischer Entwicklungshilfeprojekte.*

---

[1] **Weltbank:** Kurzform für Internationale Bank für Wiederaufbau und Entwicklung; engl. International Bank for Reconstruction and Development – IBRD); 1945 gegründet mit Sitz in Washington. Ihre ursprüngliche Aufgabe war es, Gelder für den Wiederaufbau nach dem Zweiten Weltkrieg zinsgünstig bereitzustellen.

In ihrem Report „Die Weltbankgruppe: Lernen von der Vergangenheit, planen für die Zukunft" führt die Weltbank fünf **„wesentliche Herausforderungen"** für ihre künftige Arbeit auf:

- Weiterführung wirtschaftlicher Reformen, um durch breites Wachstum die Armut in der Dritten Welt zu reduzieren.
- Investitionen in Menschen durch erweiterte Ausbildungs-, Gesundheits- und Familienplanungsprogramme.
- Schutz der Umwelt, damit auch den kommenden Generationen geholfen werden kann.
- Stimulierung des privaten Bereichs, damit die Entwicklungsländer produktiver arbeiten und mehr Arbeitsplätze schaffen.
- Umorientierung der Wirtschaftspolitik, damit der öffentliche Sektor private Investitionen ergänzt.

4.7.6 Entwicklungspolitik – Pro und Kontra

Pro-Argumente	Kontra-Argumente
• Fehler der Vergangenheit sind Anstoß zum Umdenken – auch die entwicklungspolitische Zusammenarbeit ist ein Lernprozess. • Die Zahl der Analphabeten ist stark rückläufig (fast alle Kinder erhalten eine Schulbildung). • Das Pro-Kopf-Einkommen hat sich trotz des enormen Bevölkerungswachstums in den letzten 25 Jahren verdoppelt. • Die durchschnittliche Lebenserwartung ist stark gestiegen (um zehn Jahre). • Die Menschheit ist eine Solidargemeinschaft (Ärmeren und bei Katastrophen muss geholfen werden).	• Die Gelder kommen nicht bei den Bedürftigen an; sie fließen in Prestigeprojekte und dienen der persönlichen Bereicherung der Regierungsmitglieder und der Oberschicht. • Die reichen Länder sind auch ohne Entwicklungshilfe reich geworden. • Nach vielen Jahren Entwicklungspolitik gibt es immer noch Armut in den „geförderten" Ländern; da sich die „Nehmer" auf die Geschenke der „Geber" verlassen und ihr Schicksal nicht selbst in die Hand nehmen. • Entwicklungshilfe zerstört oder behindert die eigene Wirtschaftsstruktur der Entwicklungsländer; z. B. kostenlos importiertes Saatgut verhindert den eigenen Saatgutanbau. • Entwicklungshilfe-Funktionäre kennen die wirklichen Bedürfnisse der einheimischen Bevölkerung zu wenig, finanzieren falsche Projekte und verschwenden zu viel Finanzmittel für die Entwicklungshilfeverwaltung.

Zusammenfassung

- Unter **Entwicklungspolitik** versteht man alle Maßnahmen, mit denen die Zusammenarbeit mit sogenannten unterentwickelten Ländern und Regionen gefördert wird.
- Die meisten Entwicklungsländer weisen ungünstige **ökonomische** (z. B. geringes durchschnittliches Pro-Kopf-Einkommen, extrem ungleiche Verteilung der Einkommen, einseitige Wirtschaftsstrukturen), **ökologische** (z. B. unzureichende Umweltschutzgesetzgebung), **demografische** (z. B. Bevölkerungsexplosion, schnelle Verstädterung) und **soziokulturelle Merkmale** (Großfamilien, geringe soziale Mobilität, schwacher Staat) auf. Im ungünstigsten Fall verstärken sich diese Merkmale zu einem **Teufelskreis der Armut**.

Der Entwicklungsprozess ist anfangs stark von der **Lenkung durch den Staat** abhängig. Er muss die Infrastruktur schaffen, die Ersparnisbildung erzwingen, die Investitionstätigkeit fördern und lenken und das Bevölkerungsproblem lösen.

- Eine wichtige Institution der Entwicklungspolitik ist die **Weltbank** bzw. die Weltbankgruppe, deren Hauptaufgabe die Förderung der wirtschaftlichen Entwicklung in den Mitgliedstaaten, insbesondere in den Entwicklungsländern und den Ländern Osteuropas ist.
- Die **Befürworter** der Entwicklungspolitik heben ihre Erfolge (z.B. zunehmende Schulbildung, steigende Lebenserwartung) hervor, die **Gegner** verweisen auf die Fehler (z.B. falsche Verwendung der Gelder, unveränderte Armut) der Entwicklungspolitik.

Aufgaben

1 *Gruppenturnier: Bilden Sie mehrere Arbeitsgruppen. Schreiben Sie die Begriffe/Fragen a) bis o) auf Kärtchen (ein Begriff/eine Frage pro Kärtchen). Beantworten Sie in den Gruppen die Fragen, und schreiben Sie die Lösungen auf das jeweilige Kärtchen. Veranstalten Sie in Ihrer Gruppe ein Frage-Antwort-Spiel (wer die meisten Kärtchen gewinnt, ist Gruppensieger). Die Gruppensieger können anschließend den Klassensieger unter sich ausspielen.*

a) *Was versteht man unter Entwicklungspolitik?*
b) *Geben Sie einige Motive der Entwicklungspolitik an.*
c) *Erläutern Sie einige ökonomische Merkmale von Entwicklungsländern.*
d) *Nennen Sie einige ökologische Merkmale von Entwicklungsländern.*
e) *Geben Sie einige demografische Merkmale von Entwicklungsländern an.*
f) *Beschreiben Sie einige soziokulturelle Merkmale von Entwicklungsländern.*
g) *Nennen Sie einige Träger der Entwicklungspolitik mit Beispielen.*
h) *Beschreiben Sie die drei Hauptbereiche der öffentlichen Entwicklungspolitik.*
i) *Erläutern Sie die Vergabekriterien der staatlichen Entwicklungshilfe.*
j) *Erklären Sie das BOT-Modell der Entwicklungshilfe.*
k) *Welche Rolle spielt die Weltbank bei der Entwicklungshilfe?*
l) *Welche Argumente führen die Gegner der Entwicklungspolitik ins Feld?*
m) *Welche Argumente sprechen für die Entwicklungspolitik?*
n) *Skizzieren Sie den Teufelskreis der Armut.*

2 *Inwiefern kann das Bevölkerungswachstum den Entwicklungsprozess zunichte machen?*

3 *Grunddaten eines Entwicklungslandes (Beispiel: Niger)*

Bevölkerungszahl	*13,0 Mio., Niamey (Hauptstadt) etwa 1 Mio.*
Bruttoinlandsprodukt	*2007: 4,2 Mrd. USD*
Jährliches Pro-Kopf-Einkommen	*2007: 323 USD*
Lebenserwartung	*etwa 42 Jahre*
Kinderzahl pro Frau	*7,5 Kinder*
Religion	*94 % Muslime*
Alphabetisierung	*Analphabeten: Männer: 74 %, Frauen: 90 %*
Erwerbstätige in den Wirtschaftsbereichen	*Landwirtschaft: 39 %, Industrie: 17 %, Dienstleistungen: 44 %*

a) *Analysieren Sie die Situation des Landes Niger.*
b) *Welche Probleme erkennen Sie?*
c) *Vergleichen Sie einige Daten mit denen der Bundesrepublik Deutschland (siehe Seiten 221, 254).* **Tipp:** *erdkunde-online.de; auswaertiges-amt.de; bfai.de*

4

Bericht aus einem unterentwickelten Land:
28 Prozent von Namibias Boden sind Wüste, der Rest ist nur zur Regenzeit [...] grün [...]. Dabei leben 90 Prozent der 1,7 Mio. Einwohner von der Landwirtschaft. Die Hälfte der landwirtschaftlichen Flächen gehört etwa 4200 meist weißen Groß-farmern. Ihre Besitzungen umfassen bis zu 30000 Hektar [...]. Die Farmen liegen hauptsächlich im trockenen, sehr kargen Süden. Dort ist jedoch genügend Raum, [...] die Schafherden immer wieder an anderen Stellen grasen zu lassen und so den Boden und die nachwachsende Vegetation zu schonen.
Im feuchteren [...] Norden des Landes teilen sich 95 Prozent der Bauern die zweite Hälfte der [...] nutzbaren Flächen. Sie halten neben Schafen auch Rinder und bauen Getreide an. Vor wenigen Jahren zogen sie noch als Nomaden durchs Land. So konn-ten sich Boden und Bewuchs immer wieder erholen. Die Probleme kamen mit der Sesshaftigkeit [...]
Zudem nimmt die Bevölkerung Jahr für Jahr um 3 Prozent zu. [...] Die Bäume, deren Holz zum Feuermachen dient, können nicht schnell genug nachwachsen, das Gras hat keine Zeit, sich zu regenerieren. Die Vegetation kommt nicht mehr nach, die Wüste breitet sich aus [...]

a) *Nennen Sie die im Text beschriebenen natürlichen Benachteiligungen mancher unter-entwickelter Länder.*

b) *Erläutern Sie, vom Text ausgehend, warum diese Benachteiligungen zum Teil auch eine Folge sozialer Verhältnisse sind.*

c) *Zählen Sie drei weitere Merkmale der Unterentwicklung auf.*

d) *Unterentwicklung ist nicht nur ein Problem der Staaten der Dritten Welt, auch Indust-rienationen sind zunehmend von den Folgen der Unterentwicklung betroffen.*

    1 Beschreiben Sie dies an zwei Beispielen.
    2. Nennen Sie die drei Hauptbereiche der Entwicklungshilfe.
    3. Welchen der drei Hauptbereiche halten Sie für den wirkungsvollsten und welchen für den ungeeignetsten?

5

„Klimakiller"

Welches Problem des Nord-Süd-Konflikts bringt der Karikaturist zum Ausdruck?

■ Geschäftsbrief – Aushängeschild der Unternehmung

Geschäftsbriefe werden heute im Rahmen einer ganzheitlichen Vorgangsbearbeitung meist von den Sachbearbeitern mithilfe eines Textverarbeitungsprogramms am PC erstellt.

Geschäftsbriefe sind eine hervorragende Gelegenheit, ein Unternehmen nach außen hin positiv zu repräsentieren. Dies setzt voraus, dass der Bearbeiter die wichtigsten Regeln zur Erstellung eines Geschäftsbriefs kennt und auf folgende Punkte achtet:

- **Sachliche Richtigkeit** des Briefinhalts
- Klare, **übersichtliche Gliederung** des Briefinhalts
- **Fehlerfreier grammatikalischer Ausdruck**
- **Einwandfreie Rechtschreibung**
- **Richtige äußere Form** des Schreibens.

Viele Unternehmen haben im Laufe der Zeit einen eigenen Briefstil entwickelt. Dieser sollte sich an den DIN-Regeln[1] orientieren. Dadurch werden der Schriftwechsel vereinheitlicht und beschleunigt sowie die Ablage vereinfacht.

● Empfehlungen für den Inhalt und den Aufbau des Geschäftsbriefs

Zuerst muss sich der Verfasser eines Geschäftsbriefes über den betriebswirtschaftlich-rechtlichen Sachverhalt Gedanken machen. Fehler in diesem Bereich können schwerwiegende Folgen für das Unternehmen haben. Der Sachverhalt muss zudem in eine sinnvolle Ordnung gebracht werden, z. B. nach folgendem Muster:

Betreff	Er stellt die Überschrift des Briefs dar und erleichtert Absender und Empfänger die Einordnung des Briefinhalts. Der Betreff sollte kurz, empfängerorientiert und aussagekräftig sein.
Einleitung	Floskeln machen einen unbeholfenen Eindruck und vergeuden die Zeit des Lesers. Der Einstieg sollte auf das Anliegen des Empfängers, die vorausgegangene Korrespondenz bzw. Handlung eingehen. Bei Reklamationen sollte das Verständnis für den Ärger des Kunden nicht fehlen.
Hauptteil	Das Schreiben sollte alle für den Sachverhalt wichtigen Informationen enthalten. Das Anliegen des Absenders, seine Absichten und Wünsche müssen dem Empfänger in sachlicher Weise nahegebracht werden. Die nötige Übersicht wird durch Hervorhebungen und die Untergliederung in Absätze erreicht.
Schluss	Der Brief sollte nicht abrupt enden. Phrasen wie „Wir hoffen, Ihnen hiermit gedient zu haben" machen einen schlechten Eindruck. Am Schluss sollte ein Wunsch (z. B. „Wir würden uns freuen, wenn Ihnen unser Vorschlag zusagt") oder eine Aufforderung („Bitte entscheiden Sie sich bald") stehen. Bei Mahnungen kann der Schluss etwas schroffer ausfallen („Weitere Aufträge können Sie nur bei sorgfältiger Bearbeitung erwarten").

[1] **DIN** = Deutsche Industrienorm. DIN-Regeln werden vom Deutschen Institut für Normung e. V. in Berlin entwickelt.

● *Empfehlungen für die äußere Form des Geschäftsbriefs*

Viele Unternehmen verwenden vorgedrucktes Briefpapier mit grafisch gestaltetem Briefkopf. Für Rechnungen, Bestellungen, Lieferscheine und Bestellungsannahmen sind spezielle „Vordrucke für Industrie, Handel und Verwaltung" gebräuchlich. Für die Form eines Geschäftsbriefs sind DIN 5008 und DIN 676 maßgebend. Schriftstücke werden heute i. d. R. mit Textverarbeitungsprogrammen (z. B. Word) erstellt und gestaltet. Im Folgenden wird die DIN 5008 „Schreib- und Gestaltungsregeln für die Textverarbeitung" berücksichtigt.

① **Briefkopf** mit Namen des Inhabers oder Firmenlogo. Beim Geschäftsbrief A4 stehen für den Briefkopf 27 mm (Vordruck A) oder 45 mm (Vordruck B) zur Verfügung.

② **Anschrift des Absenders.** Sie steht im Kleindruck unmittelbar über dem Anschriftenfeld des Empfängers. Das erspart die Wiederholung des Absenders auf dem Umschlag, wenn Fensterbriefhüllen verwendet werden.

③ **Anschrift des Empfängers.** Sie beginnt in der 9. Zeile (Vordruck A) bzw. 13. Zeile. Das Anschriftfeld (insgesamt 40 mm bzw. 9 Zeilen) ist unterteilt in

- **Zusatz- bzw. Vermerkzone** (12,7 mm – 3 Zeilen) für Vorausverfügungen (z. B. Nicht nachsenden!), Produktbezeichnungen (z. B. Einschreiben), Freimachungsvermerke (Gebühr bezahlt) und sonstige Vermerke (z. B. Persönlich) und

- **Anschriftzone** (27,3 mm bzw. 6 Zeilen) für die eigentliche Empfängeranschrift.

Beispiel:

1. Zeile		Höhe: 12,7 mm, Breite 80,9 mm
2. Zeile	Nicht nachsenden!	Zeilen sind vertikal *nach unten* aus-
3. Zeile	Einschreiben	gerichtet, keine Hervorhebungen
1. Zeile	Herrn, Frau bzw. Geschäftszweig	Höhe: 12,7 mm, Breite 80,9 mm
2. Zeile	Name des Empfängers	Zeilen sind vertikal *nach oben* aus-
3. Zeile	Ggf. Namen des Unternehmens	gerichtet
4. Zeile	Straße mit Hausnummer bzw. Postfach	Es gibt *keine Leerzeilen* (auch
5. Zeile	Postleitzahl mit Ortsnamen	nicht zwischen Zusatz- bzw. Ver-
6. Zeile	Ggf. Bestimmungsland	merkzone und Anschriftzone)

④ **Bezugzeichen** mit **Erstellungsdatum** des Briefs. Beginn in der 21. bzw. 25. Zeile. Die Bearbeitung und Ablage wird dadurch erleichtert. Die Bezugzeichen geben Hinweise auf den vorangegangenen Schriftverkehr. Das numerische Datum wird in der Reihenfolge Jahr – Monat – Tag gegliedert z. B. 2008-01-30. Alpha-numerische Schreibweisen sind ebenfalls zulässig, z. B. 30. Jan. 08, 30. Januar 2008.

⑤ **Betreffangabe** (zwei Leerzeilen nach den Bezugzeichen). Beginn in der 24. bzw. 28. Zeile. Überschrift des Briefes in Stichworten. Der Betreff endet ohne Satzeichen. Das Leitwort „Betreff" wird nicht geschrieben. Hinter der Betreffangabe kann ein Behandlungsvermerk (z. B. „Eilt") stehen.

⑥ **Anrede** (zwei Leerzeilen nach der Betreffangabe). Ist der Name des Empfängers bekannt, so sollte er genannt werden (z. B. „Sehr geehrter Herr Zieher"), andernfalls sind beide Geschlechter anzusprechen („Sehr geehrte Damen und Herren"). Nach der Anrede wird ein Komma gesetzt und danach klein weitergeschrieben.

306

Beispiel: Geschäftsbrief nach DIN-Regeln 5008 und 676

① # Sporthaus B. Stauch GmbH

fit durch Sport

② Sporthaus B. Stauch GmbH, Kirchstr. 7, 74078 Heilbronn

③
- Einschreiben
- Allgäuer Skifabrik
- Racer & Co KG
- Verkaufsabteilung
- Benzstraße 104
- 89155 Erbach

[Zeile 16 Form A]
[Zeile 20 Form B]

[10,2 cm bzw. Grad 50]	[12,7 cm bzw. Grad 60]	[15,2 cm bzw. Grad 70]
Telefax 07131 965-293	**E-Mail** Reber@stauch.de	**Internet** www.stauch.de

④
Ihr Zeichen, Ihre Nachricht vom	Unser Zeichen, unsere Nachricht vom	Telefon, Name 07131 955-	Datum
menzel, ..-10-17	re-ek, ..-09-01	920 Frau Reber	..-10-17

⑤ Ihr Lieferungsverzug

⑥ Sehr geehrte Frau Menzel,

Ihre E-Mail vom 17. Oktober haben wir erhalten. Damit befinden Sie sich im Lieferungsverzug durch Selbstinverzugsetzung.

Ihr neuer Terminvorschlag, der 15. Dezember, ist für uns nicht annehmbar, da bis dahin die Hauptsaison vorbei ist.

⑦ Sie bestätigten uns am 5. September den Liefertermin 15. Oktober. Da dieser Termin bereits verstrichen ist, müssen wir uns bei einer Großhandlung in der näheren Umgebung mit baugleichen Carvingskiern eindecken.

Die Lieferung Ihres Modells „Alpina" lehnen wir ab. Den Mehrpreis dieses Deckungskaufs machen wir geltend, sobald die Rechnung des Ersatzlieferanten eingegangen ist. Eine Nachfristsetzung entfällt, da Sie uns in Ihrer E-Mail vom 17. Oktober mitteilten, dass Sie vor dem 15. Dezember nicht lieferfähig sind.

Diese Entwicklung unserer Geschäftsbeziehung bedauern wir sehr.

⑧ Mit freundlichem Gruß

⑨ Sporthaus B. Stauch

i.V. *Reber*
Reber

⑩

⑪
Geschäftsräume Kirchstraße 7 74078 Heilbronn	Registergericht Heilbronn HRB 1265 Geschäftsführer: Beate Stauch	Kontoverbindung: Deutsche Bank AG, Heilbronn Konto: 560 120, BLZ 620 700 60

⑦ **Brieftext** (eine Leerzeile nach der Anrede).

Ein neuer Absatz wird vom vorherigen durch eine Leerzeile getrennt. Eingerückte Textteile (etwa zehn Zeichen) werden vor und nach dem Textteil durch je eine Leerzeile abgesetzt. Neben dem Einrücken sind Hervorhebungen durch Unterstreichen, Fettschrift und Zentrieren üblich.

⑧ **Grußformel** (eine Leerzeile nach dem Brieftext).

Sie endet ohne Satzzeichen. Üblich sind Formulierungen wie „Mit freundlichen Grüßen", „Freundliche Grüße", „Hochachtungsvoll".

⑨ **Unterschriftfeld** (eine Leerzeile nach der Grußformel).

Das Unterschriftfeld besteht aus fünf Zeilen:
1. Name der Unternehmung bzw. Betriebsstätte
2. Leer
3. Handschriftlicher Namenszug des Unterzeichners
4. Leer
5. Gedruckte Wiederholung des Namens des Unterzeichners

⑩ **Anlagenvermerk**, ggf. **Verteilervermerk** (mind. eine Leerzeile nach dem Unterschriftfeld).

Das Wort Anlagen (es endet ohne Satzzeichen) weist den Empfänger darauf hin, dass dem Schreiben weitere Schriftstücke beigelegt sind. Diese sind unter dem Wort Anlagen einzeln aufzuführen.

Der Verteilervermerk (das Wort Verteiler endet ohne Satzzeichen) enthält alle Stellen/Personen, die einen Durchschlag oder eine Kopie des Briefs erhalten haben.

⑪ Der **Brieffuß** enthält Geschäftsangaben, die die Bearbeitung erleichtern, z. B. Telefon-, Fax-, Online-, Kontoverbindung, Hausadresse.

● *Empfehlungen zur Formulierung eines Geschäftsbriefs*

Grundsätzlich entwickelt jedes Unternehmen im Laufe der Zeit einen *eigenen Briefstil*, der den internen und externen Briefpartnern angepasst ist. Das heißt jedoch nicht, dass jahrelang dieselben Formulierungen verwendet werden sollen; denn auch der Briefstil unterliegt gewissen Modewandlungen. Die folgenden Empfehlungen helfen Ihnen, stilistische Unarten zu vermeiden.

● **Wählen Sie eine angemessene Satzlänge**

Primitive Sätze, die nur aus Subjekt, Prädikat und Objekt bestehen, unterfordern und verärgern den Briefpartner. Bringen Sie aber auch nicht den ganzen Sachverhalt in einem einzigen Satz unter; denn das überfordert den Leser. Vermeiden Sie komplizierte Sätze mit Einschüben, Klammern und mehreren Nebensätzen.

● **Verwenden Sie eine breite Wortwahl**

Wiederholungen deuten auf einen mangelnden Wortschatz des Briefschreibers hin. Sie erwecken den Eindruck der Bequemlichkeit und der Hilflosigkeit. Sie vermeiden Wiederholungen, wenn Sie möglichst wenig Füllwörter (z. B. wirklich, eigentlich, an sich, echt) verwenden.

● **Verwenden Sie den Indikativ, nicht den Konjunktiv**

Schreiben Sie **nicht** „Ich *möchte* Ihnen einen Vorschlag machen"; denn Sie tun es ja bereits. Der Verfasser verrät seine Unsicherheit, wenn er schreibt „*Würden* Sie mir ... anbieten?" oder „Meines Erachtens", „Ich glaube", „Ich meine". Meiden Sie auch die Wörter „vielleicht", „etwas" und „ein bisschen", „möglicherweise". So überzeugen Sie Ihren Briefpartner nicht.

- **Formulieren Sie aus dem „Sie"-Standpunkt**

  Sie erzielen eine stärkere Wirkung, wenn Sie den Sachverhalt aus der Sicht des Briefpartners betrachten. Die „Ich"- und „Wir"-Perspektive entspricht nicht mehr dem Sprachstil international verflochtener Unternehmen. Schreiben Sie z. B. nicht „Wir liefern Ihnen", sondern „Sie erhalten die Ware am …".

- **Verwenden Sie einen lebendigen Sprachstil**

  Schreiben Sie aber nicht, wie Sie sprechen. Dies verleitet zur Verwendung von Füllwörtern und Hauptwörtern. Die Substantivierung von Verben wirkt umständlich, erschwert das Lesen („Amtsdeutsch") und hemmt den Sprachfluss. Vermeiden Sie Hauptwörter mit der Endung „-ung". Schreiben Sie „senden" statt „Sendung", „liefern" statt „Lieferung", „berechnen" statt „in Rechnung stellen", „mitteilen" statt „Mitteilung". Auch Wörter wie „diesbezüglich", „Ihrerseits", „ins Benehmen setzen", „seitens", „mit Bezug" wirken altbacken und vermitteln den Eindruck eines vergreisten Betriebs. Ersetzen Sie Hilfsverben und Partizipien durch gut verständliche Vollverben. Schreiben Sie nicht „als Anlage *habe* ich Ihnen die uns *gesandten* Unterlagen zurückgeschickt", sondern „Sie erhalten Ihre Unterlagen wieder zurück".

- **Verwenden Sie die Aktivform, nicht die Passivform**

  Im Aktiv geschriebene Briefe wirken lebendiger und persönlicher. Schreiben Sie „Wir bestehen auf folgenden Rechten" statt „Folgende Rechte *werden* von uns vorgeschlagen". Meiden Sie Wörter wie „wird", „wurde", „werden", denn Sie führen zur unpersönlichen Passivform.

- **Nehmen Sie die Grußformel nicht in den Schlusssatz auf**

  Der Brief sollte immer mit einem Punkt enden. Daher dürfen Sie die Grußformel nicht in den Schlusssatz mit einbeziehen. Schreiben Sie **nicht** „In Erwartung einer baldigen Nachricht *verbleiben wir* mit freundlichen Grüßen", sondern „Geben Sie uns bald Bescheid. (Grußformel)".

Tipps für den richtigen Umgang mit E-Mails

1. Betreff
Füllen Sie immer den Betreff/die Subject-Zeile einer Mail aus. Versuchen Sie dabei, eine aussagekräftige Zusammenfassung in dieser Überschrift zu finden.

2. Anrede
Verwenden Sie im Zweifel immer die formelle Anrede, nur bei guten Geschäftsfreunden ist das Du oder der Vorname gestattet, der früher zum Mail-Standard gehörte. Die Anrede sollte immer personenbezogen sein, nur in Ausnahmefällen kann eine „blinde" Adressierung wie „Sehr geehrter Webmaster" funktionieren.

3. Briefkopf bei Erstkontakt
Schreiben Sie zum ersten Mal eine Mail an einen Geschäftskunden, erklären Sie ihm, woher Sie die Adresse haben. Sehr nützlich ist auch ein kleiner „Briefkopf", der über die eigene Firma aufklärt und mindestens einen Verweis auf die Website enthält. Er kann, als Vorlage (Template) gespeichert, bei Bedarf eingefügt werden.

4. Abkürzungen
In einer Geschäftsmail sind Abkürzungen und Smilies fehl am Platz. ROFL und :) wirken plump bis anbiedernd, wenn sie außerhalb der privaten Kommunikation eingesetzt werden.

5. Signatur
Während nach dem ersten Anschreiben der „Briefkopf" entfallen kann, sollte jede Geschäftsmail mit einer Signatur abschließen. Auf maximal vier Zeilen sollten nach einem einheitlichen Firmenstandard mindestens Ihr voller Name und die komplette E-Mail-Adresse auftauchen.

6. Dateianhänge
Schicken Sie niemals Dateianhänge ohne vorherige Ankündigung oder Aufforderung. Absprachen, welche Dateiformate akzeptiert und gelesen werden können, sind wichtig.

7. Ordnung halten
Jede Mail-Software gestattet die Anlage verschiedener Ordner, in denen die Post nach Kunden und Projekten sortiert werden kann.

Methodischer Anhang

Anleitungen zu wichtigen Arbeitstechniken

Spielregeln für Gruppenarbeit

1. Phase	Klasse mit der Thematik vertraut machen (Sachverhalt vorlesen, unmittelbare Verständnisfragen klären).
2. Phase	Gruppen bilden (maximal sechs Mitglieder pro Gruppe): • Jede Gruppe bearbeitet das gleiche Thema (themengleiche Gruppen) • Jede Gruppe bearbeitet ein anderes Thema (thementeilige Gruppen)
3. Phase	Gruppen verteilen gruppeninterne Rollen (Gruppensprecher, Protokollführer), nehmen die gruppeninterne Arbeitsverteilung vor und einigen sich auf gemeinsame Gruppenregeln. Vorschlag für **Gruppenregeln:** • Jedes Mitglied muss etwas beitragen und seine Rolle annehmen • Jeder Beitrag wird aufgenommen und gewürdigt • Verbale Beiträge dürfen nicht längern als 30 Sekunden dauern • Entscheidungen werden gemeinsam getroffen • Der Gruppensprecher übernimmt die Vermittlerrolle • Der Gruppensprecher leitet etwaige Diskussionen • Killerphrasen sind zu unterlassen („Das ist doch klar", „Das geht nicht" usw.)
4. Phase	Teilergebnisse innerhalb der Gruppen besprechen und Ergebnispräsentation (Visualisierung des Vortrags) vorbereiten.
5. Phase	Gruppenergebnisse vor der Klasse präsentieren (Gruppen stellen sich Detailfragen und Kritik der anderen Gruppen). Für den **Hefteintrag** sollten sich die Gruppen auf eine gemeinsame Lösung einigen. Das kann eines der Gruppenergebnisse sein oder ein Konsens bzw. Kompromiss aus allen vorgetragenen Gruppenlösungen.
6. Phase	Über das eigene Tun nachdenken. Gruppenregeln visualisieren.

Möglichkeiten der Textanalyse

Hervorhebungen	• Unterstreichungen, farbige Textmarkierungen (auf wesentliche Aussagen beschränken!). • Randzeichen (durch Längsstriche, Ausrufungszeichen oder Abkürzungen wie „Def.", „Bsp." usw. auf wesentliche Inhalte hinweisen) • Randnotizen (Stichworte als inhaltliche Kurzfassung).
Verdichtungen	• Schriftliche Zusammenfassung (Hauptgedanken mit eigenen Worten formulieren. Nur Definitionen wörtlich übernehmen, gut gliedern). • Strukturbilder erstellen: – Aufbaustruktur, um einen Gesamtgedanken in Teilaspekte zu gliedern (Über- und Unterordnungen durch Verbindungslinien aufzeigen) – Ablaufstruktur, um Abhängigkeiten und zeitliche Aufeinanderfolgen sichtbar zu machen (wenn der Text Abläufe schildert, die unterschiedlich verzweigen können)

Wichtige Regeln der Metaplantechnik

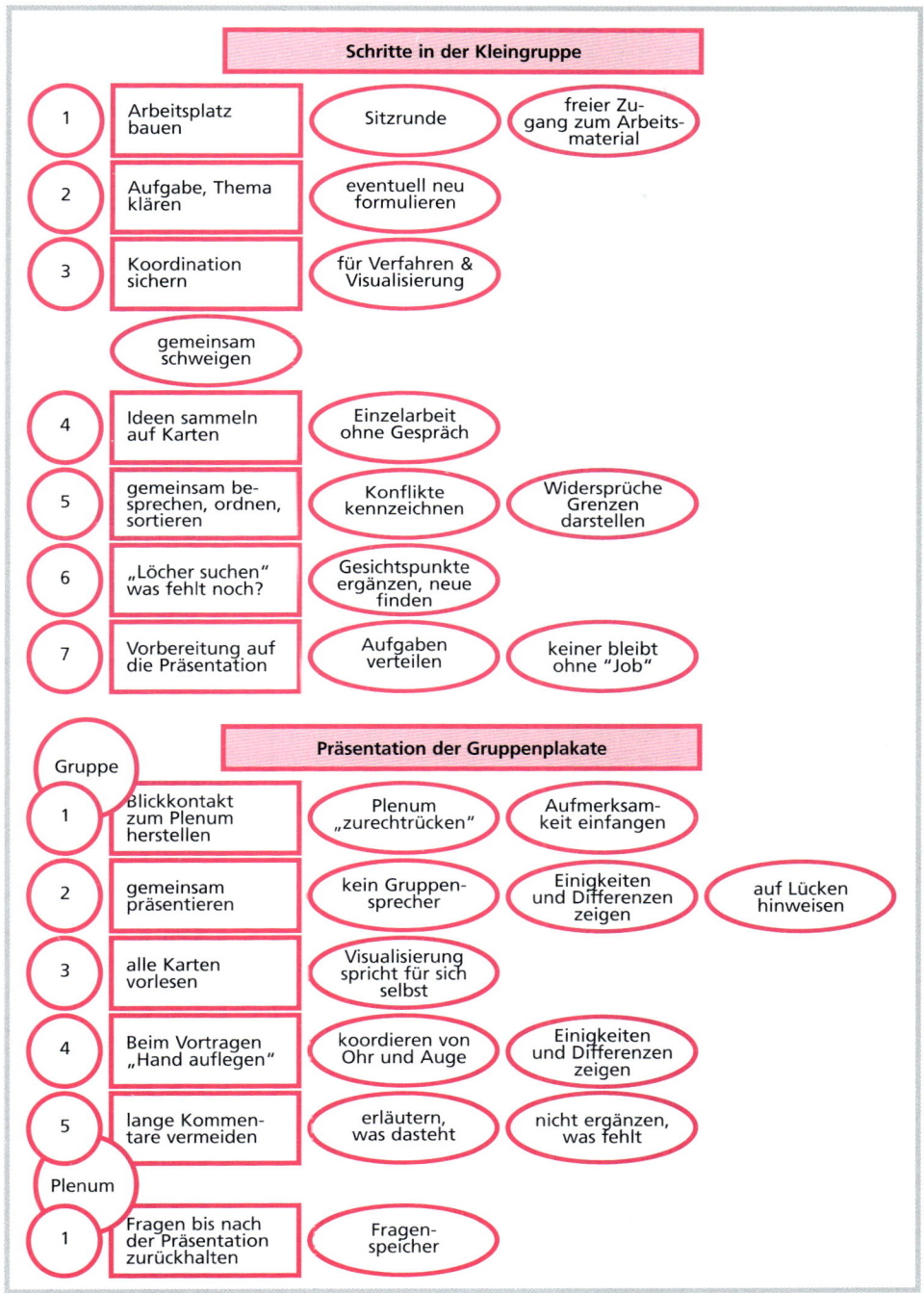

Schritte in der Kleingruppe

1. Arbeitsplatz bauen — Sitzrunde — freier Zugang zum Arbeitsmaterial
2. Aufgabe, Thema klären — eventuell neu formulieren
3. Koordination sichern — für Verfahren & Visualisierung

gemeinsam schweigen

4. Ideen sammeln auf Karten — Einzelarbeit ohne Gespräch
5. gemeinsam besprechen, ordnen, sortieren — Konflikte kennzeichnen — Widersprüche Grenzen darstellen
6. „Löcher suchen" was fehlt noch? — Gesichtspunkte ergänzen, neue finden
7. Vorbereitung auf die Präsentation — Aufgaben verteilen — keiner bleibt ohne "Job"

Präsentation der Gruppenplakate

Gruppe

1. Blickkontakt zum Plenum herstellen — Plenum „zurechtrücken" — Aufmerksamkeit einfangen
2. gemeinsam präsentieren — kein Gruppensprecher — Einigkeiten und Differenzen zeigen — auf Lücken hinweisen
3. alle Karten vorlesen — Visualisierung spricht für sich selbst
4. Beim Vortragen „Hand auflegen" — koordinieren von Ohr und Auge — Einigkeiten und Differenzen zeigen
5. lange Kommentare vermeiden — erläutern, was dasteht — nicht ergänzen, was fehlt

Plenum

1. Fragen bis nach der Präsentation zurückhalten — Fragenspeicher

311

Kartenabfrage

Mit der Kartenabfrage können Probleme erkannt, strukturiert und Lösungsvorschläge veranschaulicht werden. Die Teilnehmer halten ihre Aussagen stichwortartig auf Karten fest, die an Pinnwänden befestigt und beliebig umgesteckt werden können.

1. Notieren Sie die Leitfrage an der Pinnwand, auf einem Flipchart oder an der Tafel.
2. Schreiben Sie die Antworten auf die ausgeteilten Karten (höchstens 5 Wörter pro Karte).
3. Schreiben Sie mit kleinen und großen Druckbuchstaben.
4. Notieren Sie nur eine Aussage auf eine Karte.
5. Die Karten werden vorgelesen und an der Pinnwand befestigt. Dabei werden die Karten nach Themengebieten geordnet (Clusterung).

Tipps:

Ergeben sich sehr viele unterschiedliche Cluster, bietet sich die Punktabfrage an, um die Aussagen in eine Rangfolge zu bringen (Prioritäten setzen).

Punktabfrage

Eine Gruppe legt Prioritäten oder Rangfolgen unter mehreren Themen oder Vorschlägen fest. Die Teilnehmer erhalten Klebepunkte, die sie auf die Themengebiete verteilen.

1. Geben Sie zu einem Thema (Problemstellung) verschiedene Themengebiete (Unterthemen) vor oder erarbeiten Sie mit einer Kartenabfrage verschiedene Themengebiete (Cluster).
2. Verteilen Sie Klebepunkte einzeln oder gehäuft auf die Themen. Die Zahl der Punkte, die an die Teilnehmer verteilt werden, ist abhängig von der Zahl der Unterthemen. Vorschlag: Zahl der Unterthemen dividiert durch 2.
3. Stellen Sie fest, wie viele Punkte die Themen erhalten haben.
4. Legen Sie die Rangordnung fest.
5. Entscheiden Sie in der Gruppe, wie Sie die Themen behandeln wollen.

Tipps:

Voraussetzung für eine Punktabfrage ist eine größere Zahl von Themen, z. B. das Ergebnis einer Kartenabfrage, eine Themenliste oder eine Ideensammlung. Versuchen Sie, Ihre Punkte unbeeinflusst von den anderen Teilnehmern zu verteilen.

Debatte (Diskussion)

Die Debatte ist eine Methode zur Meinungsbildung und Entscheidungsfindung durch das „geregelte Aufeinandertreffen unterschiedlicher Meinungen".

1. Stellen Sie das Thema vor und bilden Sie Pro- und Kontra-Gruppen.
2. Legen Sie eine Rednerliste fest. Maximale Redezeit pro Redner vereinbaren.
3. Losen Sie aus, welche Gruppe beginnt.
4. Tragen Sie Ihre Meinung eindeutig und begründet vor.
5. Setzen Sie sich mit den Meinungen der Gegenseite auseinander.
6. Vermeiden Sie persönliche Angriffe.
7. Stellen Sie am Ende fest, ob Gruppenmitglieder ihre Meinung geändert haben.

Tipps:

Ein Moderator (Diskussionsleiter) sollte auf die Einhaltung der Debattenregeln achten.

Rollenspiel

Mit Rollenspielen können vorhandene Verhaltensweisen überprüft und neue Verhaltensweisen erprobt werden. Rollenspiele verbessern die Handlungskompetenz durch eigenes Erfahren und durch Rückmeldungen (Feedback) von Beobachtern.

Vorbereitungsphase:
1. Stellen Sie das Thema vor.
2. Klären Sie die Rollen. Jedem Mitspieler muss seine Rolle klar ist.
3. Legen Sie Beobachtungskriterien fest und verteilen Sie die Beobachtungsaufträge.

Spielphase:
4. Identifizieren Sie sich mit Ihrer Rolle.
5. Führen Sie das Rollenspiel ohne Unterbrechung durch.

Auswertungsphase:
6. Verlassen Sie Ihre Rollen.
7. Werten Sie das Rollenspiel gründlich aus. Mögliche Fragen hierzu:
   - Wie haben sich die Rollenspieler gefühlt?
   - Wurde die Rollenverteilung eingehalten?
   - Welche Verhaltensweisen und Meinungen der Rollenspieler haben Ihnen gefallen oder missfallen? Wurde sachlich argumentiert?
   - Wie haben die Rollenspieler Sprache, Mimik, Gestik eingesetzt?
   - Sind Ihnen eigene Haltungen oder Meinungen bewusst geworden?
   - Welche Konsequenzen ergeben sich für das künftige Verhalten der Rollenspieler?

Tipps:

Beim Rollenspiel geht es nicht darum, welche Lösung letztlich herauskommt, sondern wie diese Lösung angestrebt wird. Daher ist die Auswertung des Rollenspiels genauso wichtig wie das Rollenspiel selbst.

Gruppen-Puzzle (Jigsaw-Puzzle)

Die Vorteile liegen in der Verbesserung der eigenen Lernfähigkeit und in der Verantwortung der einzelnen Schüler gegenüber anderen begründet.

1. Eine komplexe Themenstellung (Handlungssituation) mit mehreren Unterthemen wird vorgestellt.
2. Jedes Unterthema wird von einer Expertengruppe arbeitsteilig bearbeitet (3 Unterthemen = mindestens 3 Expertengruppen).
3. Die erarbeiteten Informationen werden anschließend in neu zusammengesetzten Schülergruppen (Puzzlegruppen) ausgetauscht. In diesen neuen Gruppen befindet sich mindestens ein Mitglied aus jeder der vorherigen Expertengruppen und erläutert als Experte die Gruppenergebnisse.
4. Danach kehren die SchülerInnen in ihre Expertengruppen zurück und berichten über ihre Informationsarbeit, über den Diskussionsverlauf und über die neuen Informationen aus der Puzzlegruppe, deren Ergebnisse abschließend ausgewertet werden.

Tipps:

Die Puzzlegruppen erhalten die ganze Information nur, wenn wirklich jedes Gruppenmitglied in seiner Expertengruppe gut mitgearbeitet hat. Schon in der Vorbereitungsphase müssen die Schüler auf die Bedeutung einer aktiven Mitarbeit hingewiesen werden. Die Expertengruppen sollten unterschiedlich farbige Arbeitsblätter erhalten. So kann leicht überprüft werden, ob in jeder Puzzlegruppe alle Teilthemen bearbeitet wurden.

Sachwortverzeichnis

319

Bildquellenverzeichnis

Abbildungen: Bulls Pressedienst, Frankfurt am Main, 69; Deutscher Gewerkschaftsbund, Berlin, 123; dpa-infografik GmbH, Hamburg, 9, 121, 125, 144, 150, 153, 189, 203, 215, 226, 234, 240, 250, 257, 258, 262, 283, 288, 290, 291, 295, 296, 300, 301; imu-Infografik, Duisburg, 10; Peter Bensch, Köln, 273 unten; Bergmoser + Höller Verlag AG, Aachen, 96, 102, 104, 109, 110, 147, 171, 175, 222, 242, 261, 286; Jupp Wolter, Lohmar, 129, 162, Heinrich Drescher, Münster, 136, 195, 203, 227, 249, 289

Zeichnungen: Digital-Grafik, Bad Homburg vor der Höhe